欧亚备要

主办：中国社会科学院古代史研究所内陆欧亚学研究中心

主编：余太山　李锦绣

摩尼教非汉语文书研究

芮传明 著

图书在版编目（CIP）数据

摩尼教非汉语文书研究/芮传明著. —北京：商务印书馆，2023
（欧亚备要）
ISBN 978-7-100-22216-7

Ⅰ.①摩… Ⅱ.①芮… Ⅲ.①摩尼教—文书—研究 Ⅳ.①B989.1

中国国家版本馆CIP数据核字（2023）第053093号

权利保留，侵权必究。

（欧亚备要）
摩尼教非汉语文书研究
芮传明 著

商 务 印 书 馆 出 版
（北京王府井大街36号 邮政编码 100710）
商 务 印 书 馆 发 行
三河市尚艺印装有限公司印刷
ISBN 978-7-100-22216-7

2023年7月第1版　　开本 710×1000　1/16
2023年7月第1次印刷　印张 20　1/4

定价：118.00元

编者的话

《欧亚备要》丛书所谓"欧亚"指内陆欧亚（Central Eurasia）。这是一个地理范畴，大致包括东北亚、北亚、中亚和东中欧。这一广袤地区的中央是一片大草原。在古代，由于游牧部族的活动，内陆欧亚各部（包括其周边）无论在政治、经济还是文化上都有了密切的联系。因此，内陆欧亚常常被研究者视作一个整体。

尽管司马迁的《史记》已有关于内陆欧亚的丰富记载，但我国对内陆欧亚历史文化的研究在很多方面长期落后于国际学界。我们认识到这一点并开始急起直追，严格说来是在 20 世纪 70 年代末。当时筚路蓝缕的情景，不少人记忆犹新。

由于内陆欧亚研究难度大，早期的研究者要克服的障碍往往多于其他学科。这也体现在成果的发表方面：即使付梓，印数既少，错讹又多，再版希望渺茫，不少论著终于绝版。

有鉴于此，商务印书馆发大愿心，选择若干较优秀、尤急需者，请作者修订重印。不言而喻，这些原来分属各传统领域的著作（专著、资料、译作等）在"欧亚"的名义下汇聚在一起，有利于读者和研究者视野的开拓，其意义显然超越了单纯的再版。

应该指出的是，由于出版时期、出版单位不同，尤其是研究对象的不同，导致诸书体例上的差异，这次重新出版仅就若干大的方面做了调整，其余保持原状，无意划一，借此或可略窥本学科之发展轨迹也。

愿本丛书日积月累，为推动内陆欧亚历史文化的研究起一点作用。

余太山

目　录

导　言 1

第一章　摩尼的亲撰著述《沙卜拉干》 6
　　一、麦肯齐缀合的《沙卜拉干》 8
　　二、胡特尔缀合的《沙卜拉干》文书 18
　　三、《沙卜拉干》之文化特色简论 37

第二章　摩尼的"书信"选译和考察 42
　　一、摩尼的《要义书信》 44
　　二、摩尼致马塞卢斯之信 49
　　三、摩尼致梅诺契之信 53
　　四、摩尼致末冒之信 58

第三章　《阿基来行传》与摩尼教史实 79
　　一、《阿基来行传》第61—68章译释 80
　　二、《行传》的史料价值 91

第四章　叙利亚文《注疏集》等及其创世说简论 102
　　一、叙利亚文《注疏集》 102
　　二、粟特语文书 M178 109
　　三、中古波斯语文书《斥疑解》 111
　　四、摩尼教宇宙创生说的若干观念辨析 114

第五章　阿拉伯文《群书类述》译释 128

第六章　耶稣颂诗及耶稣形象、角色辨 155

　　一、见于中古伊朗诸语文书的耶稣赞美诗 156

　　二、见于科普特语文书的耶稣赞美诗 164

　　三、"耶稣"诸角色的异同辨 194

第七章　摩尼赞美诗及其特色 206

　　一、科普特语文书中的摩尼赞美诗 207

　　二、伊朗语文书中的摩尼赞美诗 211

　　三、突厥语的摩尼赞美诗 214

第八章　摩尼教忏悔书与戒律综论 230

　　一、选民使用的忏悔词 231

　　二、听者使用的忏悔词 238

　　三、小结 248

第九章　TM 276 文书及回纥改宗摩尼教之史实辨析 252

　　一、TM 276 文书译释 254

　　二、文书揭示的历史真相 258

　　三、牟羽可汗改宗摩尼教的时间和过程 260

　　四、余论 263

第十章　摩尼教轮回观探讨 267

　　一、有关摩尼教轮回观与地狱观的各类记载 268

　　二、摩尼教轮回观之文化因素辨析 275

第十一章　"净风五子"名号与职能考 281

　　一、净风五子的名号梳理与勘同 282

　　二、净风五子的职责辨析 288

主要参考文献略语表 306

索　引 312

导　言

　　公元三世纪中叶，摩尼教创建于西亚。它虽然一度成为萨珊波斯王朝的"国教"，但是其合法的"兴盛时代"不过维持了三十年。嗣后，摩尼教教徒以实际上的"避难"形式，在西方的罗马帝国管辖的埃及等地，以及东方的中亚等地得以继续存在了数百年。公元八世纪，借助于回纥统治阶层的信奉，摩尼教在回纥汗国以及中原唐王朝境内又兴盛了一段时间，但是也不过寥寥数十年而已。此后，世界各地的摩尼教，不是完全销声匿迹，就是彻底改头换面，迥然不同于其最初面目了。就中国而言，虽然后世所谓的"明教"通常被认为即是早期的摩尼教，但是二者的教义、经文等，似乎已经相差甚远。职是之故，无论是西方的伊朗、埃及等地，还是东方的中亚、中国等地，从此不复有名正言顺和堂而皇之的"摩尼教"的宗教活动，乃至世人对这一曾经的"世界宗教"的关注也几乎不复存在。

　　直到十六世纪下半叶，德国的马丁·路德对基督教进行宗教改革后，天主教的卫道士们将"摩尼异端邪说"的诬蔑之辞加诸其身时，"摩尼教"的概念才再度引起欧洲人的注意。然而，对于中国人来说，却直到二十世纪初，西方学者在中国的敦煌发现数件唐代的文书残片，并且鉴定为摩尼教经典后，才开始利用西方学者的研究成果，对摩尼教的来龙去脉作一些介绍和若干资料增补。自二十世纪八九十年代以降，随着国际学术界对于摩尼教研究的日益重视和逐步深入，中国学术界也有越来越多的力量投入到摩尼教的介绍和研究中。这当然是一个极为可喜的现象，假以时日，它必将有力地推动全世界的摩尼教研究学界踏上一个新的台阶。因为在中国境内，不仅在敦煌发现了三份重要的摩尼教汉语文书，还在吐鲁番发现了成千上万的摩尼教非汉语文书残片，它们构成了研究摩尼教的全部原始资料的不可或缺的一部分。

比较遗憾的是，当前的中国学者在研究摩尼教时，仍然以利用汉语资料为主，而对数十甚至更多倍于汉语资料的大量非汉语资料，却使用寥寥；即使对百年之前见于本国境内吐鲁番的摩尼教中古波斯语、帕提亚语、粟特语、突厥语等文书资料，也很少予以关注和利用；遑论对见于埃及的科普特语文献，摩尼同时代人撰写的拉丁语、叙利亚语文献，以及稍后阿拉伯史家著述等的使用和研究了。

中国的摩尼教研究者如果不能充分利用和研究除汉语文书之外的，为数众多的其他十来种非汉语文书，那么就很难与国际学术界"平等对话"，更谈不上在摩尼教研究领域"居于领先地位"。出于试图稍稍改善这一局面的愿望，笔者不揣谫陋，挑选几种重要或比较重要的非汉语的摩尼教本教和教外文献，对其全文或部分予以翻译、注释，并作若干研究。希望能为中文学界提供更多的研究摩尼教的原始资料；同时，也抛砖引玉，希望把摩尼教研究引向更深入的阶段。

摩尼最引以为豪的本教优点之一，是他作为教主，在世之时就亲自撰写了不少著述，从而使得摩尼教的教义能不经曲解地直接传授给后世信徒；这是此前任何宗教的教主所无法做到的。一般记载都声称摩尼的亲撰著述有七部，大体是《伟大生命福音》(*The Great Living Gospel*)、《生命宝藏》(*The Treasure of Life*)、《论文》(*Pragmateia*)、《神秘经》(*The Mysteries*)、《巨人书》(*Book of the Giants*)、《书信集》(*The Epistles*)，以及《赞美诗与祈祷文》(*The Psalms and Prayers*)；虽然说法并不完全一致，但是其主体部分是相同的。不过，这应该只是泛泛而言，并非确指"七部书"，因为不少说法都没有把摩尼的亲撰著述《沙卜拉干》计算在内。而《沙卜拉干》却是摩尼首次公开布教时，呈献给波斯国王沙普尔一世的教义诠释经典，以此来博取波斯最高统治者对摩尼教的理解和支持；它对于摩尼教研究的重要性自不待言。

如今见到的，相对说来比较"完整"的《沙卜拉干》文书，是用中古波斯语（Middle Persian）撰写的抄本；有的学者认为，摩尼最初是用阿拉米语（Aramaic）撰写该文献的，后来则被译成了中古波斯语。这一文书不仅被摩尼教本教的徒众奉为经典，也受到教外人士的关注和重视，例如，七百多年后的阿拉伯史家阿尔纳丁（Ebn al-Nadīm，有可能是波斯人）在其著述《群书类述》(*Ketāb al-fehrest*)中介绍摩尼教的情况时，还两度提到《沙卜拉干》,并在其"俗世消失之后的来生情况,对天堂和地狱的描述"一节中大段转引了《沙卜拉干》的内容。

中古波斯语的《沙卜拉干》文书是百余年前在中国新疆的吐鲁番地区被发现的,与之同时被发现的,还有与《沙卜拉干》内容相关或不太相关的其他中古波斯语文书残片,以及也属摩尼教的大量帕提亚语、粟特语、突厥语文书。通过它们,现代人得以更为清楚地了解古代摩尼教——尤其是在东方传播的摩尼教——的教义,以及教徒宗教生活的具体状况;其中一例,便是长篇的突厥语(Turkic)文书 X"āstvānift,它是供摩尼教之"听者"(即世俗信徒)使用的忏悔书。又如突厥语文书 TM 276,描绘了回纥可汗如何信奉摩尼教的过程,则对于回纥汗国之摩尼教流行史的研究有着很大参考价值。

摩尼在世之时,不仅在波斯境内布教,还派遣自己的弟子们前赴境外各地传教,东方抵达中亚等地,西方则达欧洲、北非等地。因此,他们在布教之地留下了或多或少的文字记载残片。就西方而言,迄今所见篇幅较大的数部摩尼教本教文献,是二十世纪在埃及发现的科普特语(Coptic)著述,最著名者是《克弗来亚》(或称《导师的克弗来亚》,英文名作 The Kephalaian of the Teacher)。此书应该是由摩尼的第一代弟子根据摩尼的亲口演讲笔录而成,故成书的时间很早,当在三世纪的下半叶。该书的优点不但在于内容重要——几乎涉及了摩尼教的全部根本教义,还在于保存良好,残缺不多。更有一个长处是,它的篇幅不小,仅就已在 1995 年被译成英文的第一部分来看,容量已达 300 页;况且,尚未完全刊布的第二部分(题为《我主摩尼智慧的克弗来亚》)也有与之相仿的篇幅。

另一部科普特语著述是《赞美诗集》(英文名作 Psalm Book),大约撰成于公元四世纪的中叶或下半叶。全书的作者不止一位,其中包括摩尼早期的门徒赫拉克雷德斯(Heracleides)、继承者托马斯(Thomas)等,只是抄写者为同一个人。就早在 1938 年出版的该书第二部分的篇目来看,有"庇麻赞美诗"、"耶稣赞美诗"、"赫拉克雷德斯赞美诗"、"托马斯赞美诗"等章节,内容还是相当丰富的。尽管它总的篇幅不及《克弗来亚》,残缺程度也严重一些,但是作为摩尼教的本教资料,此书仍有着不可小视的参考价值。

还有一部篇幅较大的科普特语文献是《布道书》(英文名作 Homolies),约成于公元五世纪;其内容涉及摩尼之死和摩尼身后的摩尼教境况。原文书的一小部分在 1934 年被译成德文出版，至 2006 年，又有了更高质量的英译版。遗憾的是，原文书的大部分已经完全损毁，无法辨读。尽管如此，留存下来的《布道书》仍然有着很大的文献价值。

有关摩尼教的文献资料，除了所谓的"本教资料"外，还有相当一部分是属于"教外资料"，即是其他宗教的信徒出于"驳斥异端"之目的而撰写的批判性著述；当然，也有比较客观地实录其历史和教义者。在这类资料中，较早并且很有名望的一部著述，是罗马帝国北非省之希帕（Hippo，在今阿尔及利亚）的基督教主教圣奥古斯丁（Aurelius Augustinus，354—430）驳斥福斯图斯（Faustus）的一部书《答摩尼教徒福斯图斯》（英文名作 *Reply to Faustus the Manichaean*）；原书为拉丁文，约撰成于公元 400 年前后。

奥古斯丁年轻时曾信奉过摩尼教将近十年之久，后来则改宗基督教，十分虔诚。他与福斯图斯的论战，始于后者对《圣经》之《旧约》的攻击和对《新约》的曲解，当然，也触及了奥古斯丁数年前所撰著述中的观点。由于奥古斯丁对于摩尼教的教义相当熟悉，因此在与福斯图斯辩论时的言辞十分犀利，当然也很刻薄，有时甚至不免情绪化。但是，从他字里行间透露出来的有关摩尼教的教义和其他情况，却应该是比较接近真相的。因此，这部多达 33 卷（Book）的著述就成为后世了解摩尼教的重要"教外资料"之一。奥古斯丁的反摩尼教著述不止这一部，所以，在二十世纪初以降，中国吐鲁番的伊朗语、突厥语文书以及埃及的科普特语文书等大量摩尼教"本教资料"被发现以前，奥古斯丁的众多著述始终是人们了解和研究摩尼教的主要依据和文献来源。

实际上，在奥古斯丁出生（354 年）之前，即公元四世纪的上半叶，就已经有一部基督教徒批驳"异端"摩尼教的著述面世了。此书题为《阿基来行传》（*Acta Archelai*），作者署名"海格摩纽斯"（Hegemonius），声称他受托记载了美索不达米亚北部卡尔恰尔城（Carchar）主教阿基来（Archelaus）与异教领袖摩尼进行辩论的事迹。全书共分 68 章，篇幅不小；不过，其中的许多情节，包括所谓的作者海格摩纽斯，恐怕都是虚构的。尽管如此，书中转述的不少摩尼教教义，以及有关摩尼生平的某些——不是全部——描绘，应该都是具有相当根据的。所以，此书同样是涉及摩尼教的重要的"教外资料"之一。据说此书最初是用叙利亚文撰写的，后来则译成希腊文。现代所见最为完备的版本则是拉丁文抄本，大约成于公元四世纪末；如今，尚有少量希腊文片断也还保存着。

与上述两份"教外资料"相比，叙利亚文的《注疏集》（英文名作 *Book of Scholia*）虽然也是将摩尼教作为"异端"记载，并且在文首声称"在此……插入一点有关不信神的摩尼的虚假说教和亵渎神灵的言辞，以羞辱一下摩尼教的信徒们"，但是它在正文中叙述的主体内容，却未见情绪化的谴责和批驳之辞，从而可以视之为有关摩尼教创世神学的比较可信的"教外资料"。此书由八至九世纪的基督教聂斯脱利派教士西奥多·巴库尼（Theodore Bar Kōnay）撰写，成于791—792年。全书共分十一讲，涉及逻辑学、语法、神学、反异端之解释等方面；其中，第十一讲对伊朗研究最具价值，谈及古伊朗的许多教派，而最为重要者即是有关摩尼教的资料。它似乎是直接引自摩尼的著述，故成为后世探讨相关领域的权威资料。

与《注疏集》风格类似的，是公元十世纪阿拉伯史家阿尔纳丁撰写的《群书类述》。此书大概在987年撰成，语言为阿拉伯语。该书旨在将作者当时所见的一切书籍、文章、笔记编目，作阿拉伯语的简介，从而发展成一本百科全书式的著作。它不仅集中了十世纪巴格达穆斯林学者所拥有的知识，并且记录了宝贵的古代文化遗产。有关摩尼教的介绍，列在此书的第九章，涉及摩尼的生平及其诸多说教。这段文字篇幅不小，并且是最为广泛、全面和可靠地谈及摩尼教情况的"教外文书"。即使在大量的摩尼教本教文献被发现之后，《群书类述》的参考价值依旧不减。

以上提及的，只是摩尼教非汉语文书中的部分主要者和重要者；若就数量而言，更是只占极小的比例。由此可见，中文学界研究摩尼教，如果能够除了中文资料以外，再尽可能多地利用一点拉丁文、希腊文、科普特文、叙利亚文、阿拉伯文、中古波斯文、帕提亚文、粟特文、突厥文资料，那么，将能更加全面、更加深入地了解摩尼教，解决更多学术问题。正是出于这一宗旨，本书以译释摩尼教非汉语文书为主，辅以初步的研究，以为中文学界提供若干非汉语的古文献。

第一章　摩尼的亲撰著述《沙卜拉干》

据涉及摩尼教的各种文献记载，创教者摩尼亲自撰写的著述至少有七八部，《沙卜拉干》即是其重要作品之一。今天所见该文献最大篇幅的残文是用中古波斯语撰写的，题名 š'bwhrg'n (šābuhragān)，意为"（献）给 Šābuhr（之书）"。而 Šābuhr 即是新建不久的萨珊波斯王朝的第二任国王沙普尔一世（Shapur I，约210—274/7年）。后世的好几位伊斯兰史家都声称此书是由摩尼撰写，并且是他著述中唯一用中古波斯语撰写的作品。① 博伊丝则推测，摩尼可能最初是用阿拉米语（Aramaic）撰写《沙卜拉干》的，后来才译成了中古波斯语。②

摩尼在《沙卜拉干》中系统地概括了摩尼教的教义，解释了他所赞颂的"光明之国"以及各大神灵。据阿拉伯史家们说，摩尼将此书专门献给沙普尔一世国王，是旨在说服国王接受他新创的宗教，从而利于摩尼教的传播。伊本·纳丁（Ebn Nadim）将摩尼献书一事的时间置于沙普尔一世的加冕典礼日。但实际情况是，沙普尔一世的加冕典礼是在240年4月12日，下距摩尼成书尚有数年，故此说不确。摩尼晋见沙普尔一世的确切时间，可能是在两年之后（242年），由沙普尔一世之弟菲鲁兹（Firuz）安排了这次会见。不管怎样，《沙卜拉干》在传播摩尼教教义，说服沙普尔一世容纳摩尼教方面发挥了相当重要的作用。

---

① 不过，当代学者宋德曼认为，摩尼还可能用中古波斯语撰写过赞美诗和其他作品。参见 W. Sundermann, "Der Gōwišn ī grīw zīndag-Zyklus", in *Papers in Honour of Professor Mary Boyce*, Leiden, 1985, II, p. 648。

② M. Boyce, "Manichaean Middle Persian Writings", E. Yarshater ed., *Cambridge History of Iran* III/2, Cambridge University Press, 1983, pp. 1196, 1197.

今天所见的《沙卜拉干》由若干份中古波斯语文书的残片缀成,它们则是百余年前在中国的吐鲁番地区发现的。最初注意到它们的学者是缪勒(Müller),他在1904年发布了较大残片的转录文,并有行间的并不完善的翻译。① 嗣后,由塞尔曼(Salemann)重新刊布了这些文书,并用希伯来字母作了转写。② 博伊丝(Boyce)则于1975年对相关的六件残片,即M 473、M 475、M 477、M 482、M 472、M 470作了拉丁字母转写,并有少量注释。③ 1979年和1980年,麦肯齐(MacKenzie)用两篇专文对《沙卜拉干》的残片进行缀合,并作转写、翻译和详细注释后,中古波斯语的《沙卜拉干》才以空前完备的面貌展现在世人眼前。④ 此后,宋德曼(Sundermann)又增补了其他的文书残片,并提出某些不同看法;⑤ 胡特尔(Hutter)也撰有专书,译释和研究可能是《沙卜拉干》一部分的展现摩尼教宇宙观的若干其他文书。⑥ 尽管如此,麦肯齐的文章仍然具有重要价值。因此,本章将以麦肯齐的文章作为"原文"主体,同时参考其他文章,提供《沙卜拉干》的汉译文,并作若干注解和诠释。

麦肯齐缀合的《沙卜拉干》第一部分(即1979年发表的"Mani's Šābuhragān [I]"一文所载者)比较完善,相应于9张对折纸,即18页,每页书写24行,故总量为432行;其中,绝大部分文字都能识辨,故其内容几乎是连续的。这一部分涉及的文书相继为M 519 I、M 473 I、M 475 a I、M 477 I、M 482 I、M 477 b、M 472 I、M 487 b (1)、M 535、M 536、M 487 b (2)、M 470 a、M 497 b、M 505 a、M 542 b I、M 1745、M 470 c、M 505 b、M 542 b II、M 475 c。至于第二部分(即1980年发表的"Mani's Šābuhragān [II]"一

---

① F. W. K. Müller, "Handschriften-Reste in Estrangelo-Schrift aus Turfan, Chinesisch-Turkistan", *APAW*, 1904, II, Berlin, 1904, pp. 1-117.

② C. Salemann, *Mémoires de l'Académie Impériale des Sciences de St.-Pétersbourg*, VIIIe série, VIII, 10, 1908.

③ M. Boyce, "A Reader in Manichaean Middle Persian and Parthian: Texts with Notes", *Acta Iranica* 9, Leiden, Tehran, and Liège, 1975, Text Z, pp. 76-81.

④ D. N. MacKenzie, "Mani's Šābuhragān [I]", *BSOAS* 42/3, 1979; "Mani's Šābuhragān [II]", *BSOAS* 43/2, 1980; repr. of both articles in *Iranica Diversa*, ed. C. G. Cereti and L. Paul, Rome, 1999.

⑤ W. Sundermann, *Mitteliranische manichäische Texte kirchengeschichtlichen Inhalts*, Berliner Turfantexte 11, Berlin, 1981.

⑥ M. Hutter, *Manis kosmogonische Šābuhragān-Texte: Edition, Kommentar und literaturgeschichtliche Einordnung der manichäisch-mittelpersischen Handschriften M 98/99 I und M 7980-7984*, Wiesbaden, 1992.

文所载者),则残缺得十分厉害:其开首和中间有 3 张对开纸即 6 页完全失佚;余下残片上能辨认的部分也大多无法形成连续的句子。它所涉及的文书相继为 M 472 II、M 477 II、M 475 II、M 475 b、M 519 II、M 473 II。从理论上说,这部分应该截止于第 768 行,即应该包括 336 行,但是实际上能识辨的内容却寥寥无几。不管怎样,为尽量展现《沙卜拉干》的原貌,在此仍将这两部分都译出;至于序号,则也按照英译文,每 10 行做一个标记。

一、麦肯齐缀合的《沙卜拉干》

麦肯齐缀合的《沙卜拉干》共分两个部分,前一部分篇幅较大;第二部分残缺较大,几乎只是前者的小小补阙。下文为第一部分的译释:

[Ar①]《沙卜拉干》的二宗②

(第 1 行)……与诸魔以及……将……并说道:"我们是诸神的代表,你应该走我们的这条路。"人们通常都会受到欺骗,按照假先知们的意愿行事,从而犯下恶行。(第 10 行)而对自己的宗教并不深信的修道者也会与之同流合污。到了那时,当世上之事成了那样时,当地下、天上、日月、黄道诸星和一切星辰上也都如此时,一个大征兆就将显现。

然后,赫拉德沙③,(第 20 行)这位最初给予男性创造物,原始的第一位男人以智慧和知识的人,嗣后将不时地,世代相续地给予人类以智

---

① 麦肯齐将缀合文书的各对折纸分别编号,如大写字母 A、B、C、D 等;并区别正面(右面)和反面(左面),正面用小写字母 r(即 recto 的略写)标志,反面用小写字母 v(即 verso 的略写)标志。这里的 Ar 即是"对折纸 A 的正面(右面)"之意。以下标志的原则相同,不再重复说明。
② 位于文书页眉处的一行字为:dw bwn 'y' bwhrg'n;其中,dw (dō) 义为二,bwn (bun) 义为基础、源流、原则等,'y (ī) 为连接词或关系代词,š'bwhrg'n (šābuhragān) 则意为"(献)给沙普尔(之书)"。故整行词应该即是本作品的题名,以及本节内容的小标题,意为"《沙卜拉干》的二宗"。由于手稿的书写格式所限,这类小标题无法严格地位于每节之首,而只是标示了内容的大致位置;下文的情况亦同。
③ 中古波斯语 xrdyšhr (xradešahr) 是个组合词:由 xrd (xrad) 和 šhr (šahr) 合成,前者义为智慧、忠告等,后者则义为地区、世界等;故这一组合词意为"智慧的世界"。至于在摩尼所撰的《沙卜拉干》中,则将其作为专名,用以指称摩尼教从基督教借鉴来的高级神灵耶稣(Jesus),意为"智慧世界(之神)";在此则音译为"赫拉德沙"。

慧和知识①。在最后的时代，接近更新时代时，主赫拉德沙还会与

[Av—Br②] 关于人子的来临③

[Av] 一切诸神以及虔诚的……站在诸天之上，一个伟大的召唤将回荡不绝，闻名于整个宇宙。（第30行）居于诸天、诸地宇宙中的这些神灵，即家宅之主、村落之主、部落之主、国度之主、监察哨主④以及暗魔折磨者，都将赞颂赫拉德沙。那些将成为世界君主的人会跑到他的面前，向他致敬，并接受他的命令。（第40行）贪欲旺盛，邪恶不堪和专横残暴的人将会懊悔不迭。然后，赫拉德沙神灵将会派遣使者前赴东方和西方，去把修道士及其协助者⑤、邪恶者及其帮凶们一起带到赫拉德沙

---

① 对于在此所言的"赫拉德沙"的身份比定，博伊丝表示了不确定性，她说道："为亚当带来启示的职能通常归之于耶稣，但是通过先知们带给亚当子孙预知的，却是伟大明心（Great Nous）的职责。所以赫拉德沙神的比定有些不确定。"（Boyce, 1975, p. 77, note 2）
② 由于页眉处的标题横跨两个页面，故作如此标志。下文的情况相同。
③ 原文书上的这一标题为 'br 'mdyšnyḫ y myrd'n pwsr。其中，'br (abar) 义为关于、涉及等；'mdyšnyḫ (āmadišnīh) 义为来到、来临等；'y 是用以连接名词、形容词等的连词；myrd (merd) 义为人类、男人等；pws (pus) 则义为儿子。所以整个标题的意思当为"关于人类之子的来临"。但是，在此之前有不止一位的学者误释了此语，如布尔基特曾称："此标题读作'关于人类之子的审判'。"（Burkitt, 1925, p. 89）博伊丝则也将标题译作"Concerning the Judgment by the Son of Man（关于人类之子的审判）"（Boyce, 1975, p. 78）；其原因，是将标题中的第二个词辨读成了 d'dyst'n (dādestān)，因而也就义为审判、法律案件等了。按麦肯齐之见，前人的辨读和解释显然是错误的（MacKenzie, 1980, p. 522, notes "Av/Br" 条）。
④ 在此所言的五位神灵，中古波斯语作 m'nbyd (mānbed)、wysbyd (wisbed)、zndbyd (zandbed)、dhybyd (dahibed) 和 p'hrgbyd (pāhragbed)，其意思如正文所示。杰克逊（Jackson）认为他们即是摩尼教创世神话中，生命神（汉语文书中的"净风"）召唤出的五个"儿子"，他们共同创造了由十天、八地等构成的大宇宙，并治理之。杰克逊将《沙卜拉干》所言的这五神和见于其他文书的生命神之五子（名号与此相异）作了对应比照，即："家宅之主"相当于五子中的"支撑者阿特拉斯"（Supporter Atlas），其主要职责是负载大地；"村落之主"相当于五子中的"光明阿达马斯"（Adamas of Light），其主要职责是击杀暗魔；"部落之主"相当于"荣耀之王"（King of Glory），主要职责是帮助天体运行；"国度之主"相当于"光荣之王"（King of Honor），是为诸天之主；"监察哨主"相当于"光辉护持者"（Custody of Splendor），其主要职能是支撑十天（参见 Jackson, 1932, p. 308 及以下诸页）。生命神（净风）的五子，在汉语文书《摩尼教残经》中也有谈及，对应于在此所言五位神灵（"五主"）的名号依次为"地藏明使"、"降魔胜使"、"催光明使"、"十天大王"和"持世明使"（参见《残经》第109—111行）。
⑤ 中古波斯语 dynwr (dēnwar) 义为宗教（性）的、虔诚的、从事宗教修行的人等；其同义词 dynwryh (dēnwarī) 则成为虔诚修道者的专名，甚至，后世几乎成为摩尼教之专职修道者亦即"选民"的专称。这类摩尼教修士在汉语文书中往往音译为"电那勿"。而 hy'r (hayyār) 则义为帮助者、朋友等；按照下文提及的他们帮助"修道士"的行径看，他们极似摩尼教的世俗信徒即"听者"（摩

面前，他们将向他致敬。

[Br]（第 50 行）修道士会对他说道："神啊，我们的主！如果您愿意的话，我们将把这些罪人对我们所干的一些事告诉您。"赫拉德沙神将回答他们道："面对着我，高高兴兴地［说吧］。无论谁伤害了你们，我将为你们讨回公道，追查到底。不过，你们要告诉我的每件事情，我也已经知道了。"

（第 60 行）然后，他祝福他们，抚慰他们的心灵，并把他们置于自己的右侧，与将获福佑的诸神在一起。他把恶人与修道士分隔开来，置于自己的左侧，诅咒他们，对他们这样说道："我要你们根本不能升天，完全不见光明，（第 70 行）因为你们犯下了那样的罪过，导致了不公正的苦难，以及对人子干下了……"他对

[Bv—Cr] 关于审判和隔离

[Bv] 站在右侧的修道士的协助者们这样说道："欢迎你们，你们将会获得伟大父尊的福佑，因为当我饥渴时，你们给了我食物。当我裸露时，（第 80 行）你们给我衣穿。当我生病时，你们为我治疗。我被束缚时，你们给我松绑。我被囚禁时，你们将我释放。当我被放逐而四处流浪时，你们把我带回你们的家中。"此时，修道士的协助者们全都深深地鞠躬，对他说道："主啊，您是神灵，（第 90 行）永世长存，贪婪和欲望不能征服您，您不会饥饿，不会干渴，也没有病痛能折磨您。那么，我们什么时候为您做过这些事情啊？"于是，赫拉德沙对他们说道："你们为修道士所做的事，就是为我所做。我将把你们送上天界，以示奖赏。"[Cr] 他将使他们欢乐异常。

（第 100 行）他又对站在他左侧的恶人们说道："你们这些恶人物欲横流，专干坏事，贪得无厌，我要控诉你们。当我饥饿和干渴时，你

［接上页］尼教的"选民"必须过严格的独身生活，专门从事宗教修炼和布道、说教；"听者"则为在家信徒，可以结婚、生育，但一项重要的职责则是为选民提供饮食，否则就是罪过）。因此，这里的 dynwr（修道士）与 hy'r（帮助者）很可能即是指"选民"与"听者"。但是，由于摩尼的《沙卜拉干》旨在尽可能深入浅出地向国王宣传摩尼教，其著述中就未必会用很专门的摩尼教术语；再说，当时在摩尼教初创之际，也未必已经形成一套成熟的术语。所以，在此仍按 dynwr 和 hy'r 二词的原义，译作"修道士"和"协助者"；下文亦同。

们不给我食物。当我裸露时，你们不给我衣穿。（第110行）当我生病时，你们不治疗我。当我被俘和背井离乡时，你们没有将我收容进家。"那些恶人便将这样对他说道："我们的神和主啊，您什么时候受此苦难，我们却未救援您？"赫拉德沙对他们说道："你们对修道士们干了这些事情，（第120行）因此也就是伤害了我，我就有理由指控你们。

[Cv—Dr]《沙卜拉干》的两大宗

[Cv] 你们是罪人，因为你们始终是修道士的狡诈敌人。你们使他们遭受苦难，毫无怜悯之心。在诸神的面前，你们是有罪过的。"然后，他吩咐天使们控制这些恶人，抓住他们，把他们投入地狱。①

（第130行）那时候，赫拉德沙神会照看这个世界，日、月、年将会终结，贪婪和欲望将会减弱，痛苦和疾病以及……饥饿与苦难将因惧怕而退却，不能再导致人们犯下罪过。世上的风、水、火将自由地运行，雨会柔和地降下，（第140行）树草花果等一切植物都将繁茂地成长，世界将变得……和信心十足，人类将皈依宗教，一切……和仁慈的以及热爱灵魂的……热爱……将光彩照耀。[Dr] 那时候，他们将经过一片墓地和收藏许多骨罐的一个地方，将会看见他们，将会记起已经去世的家属和亲戚。（第150行）他们将说道："哎呀，这就是在那罪恶时代去世和消失的人呀。

生命赋予者降临

（第155—158行缺失）

赫拉德沙升天

那么谁能使他们从其长眠之处抬起头来，教导他们懂得我们现在所享受的快乐呀？"（第160行）……赫拉德沙神将……大地，他……人类……他本人将上升……他自己的地方。风、水、火将从大地上升，欢乐地……风、水、火将停止（？）

---

① 自第60行至此的大段内容，显然充分借鉴了基督教的《圣经》，类似的说法和措辞见于《新约·玛实（马太）福音》第25章第31—46节。

[Dv—Er]《沙卜拉干》的二宗

[Dv]（第170行）运行。那时候，诸地和诸天的宇宙将处于复活的阶段，它们将使整个世界消除死亡，把修道者带上天堂，动物、树木、有翼鸟类、水中生物和爬行动物都将从世界上消失，进入地狱。那时候，风、水、火将被移出最低一层的大地，那里本是家宅之主和升风神①所待之处。（第180行）新世界，以及新世界创造神所建构的诸魔之狱将固定在天堂中，牢牢系紧……那时候，奥尔密兹德②……月神……宇宙的外壳③……诸神的光辉……宇宙……（第190行）奥尔密兹德……宇宙……大雪融化。

[Er] 当诸神的光辉上升之时，黑暗将笼罩诸地和诸天的宇宙，从最高之天直到（第200行）最低之地，黑暗从其外表释逸出来，越来越紧裹之。

那时候，太阳神④也将从太阳车中降临到这宇宙，一个呼唤将回荡

---

① 在此所言的"家宅之主"，前文已经指出，即是生命神五子中的"支撑者阿特拉斯"的别名，亦即汉语文书中的"地藏明使"。至于中古波斯语 w'd'hr'm (wādahrām)，由于 w'd (wād) 义为风、空气等，'hr'm (ahrām) 义为抬升起来、使之升高等，故整个词当意为"抬升风"。而在此所言的"风"也就是宇宙初创时的"风轮"，它与"水轮"、"火轮"并称为"三轮"；所以"升风"亦即"升风轮"，或者"升风、水、火（轮）"。于是，这一神灵也就略称为"升风神"（Wind-Raising God）了。他也是生命神的五子之一，即前文提及的"部落主"，也就是基督教文献中的"荣耀之王"、汉语文书中的"催光明使"。按巴库尼叙利亚文《注疏集》记载（见本书第四章处），主要负责帮助天体运行的"荣耀之王"曾保护新创造的风轮、水轮、火轮免遭暗魔污染，让它们上升天界，为五明神服务。

② 中古波斯语 'whrmyzd (ohrmezd) 本是琐罗亚斯德教的善神之名（即阿胡拉·马兹达，Ahura Mazdah），被摩尼教借鉴，作为明界主神大明尊为抗击暗魔入侵而"召唤"出的第一批高级神灵之一，亦即"初人"（First Man，汉语文书称为"先意"）。按摩尼教创世神话，他最早率领他"召唤"出的五个儿子"五明子"与诸魔搏斗，但不幸战败，深陷暗狱；后来自己虽然被生命神（"净风"）、生命母（"善母"）救出，但五明子仍遭暗魔囚禁，从而导出了一系列与"拯救五明子"相关的教义。

③ 中古波斯语 h'mkyšwr (hāmkišwar) 义为宇宙、包括诸天诸地的综合体等，而 nyy'm (niyām) 则义为外壳、覆盖物等，故词组 h'mkyšwr nyy'm 意为"宇宙的外壳"，在此当是指生命神在创造宇宙时，为了防止暗魔再次入侵明界而筑造的一道"围墙"。中古波斯语文书 M 98、M 99 对此有相当具体的描绘（见下文）。

④ 中古波斯语 myhr (mihr) 义为太阳，yzd (yazad) 义为神灵，故这里的 Myhryzd 一词意为"太阳神"。但是，在摩尼教文书所涉及的高级诸神中，似乎这一神灵更多地不是以"太阳神"之名著称，而是以"生命神"之名（Living Spiril，亦即摩尼教汉语文书中的"净风"），或者"第三使"之名（the Third Messenger，汉语文书称"三明使"）为人所知。在此姑按其意直译。

四方，在各层天、地的诸神包括家宅之主、村落之主、部落之主、国度之主、监察哨主以及暗魔的折磨者，还有使世界保持秩序，折磨阿缁①和阿赫里曼②，以及雄魔和雌魔的神灵。（第210行）对于他们和整个宇宙来说，众所周知的是，阿缁、阿赫里曼、雄魔、雌魔、怒魔、马赞③魔，以及主魔……

[Ev—Fr] 关于宇宙的崩溃

[Ev] 那时候，居于最低地层，使诸地保持次序的家宅之主神，（第220行）以及与他一起，创造风、水、火的神灵，还有在这层大地上的村落之主神、将巨龙掷于北方之地的神灵，以及他们的所有者，都将前赴天堂。那时候，诸地④将会一层层地崩溃，压在下面的四层，即暗魔之狱上。

（第230行）奥尔密兹德之母的女性身形⑤将从太阳车上显现，俯

---

① 中古波斯语 "z (āz) 义为贪婪或贪欲之魔，本是琐罗亚斯德教的一个邪恶精灵的名号，摩尼教借鉴之后，使其"邪恶等级"更为上升，成为一切邪恶之源，并定为阴性，称"诸魔之母"。例如，中古波斯语的摩尼教文书 S 9 描写她道："阿缁，一切诸魔的邪恶母亲，变得狂暴愤怒，她为自助而制造了严重的骚乱。她用雄魔的泄物、雌魔的污垢制造了这个躯体，自己进入其中。然后，她用五明子，即奥尔密兹德神的甲胄，制成了善良的灵魂，并将它束缚在这个躯体内。她使第一个人类变得犹如瞎子和聋子一般，懵懂无知，易受欺骗，以至他不知道自己真正的起源和家族。阿缁创造了人体和监狱，囚禁了伤心欲绝的灵魂。"

② 中古波斯语 'hrmyn (ahremen) 义为敌对精灵、邪魔、黑暗之王等，本是琐罗亚斯德教（主要是其楚尔凡教派）的恶神名，亦名安格拉·曼纽（Angra Mainyu），与善神奥尔密兹德为孪生兄弟，其父即超神楚尔凡（Zurvan，义为时间）。在摩尼教中，阿赫里曼通常作为代表黑暗和邪恶一方的魔首之名。

③ 中古波斯语 mzn (mazan) 义为畸形的、巨魔、怪物等，最初为琐罗亚斯德教的邪魔名称。摩尼教借用此词，亦用以指称本教的邪魔。

④ 中古波斯语 zmyg (zamīg) 义为大地、地面等，hrw (harw) 义为所有、每个等，故词组 zmyg hrw 意为"每层/所有大地"。但是，在此则是特指"八地"当中的上面四层，故崩溃后会"压在下面的四层上"。

⑤ 上文注释已经提及，在摩尼教中，奥尔密兹德神是大明尊"第一次召唤"所创造的诸神之一，号称"初人"（the First Man，汉语文书称"先意"）；而按摩尼教的创世神话，"第一次召唤"的具体过程是这样的：大明尊"召唤"（或"发射"，意即创造）出生命母（Living Mother，即汉语文书中的"善母"），生命母再召唤出初人（即奥尔密兹德），初人再召唤出"五明子"，率领他们一起抗击暗魔。所以，本文书在此所言的"奥尔密兹德之母"当即是指生命母（善母）；而在摩尼教文书中，将生命母与"太阳车"联系起来的说法，似乎并不多见。

瞰诸天。位于诸天上方，握住五神之手①的国度之主神，……还有位于……和南方之间的另一位神灵……（第240行缺失）[Fr]（第241行）这五神，他们的光辉最初曾被阿缁、阿赫里曼以及雄魔和雌魔所夺……天堂……这远离天堂的五神曾被阿缁、阿赫里曼以及雄魔和雌魔击倒。（第250行）但是他们在天堂里将再度变得完整，就如他们最初被奥尔密兹德创造出来时那样，就如他们尚未被阿缁和诸魔击倒时那样。而保持诸地和诸天秩序井然的负载世界之神，也将上升天堂。那时候，十天，以及作周期旋转的黄道，（第260行）此外，风土、宝座、住宅、村庄、部落、田地、地区、边界、卫士、城门、月、日、时，以及下四层的大地即诸魔之狱、上四层的大地……

[Fv—Gr] 关于猛烈的大火

[Fv] 宝座与风土、山脉与河谷、开凿的河渠……以及地狱，带着强烈的贪婪和欲望，阿赫里曼与雄魔、雌魔、（第270行）怒魔、马赞魔和主魔……那时候，他们全被挤压在那里，他们将全部崩溃。三条有毒的黑暗沟渠，以及一直环绕着宇宙的大火将被释放，向他们倾覆下来。目前守护在宇宙周围的狂烈之火，（第280行）将会在宇宙的北方和东方、南方和西方、高空和深处、横向和纵向燃烧起来。宇宙的诸地和诸天将会如蜡在火中一样，在这场大火中燃烧。阿缁、阿赫里曼，以及诸魔、怒魔……黑暗和……（缺失2行）[Gr] 他们将在1468年的长时期内（第290行）遭受折磨，深陷痛苦之中。曾被阿缁和诸魔击倒，搞得筋疲力尽的诸地和诸天中残存的光辉的能量，将从被大火焚烧的宇宙中脱离出来，得到净化，上升到太阳、月亮，成为形貌与奥尔密兹德神相同的神灵，（第300行）并与太阳、月亮一起上升至天堂。来自北方的奥尔密兹

---

① 中古波斯语 pnz (panz) 义为五，yzd (yazad) 义为神灵，而这里的词组"五神"则是指创世之初，高级神灵奥尔密兹德（亦称"初人"；汉语文书中的"先意"）所"召唤"出的五个儿子气、风、光、水、火，亦称五明子、五要素。文书在此谓国度之主（即生命神五子之一"光荣之王"，亦即汉语文书中的"十天大王"）握住了五神之"手"（dst）；但是在其他文书中则有所不同，如中古波斯语文书 M 7980—7984 谓国度之主握住了诸神的"头"（sr）；叙利亚文书《注疏集》则谓光辉护持者（而非光荣大王）握住了诸神的"腰"。

德神、来自东方的光明世界神①、来自南方的新世界创造神，以及来自西方的太阳神②，他们各自的府邸，包括自己的人民和帮助者，均将站在环绕着这大火的新天堂上，（第310行）观看着这场大火。此外，那些也在天堂里的虔诚的修道者都将坐在光明宝座上。

[Gv—Hr] 关于恶人的灵魂

[Gv] 那时候，他们将来到诸神面前，站在大火的周围。大火中的恶人将受到折磨，遭受巨大的苦痛，但是大火不会伤害修道者们，（第320行）犹如现今的太阳、月亮之火不会伤害人们一样。当这些恶人在大火中备受折磨之时，他们会向上察看，认出了修道者们，乞求他们道："希望你们的好运能够降于吾辈身上，赐予我们手中一根求生绳吧，把我们拽上去，拯救我们脱离这种烧灼之苦吧。我们以前不曾想到（第330行）落到我们身上的会如此……和严厉；但是，如果我们当时知道了（这样的后果），我们就会相信对我们所说的话，就会接受宗教，以及……我们就会抛弃阿缁和……我们会成为你们的助手。[Hr]……遭受……"（第340行）而修行者们则会这样说道："别这样胡扯唠叨，你们这些恶人，我们清楚地记得，你们在俗世时是那么地贪得无厌和欲念强烈，你们一直是暴虐的……你们不替灵魂着想，对我们始终满怀敌意，从一地到另一地追逐和迫害我们，不相信我们是诸神意愿的履行者。（第350行）你们却不想一想：'这样的不幸也可能落到我们自己头上……'！但是，如果你们曾从我们那里接受了诸神的智慧和知识，始终热爱灵魂，行进在诸神的道路上，成为我们的旅伴和助手，那么你们的肉体就不会充满贪婪和欲望，（第360行）你们就不会追随强盗、窃贼以及……那么，你们的灵魂

---

① 中古波斯语 rwšn (rōšn) 义为光明、光明的等；šhr (šahr) 义为地域、地区、世界等；yzd (yazad) 义为神、神灵。故这里的词组 rwšnšhr yzd (rōšnšahr yazad) 义为光明世界之神，通用以指称摩尼教创世神话中，也是由大明尊召唤出来的一位高级神灵"第三使"。他的主要职能是促成了俗世之人类、动物、植物的创造。
② 中古波斯语 myhryzd (mihryazad) 义为太阳神，有时用以指第三使（三明使），有时则指生命神（净风）；但是，由于上文"来自东方的光明世界神"即是指第三使，故这位"来自西方的太阳神"似乎只可能是指生命神（净风）了。

[Hv—Jr]《沙卜拉干》的二宗

[Hv] 也就不会遭受永久的不幸。如今，你们别来哀求我们，也别唠叨和抱怨……我们现在来到这里，来到诸神面前，我们不是为了你们这些恶人而来，而是为了在旧世界善待修行者的那些人而来……（第370行）由于你们这些恶人不明白，自己也曾有可能进入宗教，履行必要的善行，抛弃贪婪和欲望，成为修行者的旅伴，获得完美的幸福。所以，你们一直遭受严重的厄运，以及……在大火中备受折磨，痛苦不堪。（第380行）如今，我们充满……贪婪和欲望……以及……我们……与你们……[Jr] 他将不会与阿赫里曼和诸魔一起被囚禁在永久之狱中。（第390行）但是，你们却对这类厄运感到欣喜，因为它源自贪婪、欲望和你们自己的行为！如今，当这是一次体现诸神公正的审判时，我们怎么能把你们救离这场苦难？凡是诞生于贪婪和欲望躯体中的灵魂，都带有贪婪和欲望，如果不抛弃它们，自我放纵和贪得无厌，保留阿赫里曼的品性，他就会与阿赫里曼和诸魔一起被囚禁在永久之狱中。（第400行）而按诸神意愿行事，成为修行者之旅伴和助手，善待修行者的人……将成为……与天堂中的诸神一起……恶人以及他们对陷于严重灼烧中的恶人的回答，他们将感到后悔和遭受苦难。

[Jv]《沙卜拉干》的二宗

[Jv]（第410行）带有躯体中之贪婪和欲望的那些灵魂，只要天地还存在，就不会接受灵魂收集者的智慧和知识，不会参加宗教社团，他们不会变得邪恶，但是对于暗魔的勒索却表现得循规蹈矩，按照贪魔的意愿行事，侍候恶人，不过他们也会给予宗教信徒以美善与可爱的事物，并按照贪魔和……以及勒索与暴政……与……将不……与……正义的……"（余下内容无法辨认）

以上为麦肯齐缀合的《沙卜拉干》的第一部分。他认为，整个中古波斯语抄本当是由8张对折纸构成，第一部分缀合的9张对折纸中的前8张，即A—H，组成了该作品的右半部分；余下的文书J（可标为H2）加上第二部分追补的其他文书则组成作品的左半部分，即J—Q。不过。自K以下的文书缺失和残破得十分严重，具体情况是：K（可标为 G2）、L（可标为 F2）两张对折纸缺失，M（可标为 E2）尚在，N（D2）缺失，O（C2）、P（B2）、Q（A2）尚在。残缺的后半部分涉及的文书，则相继为 M 472 II、M 475 II、M 477 II、M 475 b、M 519 II 以及 M 473 II。① 以下即是他缀合的《沙卜拉干》的第二部分：

（K、L 两张对折纸缺失；第 433—532 行缺失）

[Mr] ……妒忌……你们始终患病，直到……成为主人。当你们再度完整地升天时，你将镶嵌在王冠上，成为主人。（第 540 行）修行人之协助者和伺候者的灵魂也将获得同样的待遇，他们从最初之时就很正确地与奥尔密兹德及诸神一起，远离阿缩和诸魔，……如今，当贪婪和欲望诞生于躯体内，贪婪和欲望的恶行……对于邪恶的……那火……（第 549—556 行缺失）

[Mv] ……（第 560 行）以及他以其本身的……形貌，与诸神一起坐在车中，它的轨道经过持世之神、太阳、月亮、奥尔密兹德神，以及……他乘车升上天庭，就如……上升一般。在天堂中，他十分欢乐。贪婪和欲望对他的奴役即如……的一种审判……（第 569—624 行缺失）

[Nv—Or]《沙卜拉干》的两大宗

[Or] ……（第 625 行）于是，将变得众所周知……（第 627—630 行缺失）一个……（第 633—635 行可辨认第一个字母；第 636—648 行缺失）

[Ov—Pr] 关于出类拔萃的……

[Ov] ……（第 650 行）那时候，……（第 651—654 行缺失）……上升……（第 659—672 行缺失）

[Pr]（第 675—678 行缺失）……（第 680 行）你的灵魂……修行者……他们的人……灵魂形貌……思维、言辞和行为……罪过……我……（第 693—696 行缺失）

---

① MacKenzie, 1980, p. 288.

[Pv—Qr] 成为……的……

[Pv] ……公正的审判……自己的思想……（第 700—702 行缺失）他们哀求，并……仁慈的……我的……或者我……使之穿上……（第 710 行）你们诸神的……以及你们的伺候……热爱灵魂和……物欲横流的……理智……这……（第 717—720 行缺失）

[Qr] ……他们前来，把它往上拖向……（第 724—726 行缺失）那时候，……这天……与……（第 730 行）不幸的死亡……（第 731—744 行缺失）

[Qv] ……显示……邪恶行径……说道……整体……

二、胡特尔缀合的《沙卜拉干》文书

除了以上文书被学界公认为是摩尼之《沙卜拉干》的一部分外，还有其他若干文书也被认为属于《沙卜拉干》，如见于吐鲁番的中古波斯语文书 M 98 和 M 99 便是其中的重要组成部分，所以胡特尔将其收载在《摩尼有关宇宙起源的〈沙卜拉干〉文书》中。①

（一）中古波斯语文书 M 98 I 和 M 99 I

中古波斯语文书 M 98 I 和 M 99 I 最初由缪勒刊布于 1904 年，配有德译文；② 嗣后，杰克逊于 1932 年对此残片内容作了拉丁转写和英译，以大篇幅的注释对其进行了详细的研究；③ 博伊丝于 1975 年以拉丁字母转写的形式刊布了其原文，并有若干注释；④ 胡特尔于 1992 年作了拉丁字母转写、德文翻

---

① 见 Hutter, 1992, pp. 10-23. 要指出的一点是，对于这同样的文书，杰克逊与胡特尔的标志有所不同：前者简单标为 M 98 和 M 99，后者则标为 M 98 I 和 M 99 I。其原因在于另有总名亦为 M 98 和 M 99 的两份内容不同的文书，故胡特尔为资区别，前者标为"I"，后者标为"II"。本汉译文虽然主要参考了杰克逊的英译文，但为清楚识别起见，将英译文原标的"M 98"和"M 99"改为"M 98 I"和"M 99 I"。
② Müller, 1904, pp. 37-43.
③ Jackson, 1932, pp. 22-73.
④ Boyce, 1975, pp. 60-62.

译以及注释；① 克林凯特（Klimkeit）于1993年对此作了英译，但最后一段略而未译。② 在此的汉译文将以兼具转写、译文和详细注释的杰克逊英译文及胡特尔德译文为主要参考，再辅之以其他诸本的校勘。

该文书用摩尼体的中古波斯语书写，由两张对折页构成连续的四页，其前和其后的页张都已缺失。每页书写25行，但是，M 98 I 对折页上的最后一行已损坏，而M 99 I 对折页上的25行则保存完整。兹译释如下：

题记

我，[名叫]耶稣③之子，是个新的和能力不足的书写员，和其他一切悲伤者一样，都只有最少的荣耀。④

正文

M 98 I R, 1-6：他⑤（指生命神）固定了七行星⑥，并还束缚了二龙⑦，将它们绑定在最低天的高处；为了令它们随召唤而转动苍穹，他委托一男一女两位天使看管它们。

---

① Hutter, 1992, pp. 10-23.
② Klimkeit, 1993, pp. 225-227.
③ 按敦煌出土的摩尼教汉语文书，摩尼教的此神译作"夷数"。但是由于摩尼教神灵的许多汉译名是东方摩尼教融入浓厚佛教色彩之后的产物，故在此将摩尼教非汉语文书中的 Jesus 译作今通用名称"耶稣"，以区别于具有独特文化色彩的摩尼教汉语文书。下文凡遇类似情况，均按该原则处理。
④ 本段文字的德译文最初见于缪勒的文章（Müller, 1904），杰克逊对此有所修正（Jackson, 1932），胡特尔也有德译（Hutter, 1992）。这一题记相继横跨文书的四个页面，即：M 98 I R（正面/右面）为 'w mn yyšw'przynd；M 98 I V（反面/左面）为 dbyr 'y nwg 'wd 'qrwg；M 99 I R 为 kym nbyšt pd pryḫ；M 99 I V 则为 'w hrwqyn rnzwr'n。
⑤ 胡特尔认为该代词应理解为复数，即"他们"，指的是生命神和生命母（Hutter, 1992, p. 10, note 14）；克林凯特亦作如是说（Klimkeit, 1993, pp. 225, 227）。
⑥ 中古波斯语 'b'xtr (abāxtar) 义为行星，在此，"七行星"作为邪恶势力的代表之一，其观念源自古代伊朗文化，例如，在琐罗亚斯德教中，它们与暗魔阿赫里曼（Ahriman）的邪恶力量一起，大肆破坏天界的秩序。古伊朗的《创世记》说："这些行星就这样进入苍穹，它们与诸星辰交战：暗日、暗月与发光体之王太阳、月亮搏斗；木星与北方魁首七熊星座（Seven Bears）搏斗；金星与南方魁首萨塔维萨星座（Satavaesa）搏斗；火星与西方魁首心大星座（Antares）搏斗；水星与东方魁首天狼星座搏斗；土星与众魁之首，中天之主搏斗。"（Anklesaria [tr.], 1956, Chapter V, A, 3, p. 64）
⑦ 中古波斯语 'jdh'g (aždahāg) 是西文义为 dragon 的一种想象中的怪兽（有翼，有爪，口中喷火），中文虽然通常译之为"龙"，但与中国传统的神话生物"龙"的形象及品性迥异，故在此只是姑且借用习惯译法而已，并不十分确切。有关此"二龙"之所指，学界之说较多，在此不赘。

M 98 I R, 7-24：此外，他又引导光明分子来到明暗交界处①，接着再送入光明之巅。他净化了暗质混合物，从中分离出风、光、水、火，并以此创造了两种光明之车②。其一是由火与光构成的太阳，有以太③、风、光、水、火五重围墙，并有十二道门、五邸宅、三宝座，以及五位收集灵魂的天使，所有这一切都位于烈火围墙之内。他还从风与水创造了月亮，有以太、风、光、水、火五重围墙，并有十四道门、五邸宅、三宝座，以及五位收集灵魂的天使，所有这一切都位于水墙之内。

M 98 I R, 25-M 98 I V, 8：这些……（本行结尾损坏，下一行，即本页最末一行全部缺失）他穿上了……然后，太阳神穿上了从混合物中分离出来的风、水、火三件外衣。④净化后剩下的暗质则下沉至暗地⑤。为了在

---

① 中古波斯语 wymnd (wimand) 义为边界、边境、界限，但在摩尼教文书中，它多指暗魔入侵明界之前，明、暗两界的原始交界处。
② 中古波斯语 rhy (rahy) 义为乘具、战车、马车等。在东方摩尼教文书中，似乎多以"车"或"光明车"作为太阳和月亮的喻称，但在西方文献中，相应的名称却多为"船"或"光明舟"。
③ 中古波斯语 pr'whr (frāwahr) 义为气、以太。而"以太"（ether）一名在古代世界的宇宙构成学说中占有相当重要也颇为神秘的地位，各大文明几乎都有类似的说法。如古希腊哲学家亚里士多德将 Aiθήρ 作为土、火、气、水四大元素之外的第五元素，且是比其他四者更为精微、更为轻巧、更为完美的一种要素；其他要素的运动为直线，它的运动则作循环。在古印度，梵语称之为 ākāśa（汉语译作"虚空"），它表现为"空"，但并非真的一无所有，它也有质量，例如，它不似火之发热，故为"冷"；不似土、风之重，故为"轻"；不似风之推力，故为"静止"；不似其他要素的显眼，故为"隐"。古伊朗的琐罗亚斯德教也有类似的说法。这些都为摩尼教的宇宙说提供了文化来源。
④ 中古波斯语 myhr (mihr) 义为太阳，yzd (yazad) 义为神灵，故这里的 Myhryzd 一词便译"太阳神"。在摩尼教文书中，"太阳神"多指生命神（Living Spiril，净风）或第三使（Third Messenger，三明使），故若按这样的译法，是指生命神自己穿上了三件外衣。但是，杰克逊的英译却作"Then... furthermore he clothed the Sun God with three coverings"，显然意谓"他"（本文书的主角生命神）为太阳神穿上了三件外衣，则"太阳神"成了区别于生命神的另一神（Jackson, 1932, p. 33）。而克林凯特则译作"Then Mihryzd (the Living Spirit) (put on, of) the same purified light, three garments"，显然是谓生命神自己穿上了三件外衣（Klimkeit, 1993, p. 226）。鉴于前译于文义欠通（突然出现了一个并非生命神的"太阳神"），故参考后译，作正文之汉译。另一方面，中古波斯语 pymwg (paymōg) 本义为外衣、长袍，故在此的 pymwg sḥ 便可直译作"三件外衣"。博伊丝说，这其实也是"三轮"的另外一种表达法；而"三轮"即是火、水、风，也是生命神为了拯救光明分子而创造的（见 Boyce, 1975, p. 61, note）。
⑤ 克林凯特将此语英译成"and descended to the Earth of Darkness"，则是谓生命神本身下降暗地（Klimkeit, 1993, p. 226）；胡特尔似乎更清楚地表达了这样的意思："und er stieg hinunter zur Erde der Finsternis（而他则下降至暗地）"（Hutter, 1992, p. 13）。但是，早在公元四世纪希腊学者 Alexander of Lycopolis 反对摩尼教的著述中，就介绍摩尼教的教义道："从太阳和月亮分离出来的黑疠（ΰλη，拉丁转写作 Hylè；即黑暗物质）被掷出宇宙；那东西是火，能燃烧，但如黑暗一样，不见光明，犹如黑暗。"杰克逊认为，这与本文书的说法吻合（Jackson, 1932, p. 47, note 31）。杰克逊的看法有理，故汉译文不取胡特尔和克林凯特的译法。

上方创造伟大新天堂的圣迹，他铲除了死亡五窟，把它们填平。

M 98 I V, 8-17：与上方诸天相应，他在暗地之上堆积了一层又一层，共四层地①，即焦风层、阴暗层、烈火层和湿水层。他并构筑了一道围墙②，从明界向东，向南，向西延展，最终回到明界而衔接。

M 98 I V, 17-25；M 99 I R, 1-10：他又创造了另一伟大之地③，将它置于其他四层地之上，并委派思想神作为家宅之主而治理之。④ 在此大地上，他建造了另一道围墙，伸向东方、南方和西方。在这三个区域内，他建造了三个立柱和五个拱顶。第一个拱顶始自位于西方的墙端，相接西边立柱；第二个拱顶始自西边立柱，相接南方立柱；第三个拱顶始自南边立柱，相接东边立柱；第四个拱顶始自东边立柱，相接东方的墙端；第五个拱顶魁伟巨大，从东边立柱一直连接到西边立柱。

M 99 I R, 10-M 99 I V, 4：他又建造了巨大和坚固的一层地，共有十二道门，相当于诸天之门。在这层地的四周，他建造了四道围墙和三道壕沟；在壕沟内则囚禁着诸魔。⑤ 他将最低之天设在家宅之主的头顶

---

① 中古波斯语 nyr'myšn (*nirāmišn*) 本义为层，但在摩尼教文书中，只见于对最下部的四层大地的称呼中；因此，它与 ch'r (*čahār*) 构成的 nyr'myšnb ch'r 词组（字面意义为"四层"），便成了号称为"暗魔居所"的这四层大地的专名。

② 中古波斯语 prysp (*parisp*) 义为围墙、城墙。而据麦肯齐，这里的"围墙"亦即《沙卜拉干》第186行提到的"（宇宙的）外壳"——nyy'm (*niyām*)。参见前文注释。

③ 中古波斯语 wzrg (*wuzurg*) 义为伟大的、巨大的、高贵等级的等，故在此与义为地的 zmyg (*zamīg*) 合成词组，便意为"伟大之地"；这是一个专名，在摩尼教创世神学中有其特殊的含义。

④ 中古波斯语 prm'ngyn (*parmānagēn*) 义为思想（英文 thought），yzd (*yazad*) 义为神，而"思想神"则是生命神（净风）从其"五妙身"（相、心、念、思、意）创造出的五子之一。中古波斯语 M'nbyd (*mānbed*) 义为家宅之主（英文 master of the house，汉语名为"地藏明使"）。杰克逊将此语译作 "made the Mānbēd commanding god over it"（Jackson, 1932, p. 33）；克林凯特则作 "appointed the God of Thought to be the lord of the house"（Klimkeit, 1993, p. 226）。当以后者更为确切，故汉译从其意。但是，此语似乎存在一个矛盾：按叙利亚语文书《注疏集》，生命神从其"思想"（叙利亚语 maḥšabhthā）创造出的儿子是 King of Glory，也就相当于上文《沙卜拉干》所言的"部落主"（中古波斯语 zndbyd）；亦即是说，"思想神"对应的是中古波斯语文书《沙卜拉干》中的"部落主"（汉语文书的"催光明使"），而非"家宅之主"（汉语文书中的"地藏明使"）。那么，究竟何种对应关系是正确的，尚有待深入探讨。

⑤ 这四道围墙和三道壕沟，其结构应该是一道围墙之外为一条壕沟，再依次一道围墙、一道壕沟、一道围墙、一道壕沟，最后一道围墙包在最外侧，从而形成每条壕沟都被两道围墙所隔。而诸魔则被禁锢在沟中，无所脱逃。

上方，并让他手握七根方柱①，以使其周围的天保持秩序。他将这层大地置于立柱、拱顶和两道围墙上，而它们又架在家宅之主神的双肩上；家宅之主神维持着位于最外围墙上方的大地之东方、南方、西方，以及直达明界的北方的秩序。

M 99 I V, 4-23：在这一广阔而强大②的地面之上，除了诸壕沟之外，他还建造了另外两层混合的大地，有诸门、沟渠、地下水道，它们用以提升大量的风、水、火。③在这层大地的周围，他建造了一堵设有四道门的围墙；他在四方委派了四位天使，擎住最低之天，其服饰亦如较高天上的天使一般。④为了清除四个地区中的暗质残滓，他建造了十二个地狱，每个地区三座地狱。此外，他还设置了一道环形墙，其中是邪物禁闭所，在邪物禁闭所的中央，他建造了一座囚禁毒魔们的监狱。

M 99 I V, 24-25：接着，他又在大地的表面上建造了苏迷卢山。⑤［余者缺失］

---

① 中古波斯语 tskyrb (*taskirb*) 义为四种形貌的、四方形、四足动物等。但杰克逊认为在此或当作"四倍的"理解，这里的"立柱"之数不是七，而是七的四倍，亦即二十八。他说，或许可以推测，"二十八根立柱是相应于农历月的二十八天之数"（Jackson, 1932, p. 58, note 66）。但是，博伊丝、胡特尔、克林凯特则均将此词理解成"四方的"（分别见 Boyce, 1975, p. 62, note；Hutter, 1992, p. 16；Klimkeit, 1993, p. 226），今从之。
② 用来形容生命神所造第六地的中古波斯语 m'zmn (*māzman*) 的含义不明，杰克逊认为，或可与读音相近的梵语相比较，取其义为"强大的"（mighty）（Jackson, 1932, p. 60, note 79）。今姑取其说。
③ 在此，"建造……"云云据自克林凯特（Klimkeit, 1993, p. 226）；杰克逊对此未有完整的转写和翻译（Jackson, 1932, pp. 36-37）。
④ 克林凯特之英译文到此结束，嗣后的内容未见翻译（Klimkeit, 1993, p. 227）。
⑤ 有关这一词组，文书残损，前一词为 kwp，义为山、山脉；后一词则仅见最后一个字母 r，但杰克逊推测为 smyr (*sumēr*) 之残存，故补其词组为"苏迷卢山"，而这也正是许多摩尼教东方文书经常借用的佛教术语（Jackson, 1932, pp. 69-70, note 111）。但是，胡特尔对此语的译文颇不相同："他又在大地的表面建造了山脉与溪谷之间的清楚分界线……"（Hutter, 1992, p. 17）。今汉译文从前者。佛经对苏迷卢（须弥）山的描绘甚多，诸说在细节方面有所出入，但大体结构则相近。须弥山与整个宇宙的关系是：一佛之化境即宇宙以"三千大千世界"（折合为十亿个世界）构成，每个世界的最下层为气，称风轮；其上一层为水，称水轮；再上一层为金，称金轮；最上一层为山、海、大洲构成之大地；须弥山则在该世界的中央最高处，高八万由旬（梵语 yojana 音译，长度单位，相当于十余里至数十里不等），深入水下八万由旬，底呈四方形，周围三十二万由旬。以须弥山为核心，其外面隔着须弥海，相继被八大山所环绕，山与山之间都隔着一个海。最后一个海称为咸海，其外围是铁围山；在此咸海之中，有四大洲分据东、西、南、北四方，而众生居住的阎浮提洲则在南方。于是，每个"世界"便是以包括中央之须弥山在内的九山、八海所构成；而须弥山则成为最核心、最美妙、最崇高的处所，因为帝释天居住在那里。

（二）中古波斯语文书 M 7980—M 7984

以上是如今被学界认为亦当属于《沙卜拉干》一部分的 M 98 I 和 M 99 I 两件文书，胡特尔将它们收入了他的《摩尼有关宇宙起源的〈沙卜拉干〉文书》一书中。除此之外，胡特尔还收载和译释了另外几份重要的中古波斯语文书，即 M 7980、M 7981、M 7982、M 7983、M 7984 等，或者总称 T III 260 文书（实际上是其包括的诸多残片中的一部分）。安德鲁斯（Andreas）与亨宁（Henning）编撰的《中国西域之摩尼教中古伊朗语文书》有德文译本，并附希伯来字母的原文转写；[1]博伊丝在其《摩尼教中古波斯语和帕提亚语读物》一书中则有该文书的拉丁字母转写，并作若干简单注释；[2]阿斯姆森（Asmussen）在其《摩尼教文献》中将部分内容译成英文；[3]克林凯特对于该文书的英译文和若干注释则见其《丝绸之路上的诺斯替信仰》。[4]

相比之下，胡特尔对此的拉丁字母转写、德文翻译及注释是最全面和深刻的。[5]下面，将主要依据胡特尔的文书编排顺序及其拉丁字母转写和德译文，对此进行汉文译释，同时参考阿斯姆森、克林凯特等人的英译文，相互校对。这部分内容包括四份对折页的文书（M 7980、M 7981、M 7983 和 M 7984）以及一份单页的文书（M 7982）。它们相互衔接的顺序是：M 7984 II R、M 7984 II V、M 7981 I V、M 7980 I R、M 7980 I V、M 7980 II R、M 7980 II V、M 7981 II R、M 7981 II V、M 7984 I R、M 7982 R、M 7982 V、M 7983 I R、M 7983 I V、M 7983 II R、M 7983 II V。

（M 7984 II R 和 M 7984 II V 的标题）**有关物质的演讲**

M 7984 II R i

（第 101 行）……不入地狱，他们将发现那里并无欢乐，直至其毁灭的到来。（第 104 和 105 行缺失）

（第 106 行）当时，太阳神创造并安排好了这四层大地，它们是诸

---

[1] Andreas & Henning, 1932, pp. 191-203.
[2] Boyce, 1975, Text y, pp. 60-74.
[3] Asmussen, 1975, pp. 127-131.
[4] Klimkeit, 1993, pp. 227-235.
[5] Hutter, 1992, pp. 24-115.

魔的监狱；位于立柱上的四层大地……以及位于这大地碗中的门户、围墙、坟墓、地狱和苇丛；以及山脉、溪谷、泉水、河流与海洋；（第118行）还有十层天，它们有分区、地域、房屋、城镇、部落、陆地、边界、守卫和大门；（第124行）入口、拐弯、双重时刻、围墙；以及具有行星和星辰的黄道带；以及具有住宅、宝座、大门和主门守卫的太阳、月亮二车；还有监狱之主①、监察哨主、

M 7984 II R ii

家宅之主、村落之主、部落之主和国度之主；（第137行）以及宇宙中的一切事物。那时候，福音传达神②和通报神③（第141行）被太阳神和女身神（即奥尔密兹德神之母）抓住身体，向上带去，置于国度之主的面前，国度之主则站在诸天之上，握住诸神的头。

（第155行）太阳神和女身神这两位创造者一起向上方的天堂升去，（第159行）与他们一起上升的，还有奥尔密兹德神、最愉悦的光明④，以及新世界创造神⑤，他们都恭敬地站在天堂的君主面前。（第166行）他们向他鞠躬，深致敬意，

M 7984 II V i

说道："主啊，我们向你致敬，你用你奇迹般的威力和福佑创造了

---

① 中古波斯语 bnbyd (*bannbed*) 义为监狱之主。此词似乎仅见于此，显然是与上文麦肯齐缀合的《沙卜拉干》中所言的生命神五子并列的神灵，即：bnbyd（监狱之主）、p'hrgbyd（监察哨主）、m'nbyd（房宅之主）、wysbyd（村落之主）、zndbyd（部落之主）、dhybyd（国度之主）。那么，这一"监狱主"与生命神五子的确切关系，以及他本身的确切职能，都是颇可探讨的问题。

② 一般说来，中古波斯语 myzdgt'c (*mizdagtāz*) 义为消息通报者，但是，由于在此的 myzdg 特别有"好消息"之意，故汉译作"福音传达神"。这即是生命神和生命母前往深渊口，为了拯救因战败而被暗魔囚于渊底的初人（即奥尔密兹德；汉语文书中的"先意"），发出的"呼唤"而形成的神灵。帕提亚语作 *Xruštag*，英文意译为 Call 神，汉语文书或者意译作"说听（神）"，或者音译作"呼嚧瑟德"。

③ 中古波斯语 'zdygr (*azdegar*) 义为信使、通报者，即是生命神（净风）和生命母（善母）"呼唤"之后，渊底的初人（先意）"应答"后形成的神灵。帕提亚语作 *Padwāxtag*，英文意译为 Answer 神，汉语文书或者意译作"唤应（神）"，或者音译作"嘧嘪嚩德"。

④ 中古波斯语 xw'ryst (*xwārist*) 义为最愉快的、最甜美的等，故词组 rwšn'n xw'ryst 意为"最愉悦的光明"，这是摩尼教创世神话中，大明尊第二次"召唤"出的高级神灵，英文通常作 Friend of Lights，汉语文书则作"乐明"。

⑤ 中古波斯语的组合词 nwgšhr'pwr (*nōgšahrāfur*) 意为"创造新世界（的神）"，这是"第二次召唤"中，由明友（Friend of Lights）相继"召唤"出的次级神灵"大建筑师"；汉语文书称"造相佛"。

我们。（第173行）你通过我们囚禁了阿缁①、阿赫里曼，以及一切雄魔和雌魔。"（第179行）……诞生了一个新神，他将……并命令他前去查察诸魔的监狱；（第185行）以及负责转动太阳和月亮，从而成为诸神（即活灵）之光明和妙形的传递者和拯救者，他们在开初之时曾遭到阿缁、阿赫里曼以及雄魔、雌魔沉重打击，即使如今也还受其压迫。（第194行）他们充斥于天地间的各个区域，备受痛苦，所以，他将为风、水、火铺设通往最高天界的通道。

M 7984 II V ii

（第205—206行）有关物质的演讲至此结束。

（M 7981 I R 和 M 7981 I V 的标题）有关纳里沙神②的演讲

M 7984 II V ii

（第211行）有关纳里沙神的演讲始于此。（第213行）于是，天堂的君主运用他自己的奇迹般威力和福佑，创造了三位神灵：明界神③、智界神④、（第218行）光耀柱⑤。于是，正如主本身是天堂君主，掌控着一切光明那样，（第223行）明界神也将成为统治天、地，掌控宇宙中所有光明的君主，（第230行）这三位神灵将展示出白天和黑夜。（第234行）而智界神……光明与妙形……在……之后……

M 7981 I R i

（第237行）通过诸魔的精液，庄稼、花、草以及形形色色的种植

---

① 中古波斯语 "z (āz) 义为贪婪的、贪婪之魔等，古伊朗的宗教早就频繁使用此名。摩尼教采用后，更将其升格为诸魔之王，并往往视之为雌性。
② 中古波斯语 nrysh (narisah) 是摩尼教借自琐罗亚斯德教的神名，通常后面再加 yzd（神），从而组成"纳里沙神"专名，用以指称大明尊"第三次召唤"后创造出的高级神灵"第三使"。
③ 中古波斯语词组 rwšnšhr yzd (rōšnšahr yazd) 意为"光明世界之神"，即是指第三使。
④ 中古波斯语词组 xrdyšhr yzd (xradešahr yazd) 意为"智慧世界之神"（上文音译成"赫拉德沙"），通常是指耶稣（汉语文书中的"夷数"），但是，有时也可能是指伟大明心（Great Nous），即汉语文书所称的"惠明"。
⑤ 文书在此使用了 'hr'm (ahrām) 一词，原意为"向上登升"，但是往往指称拯救俗世的光明分子，使之上升明界的一位神灵，亦即"光耀柱"；故与之同义的另一名号是中古波斯语 b'mystwn (bāmistūn)，即"光耀柱"（Column of Glory）。此神还有一个常用的名号，是中古波斯语 srwš'hr'y (srōšahrāy)，义为公正的 Srōš，借自琐罗亚斯德教以审判灵魂为主要职责的一位神灵。在摩尼教汉语文书中，音译作"苏罗沙罗夷"或"窣罗沙苏夷"。

物得以播种和生长,(第241行)阿缁则将本身混入了其中。(第243行)那坠入海中的一部分则生成了丑陋的、贪食的、可怕的马赞①,它爬出海洋,(第250行)开始危害这个世界。

(第254行)然后,太阳神派遣他自己创造的五位神灵中的四形者②前去处理,(第258行)他将位于北方的马赞拉伸开来,从东至西,覆盖整个北方,并且踩上脚印,将它扔了下去。他站在巨怪之上,使之再也不能为害世界。(第267行)[太阳]神又派遣村落之主管理全部天、地和宇宙,

M 7981 I R ii

覆盖北方、东方、南方和西方,以便他保护这个世界。(第273行)那时候,好色和毁灭人类的阿缁从天上降落至地,落在干地和湿地上,(第278行)用来自其自身的种种杂草和怪物污染了它们。

(第283行)然后,雄魔、雌魔、怒魔、马赞、阿斯雷什塔③,以及两足动物、四足动物、有翼动物、有毒动物、爬行动物,在创世之初孕育自地狱的一切生物,(第292行)都被囚禁在了十一层天④中,(第295行)看着明界神的光辉与荣耀,垂涎于他,丧失了心智。(第300行)那时候,他们流产了,其孕育物流出体外,落到地上,(第304行)开始在地上蠕动爬行。

M 7981 I V i

他们从树上吞吃食物和果实,变得越来越大,最终转化成了马赞和阿斯雷什塔。(第310行)阿缁通过树上的食物和果实,进入了他们的身

---

① 中古波斯语 mzn (mazan) 义为巨魔、怪物,其观念源自伊朗古代文化,形貌往往呈现为巨大的怪兽、怪龙。
② 中古波斯语 tskyrb (taskirb) 义为四种形貌的、四方的,或者四足的动物,通常用以指称生命神(净风)五子之一的"光明阿达马斯"。
③ 中古波斯语 'sryšt'r (āsarēštār) 义为大魔、主魔,在摩尼教文书中,这类魔经常与马赞(Mazan)结合在一起出现,并且相互之间似无明显区别;但是其中的两个成员则在摩尼教的宇宙创生神话中扮演了十分关键的角色,即是创造了人类最初的一对男女。
④ 中古波斯语 y'zdḥ (yāzdah) 义为十一,'smn (āsmān) 义为天(sky),故文书的词组 y'zdḥ 'smn 无疑是确指"十一(层)天"。但是,绝大多数文献谈及摩尼教的创世神话时,都谓"十天、八地",故疑此文书的"十一层天"为笔误。但是,也有学者认为这"十一天"是指"十天"加上"黄道",故并非误记。

体，他们色欲而变得躁动起来，于是相互交配。（第319行）此时，明界神对新世界创造神说道："你去地、天和宇宙之外建造五所监狱，朝向南方，位于黑暗殿堂的上方；（第329行）再从东区到西区，造一座类似天堂的新建筑。（第334行）在这一建筑物的中央建造一所坚固的监狱，用以监禁阿缁、阿赫里曼、雄魔和雌魔。

M 7981 I V ii

（第340行）那些曾被阿赫里曼和诸魔吞食、折磨，在全宇宙及雄魔、雌魔中转生的诸神的光明与妙形，（第348行）在净化之后，会被带往最高的天堂，这时将会出现革新，（第352行）阿缁、阿赫里曼，以及雄魔、雌魔将被永远囚禁在那监狱中，再无获释之日！"

（第360行）"在这新建筑物的顶上建造新的天堂，居住在那里的是奥尔密兹德，以及以其奇迹般威力和光明抓捕和囚禁阿缁、阿赫里曼、雄魔、雌魔的诸神。（第370行）为我们制造一个宝座，并……

M 7980 I R i

（缺失19行）（第392行）……并利用智慧和知识，在这巨大的躯体①上创造以太②，以太之后创造风，（第396行）风之后创造光，光之后创造水，（第399行）水之后创造火。"他把它们像外衣一样穿上，他把火握在手中。（第403行）他就前去对付阿赫里曼和诸魔，把他们击倒在地，镇服了他们。并……

M 7980 I R ii

（缺失20行）（第427行）……他将净化风和光。（第428行）他将安排……并将净化水与火。（第430行）他们全都始终具有同样的意图和同样的威力。（第433行）他自己原始的光明与妙形在五明子③的照料

---

① 中古波斯语 tn (tan) 义为身体、躯体、个人等，wzrg (wuzurg) 义为巨大的、伟大的等，故词组 tn wzrg 意为"巨大身躯"。但是，在此实际上是喻指"大宇宙"，即 macrocosmos。摩尼教教义对于宇宙与人体的对应关系颇多说法，故有大—小宇宙、大—小人体等喻称。

② 中古波斯语 pr'whr (frāwahr) 义为气、以太 (ether)，此名在古代世界的宇宙构成学说中占有相当重要和神秘的地位，各大文明几乎都有类似说法，摩尼教借用了这一文化因素。前文 M 98 I R 文书的注释中已经谈及其源流，可参见。

③ 中古波斯语 mhr'spnd'n 亦即 'mhr'spnd'n (amahrāspandān)，借自琐罗亚斯德教的术语，原意为"博爱的不朽者"。摩尼教通常用以指称被物质囚禁的五明子（初人的五个"儿子"），或者摩尼教的专职修道士"选民"。

下,(第438行)五明子履行着奥尔密兹德神的意愿。以及……

M 7980 I V i

(缺失20行)(第461行)……并……将……(第465行)明界神将持世神① 安置在宇宙中央后,他安排了这些神灵。(第470行)然后,明界神、女身神(生命母)以及奥尔密兹德神以他们的本来面目,……

(M 7981 II R 和 M 7981 II V 的标题)**有关日夜周转的演讲**

M 7980 I V ii

(缺失19行)(第494行)……他将这些神灵和拉尼古神② 安置在日车和月车中,(第498行)这样,他们就能拯救在创世之初被阿缩、雄魔、雌魔吞食,并且至今仍遭囚禁的诸神的光明和妙形,(第505行)以及在革新之前被吞食的部分风、水、火……

M 7980 II R i

(缺失20行)(第529行)……与之混合,那时候,奥尔密兹德神与阿赫里曼交战。(第533行)然后,他利用日月的运转,将光明与妙形送上去,来自天、地宇宙的诸神得到照料和康复。(第539行)他引导他们前赴天堂……

M 7980 II R ii

(缺失21行)(第564行)……白天……变成……又,在每月的十五日、月圆之时,奥尔密兹德神通过其原质神③,使得月神的光明大增。(第573行)从每月的满月日(第十六日)到新月日,是二十九天。……

---

① 中古波斯语 qyšwrw'r (*kyšwarwār*) 义为负载世界[之神]。宋德曼认为此即光耀柱(Säule der Herrlichkeit)的名号(见 Sundermann, 1979, p. 102)。但是,就其名号的意思来看,又颇似生命神(净风)的五子之一"支撑者阿特拉斯",因为他的职责是负载起整个大地。

② 中古波斯语 rhngwḥ (*rahniguh*) 是摩尼教的一个神名,但是究属何意及何所指,学界并无统一意见。如巴格比迪(Baghbidi)认为,此词当是 *rah-hang-weh* 三者的合成,意为"最佳拉车者"(best chariot puller)(参见 Durkin-Meisterernst, 2004, p. 295)。不过,这毕竟不能作为定论,故在此从胡特尔的音译方式,如正文所示。

③ 中古波斯语 cyhr (*čihr*) 义为本质、原质、天性等,而词组 xwyš cyhr yzd 则意为"其原质之神",用以专指初人(奥尔密兹德神)的五个"儿子",即五明子。

M 7980 II V i

（缺失 21 行）（第 598 行）……和新月一起来临，奥尔密兹德神……从月车中升起，进入日车中。（第 604 行）这些神灵，即是奥尔密兹德神从满月日到新月日，不断从月车转入日车……

M 7980 II V ii

（缺失 20 行）（第 631 行）……一个月计为三十天，伴随着新月、满月，无形之月变成有形之月。阿缁、阿赫里曼，以及绝对的黑暗、臭气熏天的炎风、死亡毒药、狂烈的烧灼，以及雄魔和雌魔之毒将……

M 506 R

（第 645 行）……在那个起始点，阿班月①相应于干旱、焦灼和黑暗的邪魔物以及金牛星座。他让他们的燃烧向下释放……以及树木……并……

M 7981 II R i

（第 653 行）当在第二个起始点完成三十次周转之日，（第 656 行）阿班月归属，并变得清晰可见。在阿班月中，白天是十一小时，黑暗是十三小时。（第 663 行）那时候，宇宙中的太阳也灿烂照耀。

（第 669 行）那时候，太阳也从第二起始点升起，趋向第一起始点，它比其他天体更高、更大、更厚实。（第 677 行）另一个阿杜尔月②的三十天，也是三十次周转（第 681 行）和双倍的三百六十个小时，他安身于（第 685 行）……月同样安居的第一起始点。

M 7981 II R ii

（第 687 行）阿杜尔月在那一起始点同样相应于干旱、焦灼和黑暗的邪魔物以及双子星座。他让他们的炽热向下释放。（第 695 行）植物与水果开始成熟。在阿杜尔月的三十天期间，（第 699 行）一个完整的小时共有三百六十个维萨纳格③，每天，将从每个黑暗扣除十二个维

---

① 中古波斯语 'b'n (ābān) 义为水，故 'b'n m'h 便意为"水月"，是琐罗亚斯德教年历的第八个月，但是 5 至 11 世纪初，作为第二萨珊历的改革结果，它成了宗教年的第十二个月。不管怎样，水是伊朗宗教文化中特别崇拜的神圣事物之一，有许多节日和崇拜仪式与水有关。
② 中古波斯语 'dwr (ādur) 义为火，而"火月"（'dwr m'h）即是琐罗亚斯德教历的第九个月；该月的第九天也称 'dwr。
③ 中古波斯语 wys'ng (wisānag) 是个时间单位，相当于十个"秒"。

萨纳格,而添加到相应的白天中。(第 709 行)因此,白天是十二个小时,黑夜也是十二个小时,(第 712 行)它们都是相等的。然后,整个宇宙再度进入夏天,在日中即拉比赫①之际,(第 718 行)太阳开始运行。

M 7981 II V i

(第 720 行)此后,他将一年分成十二个月,相应于黄道的十二个星座,为春、夏、秋、冬四部分,并使它们明晰可见。(第 727 行)从而树木繁茂、牧场、草地、水果、作物丰盛、牲畜繁育。

(第 735 行)当太阳在广阔宇宙中的最高之天时,月复一月地过去,相应于白羊、金牛、双子、巨蟹、狮子②这五个星座。(第 744 行)然后,在相应于这五个星座的五个月中再加五天,(第 748 行)每个星座一个月零一天,如今,这五个一天在伊朗被称为五个"伽"③。(第 752 行)而在非伊朗地区,也有在这五个星座上增加十天的,即每个星座增加两天。

M 7981 II V ii

(第 757 行)同样地,相应于处女星座④的那个月也增加一天。(第 760 行)那时即是它开始向下释放寒冷之时,(第 762 行)树木开始日益褪色,秋天进入开端,宇宙进入日落阶段。

(第 767 行)同样地,相应于双鱼星座⑤的那个月也增加一天。那时即是它向下释放温暖之时,(第 772 行)树木开始生长,春天进入开端,宇宙进入黎明阶段。(第 777 行)这即是在伊朗被称为"五伽"的五天,以及在伊朗之外使用的十二天。(第 782 行)夏天是太阳在轨道上从太阳

---

① 中古波斯语 rbyḫ (*rabih*) 义为正午,此词为琐罗亚斯德教的术语。
② 中古波斯语 wrg (*warrag*) 义为羔羊,在此指称白羊星座(Aries);g'w (*gāw*) 义为公牛,在此指称金牛星座(Taurus);dwphyqr (*dōpahikar*) 指称双子星座(Gemini);qyrznkg(*kerzang*) 义为螃蟹,在此指称巨蟹星座(Cancer);šgr (*šagr*) 义为狮子,在此指称狮子星座(Leo)。
③ 中古波斯语 pnz g'h (*panz gāh*) 是伊朗古历的专用术语。盖因琐罗亚斯德教历本来以每年为十二个月,每月三十天。但是在萨珊王朝之初则对此历作了修改:在每年的十二月之后再额外增添五天,官方称为"伽日"(Gāh 来自古伊朗圣歌 Gāthā)。显然,之所以作如此修改,是因为人们观察到,春、夏时期的日照时间要长于秋、冬时期。
④ 中古波斯语 hwšg (*hōšag*) 义为玉米穗、簇、群等,在此指称处女星座(Virgo)。
⑤ 中古波斯语 m'hyg (*māhīg*) 义为鱼,在此指称双鱼星座(Pisces)。

月到瓦赫曼月①的一段时间，广阔宇宙中的这五个月……

（M 7984 I R 的标题）**有关白天和黑夜缩减的演讲**

M 7984 I R i

（第 789 行）……他②将首先把它③从宇宙中提取出来，脱离阿赫里曼和诸魔，向上引导至太阳和月亮，再引导至它的故乡天堂。然后，世界就会恢复原状④。（第 799 行）阿缁和诸魔将被摧毁，日月和诸神将获得安宁和平。

（第 806 行）也是在最初之时，诸神使得日月运转，利用它们的盈亏而划分各区、各方、边界；（第 815 行）他们使得昼、夜、月、年清晰可分。（第 818 行）他们净化宇宙中的光明，并引导它上升。那时候，其幼息遭到打击的阿缁从天上落下来，

M 7984 I R ii

裹在了树木和植物中。就这样，从天上落下来的马赞和阿斯雷什塔的流产胎儿裹在了树木和植物中。（第 831 行）诸魔见到纳里萨⑤之后，其胎儿自天上堕落而下，纳里萨神的荣耀显现在他们的面前⑥……阿缁见到光明分子在日月中获得照看，也见到曾被她攫取的光明诸神的光辉和美丽，他们被不断净化，并导往太阳和月亮。光明正在脱离阿缁的利牙，正在脱离陈旧的宇宙，而被带到日月车中，最终前赴天堂。

---

① 中古波斯语词组 m'h myhr (*māh mihr*) 意为"太阳月"，这是琐罗亚斯德教历或古伊朗历中每年的第七个月，用太阳神的名号（亦即摩尼教的第三使或生命神之名号）命名之。另一词组 m'h whmn (*māh wahman*) 则意为"瓦赫曼月"，是为同一历法的第十一个月；它也是用神灵的名号命名的，如在摩尼教中，这便是明心的名号之一。

② 这一"他"当是指第三使，亦即汉语文书所谓的"三明使"。

③ 这一"它"是指被拯救出来的光明分子。

④ 此语若直译，当是"世界就会变成 fršygyrd"之意。而中古波斯语或帕提亚语 fršygyrd/pršygyrd (*frašegird/prašegird*) 则是一个专门术语，意为"世界之末"或者"恢复和更新到最初状态［的世界］"。

⑤ 通常认为，摩尼教所借用的琐罗亚斯德教神名 nrysḥ (*narisah*) 是指称本教神灵第三使，不过，杰克逊认为，这并非指第三使，而是"第二使"，即明友（初人 / 先意为第一使）(Jackson, 1932, p. 279, note 24)。

⑥ 在此，众魔见到纳里萨的"荣耀"之后便胎儿堕落云云诸语，实际上是对一段神学传说的简单而含糊的概括，其原意是：第三使在雄魔前显裸露美女身，在雌魔前裸露俊男身，从而导致众魔情欲大盛，雄魔射出精子，雌魔堕落胎儿；而这些"精子"和"胎儿"即是他们此前吞食的光明分子。具体描绘，参见叙利亚语《注疏集》、阿拉伯语《群书类述》等文书的记载。

（M 7984 I、M 7982 和 M 7983 I 的标题）
有关盖穆尔德①与穆尔迪雅娜②的演说

M 7984 I R ii

（第856行）于是，上当的阿缁十分恼怒③，她开始采取措施，想道："我将按照我在天上见到的纳里萨神的男身和女身的形貌，制造一男一女，这样，他们就成了我的外衣和遮蔽物。（第867行）我将把他们设置成……这两人不能被诸神从我身边夺走，我将不对他们施加贫困与苦难。"

（第877行）于是，阿缁把从天上落下的一切诸魔的后裔，（第881行）即状若狮子，贪婪、狂暴、罪孽深重和偷盗成性的雄性阿斯雷什塔和雌性阿斯雷什塔，（第888行）作为她的遮蔽物和外衣穿上，内藏欲望。

M 7984 I V ii

（第892行）正如阿缁最初就在其居所黑暗地狱里教唆男身和女身的雄魔、雌魔、怒魔、诸马赞和阿斯雷什塔纵欲和交媾那样，（第901行）如今，她又继续教唆从天上下落到地上来的那些雄性马赞和雌性阿斯雷什塔纵欲和交媾，（第913行）以使他们亢奋得躯体紧密缠结，从而生育出阿兹达哈魔怪④，（第917行）被阿缁取而吞食，用以制造出一男一女。

---

① 中古波斯语 gyhmwrd (*gēhmurd*) 乃是人类第一个男人的名字，源自阿维斯陀语 gaiia-marətan，原义当是"生命—男人"。这相当于基督教传说中的亚当（Adam）；事实上，摩尼教的其他不少文书便是直接使用"亚当"一名指称这一角色的。

② 中古波斯语 mwrdy'ng (*murdyānag*) 乃是人类第一个女人的名字，也就是相当于基督教传说中的"夏娃"（Eve）。

③ 中古波斯语 wyptg (*wīftag*) 义为欺诈的、被欺骗的，故阿斯姆森将此句译作"Then that tricked Āz was filled with heavy anger（于是，奸诈的阿缁十分恼怒）"（Asmmussen, 1975, p. 128）。但是，克林凯特则译作"Then that Āz who had been deceived was filled with great wrath（于是，那曾被欺骗的阿缁十分恼怒）"（Klimkeit, 1993, p. 232）。显然，后者理解为阿缁是"被欺骗"的。胡特尔的译法与之类似："Danach wurde jene betrogene Āz von heftigem Zorn erfüllt（随后，被欺骗的阿缁充满了恼怒）"（Hutter, 1993, p. 82）。我认为，后一种译法更近是，盖因前文谓第三使以"色相"引诱雌雄魔泄出精子（光明分子），这可以视作是一种"骗术"，令邪魔上当而释放出光明分子，故阿缁事后有被骗即"上当"之感，是顺理成章的。

④ 中古波斯语 'wzdh'g (*uzdahāg*)，亦作 'zdh'g (*azdahāg*)，是伊朗古代神话传说中具有形形色色种类的蛇状怪物，通常十分巨大，或居空中，或居地面，或居海里；有时候与自然现象相关，特别是下雨和日食、月食。在大多数情况下，它都是邪恶的魔类；摩尼教的观念与此相仿。西文通常译为 dragon，则汉语通常译为"龙"。但是，由于中国古代文化中的"龙"的形象与之大相径庭，故在此音译其物之名，以辨清概念。

（第924行）然后，雄性马赞和雌性阿斯雷什塔教唆（第926行）其他诸魔纵欲和交媾，他们身体缠绕，结合在一起，从而怀孕和繁育后代。（第932行）随后，他们将自己的后代送给状若狮子，充满淫欲的雌雄阿斯雷什塔，（第937行）作为阿缁的外衣。阿缁便吞食了这些后代，雄马赞和雌马赞兴奋得交媾，身体缠绕，结合。（第949行）阿缁用她所吞食的马赞和阿斯雷什塔的后代混合体，按她自身的欲望，制成了一个男身，具备骨、筋、肉、脉、皮。

M 7982 R ii

（第959行）于是，起初存在于水果和花蕾中的诸神之光明与妙形，如今便与马赞的后代混杂在一起了，（第964行）作为精魂①被禁锢在肉体之内。阿缁还在其体内嵌入了贪婪、淫欲、色情、性交、仇恨、诽谤、嫉妒、罪孽、愤怒、不净、昏聩、无知、仇教、疑神、偷窃、撒谎、抢劫、恶行、固执、虚伪、报复心、狂妄、焦虑、忧伤、悔恨、痛苦、贫穷、匮乏、疾病、衰老、恶臭和偷盗心。（第986行）她（阿缁）将诸马赞的形形色色的语言和声音都赋予了这个创造物，使之能够讲和理解这些不同的语言。②

M 7982 V i

（第994行）她曾见过［日］车上的诸神的男性后代（指第三使），

---

① 原文在此使用了中古波斯语 / 帕提亚语 gy'n (gyān) 一词，由于它与另一常用的中古波斯语 / 帕提亚语近义词 gryw (grīw) 有所区别，故汉译文亦加以区分：前者译作"精魂"，后者译作"灵魂"。有关这二者含义的区别，宋德曼曾以"灵魂的双重性"为题，专节予以探讨（Sundermann, 1997, pp. 11-14）。其大致观点是："精魂（gy'n）"主要是指人类个体的灵魂，与其"肉体"相对立，它需要被救赎，脱离肉体的束缚，回归明界；而"灵魂（gryw）"则主要是指宇宙性的存在，亦即由气、风、光、水、火五要素构成的光明分子，它虽与"精魂"同质，但不似"精魂"那样具有特指性。简言之，宋德曼以"人类灵魂"和"世界灵魂"来概括灵魂的双重性。然而，gy'n 与 gryw 的区别是否仅在于此，好像仍有深入探讨的必要，因为有些资料所揭示的情况，似乎有辨别"善"（更为纯洁）、"恶"（更受污染）光明分子的意思在内。例如，插有帕提亚词的中古波斯语文书 S 13（S 9 R ii 30）的一段文字云："阿缁（Az），一切诸魔的邪恶母亲，变得狂暴愤怒，她制造了严重的骚乱，以帮助她自己的灵魂（gryw）。她用雄魔的泄物、雌魔的污垢制造了这个躯体，自己进入其中。然后，她用五明子，即奥尔密兹德神的甲胄，制成了善良的精魂（gy'n），将它束缚在这个躯体内。"显然，文书对于邪恶贪魔的灵魂使用了 gryw 一词，而对于善良的五明子则使用了 gy'n，似乎旨在刻意地区分"坏"与"好"的灵魂。因此，gy'n 与 gryw 的细微辨析恐怕还有待于更加深入和全面的探讨。

② 此语的意思当是表明摩尼教将世上众多的语言视为暗魔的产物。

于是以此为原型，制造了第一个男性人类。她还将他与上方苍穹中的诸马赞、诸阿斯雷什塔，以及黄道诸星座和诸行星联系起来，使得其上方的马赞和黄道诸星座降下愤怒、（第1007行）淫欲和罪孽之雨，充满其心灵，使之变得越来越残酷、越来越像马赞，越来越贪婪和淫荡。（第1013行）当这男性人类诞生之后，她便取其名为"第一个人"，即盖穆尔德。

（第1019行）然后，状若狮子的雄性阿斯雷什塔和雌性阿斯雷什塔，（第1022行）再吞食了其同类的后代，充满了淫欲，

M 7982 V ii

（第1026行）它们交合，躯体缠绕，结合在一起。（第1029行）阿缁吞食了这对马赞所吃的诸魔的后代，以同样的方式制造了一个女性人类，具备骨、筋、肉、脉、皮。（第1038行）于是，起初存在于水果和花蕾中的诸神之光明与妙形，如今便与马赞的后代混杂在一起了，作为精魂被禁锢在肉体之内。阿缁还在其体内嵌入了贪婪、淫欲、色情、性交、（第1049行）仇恨、诽谤、嫉妒、罪孽、愤怒、不净、昏聩、无知、仇教、疑神、偷窃、撒谎、抢劫、恶行、固执、虚伪、报复心、狂妄、焦虑、

M 7983 I R i

（第1062行）忧伤、悔恨、痛苦、贫穷、匮乏、疾病、衰老、恶臭和偷盗心，以及各种各样的邪信和最恶行为之心，使之像充满盖穆尔德一样充满了她。她（阿缁）将诸马赞的形形色色的语言和声音都赋予了这个女性创造物，使之能够讲话和理解这些不同的语言。

（第1084行）她（阿缁）也按照她曾在［日月］车上见到过的诸神的女性后代（即光明少女），以此为原型，（第1087行）制造了这个女人。她（阿缁）将她与苍穹中的黄道诸星座和诸行星联系起来，

M 7983 I R ii

使得其上方的由马赞和黄道诸星座降下愤怒、淫欲和罪孽之雨。这样，就可使这个精魂变得越来越残酷和罪孽深重，充满了淫荡和性欲，（第1102行）从而能够以其淫欲欺骗最早的男人。这样，人类就将因这第一对男女而诞生，（第1108行）并且也变得贪婪、淫荡、狂暴、仇恨、

残忍，（第1112行）就会伤害水、火、树木和植物，他们就会崇拜阿缁和贪魔，就会按照诸魔的意愿行事，并且［最终］将会进地狱。

（第1121行）女身之人诞生后，他们便为她取名为"荣耀女人"（Female of Glories），即穆尔迪雅娜（Murdiyānag）。这一男一女诞生于世，并且成长后，

M 7983 I V i

（第1130行）阿缁和阿斯雷什塔诸魔都欣喜异常。阿斯雷什塔的头领（阿缁）召集马赞和阿斯雷什塔，（第1137行）对这两类魔说道："我为了你们，创造了大地和苍穹、太阳和月亮、水与火、树木和植物，以及野兽和家畜，使得你们因此得以欢乐、幸福、高兴，履行我的意愿。"

（第1149行）一个可怕的马赞被委派来作为这两个孩子的护卫，她说道："他应该保护他们，不允许任何人把他们从我们身边带走。（第1157行）由于马赞和阿斯雷什塔非常害怕诸神，

M 7983 I V ii

（第1161行）所以不应让任何神前来打击和束缚我们，从而带走按照诸神的形貌制造出来的这两个孩子。"

（第1171行）此后，"最初男人"和"荣耀女人"，即最早的男人和女人开始统治大地，他们体内的贪婪发作，充满狂暴。他们开始淤积泉流、砍伐树木和植物，肆虐大地，贪婪之极。他们不敬畏神灵，（第1187行）不承认可以使得世界卓有秩序的五明子（Amahrāspands），而是无情地折磨他们。（第1196行）此后，由于……

（M 7983 II R 和 M 7983 II V 的标题）关于精魂和肉体的演讲

M 7983 II R i

（第1197行）……这个［堕胎儿的］精魂将在活力、威力、光明、芳香、美丽中逐步成长，在适当的时辰诞生为人。

（第1204行）他诞生之后，其肉体和精魂也是依靠诸魔的堕胎物和混合在诸神原质中的物质哺育，以至长大。（第1211行）他成了阿缁的外衣和肉体欲望的覆盖物。（第1213行）他伤害和折磨水、火、树木和其他生物，他的族类。他使得阿缁和欲望高兴异常，因为他满足了她们

的愿望，遵从了她们的指导。（第1221行）但是，他既未使水、火，也未使树木和人类快活，（第1225行）因为他成了他们的敌人和折磨者。他领悟不到真理，因为阿缁使他丧失了理智，灵魂邪恶。①

M 7983 II R ii

（第1230行）在这孩子诞生时刻到来之前，他并未受到比他更大的同伴的折磨。（第1236行）在其诞生时刻之前，这孩子未受伤害地生活着，但在他诞生之后，则遭到复仇和困境的折磨，这时，他就死亡了。（第1242行）如果他长大了，那么就得为他自己的行为受到惩罚。（第1246行）在这世界上诞生的一切人，无论是男的还是女的，都是由阿缁创造的。

（第1252行）阿缁通过人类而吞吃水、植物和各种食物中的光明分子，利用欺诈手段，制造着小孩。（第1260行）如果这些水和植物保留在山脉和草原的各个地方，

M 7983 II V i

（第1264行）那么它们就不会被人类获得，因此也不会被阿缁吞噬，（第1267行）则人类也就不会从它们而诞生。但是如果它们被人类获得，阿缁就能利用她的欺骗手段，用它们制造小孩的肉体。（第1273行）这犹如一个工匠旨在建造一座宫殿，他就首先利用自己的知识，将宫殿划分成许多有门的房间，规划之后，再完全建成它。（第1281行）或者犹如一个裁缝，利用自己的知识，用不同的材料制成一件外衣。（第1285行）或者像个画师，利用自己的技能，用不同的颜色画成一幅图画。

（第1292行）但是，如果工匠们用以建造宫殿的材料、缝制外衣的布料（第1295行）和绘画的颜料

M 7983 II V ii

分布在各个地方，并未齐集，那么，也就无法建造宫殿，缝制外衣和绘成图画了。（第1309行）但是，如果工匠十分认真地搜集这些不同的建筑材料、缝衣的布料和绘画的颜料，（第1316行）那么，他们就能建造宫殿，缝纫外衣和绘制图画了。……

---

① 中古波斯语 dwjrw'n (*dužruwān*) 可能义为灵魂邪恶的［人］，但不十分确定。

（第1324行）阿缁（其创造的小孩是受其蛊惑的）的情况亦然如此，她制作了男孩和女孩，用诸魔的堕胎物及诸神与暗物的混合物滋养自己，（第1330行）这些东西混合进水和植物中……

三、《沙卜拉干》之文化特色简论

《沙卜拉干》不仅是摩尼亲撰的作品，也是他公开布教之后的早期作品（成于三世纪四十年代）。所以，它当是迄今所见最早的大篇幅摩尼教经典，因此其展示的思想特色、文化因素也就可以被视为"原始／早期摩尼教"的特征。在此，将主要通过对《沙卜拉干》所用术语和专名的分析，简单地归纳一下该作品的文化特色，从而粗略考察"原始／早期摩尼教"的若干特点。

首先，几乎可以一目了然地发现，该文书大量借用了古波斯或琐罗亚斯德教的文化因素，特别是神灵的称号，往往被全盘沿用，只是稍微改变其内涵而已。例如，善神中的奥尔密兹德（古波斯语作 Ahuramazda，帕提亚语作 Aramazd，中古波斯语作 Ohrmazd/Hormizd，新波斯语作 Ormazd），本是古伊朗宗教中的高级神灵，后来被琐罗亚斯德教奉为最高尊神。通常认为，Ahura 义为智慧或聪明的，Mazda 义为君主、大王等，故 Ormazd 当意为"智慧之主"。琐罗亚斯德教将奥尔密兹德尊为最高的"永存之神"，绝对的贤明、仁慈和善良，是宇宙万物的创造者（创造天，创造地，创造人）、光明王国的统治者、末日审判的裁决者等。摩尼教借用了这位神灵的称号，并且也尊之为善神，不过改变了其内涵：摩尼教的奥尔密兹德神，是由最高善神大明尊"召唤／发射"（创造）出次级神灵生命母（Living Mother）后，再由生命母"召唤／发射"（创造）出来的，称为"初人"（Primal Man）。这一创造的最初目的，是要求奥尔密兹德（初人）带领诸神去和侵犯明界的暗魔作战。嗣后，奥尔密兹德经过作战、失败、被囚、被救的过程，往往成为摩尼教根本教义"光明分子被暗魔囚禁，并追求解放"的象征。

《沙卜拉干》借用古伊朗神灵名的另一个例子是"阿赫里曼"（Ahriman；阿维陀语作 Angra Mainyu，中古波斯语作 'hrmyn）。在琐罗亚斯德教中，它是作为最高善神奥尔密兹德的对立面，为邪魔之首，因而有所谓的"众魔之魔"（daēvanam daēvō）①之称；同时，他也是欺诈、不洁、毁灭、死亡、黑暗等等的象征。简言之，阿赫里曼是邪恶和黑暗的最高精灵，是最高善神奥尔密兹德的死对头。但是，在嗣后发展成的琐罗亚斯德教的分支楚尔凡教派（Zurvanism）中，这一对敌手的关系发生了变化：他们是无穷时空神，亦即最原始的创造神楚尔凡（Zurvan）的双胞胎儿子。楚尔凡是个无性者（既不属阴也不属阳的中性），他献祭了千年，要求获得子嗣，最终便有了双生子奥尔密兹德和阿赫里曼；但是，前者善良、光明、芳香，后者则邪恶、黑暗、恶臭。楚尔凡将国土分给两个儿子，阿赫里曼统治俗世，奥尔密兹德则作为修道士而统治上方。摩尼教采用了阿赫里曼之名，也将他作为光明尊神的绝对对立面，通常也作为邪魔首领的称呼。摩尼教的基本教义之一，是代表黑暗和物质的肉体禁锢了代表光明和精神的灵魂；而"肉体"被说成是由阿赫里曼的原质构成，"灵魂"则由奥尔密兹德的原质构成。

又如，上引 M 7980 文书（被认为是《沙卜拉干》的一部分）用来指称"五明子"的 'mhr'spnd'n（amahrāspandān）一词，也是来自古波斯的宗教经籍，即《阿维斯陀》。它原义"神圣的 / 博爱的不朽者"，是位慈善神。这类神灵经常与最高善神奥尔密兹德一起被提及，作为奥尔密兹德的助手，形成最高恶神阿赫里曼及其诸魔的对立面。逐步地，他（们）就往往具备了最高造物主的原质之一的地位与角色。也许正是出于这样的含义，摩尼教通常把被暗魔（肉体）囚禁的灵魂（亦即最高善神大明尊发射出的原质的一部分）称之为 'mhr'spnd'n（amahrāspandān），汉语典籍则译之为"摩诃罗萨本"。

作为"摩诃罗萨本"之对立面的邪魔一方，频繁使用的源自古伊朗的一个专名是 Āz。在《阿维斯陀》中，Āz 作为邪魔，通常与 Ātar（火）相对立，但是被献祭的牛乳和肥肉所克制；总的说来，当时的 Āz 在神话传说和宗教方面均无特别重要的意义。嗣后，在琐罗亚斯德教的文书中，Āz 往往具有贪婪、贪得无厌的含义，从而与"满足"相对立，对虔诚信奉奥尔密兹德形成巨大的威胁。至于摩尼教，则将 Āz 的角色进一步发展到禁锢光明分子（灵魂）之恶魔的程度，甚至，将阿缁（Āz）作为最高级的暗魔，称之为贪欲和一切罪孽之母。现今所见的许多摩尼教文书对此都有程度不同的描述。②

---

① 这可能是模仿了古波斯阿黑门尼德王朝时期的君主称衔"众王之王"（king of kings）。
② 有关摩尼教中的"阿缁"问题，可参见拙文《摩尼教 Hylè、Āz、贪魔考》，《史林》2006 年第 5 期。

当然，《沙卜拉干》所借用的古伊朗或琐罗亚斯德教专名，远不止上面所举的几例，如用以指称第三使的 nryšh (narisah) 是借自琐罗亚斯德教，在《阿维斯陀》中作 nairyyōsaṇha。又如《沙卜拉干》虽然借用了基督教最重要的角色耶稣作为摩尼教的主要神灵之一，却并未直接借用 Jesus 这一名号，而是使用了伊朗语的固有名称 xrdyšhr (xradešahr)，意为"智慧的世界（之神）"；这一现象与其后的许多东、西方摩尼教文书的措辞颇不一样，因为后者是大多径称 Jesus（汉语称"夷数"）的。这似乎表明，《沙卜拉干》体现的基督教文化因素要比伊朗传统文化因素淡薄。

尽管如此，摩尼教毕竟源自与基督教关系密切的"诺斯替教派"（Gnosticism），所以《沙卜拉干》体现的基督教因素也不少。例如，文书中反复出现的"人子"称号即是借用了基督教术语。在基督教中，"人子"（Son of Man）之称实际上并非专名，亦即并非专指一人，如希伯来先知厄则克耳（以西结，Ezekiel）被神称为"人子"："他向我说：'人子，站起来！我要同你讲话。'他向我讲话时，有一种神力进入我内，使我站起来，也听见他同我讲话。他向我说：'人子，我派遣你到以色列子民，到反抗我的那个叛逆的人民那里去，……'"①

但是，由于耶稣最喜欢并经常用"人子"称呼自己，故后世往往亦以"人子"作为耶稣的专称。耶稣虽然确实是"神之子"，却以"人子"自称，当是一方面出于自谦，另一方面也不无暗示自己为末世"救世主"（Messiah）之意。《新约·斐理伯书（腓立比书）》载云："你们该怀有基督耶稣所怀有的心情：他虽具有天主的形体，并没有以自己与天主同等，为应当把持不舍的，却使自己空虚，取了奴仆的形体，与人相似，形状也一见如人；他贬抑自己，听命至死，且死在十字架上。"② 按此，则知耶稣兼具神格、人格，故称为"人子"未尝不可。此外，先知达尼尔（但以理，Daniel）曾经预言道："我仍在夜间的神视中观望，看见一位相似人子者，乘着天上的云彩而来，走向万古长存者，遂即被引到他面前。他便赐给似人子者统治权、尊荣和国度，各民族、各邦国及各异语人民都要侍奉他；他的王权是永远的王权，永

---

① 《圣经·旧约·厄则克耳（以西结）书》第 2 章第 1—2 节，思高，1968 年，第 1322 页下。
② 《圣经·新约·斐理伯（腓立比）书》第 2 章第 5—8 节，思高，1968 年，第 1830 页下。

存不替；他的国度永不灭亡。"① 在此所言的"人子"即是在末世的救世主（弥赛亚），则耶稣自称"人子"，也就以未来的"救世主"自居了。

基督教以"人子"称呼救世主耶稣的做法，几乎被摩尼教原封不动地采用，使得摩尼教中也出现了一个担任"弥赛亚"角色的、称为"人子"的神灵。所不同的只是，他在摩尼的早期作品《沙卜拉干》中称为"赫拉德沙"，而在后世的其他作品中才直接称"耶稣"（Jesus）。

《沙卜拉干》借鉴基督教因素的现象还展现在如下方面：第 60—129 行的一大段文字，几乎是逐字逐句抄录自基督教《圣经》的《福音》书。在此照录《圣经》，以资比较：

> 当人子在自己的光荣中，与众天使一同降来时，他要坐在光荣的宝座上，一切的民族，都要聚在他面前；他要把他们彼此分开，如同牧人分开绵羊和山羊一样：把绵羊放在自己的右边，山羊在左边。那里，君王要对那些在他右边的说："我父所祝福的，你们来罢！承受自创世以来，给你们预备了的国度罢。因为我饿了，你们给了我吃的；我渴了，你们给了我喝的；我作客，你们收留了我；我赤身露体，你们给了我穿的；我患病，你们看顾了我；我在监里，你们来探望了我。"那时，义人回答他说："主啊，我们什么时候见了你饥饿而供养了你，或口渴而给了你喝的？我们什么时候见了你作客，而收留了你，或赤身露体而给了你穿的？我们什么时候见你患病，或在监里而来探望过你？"君王便回答他们说："我实在告诉你们：凡你们对我这些最小兄弟中的一个所做的，就是对我做的。"然后他又对那些在左边的说："可咒骂的，离开我，到那给魔鬼和他的使者预备的永火里去罢！因为我饿了，你们没有给我吃的；我渴了，你们没有给我喝的；我作客，你们没有收留我；我赤身露体，你们没有给我穿的；我患病或在监里，你们没有来探望我。"他们也要回答说："主啊，我们几时见了你饥饿，或口渴，或作客，或赤身露体，或有病，或坐监，而我们没有给你效劳？"那里，君王回答他们说："我实在告诉你们：凡你们没有给这些最小中的一个做的，便

---

① 《圣经·旧约·达尼尔（但以理）书》第 7 章第 13—14 节，思高，1968 年，第 1402 页上一下。

是没有给我做。这些人要进入永罚,而那些义人却要进入永生。"①

以上的例证表明,摩尼教的"末日审判"或末世学,在相当程度上借鉴自基督教。至于摩尼教的创世说,也可以明显地展示出基督教文化因素。例如,上文 M 7984 等文书谈到了贪魔创造最早人类的事情:被他们创造的第一个男性人类名为盖穆尔德(中古波斯语 gyhmwrd,原义"生命—男人");被创造的第一个女性人类则名为穆尔迪雅娜(中古波斯语 mwrdy'ng)。他俩的名字与此前实际上指称耶稣的"赫拉德沙"神一样,在此也是实际上指称基督教神学中的人物——亚当和夏娃。

尽管文书在此没有直接使用亚当、夏娃之名,并且其神学故事也与基督教之说颇不相同,甚至在"原则问题"上与之迥异——把人类始祖的诞生说成是邪魔而非善神"上帝"的创造,但是,摩尼教"人类始祖创造"说的基本脉络却是借自基督教的;实际上,其角色构成也完全抄袭自基督教,因为在后世的其他文书中,多称这一男一女"始祖"为亚当、夏娃。

与伊朗—琐罗亚斯德教文化因素以及基督教文化因素相比,《沙卜拉干》中的佛教因素就逊色多了,甚至几乎未见明显的佛教影响痕迹。唯一可以视作佛教或印度因素的地方,是见于 M 99 I V, 24-25 行的"苏迷卢山",盖因此为印度或佛教神学中的神山,极度高广,汉名亦作须弥山、妙高山。不过,即使如此,由于文书的破损,此"苏迷卢"只是杰克逊据残迹而推测的词汇,较后的胡特尔就未曾作此辨读。所以,哪怕这一"印度—佛教因素",也不能很有把握地断定。

综上所述,可知摩尼教的早期作品,摩尼亲撰的《沙卜拉干》体现的伊朗本土传统文化和琐罗亚斯德教文化影响最为浓重,展示的基督教文化影响次之,最为淡薄的则是佛教影响。这个特点与摩尼教创建于波斯,以及摩尼旨在将本作品献呈波斯国王,以求庇护摩尼教之传播这样的客观历史环境有关。至于若以稍后见于东方的摩尼教帕提亚语、粟特语、回纥语、汉语等具有浓厚佛教色彩的文书与之相比,则可清楚地察觉到摩尼教在布教过程中的"方便说法"原则。

---

① 《圣经·新约·玛实(马太)福音》第 25 章第 31—46 节,思高,1968 年,第 1548 页上—下。

第二章　摩尼的"书信"选译和考察

摩尼曾经十分自豪地向信徒们宣称，本教拥有其他宗教所没有的十大优点，所以摩尼教是有史以来最优秀的宗教。在他所列述的摩尼教十大优点中，位列第二的即是教主摩尼本人亲自撰写了许多著述，将"上天的启示"记录下来，直接传授给广大信徒，遂使摩尼教教义一成不变地为信徒们所接受。他这样说道："我的教会在智慧和……方面超越了……有关这点，我已经向你们揭示了。我把这不可限量的智慧写在了圣书、伟大福音和其他著述中。于是，这些智慧在我身后就不会走样了。此即我在这些书中写下这些智慧的方式，也是我要求它被描画的方式。确实，在我之前的一切使徒，我的同仁们，却并未如我那样将他们的智慧写在书中，也没有如我那样将其智慧描画在图书中。我的教会在这方面和其他方面的优越性都超过了此前的诸教会。"[①] 显然，我们无可否认，比照古代各大宗教，确实唯有摩尼教的教主才有亲自撰写的著述流传后世，而其他教主都只有弟子或后人对其言行、思想的追记留存下来。

有鉴于此，摩尼的亲撰作品——或者被认为的亲撰作品——就具有了十分重大的学术价值。几乎各种记载都声称摩尼亲撰的作品有七部，但是在具体描述内容或名称时，却有所不同，并且总的数量也不止七种。汉语文书《摩尼光佛教法仪略》记述摩尼的作品是：《大应轮部》（译作《彻尽万法根源智经》）、《寻提贺部》（译作《净命宝藏经》）、《泥万部》（译作《律藏经》或《药藏经》）、《阿罗瓒部》（译作《秘密法藏经》）、《钵迦摩帝夜部》（译

[①] 是为科普特语文献《克弗来亚》（*Kephalaia*）的第151章，第371节，译自 Gardner & Lieu, 2004, p. 266 的英译文。

作《证明过去教经》)、《俱缓部》(译作《大力士经》)以及《阿拂胤部》(译作《赞愿经》)这样七部经。此外，还有一部名为《大门荷翼图》(译作《大二宗图》)的作品，当即是用图画描绘摩尼教教义的著述。① 于是，据《仪略》之说，摩尼的作品是八部而非七部。

按照通常的比定，《仪略》所言诸书相应的西文诸书是：《彻尽万法根源智经》相当于《伟大生命福音》(*The Great Living Gospel*)；《净命宝藏经》相当于《生命宝藏》(*The Treasure of Life*)；《律藏经》或《药藏经》相当于《书信集》(*The Epistles*)；《秘密法藏经》相当于《神秘经》(*The Mysteries*)；《证明过去教经》相当于《论文》(*Pragmateia*)；《大力士经》相当于《巨人书》(*The Book of the Giants*)；《赞愿经》相当于《赞美诗与祈祷文》(*The Psalms and Prayers*)；《大二宗图》相当于《图画书》(*The Picture-book*)。所以，阿拉伯语《群书类述》所言摩尼撰写的七部书（一部用波斯语撰写，六部用叙利亚语撰写）中名叫《沙卜拉干》(*Al-Shābuqān / Al-Shāhburqān / Al-Shāhpūrakān*)的一部书②，则是《仪略》所言八部书外的又一作品。

遗憾的是，除了本书第一章译释和讨论的《沙卜拉干》外，迄今未见其他比较完整的摩尼亲撰作品。不过，有若干据称是摩尼写给自己门徒或其他人的书信，也具有较大的参考意义。阿拉伯史家阿尔纳丁在其《群书类述》中保留了许多摩尼本人以及摩尼教高级教职人员的书信名称，今抄录如次：

> 二宗、显赫者、有关印度的长信、得体的善良、公正的实现、Kaskar 之信、Fatiq 的长信、亚美尼亚之信、异教徒 Amūlyā 之信、文献中的泰西封之信、十语之信、有关社会交往的导师之信、有关口印的 Waḥman 之信、有关安慰的 Ḥabarhāt 之信、泰西封的 Umhasam 之信、有关香料的 Yaḥyā 之信、Ḥabarhāt 之信、致听者的泰西封之信、Fātī 之信、有关指南的短信、Sīs 的二元论信、Bābil 的长信、Sīs 和 Fatiq 有关形式之信、天堂乐园、Sīs 有关时间之信、Saʻyūs 有关十一税之信、Sīs 有关抵押之信、有关行政管理之信、学生 Abā 之信、摩尼致 ar-Ruḥā 之信、Abā 有关仁爱之信、Maysān 有关白日之信、Abā 有关……之信、Baḥrānā 有关

---

① 见《摩尼光佛教法仪略》第 58—65 行。
② 见 Dodge, 1970, pp. 797-798。

恐惧之信、Abā 谈论善良之信、耶稣仆人有关七重天之信、Baḥrānā 有关社会交往之信、Šāyil 和 Saknā 之信、Abā 有关施舍之信、Ḥadāyā 有关鸽子之信、Afqūriyā 有关时间之信、Zakū 有关时间之信、Suhrāb 有关十一税之信、Karḥ 和 'Urāb 之信、Suhrāb 有关波斯人之信、Abrāḥyā 之信、建筑师 Abū Yasām 之信、异教徒 Abr āḥyā 之信、洗礼盘、Yaḥyā 有关钱财之信、Afʿand 有关四种十一税之信、Afʿand 有关第一类人之信、Yanūe 谈论讯息之信、Yuḥannā 有关慈善基金管理之信、有关听者之斋戒和天命之信、有关听者与大火之信、有关 al-Ahwāz 谈论天使之信、有关听者的 Yazdānbaḥt 解释之信、Maynaq 的第一封波斯语信、Maynaq 的第二封信、十一税和施舍、Ardašīr 和 Maynaq 之信、Salam 和 'Anṣūrā 之信、Ḥaṭṭā 之信、Ḥabarḥāt 有关天使之信、Abraḥyā 有关伊朗与疾病之信、Araddud 有关野兽之信、Aĝā 有关鞋子之信、两艘光明货船、Mānā 有关十字架磨难之信、听者 Mahr 之信、Fayrūz 和 Rāsīn 之信、'Abdbāl 有关摩尼《神秘经》之信、Simeon 和 Ramīn 之信、'Abdbāl 有关外衣之信。①

显而易见，以上所列与摩尼相关的 70 余件书信，绝大部分已不复见。所以，本书只能挑选据称出自摩尼，或与之相关的少量几件书信，予以译释和探讨。

一、摩尼的《要义书信》

首先来看被称为摩尼教"圣书"之一的作品，即摩尼亲撰的《要义书信》（*The Fundamental Epistle* 或 *Epistle of Foundation*）。它最初是用叙利亚语撰写的，但是原件已经佚失，至今见到的只是该书的部分译本，或者出自摩尼之后的本教教徒，或者出自反摩尼教著述的转述。而涉及此书内容的最为著名的一部著述，便是出于摩尼之后百年的圣奥古斯丁之手，他最初曾是摩尼教俗家信徒，历时十年之久，后则改宗基督教，并对摩尼教展开了激烈的批判；在他的两部反摩尼教作品中，选引了摩尼《要义书信》中的若干段

---

① 这些名称的相关外文，参见 Dodge, 1970, pp. 799-801 和 Gardner & Lieu, 2004, pp. 165-166。

落。今据加德纳（Gardner）和刘南强（Lieu）的辑录和英译①，汉译如下：

残片1：摩尼，因天意而成为耶稣基督的使徒。

残片2：下面是来自永远生气勃勃之源泉的有关拯救的话语。无论何人聆听了它们，并成为第一批信仰者，遵从这些教导，那么就永远不会被死亡所征服，而会享受永恒的辉煌生命。凡是受到这一神圣知识指导的人，肯定会被认为是应该受到福佑的，从而将自由地居住在永生的环境中。

残片3：但愿隐形尊神的和平及真理的知识伴随着相信天国戒律，并又遵奉它们的神圣和可爱的教友。但愿光明的右手②保护你们，帮助你们避开每一个邪恶的攻击和俗世的陷阱。但愿圣灵的虔诚打开你们心灵的深处，以使你们用自己的眼睛看到自己的灵魂。

残片4a：你一直向我表示，亲爱的帕提修斯③教友，说你希望知道亚当和夏娃是如何存在的，他们是由话语创造④，还是从人体诞生？对于这个问题，你将会获得一个恰当的回答。已有许多作者在形形色色的文书和启

---

① 见 Gardner & Lieu, 2004, pp. 168-172。其译文主要参考的拉丁文本是 Augustine, *Contra Epistulam Manichaei quam vocant fundamenti*, ed. by J. Zycha, Vienna, 1891；参考的德文本是 E. Feldmann, *Die 'Epistula Fundamenti' der nordafrikanischen Manichäer. Versuch einer Rekonstruktion*, Altenberg, 1987；参考的英文本则是 R. Haardt, *Gnosis, Character and Testimony*, Leiden, 1971。

② 在摩尼教教义中，"右手"一词有着相当重要的象征意义。除了本文书在此提到"右手"外，较早时期的《阿基来行传》及稍后的其他语种文书也多有提及。它的出典是这样的：早期，当初人（奥尔密兹德/先意）与暗魔交战失败，被囚于深狱后，大明尊作"第二次召唤"，创造了生命神（净风）等，于是生命神便与生命母（善母）前赴深渊拯救初人。双方一唤一应后，生命神与生命母都向初人伸出右手，将他救离暗狱。所以，此后若两人相遇，伸出右手便成为将灵魂救离黑暗囚禁的象征符号了。

③ 此名的拉丁语为 Patticius，而这似乎即是摩尼遣往与萨珊波斯王朝相邻的罗马帝国境内布教的一位高级教士的名字 Patīg。他是摩尼在世时摩尼教在西方布教的重要骨干之一，并非与之同名的摩尼的父亲 Patīg。阿尔纳丁《群书类述》所载涉及摩尼的诸多"书信"中，有"Fatiq 的长信"之称，那么，它是否即是这冗长的"要义书信"呢？因为二者似乎都是摩尼在向 Patticius / Fatiq / Patīg / Futtuq 谈论教义。

④ 在此之所以有"话语创造［亚当和夏娃］"之说，是因为按照摩尼教的根本教义，一切神灵都是由大明尊逐一"召唤"出来的，即是利用"话语"（声音）创造的。实际上，摩尼教的神灵创造，或者通过"发射"，或者通过"话语"，亦即或者利用看得见的光明，或者利用听得见的声音；二者的原理是一样的，性质也是同样神圣的。有关这二者的关系，特别是"话语"的探讨，可参见拙文《摩尼教"话语"考释》（载《传统中国研究集刊》第8辑，上海人民出版社，2011年）。

示录中论述过这个问题,答案则各不相同。因此,几乎所有的人都不知道此事的真相,特别是那些对此进行冗长和详细讨论的人。如果他们获得了有关亚当、夏娃起源的清楚知识,那么再也不会堕落和死亡。

残片 4b：然而,为了能够清清楚楚地看透这一谜团,就必须首先了解其他的一些事实。

残片 4c：因此,如果你愿意的话,就得聆听有关这个世界存在之前的一切情况,以及战斗是如何开始的,于是,你就能够分辨光明与黑暗的性质了。

残片 5a：在最初之时,有两种本质互相对立。明父尊神①统治着光明,他的神圣起源是永恒的,威力是巨大的,天然地代表真理,永远地享受着他的永生。他拥有智慧和充满活力的感觉,通过这些,他也就拥有了其光明的十二个成员,即他领域内充足的财富。在他的每一个成员中,还隐藏着难以计算和估量的宝藏。至于明父尊神本身,则有高贵的荣耀、深不可测的伟大,将福佑和辉煌的诸永世（aeons）结合在其自身,他的数量和广度不可胜数。神圣、高贵的父尊与始创者与他生活在一起；在他的美妙的国度里,没有乞丐和残疾者。

残片 5b：就这样,他的华丽国度建筑在明亮和福佑大地的上方,于是,他们就永远不会被任何人撼动。

残片 6a：在这辉煌和神圣领域的一侧附近,

残片 6b：坐落着黑暗之地,它幽深而广不可测,在此居住着暴躁的躯体和各种有毒的生物。在此,发射出同样的原质,即是数量无限的黑暗,以及它的孕育物。在黑暗之外,是污秽的旋转水流,还有在此的居住者。再往里去,则是恐怖和狂猛的风暴,包括其统治者和前辈们。接着是另一个炽热地区,居住着专事破坏的猛兽,及其首领和民众。同样地,里面还有一处充满了幽暗和烟雾,其中闲逛着一切暗界的可怕的统治者,他在自己的周围聚集了数不清的魔王,他是他们所有人的灵魂和源泉。那里有五种性质的腐败国土。

---

① 英文 God the Father,乃是指称摩尼教的最高光明神灵；汉语文书则有明尊、明王、明主、明父、明尊父、大明、大圣等许多名号。故在此的汉译以"尊神"对译 God,以"明父"对译 Father,以凸显摩尼教主神的特色。

残片 6c：这五种性质是野蛮与毁灭。

残片 7：然而，福佑光明的父尊知道黑暗将会导致巨大的污染与毁灭，对他的神圣永世造成威胁，所以他必须让一位卓越的，才华横溢和威力巨大的神灵来对付他们，这位神灵将会立即战胜暗魔的子孙们，摧毁他们，消灭他们，从而保证明界的居民获得永久的安宁。

残片 8a：……父尊创造了光明的儿子；无论是空气还是土地，抑或这些儿子们本身，全都是同一种原质，一切事物同样……①

残片 8b：那就是这一《要义书信》，你的圣洁心灵对此知道得很清楚，我也已引述了它，因为它包括了有关开端、中期和结局［的内容］②。

残片 9：然后，他（指黑暗君主）恶意地欺骗与之一起的人道："你们干吗使那威力巨大的光明上升天上呢？看哪，它安置了诸天的运行，使得大多数势力震颤。因此，你们最好把利用你们的威力而获得的光明都移交给我。我会用它来制造一个显现荣耀的伟大形象。通过这一形象，我们将能够统治［世界］，并最终脱离这黑暗中的寄居。"

当他们听到这些话后，就进行了长时间的辩论，［最后］他们认为，最好还是接受这一要求，因为他们无法确信自己能够永久地控制这一光明。于是，他们认为最好是将光明献给其君主，他们对他的统治并未绝望，对他的这一权宜之计表示了感谢。如今，我们必须来察看一下他们转交其拥有的光明的方式。这也散见于一切神圣著述和天国神学中。当然，对于聪明人而言，有关这转移方法的知识绝不意味着困难；因为对于真诚希望了解［此事］的人来说，这就变得十分明显，能够清楚地被他所辨识。

当不同性别的男男女女聚集起来后，他（指黑暗君主）就命令他们成对地相配，于是，有些人交媾后射出了精子，另一些人便怀孕了。其

---

① 这段文字虽然残缺不全，但是要表达的意思却十分清楚：大明尊所创造的一切神灵（各类高级、次级的"儿子们"），以及这些神灵创造的天地世界，其根本的原质都是一样的——光明。这一说法是摩尼教的重要教义之一，它反复地体现在摩尼教的神学中。
② 在此所言的"开端、中期、结局"，似乎是指摩尼教的基本教义"二宗三际"中的"三际"——初际、中际、末际，亦即整个世界自始至终的三个时段："初际"是目前这个世界尚未存在的"过去"时期，当时，明、暗二宗完全分离；"中际"是二宗相互混合，并持续斗争的"现在"时期，即目前这个阶段；"末际"是明宗胜利，暗宗被永远囚于黑狱，二宗再度分离的"未来"时期。

后代与他们的生育者相像,并且,由于是头生者,他们吸纳了双亲威力的大部分。其君主将他们取来,就像获得了非凡的礼物一样为获得他们而高兴。然后,正如即使在今天也还能看到的那样,邪宗制作了肉体,从一个接着一个创造出来的肉体中汲取力量。这样,我们已经谈及的黑暗君主接收了其同伴们的子孙,吞食他们,这些后裔拥有父母的肉体力量、心智力量,以及在创造他们之初就孕育其中的光明。他从这类食品中吸取了大量的力气,不过,其中不仅有力气,还有源自其生育者之野蛮精神力的奸狡和腐败的感官意识。他将与自己出自同一来源的女伴召来。他与她交配时,就像其他人所干的那样,在她体内植入了他曾吞食的邪恶的盈余物,还有他的思维和他的威力,于是,他的心灵就会按照他所召来的所有人的相貌创造化身了。他的女伴接收了他所输出的一切,正如最佳耕耘的土壤习惯地接纳了种子一样。一切天、地力量在她体内形成和交织,所以,那里形成的事物都类似于整个宇宙的事物。

残片10:希望将正义之父、救世主钉死在十字架上的敌人,结果自己被钉在了十字架上,因为在那时,[神灵的]显现和真实的事件出现了。①

残片11:……允许自己被俗世贪爱诱惑,而从以前的光明本质堕落的那些灵魂,如今成了神圣光明的敌人,他们公开地武装自己,致力于毁灭神圣的本质,他们忠顺地服从于烈火之精。由于他们满含敌意的迫害,他们伤害了神圣的教会,以及被指定为履行天命之信徒的选民。他们已被排除在神圣之地的福佑和荣耀国度之外。由于他们允许自己被邪恶制服,他们将逗留在邪恶生物之中,无法前往宁静之地和不朽领域。之所以会这样,是因为他们深深地卷入了邪恶活动,从而远离了神圣光明的生命力和自由。因此之故,他们不能再被带回那些和平宁静的国度,而是将被幽禁在我已经提到的可怕的恶劣地域,那里肯定有

---

① 最后一句的含义有些模糊,疑其是指第三使向怀有光明分子的雄魔、雌魔分别显现赤裸的女身和男身形象,从而导致诸魔色欲旺盛,雄魔泄出精子,雌魔堕胎,最终被制服,泄出物中的光明分子也被部分回收的一个神学故事。有关这段"神魔斗"的创世说,可参见叙利亚语文书《注疏集》和阿拉伯语《群书类述》等其他文书。

人监管着。于是,这些灵魂将与他们所贪爱的事物一起,留在那黑暗的地域中。这是他们所犯的罪恶带来的后果。他们过去不愿努力理解有关未来的教诲,当他们有时间来这样做的时候,却让自己远离了这些做法。

二、摩尼致马塞卢斯之信

我们今天见到的,被认为是摩尼之亲撰作品的《要义书信》来自于激烈反对摩尼教的圣奥古斯丁的著述的转引;同样地,据称是摩尼书信的另一份重要资料,所谓的"摩尼致马塞卢斯之信",也是见于早期反摩尼教的著述《阿基来行传》中。尽管学界对于这一作品之真伪的看法至今仍未统一,但是这段文字的文献价值却确实是不容小视的。

署名"海格摩纽斯"的作者撰写了《阿基来行传》,不过,这个"海格摩纽斯"很可能是个笔名,因为在各种记载中都未见有关他的身份介绍。至于《阿基来行传》本身,则是记载了一个名叫阿基来的美索不达米亚北部主教的许多事迹,他始终积极地与摩尼教的教义抗争,从而此书的主要内容即是这位主教与异教领袖摩尼的各种辩论。据说此书最初是用叙利亚文撰写的,后来则翻译成希腊文。不过,似乎迄今仍未见到叙利亚文的残存文书,而希腊文及科普特文的残片则有一些;最为完备的是拉丁文抄本。

通常认为,《阿基来行传》撰成于公元348年以前,迄今所见最完备的拉丁文本则大约成于公元四世纪末。早在十九世纪后期,《阿基来行传》就有了英译本(A. Roberts & J. Donaldson, *The Ante-Nicene Christian Library*, VI, New York, 1871, pp. 175-236),但是它所据的拉丁原文既不完善,也颇多舛讹,故不足为法。二十世纪初,对《行传》之拉丁文本进行校订的一本著述面世,作者为比森(Ch. H. Beeson, *Die griechischen christlichen Schriftsteller der ersten drei Jahrhunderte*, G. C. S., 16, Leipzig, 1906)。二十一世纪初出版的英译本,质量大有提高,这是由菲末斯翻译、刘南强注释的(*Hegemonius, Acta Archelai*, tr. by Mark Vermes, comm. By Samuel N. C. Lieu, Lovanii, 2001)。

在此要译释和讨论的,是《阿基来行传》所录抄的,据云是摩尼亲撰的一封书信。其前因后果是这样的：罗马帝国所据的美索不达米亚的卡尔恰尔城（Carchar）中有一位重要的人物马塞卢斯（Marcellus），他经常慷慨地救济穷人和垂死者，从而声名鹊起。时在波斯的摩尼得知后，便欲让他改宗自己的宗教。于是，他立即写了一封信给马塞卢斯，委托弟子阿达（Addas）的信徒，叙利亚人图尔博（Turbo）前去送信。他在信中试图强调马塞卢斯所信奉的基督教的不完美，以及他希望亲自前来，将"真正的信仰"授予马塞卢斯。马塞卢斯立即复了信，邀请摩尼前赴卡尔恰尔。然而，当摩尼抵达该城时，却发现对方是准备了以卡尔恰尔主教阿基来为首的一个辩论组，打算与摩尼来辩论两种信仰的是非与优劣。于是，种种事件便由此展开。

《行传》用直接引语的方式转录了摩尼致马塞卢斯的信（当然也包括后者的复信），有关此信的真伪问题，将在下文谈述，在此先译释此信①：

V 1：然而，马塞卢斯接受了此信，打开它，在本城主教阿基来的面前朗读了它。该信的抄本如下：

"摩尼，耶稣基督的使徒②，以及一切追随我的圣徒和贞女③，向其最亲爱的儿子马塞卢斯致意。来自明父尊神与吾主耶稣基督的恩典、仁慈与和平。愿这光明的右手④，保佑你在这邪恶的时代平安，免遭灾难，以及不会堕入邪恶时代的种种陷阱。阿门！"

2："当我见到你的大量善举后，我极其高兴。但是，我为你的信仰与正确的标准不相匹配而十分担忧。相应地，当我接受派遣，去纠正整个人类，拯救那些背叛自己而屈从于诱惑和谬误的人之时，我就想到，必须把这封信交给你。"

3："我要送信给你，首先是为了拯救你自己灵魂，其次是拯救与你

---

① 汉译文所据的原本是 Vermes & Lieu, 2001 的英译文。
② 这几个词语，是摩尼书信的标准开首格式。但是，其后所跟随的一长串布道式的词语，与摩尼的其他几封亲撰书信相比起来，却显得有些矫揉造作了。
③ 英文原作 saints、virgins，故汉译作"圣徒"和"贞女"。但是，这显然是指摩尼教的专职修道士"选民"（elects），盖因按摩尼教的教规，信徒分成专职的修道士和俗家的信徒两大类，分别称"选民"和"听者"，略似于佛教的出家僧人和世俗居士（实际上这一教规恐怕确实借自东方的佛教）。至于这两大类修道者中，则男女兼有，故若直译，当可作"男选民"、"女选民"。
④ 这里所言的"右手"，是摩尼教的重要象征符号。有关其出典，可参见上文《要义书信》残片 3 的注释。

一起的那些人的灵魂，以避免你接受是非混淆的观点，诸如那些蠢人所教导的，声称邪恶与善良出于同源，假设只有一种原质，以及不能辨别黑暗与光明、善良与邪恶、外人与内人①，即如我们此前业已谈过的那样。相反地，他们却始终不断地混淆此者与彼者。"

4："但是，我的儿子，你可不要也像这大多数人一样，不合理地、简单化地、不加区别地混淆这二者，不要侮辱了尊神的善良。因为他们将开端与结局，以及这些邪恶者的父亲都归之于尊神；'他们的结局极像诅咒'②，因为他们不相信我们的救世主和主耶稣基督在《福音》中讲的话：'坏树不能结好果，好树也不会结坏果'③。"

5："他们竟敢把尊神说成是撒旦及其一切邪恶行为的制作者和创造者，我对此极为震惊。我希望他们贫乏的智慧只是到此为止，而不要再说'从父尊的胸怀降生'④的独生子基督是一个称为玛丽的女人的儿子，是诞生于肉和血，以及女人的一切其他污秽物的人。⑤"

6："为了避免我在此信中写得过多，因为我缺乏天然的辩才而过多地耗费你的时间，导致你的不耐烦，话说到这里已经足够了。不管怎样，只要你急于展示仁慈，以及认真考虑你自己的得救问题，那么，当我前来面见你时，你就会了解一切。因为我不会如许多蠢人那样，'为

---

① 英语原文作 outer man、inner man，则是意为"外部之人"、"内部之人"。这一术语虽然看来有些别扭，但却体现了摩尼教的一个重要教义：同一个"人"其实拥有两种存在，一为灵魂，即光明分子，另一为肉体，源出黑暗原质；前者是"内在的"，后者是"外在的"。内在的灵魂只有通过修道，脱离肉体的囚禁，回归明界，才能成为"新人"。因此，所谓的"外人"、"内人"即是摩尼教其他文书所言的"旧人"（old man）和"新人"（new man）。

② 这是书信中引用的一句话，英文作 "their end is very like a curse"。刘南强注谓此语出自基督教《圣经》的《希伯来书》（Vermes & Lieu, 2001, p. 42, note 18）。而《圣经·新约·希伯来书》第6章第8节之语则为"但若生出荆棘蒺藜来，就必被废弃，必要受诅咒，它的结局就是焚烧。"（思高，1968年，第1888页上）二者的大致意思接近。

③ 此语完全引自《圣经·新约·玛窦（马太）福音》第7章第18节："好树不能结坏果子，坏树也不能结好果子。"（思高，1968年，第1518页上）

④ 此语出自《圣经·新约·若望（约翰）福音》第1章第18节："从来没有人见过天主，只有那在父怀里的独生者。"（思高，1968年，第1640页上）

⑤ 声称基督不具有肉身，是早期基督教的一种非正统学说，由于它认为基督无肉身，系幻影，故被称为"基督幻影说"，这与摩尼教的源流诺斯替教派的观点接近。摩尼教的科普特语文献《赞美诗》中亦曾强调了这一说法："耶稣，新的神，我始终对他充满了期望，我因他的降临而变得十分强大。他并非由腐败的子宫所诞生，即使那巨大的威力被认为足以使他居于他们的屋檐下，他也不会被禁锢在一个低级女人的子宫中。"（Allberry, 1938, Chapter CCXLV, 5223-26）

任何人设下圈套'①。请理解我所说的话，尊贵的儿子。"

以上便是《阿基来行传》所"录抄"的摩尼致马塞卢斯之信的全文。有关此信到底是否出自摩尼之手的问题，始终没有过统一或肯定的答案，不过，自从加德纳在2007年发表了《摩尼致马塞卢斯之信：〈阿基来行传〉修订本中的事实和虚构》②一文后，此信与"真实的"摩尼书信的距离似乎更接近了。加德纳首先提出了有关此信真伪的三个问题：第一，此信是否完全是《阿基来行传》作者的虚拟创作，是否是他利用小说的手法来引出摩尼与阿基来主教的辩论？第二，是否《行传》的作者比较熟悉摩尼教的教义，特别是摩尼的书信格式和风格，从而"仿制"了这封信？第三，是否《行传》作者确实在其著作中收载了一封真正的摩尼信函，从而使得阿基来与摩尼的全部辩论具有了真实的历史内核？

加德纳的文章便是环绕着这些问题的解答而展开的。他从几个方面来比照和考察此信与摩尼的其他"真信"的异同：一是书信开首的问候语和祈祷套语。二是书信的内容，包括主题的导言（为马塞卢斯的乐善好施而高兴，认为马塞卢斯之信仰不正确）、写信的目的（为了拯救马塞卢斯等人的灵魂、驳斥善恶出自同源的谬论）、对马塞卢斯的教诲（不要混淆了明暗、善恶等的对立关系），以及巧妙地数度引用《圣经》之语来加以论证等。三是结论性的话语，如否定自己的天然辩才；承诺当自己与马塞卢斯见面后，将令他了解一切；断言自己不会为任何人设下圈套；最后劝告马塞卢斯要理解自己所说的话。

经过一番细致和全面的比照、考察之后，加德纳的结论是："摩尼致马塞卢斯之信"并非完全是《行传》作者的虚构作品，信中既无任何资料证明摩尼亲撰信之完全不可能，却有足够的资料证明，此信几无可能为虚构之物。所以，他推测道，《阿基来行传》的作者肯定拥有一封甚至多封摩尼的

---

① 此语也是出自《圣经》，盖因《圣经·新约·格（歌）林多前书》第7章第35节称："我说这话，是为你们的益处，并不是要设下圈套陷害你们。"（思高，1968，第1776页下）
② Iain Gardner, *Mani's Letter to Marcellus: Fact and Fiction in the Acta Archelai Revisited*, in Jason BeDuhn & Paul Mirecki, *Frontiers of Faith: The Christian Encounter with Manichaeism in the Acts of Archelaus* (Nag Hammadi and Manichaean Studies, Volume 61), Brill, Leiden, 2007, Chapter Three.

真信，并下了相当的工夫来炮制这封信，以达到他自己的目的。至于此信与摩尼的真信相比，究竟在多大的程度上吻合，则就难以估算了。①

我们既然认可了"摩尼致马塞卢斯之信"有一定的真实性，那么，不妨再看一下《阿基来行传》所载马塞卢斯给摩尼的复函，或许，也不无某种参考意义。《行传》紧接着"摩尼信"之后载云：

> VI 1：读完这封信后，马塞卢斯最盛情地款待了送信者。然而，通过马塞卢斯朗读信函而得知其内容的阿基来却一点也不高兴，他咬牙切齿，犹如关在笼子里的一头狮子，激动地向写信者挥舞双手。马塞卢斯则敦促他平静下来，并向他保证，那写信的人一定会亲自前来。于是，马塞卢斯决定立即复信，其内容如下：
>
> 2："马塞卢斯，一个有声望的人，向用其书信而使自己闻名的摩尼致敬。我已接到你写来的信，并且以我惯常的宽厚欢迎了图尔博。但是我对你所说的话完全不得要领，除非你在某时亲自前来，向我们解释一下，即如你在信上所承诺的那样。再见。"②

三、摩尼致梅诺契之信

据称由摩尼撰写的另一封信，同样产生了巨大的影响，并且有关它的真伪也几乎成为千年谜团。这即是所谓的"摩尼致梅诺契（Menoch）之信"。此信的来龙去脉是这样的：罗马帝国时期的基督教思想家，被罗马天主教奉为"圣师"的圣奥古斯丁，在去世之前与伯拉纠（Pelagius，390—418，英国人，基督教神学家，否认原罪说，强调人的自由意志）的流派论战了十余年，而他的主要论战对手即是埃克拉农（Eclanum，位于意大利南部）的伯拉纠派主教朱利安（Julian）。奥古斯丁在418年写了第一本批驳伯拉纠派观

---

① 参见 BeDuhn & Mirecki, 2007, pp. 47-48。
② 颇有意思的是，马塞卢斯在复信中的问候套语相当简单，从而与摩尼的来信形成了鲜明的对照。这两封风格各异的信表明，它们不像是《行传》作者编造的，否则很难想象同一作者如此精心地炮制两封短信。

点的书；朱利安旋即以总计四册的一部书予以了辩驳。奥古斯丁则在419年再写第二本书，更系统地攻击朱利安的观点；而朱利安更猛烈的回击则是共计八册的另一部书。在419—420年间的某时，一个名叫弗洛鲁斯（Florus）的伯拉纠派主教前往君士坦丁堡，交给了朱利安一封据称是摩尼写给梅诺契女士的信（或谓此信原为希腊文，后由朱利安译成拉丁文）。于是，这封信立即成了朱利安指责奥古斯丁是"披着天主教外衣的摩尼教教徒"的重要证据，因为他试图用此信向世人展示，奥古斯丁像摩尼教教徒一样，也认为肉欲是罪恶。当然，在此之前，朱利安已经在其著述中指责奥古斯丁有关原罪的观点完全是摩尼教式的。嗣后，奥古斯丁致力于撰写他的反驳巨著，但是迟迟未能面世，直到他于430年去世前，也未能完成。此书共计六册，名为《驳朱利安未竟集》（contra secundam Iuliani responsionem opus imperfectum）；在其第三册的第172—187节中，摘录了"摩尼致梅诺契之信"的片断。

尽管当初奥古斯丁断然否认此信由摩尼所撰的真实性，后世的许多人也多以为此信系伪造，但是，近年有学者对此信的内容进行了周详的考察，认为它应该确实是摩尼的作品。[1] 既然如此，下面即考察一下此信的内容。[2]

　　1：摩尼，耶稣基督的使徒致他的女儿梅诺契，愿我们的尊神赐给你恩惠与幸福，他是实实在在的真神，愿他亲自启发你的心灵，向你显示他的公正，因为你是神圣族系[3]的后代。

　　2：……声称（？），确认（？）那些使你变得纯洁无瑕的神，识辨出你以前的模样，以及你所源自的，混合一切物质和风味，具有不同外形的灵魂。正如灵魂是由灵魂所诞生一样，躯体也是由躯体的原质所创

---

[1] 参见 Geoffrey Harrison & Jason BeDuhn, *The Authenticity and Doctrine of (PS.?) Mani's Letter to Menoch*, in Mirecki & BeDuhn, 2001, pp. 128-172.

[2] 汉译文所据的原本，主要参考加德纳和刘南强的英文整理本（Gardner & Lieu, 2004, pp. 172-174），兼及哈里森和比杜恩2001年的《摩尼致梅诺契信的真实性和教义》一文。

[3] 拉丁文 stirpis 义为树干、根源、世系、后裔等，所以加德纳和刘南强将拉丁文 divinae stirpis fructus 译作 fruit of a divine lineage（Gardner & Lieu, 2004, p. 172）。但是米雷基（Mirecki）和贝杜恩（BeDuhn）译作 fruit of the divine shoot（Mirecki & BeDuhn, 2001, p. 131），则是将 stirpis 译作 shoot；而 shoot 却有发射、射击、光线等意，则此语的意思似乎有点难以理解。不过，鉴于摩尼教把一切神圣、善良的事物（包括神灵和人）都说成是从大明尊这一光明之源直接或间接"发射"（或"召唤"）出来的，故若把神圣的"后裔"说成神圣的"发射物"，似乎也是说得通的。

造。因此，肉体是从肉体所诞生，精神则是从精神所诞生。① 然而，所谓的"精神"即应理解为"灵魂"，所以，灵魂生自灵魂，肉体生自肉体。

因此，犹如尊神是灵魂的创造者一样，邪魔即是贪欲躯体的创造者，于是，邪魔在由女人贪欲构成的陷阱中埋伏等待，通过视觉、触觉、听觉、嗅觉和味觉，不仅捕捉灵魂，也捕捉躯体。

简言之，赶快铲除这邪恶的根源，凝聚起自己的精神。因为《圣经》说，一切邪恶之源是贪欲。②

因此，那些把明知是贪欲精神的创造行为说成是善良尊神之创造行为的人，是多么的愚蠢。但是，他们仍然怀着勉强的心态和隐藏的羞耻感去干恶事；他们憎恨光明，因为这样，其恶行就不会暴露在光天化日之下了。③

有关这点，使徒曾经说："你们应该懂得，这种事并不是人愿意干的。"因为，如果我们做了善事，那么就不是肉体所干的，因为肉体所干的显而易见即是淫邪之类的坏事。如果我们做了恶事，那么就不是灵魂所干的，因为灵魂所干的即是平安、欢乐等好事。④

最后，使徒还对罗马人这样声称道："我想做的善事，没有去做；

---

① 此语乃是引自《圣经》中的耶稣之说："耶稣回答说：'我实实在在告诉你：人除非由水和圣神而生，不能进天主的国：由肉生的属于肉，由神生的属于神。'"（《圣经·新约·若望（约翰）福音》第 3 章第 5—6 节，思高，1968 年，第 1642 页下）要提请注意的一点是，无论是《圣经》还是"致梅诺契信"的拉丁原文，与"肉"相对的一词都使用了 spiritus，即相当于英文的 spirit，亦即汉语所谓的精神、呼吸、生命等义；而汉文《圣经》在此译作"神"，则在汉语中易于和相当于"神灵"、"尊神"的 god 相混淆。有鉴于此，这里将 spiritus 译作"精神"，而不从《圣经》之汉译"神"。
② 《圣经·新约·弟茂德（提摩太）前书》第 6 章第 9—10 节："至于那些想望致富的人却陷于诱惑，堕入罗网和许多背理有害的欲望中，这欲望叫人沉溺于败坏和灭亡，因为贪爱钱财乃万恶的根源。"（思高，1968 年，1862 页上）
③ 有关此语，可参见《圣经·新约·若望（约翰）福音》第 3 章第 19—20 节："光明来到了世界，世人却爱黑暗甚于光明，因为他们的行为是邪恶的。的确，凡作恶的，都憎恶光明，也不来就光明，怕自己的行为彰显出来。"（思高，1968 年，第 1643 页下）
④ 有关这段话，可以参见《圣经·新约·迦拉达（加拉太）书》第 5 章第 17—23 节："因为本性的私欲相反圣神的引导，圣神的引导相反本性的私欲，二者互相敌对，致使你们不能行你们所愿意的事。……本性私欲的作为是显而易见的：即淫乱、不洁、放荡、崇拜偶像、施行邪法、仇恨、竞争、嫉妒、忿怒、争吵、不睦、分党、妒恨、凶杀、醉酒、宴乐，以及与这些相类似的事。……然而圣神的效果却是：仁爱、喜乐、平安、忍耐、良善、温和、忠信、柔和、节制。"（思高，1968 年，第 1815 页上）

我厌恶的坏事,却去干了。"① 你们见到了不屈不挠的灵魂的态度,守卫着灵魂对贪欲的自由。他因邪魔利用种种贪欲攻击灵魂而极度悲伤。

法律的权威在谴责他的一切做法时,指出了他的恶行,这是肉体所赞赏和施行的。贪欲的每一个痛苦对于灵魂来说都是甜蜜的,灵魂通过它们来汲取营养,恢复活力。

总之,抑制一切贪欲的人的灵魂是清醒的,这种灵魂将会变得丰饶,茁壮成长;而贪欲横溢的灵魂则必然趋向灭亡……

3:值得一提的是,由于最初的灵魂是由光明尊神创造的,所以他能够用自己的抑制力控制躯体。但是当天命到来时,像囚徒一样的罪恶就接收到了。邪魔发现时机到了,就将灵魂诱入贪欲的迷途,并利用它来毁灭灵魂。法律固然是圣洁的,但是它只对圣洁灵魂而言是圣洁的;尊神的天命固然是公正和善良的,但是它只对公正和善良之灵魂而言是公正和善良的。②

4:有些人竟然还在说,贪欲是美善的事物,他们是反对自己读来无用的《福音书》和《使徒书》的。你可以看到,他们所谓的"圣人"是如何有时候与其女儿睡觉,有时候又与几个侍妾和妻子交媾的。他们不会明白使徒这样的交代:光明与黑暗、信仰与不信、基督与彼列(Belial)之间的对立关系。③

---

① 有关此语可参见《圣经·新约·罗马书》第7章第17—20节:"实际上作那事的已不是我,而是在我内的罪恶。我也知道,善不在我内,即不在我的肉性内,因为我有心行善,但实际上却不能行善。因此,我所愿意的善,我不去行;而我所不愿意的恶,我却去作。但我所不愿意的,我若去作,那么已不是我作那事,而是在我内的罪恶。"(思高,1968年,第1748页下)

② 对于这段文字的理解,可以参见《圣经·新约·罗马书》第7章第9—13节:"从前我没有法律时,我是活人;但诫命一来,罪恶便活了起来,我反而死了。那本来应叫我生活的诫命,反叫我死了,因为罪恶藉着诫命乘机诱惑了我,也藉着诫命杀害了我。所以法律本是圣的,诫命也是圣的,是正义和美善的。那么,是善事使我死了吗?绝对不是,而是罪恶。罪恶为显示罪恶的本性,藉着善事为我产生了死亡,以致罪恶藉着诫命成了极端的凶恶。"(思高,1968年,第1748页下)

③ 对于这句话,可以参见《圣经·新约·格林多(哥林多)后书》第6章第14—16节:"你们不要与不信的人共负一轭,因为正义与不法之间,那能有什么相通?或者,光明之于黑暗,那能有什么联系?基督之于贝里雅耳,那能有什么协和?或者,信者与不信者,那能有什么股份?天主的殿与偶像,那能有什么相合?"(思高,1968年,第1798页上)在此要顺便指出的一点是,上引《圣经》的"信者与不信者,那能有什么股份"一语的"股份"词义颇为艰涩难解,至少就现代的通俗理解而言是这样。按之英文,此语为"What does a believer have in common with an unbeliever",则意思一目了然;而中国基督教三自爱国运动委员会印发的"神版"《圣经》同句作"信主的和不信主的有甚么相干呢",其意也较诸"股份"译法易于理解。愚以为,经文原义当是

他们陷入迷途，聚集在贪欲的幽暗中，享受着毒药，被疯狂所控制，当他们干恶事时，便认为是尊神允许的，仿佛他们根本不知道使徒所说的话：他们在黑暗中所干之事，即使谈及也是很丢脸的。①

5：来吧，你们这些贪欲的卫士，坦白地讲讲贪欲的后果吧。请注意，我与贪欲相反，并不害怕光明，只有贪欲才会对光明恐惧和憎恨。凡是干坏事的都憎恨光明，不敢来到光明之中，以免其恶行暴露出来。②

你看到了吗？贪欲是邪恶的根源，由于贪欲，卑劣的灵魂成了欲望的奴仆，再也不是原来的自我，因为这即是干了本性不愿之事的唯一结果。

6：总而言之，所有的罪过都是在身体之外，因为它们是现实存在的。但是淫邪之罪，却是损害了自己的身体。③因为每一个罪行在犯之前，都是不存在的；在犯了之后，也就只留下犯罪的记忆，而不是罪行本身。但是，贪欲的邪恶，由于出自天性，所以在犯它之前就已存在了；当它发生之时，还会继续增强；罪行过后，则变得可见和持久。

7：如果罪过不是天生的，那么，为什么婴儿——大家都承认他们从未犯过罪——要受洗礼？

8：如今，我要这样来问那些人：既然每一种罪恶都是由实际行动犯下的，那么，为什么在人们犯下任何罪之前，却要接受水的净化？当时他本人显然并未干下任何恶事。或者，如果他还没干任何坏事，也必须接受净化？这就表明人们认可，罪恶是源自天然；这些邪恶者本身的疯狂使得他们既不明白自己说了些什么，也不明白他们主张的到底是什么。

（接上页）谓二者"有什么共同之处呢"，亦即使用了相当于英文词汇 share，则在汉语中既有"股份"，又有"共同之处"的意思。在此为尊重引文原著，故照录"股份"一词，读者宜辨之。

① 此语出自《圣经·新约·厄弗所（以弗所）书》第5章11—12节："不要参与黑暗无益的作为，反要加以指责，因为他们暗中所行的事，就是连提起，也是可耻的。"（思高，1968年，第1824页上）

② 此语可参见《圣经·新约·若望（约翰）福音》第3章第19—20节："光明来到了世界，世人却爱黑暗甚于光明，因为他们的行为是邪恶的。的确，凡作恶的，都憎恶光明，也不来就光明，怕自己的行为彰显出来。"（思高，1968年，第1643页下）

③ 《圣经·新约·格林多（哥林多）前书》第6章第18—19节有助于理解此语的意思："你们务要远避淫邪。人无论犯的是什么罪，都是在身体以外；但是，那犯淫邪的，却是冒犯自己的身体。难道你们不知道，你们的身体是神圣的宫殿，这神圣是你们由天主而得的，住在你们内，而你们已不是属于自己的了吗？"（思高，1968年，第1774页上）

有关以上"摩尼致梅诺契信"的真伪问题，哈里森（Harrison）与比杜恩（BeDuhn）在其文章中作了相当深入的考察，结论是承认它的真实性，主要的理由大致有三点：首先，就外部证据而言，十世纪的阿拉伯史家阿尔纳丁所撰《群书类述》在记录摩尼的著述和通信时，列有《致 Maynaq 的第一封波斯语信》和《致 Maynaq 的第二封信》的目录，而阿拉伯语的 Maynaq 则被认为即是拉丁文 Menoch 的转写，所以至少表明阿尔纳丁手头的资料也认可《摩尼致梅诺契信》的存在。其次，就文书本身的内容来看，它所谈及的摩尼教教义，与世人今天从摩尼教本教文书中见到的内容非常吻合，未见任何相左的地方；这表明，此信由摩尼教之论敌伪造的可能性很小。最后，此信在阐述摩尼教的教义时，频繁地使用了圣经之语；不过，它不是直接引用，而是用模仿经典语言的方式表达的。而熟知《圣经》，特别是热衷于保罗，正是公认的摩尼风格。摩尼对《新约》语句的大量引用，也见于其他的摩尼教文献中。综此而言，"摩尼致梅诺契信"很可能真的出自摩尼之手。[1]

此信虽然不能完全视作摩尼教的经典作品，但是它所阐述的摩尼教教义却颇可为后人了解摩尼教提供资料，特别是摩尼有关"原罪"问题的辩说，更是很有价值的内容。所以，"摩尼致梅诺契信"是值得研究者继续深入探讨的。

四、摩尼致末冒之信

上文列举了摩尼的三封书信。按照当代学界的看法，第一封信肯定是真实的；第二、第三封信经过详细的考证之后，也可以基本上视为"真信"。这里列举的第四封信是所谓的"摩尼致末冒之信"，它与此前三信不同，当可断定并非出自摩尼之手，而是"伪信"。但是，之所以仍旧予以介绍，是因为此"信"虽非摩尼亲撰，但撰成的年代却可能较早；更主要的是，它当是摩尼去世之后，东避中亚的摩尼教余部为了继续生存和发展而"制作"的

---

[1] Mirecki & BeDuhn, 2001, pp. 164-172.

教会早期文书之一，具有相当重要的文献意义。故在此一并列出，以供学界参考。

Mar Ammo 是摩尼的主要弟子之一，他曾奉摩尼之命，前赴东方布教，经过在摩尼生前、身后的艰苦努力，最终创建了摩尼教在中亚的教会，为摩尼教的早期东传做出了重大贡献。他精熟帕提亚语，并使之在嗣后数百年间成为东方摩尼教教会的官方语言。摩尼教汉文典籍《下部赞》第 261 颂有"末冒"之名，即 Mar Ammo 的音译，故从其称，名为"末冒"。

此"信"用帕提亚语撰写，见于吐鲁番出土文书 T II D II 134 I，亦即 M 5815 I。其拉丁字母转写和德译文载于安德鲁斯和亨宁的《中国西域之摩尼教中古伊朗语文书》第三部分；① 拉丁字母转写和少量英文注释见于博伊丝的《摩尼教中古波斯语和帕提亚语读本》；② 其英译文则既见于阿斯姆森的《摩尼教文献》③，也见于克林凯特的《丝绸之路上的诺斯替信仰》④。

关于此信之作者为摩尼之说，此前的学者都断然地予以否认。博伊丝在文书的标题上就称之为"编造的信"（fictitious letter），并对它作了这样的判断："该文书似乎是源于 Dēnāwar⑤ 的一份虔诚的伪造物。它以摩尼致 Ammō（即末冒）之信的形式撰写，不过对于这两个名字，相当值得怀疑；至于其中存在的印度佛教的借词数量，则表明其撰成的日期晚于三世纪。"⑥ 克林凯特则也在标题上清楚指出此为"伪信"（apocryphal letter）。⑦

下面，主要依据克林凯特的英译文，将该文书译成汉文，并作若干注释：

---

① Andreas & Henning, 1934, pp. 854-857.
② Boyce, 1975, pp. 50-52.
③ Asmussen, 1975, pp. 57-58.
④ Klimkeit, 1993, pp. 259-260.
⑤ 公元六世纪，中亚粟特地区的摩尼教教徒在萨德·奥尔密兹德（Sād-Ōhrmizd）的率领下组成的新教派正式自称 Dēnāwar；博伊丝在此所指者，当即是这一教派。那么，她可能认为此"信"撰成的时间在六世纪或更晚的时期。不过，此词的同源、同义词则早在摩尼教的文献中频繁使用了。如本书第一章所列摩尼亲撰的《沙卜拉干》中就不断使用了中古波斯语 dynwr (dēnwar)，义为宗教［性］的、虔诚的、从事宗教修行的人等；其同义词 dynwryḥ (dēnwarī) 则成为虔诚修道者的专名。而帕提亚语 dyn'br (dēnāβar) 也是兼作形容词和名词，义为宗教的、虔诚的、正直的等，或者义为信徒、真信者、纯洁者。在有关末冒的传记中，他就被称为 Dēnāwar，意即［真正信仰］的推行者"。嗣后，它也用来指称摩尼教中的专业修道士"选民"（有时也作为整个教会的总称）。
⑥ Boyce, 1975, p. 50.
⑦ Klimkeit, 1993, p. 259.

清白者的亲切教导[1]

……如果有人打击你，不要回击他。如果有人憎恨你，不要也恨他。如果有人妒忌你，不要也妒忌他。如果有人向你发怒，你得始终友善地与他谈话。[2] 凡是你不愿意别人对你所干的事，你自己也不要对别人做。[3] 或者说，一个人应该忍受来自于地位比他高的人、地位与之相等的人，以及地位比他低微的人的凌辱和虐待；任何人都不能使得具有忍耐力[4]的电那勿[5]产生哪怕些微的动摇。就如有人向大象掷花，花却丝毫不会伤害大象一样。或者，这就如雨滴落在石头上，雨滴融化不了那石头。同样的道理，凌辱和虐待决不可能导致一位有忍耐力的电那勿产

---

[1] 这一标题是根据文书末尾的句子复原，帕提亚语的拉丁转写为 n'g'n wyfr's wxš。其中的 n'g (*nāg*) 被译成德文 Sündlosen、英文 sinless，义为无罪的、无辜的、清白的等，但是它确切的含义还是颇有疑问的。或谓此词借自梵文 anāgas（an- 为具有否定意义的前缀，āgas 则为过错、罪过）；或谓借自梵文 nāga（是为龙、象、龙神等义）。

[2] 这里所言的几个排比句式，与佛经中常见的说法十分相似，例如："诸菩萨摩诃萨欲证无上正等菩提，于诸有情应修安忍，打不报打，骂不报骂，谤不报谤，瞋不报瞋，诃不报诃，忿不报忿，恐不报恐，害不报害，诸恶事皆能忍受。"见（唐）玄奘译《大般若波罗蜜多经》卷五百八十九《第十三安忍波罗蜜多分》，《大正藏》第 7 册，第 220 号，大正十三年，第 1048 页上。

[3] 对于这句话，阿斯姆森的英译文作 "And what you detest in another person, do not do that yourself" (Asmussen, 1975, p. 57)；克林凯特的英译文则作 "And do not do yourself what you detest in another person" (Klimkeit, 1993, p. 259)。显而易见，其意思与中国的古格言"己所不欲，勿施于人"完全一样，也就是普世认同的"黄金规则"（Golden Rule）。"黄金规则"遍见于古代世界的各大文化之中，例如，纪元前的琐罗亚斯德教经典称："你所不愿遭受的事，也不要加诸别人。"(Šāyest-nē-šāyest, 13. 29) 犹太教的古法律书要求人们："你不愿别人对你所做的事，也不要去对别人做。"(Talmud: Shabbath, 31a) 孔子答子贡"有一言而可以终身行之者乎"之问为"其恕乎！己所不欲，勿施于人"（《论语·卫灵公第十五》）。印度古代史诗《摩诃婆罗多》说："凡是己所不欲的事，一定不要施于他人。一言以蔽之，这就是正法的原则。相反，屈服于欲念的摆布，所做必违正法。"（第六卷，《第十三 教诫篇》，第 376 页）佛教的教导亦然如此："佛言：人于世间，不持刀杖恐人，不以手足加痛于人，不斗乱别离人，己所不欲，不施于人。"（安世高译《佛说分别善恶所起经》）如此等等，不胜枚举。所以，本文书的这一"黄金规则"思想究竟源自哪里，也很难清楚判别。但是，按整篇文书充满了佛教色彩的现象来看，这一思想似乎更可能源自佛教。

[4] 帕提亚语 hwpt'w (*hupattāw*) 义为忍耐。一般情况下，此词并无特殊的含义，但是，在此结合上下文来看，则与佛教特别强调的"忍"字的含义十分接近；梵语 kṣānti（义为忍辱）为佛教的"六波罗蜜"之一，大有讲究。因此，文书关于"不能丝毫动摇忍耐力"云云的说法，当是其佛教色彩的体现方面之一。

[5] 前文已经指出，帕提亚语 dyn'br (*dēnāβar*) 义为宗教的、虔诚的、正直的等，或者信徒、真信者、纯洁者等，后来通常用作专业修道士"选民"的称呼。唐初的玄奘在其《大唐西域记》中谓波斯"天祠甚多，提那跋外道之徒为所宗也"（卷十一"波剌斯国"条），其"提那跋"，或谓即是指东方摩尼教徒自称的 Dēnāwar。至于频繁见于汉语文书《摩尼教残经》中的"电那勿"则无疑是指摩尼教的专业修道者。本文统一使用"电那勿"的汉译名。

生哪怕些微的动摇。①

有时候，电那勿应使自己崇高得犹如须弥山②，有时候，电那勿应使自己谦卑得犹如……③。有时候，电那勿应显得像个学生，有时候则显得像个老师，或似一个奴仆，或似一个主人。

同样的道理，在他有罪过之时，清净的电那勿就应静坐默思④，对罪过感到厌恶，转而为善。

（第58—67行难以辨认，略而不译）

我，末摩尼，是清白者，是写信的人⑤；你，末冒则是收信者。⑥名为阿空达⑦的即是暗魔阿赫里曼。⑧我已说了这些话，因此每个人

---

① 克林凯特谓"凌辱和虐待决不可能导致一位有忍耐力的电那勿产生哪怕些微的动摇"一语所反映的思想，即是佛教的"舍"（梵语 upekṣā）观念（Klimkeit, 1993, p. 267, note 12）。这可能有所误解，盖因 upekṣā 义为平静、无关心，为不浮不沉，保持平静、平等的精神状态，无有杂染之心境。而文书的这句话以及与之类似的其他诸语，更可能体现了佛教梵语 kṣānti 的精神，即"忍辱"——令心安忍，堪忍外在之侮辱、恼害等。

② 帕提亚语 smyr (sumēr) 是源自梵语 sumeru 的外来词，而后者则是古印度神话传说中的一座神圣高山，为世界的中央，后来被佛教的宇宙观所袭用。其汉文音译名通常作须弥［山］、苏迷卢［山］或须弥卢［山］等；由于梵语亦作略语 Meru, 故汉译也相应作弥楼［山］等。汉文佛经中的意译名有妙高山、妙光山、好高山、善高山、善积山等。本文书的帕提亚语专名作 smyr kwf, 而 kwf (kōf) 义为山；这一词组颇为常见，故以帕提亚语原为主而译编的汉文摩尼教文书《摩尼教残经》作"末劳俱孚"。

③ "有时候，电那勿应使自己谦卑得犹如……"一句，见于安德鲁斯和亨宁的德译文（Andreas & Henning, 1934, p. 855）和阿斯姆森的英译文（Asmussen, 1975, p. 58），未见于克林凯特的英译文（Klimkeit, 1993, p. 259）。不过，若按本段文字接连使用的对偶的排比句式的规律，此句是应该存在的，故汉译如正文。

④ 在此，帕提亚语用的是 ʾndyšyšn (andēšišn), 义为思想、思考，亦即摩尼教重要教义"五妙身"相、心、念、思、意之"思"；安德鲁斯、亨宁之德译和克林凯特之英译均作 meditation。诚然，摩尼教文书中使用"思（meditation）"词，可以视作是摩尼教重要教义的体现；但是另一方面，此词的意思也相当于梵语 dhyāna, 亦即佛教所谓的"禅"。那么，文书中的帕提亚语 ʾndyšyšn 到底是更体现了摩尼教的"五妙身"教义呢，还是佛教的"禅"观念呢？我认为当属后者，下文将作具体论述。

⑤ 帕提亚语 ʾydr (ēdar) 被德译者释作 Absender, 英译者从之；但是舍德尔（Schaeder）反对此释，认为这应该是见于佛教本生经类型故事中的一个人名（Schaeder, 1936, p. 96, note 1）。

⑥ 帕提亚语 ʾbdr (abdar) 被德译者释作 Adressat, 英译者从之。但这被舍德尔也视作佛教本生经类型故事中的一个人名（Schaeder, 1936, p. 96, note 1）。

⑦ 摩尼教中作为暗魔之名的帕提亚语 ʾkwndg (Ākundag) 源自琐罗亚斯德教，在《阿维斯陀》经典中作 Kunī、Kund、Kunda、Kundi、Kūndag 等形式。按摩尼教的说法，世界（包括九天十地等）在最初被生命神（净风）创造时，其主要成分便是被杀诸魔的尸身，植物便是由阿空达的头发变成。是为巨大的怪物，按一份突厥语文书说，其头颅在世界的东方，下肢在西方的陆地，双肩在北方和南方，身体的中央即是须弥山。参见 Jackson, 1932, pp. 177, 185, 186 等处。

⑧ 帕提亚语 ʾhrmyyn (ahreman) 通常是暗魔即恶神之首的名字，源于琐罗亚斯德教，是善良主神

都应该服从①这些教导，认真听取。凡是聆听它们，相信它们，将它们记在心中，并落实在真诚的行动中的一切众生，都将获得拯救，脱离生死流转②，并将解脱罪孽。我，末摩尼，和你，末冒，以及过去时代的一切人与当今时代再生③的一切幸运者，还有在未来的再生者，都将因这清净戒律，因这完善智慧，因这善业和柔顺④而被

（接上页）Ohrmazd 的最大对立面，在《阿维斯陀经》中称 Angra Mainyu。有关这对善、恶主神诞生的说法很多，比较通常的说法是：超神 Zurvan（义为时间）在天地和一切事物尚未出现之前就已存在，他献祭了一千年，一方面却又怀疑献祭的效果，因此，最终孕育出的两个儿子，一为 Ohrmazd，由献祭化成，另一为 Ahriman，则由怀疑化成。于是，前者创造了美妙而善良的天、地及一切事物；后者则创造了一切邪恶的东西。前者创造了财富，后者创造了贫穷。

① 德译文原将帕提亚词释读成 nw'r (nawār)，义为阅读，但对所译"lessen"之词不敢完全断定（p. 856）。克林凯特英译（p. 259）则从阿斯姆森（p. 58），译作"听从［劝告］"（heed）；而所取帕提亚语原词，则显然是 ng'h (nigāh)。杜尔金-迈斯特伦斯特也怀疑德文的译法，但是提出了另一种可能性：此词或是义为信仰（belief）的 w'wr (wāwar) 的误拼 (Durkin-Meisterernst, 2004, p. 246)。

② 帕提亚语 z'dmwrd (zādmurd)，义为灵魂的转世，或在生与死之间的循环。这种灵魂转世、再生的信仰遍见于古代世界的各宗教之中；或以为摩尼教文书的这一帕提亚词即古希腊词 μεταναστεύω（相当于英文 transmigrate）观念的反映。然而，在此似乎更像是佛教思想的借鉴。克林凯特已经指出，此词若按字面意思，即是"生—死"，而这便相当于佛教的 saṃsāra［轮回］观念 (Klimkeit, 1993, p. 268, note 20)。此说固然不错，但是作者并未意识到的一点是，佛教的梵文术语中另有 jātimaraṇa 一词，与 saṃsāra 同义，而其发音则显然与帕提亚词 zādmurd 相若，亦即是说，后者很可能是前者的借词。在汉文佛经中，jātimaraṇa 被意译作"生死"，或音译作缮摩末剌諵、阇提末剌諵等，意谓因业因而于天、人、阿修罗、饿鬼、畜生、地狱六道迷界中生死相续，永无穷尽。佛教中频繁使用"生死流转"一语表达此意，如"令彼众生无明所盖，爱系其首，长道驱驰，生死轮回，生死流转，不知本际"（《杂阿含经》卷六）。由于其他摩尼教帕提亚语文书中另有借自梵语 saṃsāra 的 sms'r (samsār) 一词，故为了尽可能确切地分辨这两个同义词在摩尼教文书中的使用场合，在此将 z'dmwrd 译作"生死流转"，而非"轮回"(sms'r)。

③ 帕提亚语 'jy (āžay) 是动词，义为再次诞生，与之同义的名词为 'jwn (āžōn)，二者都可能是粟特语的借词。然而，在粟特语中，无论是 "jy (āžāy)，还是源自 "jy 的 'ży (āžay)，都只是 (to) be born，义为［被］生 (Gharib, 1995, p. 5, item 125; p. 94, item 2369)。因此，在摩尼教的帕提亚语文书中，显然进一步引申了该词，使之具有"再生"的含义，甚至，在许多场合，将它用作专门体现摩尼教"转世再生"即"轮回"教义的术语。或许正是鉴于这种现象，安德鲁斯和亨宁的德译文在这里两度出现 'jy 的地方，都谨慎地译作"(wieder-) geboren"，即"［再次］诞生"，以表明"再生"是原词的引申义 (Andreas & Henning, 1934, p. 856)。

④ 文书在这段文字中采用了"因（或通过）……而被拯救"的句式，并是排比句式，即"因 / 通过……，因 / 通过……，因 / 通过……"云云。克林凯特只译出了最后一句"因这善业和柔顺"(Klimkeit, 1993, p. 259)，而未见前两句，可能是疏漏之故。安德鲁斯和亨宁的德译文和阿斯姆森的英译文则均全部译出，分别作"Da ja durch dies reine Gebot und durch diese vollkommene Weisheit, durch diesen Dienst und diese Demut"(Andreas & Henning, 1934, p. 856) 和"through this pure commandment and through this perfect wisdom, through this activity and this humility"(Asmussen, 1975, p. 58)，故汉译从之，译如正文。这三点可分别相应于佛教的主要概念"戒"、"慧"、"定"，故体现了浓重的佛教色彩。下文将具体论述。

救，脱离生死流转。在这样的生死流转中，除了悟识之人[①]积累福与善[②]之外，没有更美好的事情了。凡是追随我摩尼，寄希望于尊神霍尔密兹德，以及要求清净和正义的电那勿充当其首领的人，都将获救，被救离生死循环，获得最终的拯救。

"清白者的亲切教导"至此结束。

纵观这份摩尼教文书，与前文所列的三封书信相比，其显著的不同之处，即是"东方色彩"（印度因素和佛教因素）特别浓厚；在这一点上，它和见于敦煌的三份汉语文书倒颇为相似。在此对这一特色略作分析。

第一，关于文书的标题。上文已经提及，有人认为，文书标题中的帕提亚语 n'g (nāg) 借自梵语 anāgas，义为无罪的、无辜的；也有人认为，这是借自梵语 nāga，义为龙、象、龙神等义。显然，不论何种解释，都表明它包含了印度文化因素。十分清楚，这是用摩尼自称的口吻对末冒或其他信徒所作的训诫，那么，作为教主的摩尼，应该更习惯于用怎样的衔头称呼自己？

按佛经中的术语使用惯例，nāga 既可指称"龙"（dragon），也可指称"象"（elephant），特别是在使用其喻义时，更是二名互易，乃至合称为"龙象"，因为龙为水域王，象为陆地王，二者都有"最具威力"、"最胜"之意。正是鉴于此，"龙象"逐渐引申为指称具备最胜禅定力的有德高僧，或者有识见、能力的佛道修行者，例如，称断除诸结漏的菩萨为"大龙象菩萨摩诃萨"："尔时纯陀白佛言：'世尊，如是如是，诚如圣教。我今所有智慧微浅，

[①] 帕提亚语 'šn's (išnās) 义为知道、认识、理解等，频见于文书的各处。此词不仅有一般意义上的"了解"之意，似乎更有摩尼教色彩的"觉悟［真理］"之义，例如，帕提亚语文书 M 39 V ii 中使用该词的一语云："尊神啊，能够悟识到你的技能、刚毅和神奇威力的清净和真诚的每一个人，都是幸运的！"（见 Andreas & Henning, 1934, p. 885 及 Klimkeit, 1993, p. 59 等处）显然，这里的"悟识"乃是具备了宗教上的高级智慧之后的一种体现；所以，这与佛教所谓的"觉"（梵语 bodhi，音译"菩提"）十分相似：义为觉、智、知等，即断绝世间烦恼而成就涅槃的智慧。

[②] 帕提亚语 pwn (pun) 义为善业、功德等，乃是梵文 puṇya 的借词，而后者则是佛教中的一个重要概念，汉译通常作"福"或"福德"、"功德"，是指能够获得世间、出世间幸福的行为。帕提亚语 kyrbg/qyrbg (kirbag) 是形容词或名词，义为优良的、有德的或虔诚、仁慈等；kyrdg'n/qyrdg'n (kerdagān) 也是名词和形容词，义为行为、业绩、善良业绩的、虔诚的。本文在此使用了 kyrbg kyrdg'n 的词组，所强调的意思便是"善业"。这一观念与佛教的"善"（梵语 kuśala）观念十分相似——广义地说，佛教的"善"是指与善心相应之一切思想行为，凡契合佛教教理者均是。显然，帕提亚文书在此提到的"福"与"善"，不仅仅分别与佛教观念对应相似，并且也如佛教一样，二者往往相提并论，组合应用。由此更见这是借鉴了佛教色彩。

犹如蚊蚋,何能思议如来涅槃深奥之义?世尊,我今已与诸大龙象菩萨摩诃萨,断诸结漏文殊师利法王子等。……'"① 更进一步,便是以"龙"或"龙象"尊称佛陀本身,例如:

尊者乌陀夷叉手向佛白曰:"世尊,象受大身,众人见已,便作是说,是龙中龙,为大龙王,为是谁耶?"世尊告曰:"……是故我名龙。"于是,尊者乌陀夷叉手向佛白曰:"世尊,唯愿世尊加我威力,善逝加我威力,令我在佛前,以《龙相应颂》颂赞世尊。"世尊告曰:"随汝所欲。"于是,尊者乌陀夷在于佛前,以《龙相应颂》赞世尊曰:"正觉生人间,自御得正定,修习行梵迹,息意能自乐。人之所敬重,越超一切法,亦为天所敬,无着至真人。越度一切结,于林离林去,舍欲乐无欲,如石出真金。普闻正尽觉,如日升虚空,一切龙中高,如众山有岳。称说名大龙,而无所伤害,一切龙中龙,真谛无上龙。……"②

又如,"大龙王"、"大象王"也是佛祖如来的异名:

云何于无量义说无量名?如佛如来,亦名如来,义异名异;亦名阿罗呵,义异名异;亦名三藐三佛陀,义异名异;亦名船师,亦名导师,亦名正觉,亦名明行足,亦名大师子王,亦名沙门,亦名婆罗门,亦名寂静,亦名施主,亦名到彼岸,亦名大医王,亦名大象王,亦名大龙王,亦名施眼,亦名大力士,亦名大无畏,亦名宝聚,亦名商主,亦名得脱,亦名大丈夫,亦名天人师……③

由此可见,梵语 nāga 在佛教中完全可以成为教主释迦牟尼的异名之一,那么,大量借鉴佛教文化,并把自己置于佛教、琐罗亚斯德教、基督教等教

---

① (北凉)昙无谶译《大般涅槃经》卷二《寿命品第一之二》,《大正藏》第12册,第374号,大正十四年,第373页中一下。
② (东晋)瞿昙僧伽提婆译《中阿含经》卷二十九《大品龙象经第二》,《大正藏》第1册,第26号,大正十三年,第608页中一下。
③ (北凉)昙无谶译《大般涅槃经》卷三十三《迦叶菩萨品第十二之一》,《大正藏》第12册,第374号,大正十四年,第563页下一564页上。

主并列地位的摩尼①,也就完全可能自称为"龙"、"象"或"龙象"。所以,在这份佛教色彩浓厚的摩尼教文书中,将摩尼譬喻为"龙"或"龙象"的可能性远大于取平淡的"无罪/清白者"为号的可能性。既然佛经《中阿含经》卷二十九列有《龙象经》之名,则这份摩尼教文书之标题借鉴这类佛经名称,并非没有可能。

第二,文书的前半部分尽管字数不少,但是其反复强调的意思却几乎只环绕着"忍耐"一个词:不要报复对自己殴打、憎恨、发怒的人;不要将自己也厌恶的事加诸他人;应该忍受任何人的凌辱;真正的修道者可以经得起任何凌辱。诸如此类的说教,与佛教的"忍辱"之说惟妙惟肖。

梵语 pāramitā,汉译"波罗蜜"或"波罗蜜多"等,有到达彼岸、终了、圆满等义,意为"从生死迷界之此岸到涅槃解脱之彼岸",通常指菩萨的修行。按照佛教的各经论,分别有六波罗蜜、十波罗蜜或四波罗蜜等说法。六波罗蜜是指大乘菩萨必须实践的六种修行,即布施波罗蜜、持戒波罗蜜、忍辱波罗蜜、精进波罗蜜、禅定波罗蜜、智慧波罗蜜;在此之外再加方便波罗蜜、愿波罗蜜、力波罗蜜、智波罗蜜,便成"十波罗蜜"。不管何种说法,"忍辱"显然都是重要的波罗蜜之一,亦即是菩萨修行的必然项目,其重要性卓然可见。

忍辱,梵语 kṣānti 的意译,义即安忍、忍耐;音译作羼底、乞叉底。这是指令心安忍,能够忍受外在之侮辱、恼害,凡加诸身、心的苦恼、苦痛都能忍受。按佛经,大致可以这样定义忍辱波罗蜜:"于诸一切不饶益事心不瞋恨;若骂,若瞋,若打,一切恶事来加其身,不生报心,不怀结恨;若彼求悔,应时即受;不令他恼,不求他求,不为有畏,不为饮食而行忍辱;于受他恩,不忘还报。"②若更具体一些,则如释迦牟尼的描述:

---

① 例如,阿拉伯史家比鲁尼在其《古族编年》一书中记载道,摩尼在他亲撰的献给波斯国王沙普尔一世的《沙卜拉干》开首,把自己置于和佛陀、琐罗亚斯德、耶稣等此前各大教主相同的地位:"智慧和善举,始终不时地通过尊神的使者们带给人类。于是,在某个时代,它们由称为佛陀(Buddha)的使者带到印度;在另一个时代,由琐罗杜什特(Zarādusht)带到波斯;在又一个时代,则由耶稣(Jesus)带到西方。如今,启示已经降临了,在这最后时代的预言是通过我,摩尼,真理之神的使者带到巴比伦的。"(Sachau, 1879, p. 190)
② (元魏)菩提流支译《深密解脱经》卷四《圣者观世自在菩萨问品第十之一》,《大正藏》第16册,第675号,大正十四年,第683页上。

舍利子，云何菩萨摩诃萨忍辱波罗蜜多？是菩萨摩诃萨为护禁戒，发起勇猛，修行具足忍辱波罗蜜多。修是行时，世间所有一切娆恼不饶益事，皆能忍受。若寒热、饥渴、暴风、酷日，若蚊虻、水蛭、毒虫之类，共来触恼，悉能安受；若诸众生以恶语言互来毁谤，及欲损害菩萨身命，菩萨尔时心无恐怖，不生恚恼，亦无怨结，已生、现生、当生悉能忍耐。舍利子，是名菩萨摩诃萨修行具足忍辱波罗蜜多。又，舍利子，我于往昔长夜之中，常修如是忍辱观法。若一切有情固来毁骂，加诸瞋恚而行捶打，以粗恶语种种诽谤，我于尔时不生忿恚，不生嫉妒，不生恼害，亦不以其不饶益事，反相加害。①

不难看出，本文所引摩尼教文书中摩尼对末冒的"不要报复"的几条训诫，只不过是佛经中"世尊"对"舍利子"所述"忍辱波罗蜜"内容的精选而已。所以，若谓"信"的撰写者摘录和编译了佛经的相关章节，也未尝不可。

第三，文书不仅在总体内容方面模仿佛教教义，并且在不少细节描述方面（包括用词乃至句式）也借鉴了佛经，有的完全可以视之为佛经的摘译或编译，这类例证很多，比如："凡是你不愿意别人对你所干的事，你自己也不要对别人做"一语，固然是普遍见于古代世界各大宗教文化中的"黄金规则"，但在佛经中频繁强调的程度，却似乎超越了其他所有的典籍。如："佛教国王、长者、吏、民，皆令不得杀生、盗窃、犯他人妇女，不得两舌、恶口、妄言、绮语，不得嫉妒、悭贪、狐疑。当信作善得善，作恶得恶，己所不欲，莫施于人。"②"所谓菩萨，己所不欲，勿劝他人。……我说此言，汝等当知，己所不欲，勿劝他人。"③"有一种法，菩萨摩诃萨常当守护。何等一法？所谓己所不欲，勿劝他人。"④"［佛曰：］师弟之义，感感自然，当相信厚，视彼若己，己所不行，勿施于人。弘崇礼律，训之以道；和顺忠节，不

---

① （宋）法护等译《佛说大乘菩萨藏正法经》卷二十四《忍辱波罗蜜多品第八之余》，《大正藏》第 11 册，第 316 号，大正十四年，第 841 页中。
② （南朝宋）求那跋陀罗《申日儿本经》，《大正藏》第 14 册，第 536 号，大正十四年，第 819 页下。
③ （元魏）菩提流支译《无字宝箧经》，《大正藏》第 17 册，第 828 号，大正十四年，第 871 页下。
④ （唐）地婆诃罗再译《大乘遍照光明藏无字法门经》，《大正藏》第 17 册，第 830 号，大正十四年，第 875 页上。

相怨讼。弟子与师,二义真诚。"①"佛言:人于世间,不持刀杖恐人,不以手足加痛于人,不鬪乱别离人,己所不欲,不施于人。"②

以上诸例,都见于较早时期的译经,至于在稍后的佛教撰编经典中,更是结合儒家古训,弘扬佛教的"黄金规则"。例如:"《经》云:'恕己可为譬,勿杀勿行杖。'《书》云:'己所不欲,勿施于人。'今以《经》、《书》交映,内外之教,其本均同,正是意殊名异;若使理乖义越者,则不容有此同致。所以称内外者,本非形分,但以心表为言也。"③ 则显然特别借儒家的"圣人"语录来强调佛家这一教义的正确性和重要性。

第四,"一个人应该忍受来自于地位比他高的人、地位与之相等的人,以及地位比他低微的人的凌辱和虐待"一语,表达了佛教之"忍辱"必须是不分对象的,即不能因对方地位尊贵就"忍",而对方地位卑微就不"忍"。本文书的这一教导在佛经中有着充分的体现。按佛经之说,凡有三十二种具体表现可以称得上是"菩萨清净行忍辱波罗蜜",而其中之一是:"十八者,菩萨为十方天下人下屈,是为忍辱。"④ 又,"佛告无善神:'菩萨有八法超诸德上。何等为八?菩萨于是离于贡高,为一切人下屈谦敬,受教恭顺,言行相副,谦顺尊长"⑤。显然,在此特别强调了佛教修行者"为天下人下屈"或"为一切人下屈"的原则。见于《大般若波罗蜜多经》的一段话更具体地展示了佛教平等对待一切众生的"忍辱"思想:

> 我应饶益一切有情,何容于中反作衰损?我应恭敬一切有情,如仆事主,何容于中反生憍慢、骂辱、凌蔑?我应忍受一切有情捶打、呵叱,何容于中反以暴恶语加报?我应和解一切有情,令相敬爱,何容复起勃恶语言,与彼乖诤?我应堪忍一切有情长时履践,犹如道路,亦

---

① (后汉)安世高译《佛说阿难问事佛吉凶经》,《大正藏》第14册,第492号,大正十四年,第753页中。
② (后汉)安世高译《佛说分别善恶所起经》,《大正藏》第17册,第729号,大正十四年,第517页中。
③ (唐)道宣撰《广弘明集》卷二十七《诫功篇·克责身心门第六》,《大正藏》第52册,第2103号,昭和二年,309页上。
④ (后汉)支娄迦谶《佛说伅真陀罗所问如来三昧经》卷中,《大正藏》第15册,第624号,大正十四年,第357页上。
⑤ (西晋)竺法护译《佛说海龙王经》卷三《燕居阿须陀受决品第十二》,《大正藏》第15册,第598号,大正十四年,第148页上。

如桥梁，何容于彼反加凌辱？①

而与摩尼教文书最为对应的佛经句子，恐怕当为《杂宝藏经》所言："忍者应忍是常忍，于羸弱者亦应忍，富贵强盛常谦忍，不可忍忍是名忍。……见人为恶而不作，忍胜己者名怖忍，忍等己者畏斗诤，忍下劣者名盛忍。"②在此清楚提出了对"胜己者（富贵强盛者）"、"等己者"和"下劣者（羸弱者）"三类人物"忍"的概念，这不但符合佛教"为一切人下屈"的思想观念，也与摩尼教文书中应忍受地位高、等、下三类人之辱的教诲完全吻合。当然，在佛教看来，对于这三类人的"忍"似乎是有等级差别的，如《别译杂阿含经》所言："忍于胜己者，怖畏患害故；若于等己诤，畏俱害故忍；能忍卑劣者，忍中最为上。"③亦即是说，对胜过自己的人"忍"，往往是因为害怕他加害于己；对与己实力相当的人"忍"，则是怕两败俱伤；所以，唯有对比自己弱势的人的"忍"，才是没有功利想法的真正的"忍"，遂被称为"忍中最为上"。由于这是最难做到的，故颇受重视："虽在尊位，财富极乐，不轻贫贱羸劣弱者，是为忍辱。"④直接将"不轻贫贱羸劣弱者"作为"忍辱"的定义之一。不管怎样，摩尼教文书有关"忍辱"的诸语，与佛教之说几乎丝丝入扣。

第五，摩尼教文书关于任何外力不能动摇电那勿（摩尼教专业修道者）的譬喻（犹如以花击象，以水滴石），也完全源自佛经。例如，见于《杂宝藏经》的句子："能受恶骂重诽谤，智者能忍花雨象。若于恶骂重诽谤，明智能忍于慧眼，犹如降雨于大石，石无损坏不消灭。恶言善语苦乐事，智者能忍亦如石。"⑤象为印度的特产，故与象有关的故事、譬喻、象征符号往往带有浓厚的印度文化色彩，这也是在情理之中。仅就这点而论，此"信"就

---

① （唐）玄奘译《大般若波罗蜜多经》卷四百五十五《第二分同学品第六十一之二》，《大正藏》第7册，第220号，大正十三年，第297页中。
② （元魏）吉迦夜共昙曜译《杂宝藏经》卷三《二九：龙王偈缘》，《大正藏》第4册，第203号，大正十三年，第463页上。
③ （姚秦）失译人名《别译杂阿含经》卷二《初诵第二》，《大正藏》第2册，第100号，大正十三年，第386页下。
④ （西晋）竺法护译《阿差末菩萨经》卷二，《大正藏》第13册，第403号，大正十三年，第588页中。
⑤ （元魏）吉迦夜共昙曜译《杂宝藏经》卷三《二九：龙王偈缘》，《大正藏》第4册，第203号，大正十三年，第463页上。

展示了印度文化因素；但事实上还不止于此，因为"花雨象（大量的花击落到象身上）"这样一个具体的譬喻正是完全照搬自佛经。《成实论》更加具体地描绘了"花雨象"譬喻和忍辱的关系："又，偈说：恶口骂詈，毁辱瞋恚，小人不堪，如石雨鸟；恶口骂詈，毁辱瞋恚，大人堪受，如花雨象。是故应忍。"① 至于佛经"降雨于石"和摩尼教文书的"滴水于石"显然是同一个譬喻；并且，二者都与"花雨象"相提并论，连顺序都一样。故"信"的这两个譬喻直接借自佛经，是毫无疑问的。

第六，电那勿应该使自己有时像须弥山，有时像学生，有时像老师，有时像仆人，有时像主人云云的这段话，同样展现了浓厚的佛教色彩。首先，如前文注释所言，摩尼教文书使用了梵语外来词"须弥（山）"，而须弥山则是印度文化（特别是后来的佛教文化）中的一个重要观念。因此，仅仅这一梵语借词，就体现了本文书包含的印度文化因素。况且，本段几个句子的内容和句式也很可能源自佛经：

按照行文中排比句的规律，"有时候，电那勿应使自己崇高得犹如须弥山"一语后面，确实还应该补上"有时候，电那勿应使自己谦卑得犹如……"；后半句虽然有所残缺，但主要意思还是很清楚的。而按佛经，则有"或现高大如须弥，或时现卑如卧草"② 之语，是比喻真正的修道者应该随着环境的需要，有时展示出崇高伟大的形象，有时则谦卑、忍辱，不与世人争形式上的短长。以"须弥"比喻高大、崇高、伟大，在佛经中可谓比比皆是，如形容佛或菩萨的身形高大③、智慧的高深④、功德的广大⑤ 等。

---

① （姚秦）鸠摩罗什译，诃梨跋摩造《成实论》卷十二《四无量定品第一百五十九》，《大正藏》第32册，第1646号，大正十四年，第337页。
② （元魏）吉迦夜共昙曜译《杂宝藏经》卷三《二九：龙王偈缘》，《大正藏》第4册，第203号，大正十三年，第463页上。
③ "无量菩萨从空来，手持清净莲花沼，其身广大如须弥，变为净妙诸花鬘，遍覆三千大千界，而至菩提道场所。"见（唐）地婆诃罗译《方广大庄严经》卷八《严菩提场品第二十》，《大正藏》第3册，第187号，大正十三年，第590页上。
④ "复有菩萨摩诃萨七十二亿那由他，其名曰文殊师利法王子菩萨摩诃萨、善财功德菩萨摩诃萨、佛胜德菩萨摩诃萨、药王菩萨摩诃萨、药上菩萨摩诃萨等，皆住不退转地，转大法轮，善能咨问大方广宝积法门，位阶十地究竟法云，智慧高大如须弥山。"见（元魏）昙摩流支译《如来庄严智慧光明入一切佛境界经》卷上，《大正藏》第12册，第357号，大正十四年，第239页上。
⑤ "右以上十大陀罗尼，若有人，每日常诵忆念，及转读此心陀罗尼经者，得大延寿，功德广大如须弥山；得大文持，能除一切地狱、饿鬼、畜生、阎罗王界、三报、八难、七逆之罪。"见《大佛顶广聚陀罗尼经》卷四《大佛顶无畏广聚如来佛顶辨七种佛顶持颂遍数成就品第十五》，《大正藏》第19册，第946号，昭和三年，第172页上。

而用以譬喻修道者之"忍辱"心态和品格的，如上引的"卧草"外，尚有见于它处的"旃陀童女"①、"弟子"②等。但是，若与高大形象的"须弥"之喻作对照使用，则后一"卑下"之喻恐怕更多的是"旃陀罗"。旃陀罗是印度种姓制度四大等级中最低贱的等级，只能从事奴仆等卑贱之业，社会地位极低微，故佛教常以此作为"低贱"的典型譬喻。例如，"外寂静五事者：一者，菩萨摩诃萨修集无量慈心为众生故；二者，受无量苦为众生故；三者，得大喜见诸众生得利益故；四者，得大自在，犹属众生如僮仆故；五者，有菩萨具大威德，犹故谦卑如栴陀罗子故。"③亦即是说，菩萨虽已得道，已经"伟大"、"崇高"，却还应该心态谦卑；故十大"菩萨善乘"中的第五即是"心常自卑如旃陀罗"④，这类例子不胜枚举，几乎可作为佛经中"卑下"的典型譬喻。有鉴于此，即使"卧草"偶然亦以"卑"之喻而相对于须弥山的"尊"之喻（但大多数情况下却以"草芥"词组作为"无足轻重"的譬喻），也不如"旃陀罗"更适宜于和"须弥山"构成"卑"和"尊"的一对譬喻。这样，本文书"有时候，电那勿应使自己谦卑得犹如……"一语的残缺部分，以补成"旃陀罗"更为贴切。

至于文书接着的以"学生—老师"、"奴仆—主人"为喻的两个排比句，与此前的"须弥—旃陀罗"一样，也常见于佛经中；其"学生"、"奴仆"等说法，无非是喻指佛教修道者必须具备的谦恭、忍辱的心态和品格。例如：除了前引《大宝积经》的"于彼憍慢人，谦卑如弟子，不令他生恼，化生诸佛前"外，尚有"菩萨一向为众生，修行精进波罗蜜，由如奴仆事其主，利于众生亦如是。如仆事主心专注，虽被瞋辱而无对，凡所动止常在心，唯恐彼主责其过。菩萨为求佛菩提，如奴事主利众生"⑤。又有"行菩萨道者，……虽处财位最胜第一，而自卑屈，如仆，如奴，如旃荼罗，如孝子

---

① "或时着衣持钵，入村乞食，下意自卑，如旃陀童女"，见（姚秦）竺佛念译《出曜经》卷十八《杂品之二》，《大正藏》第4册，第212号，大正十三年，第705页下。
② "于彼憍慢人，谦卑如弟子，不令他生恼，化生诸佛前"，见（唐）菩提流志译《大宝积经》卷一百一十一《净信童女会第四十》，《大正藏》第11册，第310号，大正十四年，第625页下。
③ （南朝宋）求那跋摩译《菩萨善戒经》卷五《菩萨地软语品第十六》，《大正藏》第30册，第1582号，昭和二年，第990页中。
④ （梁）曼陀罗仙译《宝云经》卷三，《大正藏》第16册，第658号，大正十四年，第222页中。
⑤ （宋）法贤译《佛说佛母宝德藏般若波罗蜜经》卷下《般若伽陀聚集品第二十九》，《大正藏》第8册，第229号，大正十三年，第683页中—下。

等、无染、无伪、真实、哀怜、慈愍之心，永不退转"①以及"是菩萨以自在身，谦卑忍下，犹如仆使，亦如孝子，如旃陀罗子"②等。不难看出，摩尼教文书在此非常确切地摘录了佛经中的相关句子。

第七，摩尼教文书"同样的道理，在他有罪过之时，清净的电那勿就应静坐默思，对罪过感到厌恶，转而为善"一语中的一两个单词，就揭示了它与佛教文化的密切关系：帕提亚语 'ndyšyšn (*andēšišn*) 意为默思，既是摩尼教重要教义"相、心、念、思、意"之一，又与佛教之"禅"含义同；故对其文化因素的来源，有必要作点辨析。

梵语 dhyāna 的汉文音译作禅那、驮衍那、持阿那等，意译则作静虑、思维修习、寂静审虑、弃恶等，这是指心专注于某对象，极寂静以详密思维而达到禅定状态；是为佛教修行要纲"戒、定、慧"中的第二步。所以，大乘佛教把"禅"列为六波罗蜜或十波罗蜜之一。而如上文所述，"波罗蜜"意即菩萨从生死"此岸"渡到涅槃"彼岸"的修行途径，实际上，它也就是"戒、定、慧"三学的进一步的具体化，因为六波罗蜜中也包括了戒、定、慧的修行过程：布施波罗蜜、持戒波罗蜜、忍辱波罗蜜、精进波罗蜜、禅定波罗蜜、智慧波罗蜜。显而易见，"忍辱"和"禅定"正是佛教"波罗蜜"的两个要素；那么，摩尼教文书在反复强调了"忍辱"之后，紧接着要求的 'ndyšyšn，不正合乎"禅定"之说吗？

另一方面，佛教修习禅定的重要一环乃是"弃恶"或"弃盖"（"盖"为"烦恼"的别名），也就是弃绝妨碍禅定正念的贪欲、瞋恚等恶念。那么，摩尼教文书在此所言的默思时当厌弃罪过，岂非正与佛教禅定时必须"弃恶"的意思相仿？这进一步证实了文书对佛教教义的借鉴。

最有意思的是：文书在此使用了帕提亚语 nšst 一词，与 'ndyšyšn 配合使用，前者义为坐，后者义为思，从而构成了"静坐默思"的意思。而端身正坐而入禅定却恰恰是印度自古以来的内省法，释迦牟尼之得道，便是通过菩提树下端坐静思而成功的，从而使得"坐禅"成为佛教的一大特色。所以，

---

① （唐）窥基撰《妙法莲华经玄赞》卷二本，《大正藏》第 34 册，第 1723 号，大正十五年，第 682 页上。
② （北凉）昙无谶译《菩萨地持经》卷七《菩萨地持方便处四摄品第十五》，《大正藏》第 30 册，第 1581 号，昭和二年，第 924 页下。

摩尼教文书在此特别指明"坐"而"思",并非出于巧合,而是有意识地照搬了佛教的"坐禅"文化。

第八,"[过去、现在、未来的一切人]都将因这清净戒律,因这完善智慧,因这善业和柔顺而被救,脱离生死流转"一语所归纳的三点,与佛教的"戒"、"慧"、"定"基本吻合,在此作进一步的论述。

在帕提亚语的这段文字中,pw'g (*pawāg*) 义为纯净的、神圣的;cxš'byd (*čaxšābed*) 义为命令、戒律,乃是佛教梵语 śikṣāpada(学处、戒律)的借词,显然,这里导入了佛教因素。Śikṣāpada 一词用作"戒律"之义时,与梵语 śila 是相通的,即都指净戒、善戒,并特别指称为出家、在家信徒制定的戒规,旨在修善和防止身、口、意所作之恶业。这是可达无上涅槃的"三学"之一。

帕提亚语 'spwr (*ispurr*) 义为充分的、完美的;jyryft (*žīrīft*) 义为智慧。而按佛教教义,"慧"亦称"智",梵语 prajñā(音译"般若"),是指推理、判断事理的精神作用;"慧"能显发本性,断除烦恼,见诸佛实相,也是学佛者必修的"三学"之一。

帕提亚语 prxyz (*parxēz*) 义为(宗教)服务、活动等。至于 nmryft (*namrīft*) 一词,虽然亨宁之德译文作 Demut,阿斯姆森之英译文从之,作 humility,即义为谦卑,但是按照杜尔金-迈斯特伦斯特该条的释义,却作 meekness 和 docility (Durkin-Meisterernst, 2004, p. 243),即柔顺、驯良之意,显然与亨宁和阿斯姆森之释义相异。按之佛教教义,"禅定"(梵语 dhyāna)的总体含义,乃是保持身、心之安稳、平静,离诸烦恼,并有调顺心想,不起躁动的意思。另一方面,柔顺之心与禅定也有密切的因果关系,如《大智度论》"禅波罗蜜者,是菩萨忍辱力,故其心调柔;心调柔故,易得禅定"之语① 便体现了"调柔"(调和、顺柔)是禅定的重要前提和条件。既然摩尼教文书在上文已经提及佛教"三学"中的"戒"、"慧",而这里的 nmryft (*namrīft*) 一词又与"(禅)定"关系密切,故可将这整段文字视作是摩尼教文书借鉴佛教戒—定—慧"三学"观念的体现;而这一帕提亚词似乎也更宜释作"柔顺"而非早期翻译的"谦卑"。

---

① (姚秦)鸠摩罗什译《大智度论》卷八十一《释六度品第六十八之余》,《大正藏》第 25 册,第 1509 号,大正十五年,第 629 页上。

第九，前文已经指出，帕提亚文书的"积累福与善"之说，是相当明显的佛教色彩，在此则再作进一步的解释：义为善业、功德等的帕提亚词 pwn (pun) 直接借自义为福、福德、功德的梵语 puṇya，是为文书之"佛教色彩"的明证，自无疑问。义为虔诚之行为、善良之业绩的帕提亚语词组 kyrbg kyrdg'n 虽然不是直接借自佛教的词汇，但是其观念却与佛教之"善"（梵语 kuśala）观念类似，故同样展现了文书的"佛教色彩"。

按佛教的不同部派和经典，无论是对于"福"还是对于"善"，都有许多不同的定义和解释，但是，似乎基本上只是角度不同，而不是原则的区别。就"福"而言，部派佛教将系于三界（世间）之业分为福、非福、不动等三业，以福业为感应欲界善果之因，则是把"福"限于世间；而大乘佛教将六波罗蜜（六度，即布施、持戒、忍辱、精进、禅定、智慧）分为福业和智业，即以智慧为体的行为之外的一切均称为"福〔业〕"，是成佛之因，则"福"通于世间和出世间。又，《观无量寿经》将生于净土之因的"福〔业〕"分为"定善"和"散善"，后者又分为"三福"（世福、戒福、行福），遂有"二善三福"之说。

颇有意思的是，佛教有关"善"（梵语 kuśala）的诸种解释中，其"二善说"中的一种即是指"定善"和"散善"：心志集中而止住妄念，依此定心所修之善根称为定善；以散乱之平常心，废恶所修之善根称为散善。另有"三善说"，是指世善（世俗善）、戒善、行善，而这即是"福"观念中的"三福说"——世福（忠信孝悌之道）、戒福（戒法）、行福（大乘自行化他之行）！由此可见，按佛教教义，"福"与"善"是密切相关的，有时候，甚至是等同的。① 那么，摩尼教帕提亚语文书将佛教中这两个如此密不可分的术语一起使用于此，除了表明它借鉴，乃至在形式上完全照录佛教术语外，似乎别无解释了。

鉴于这份摩尼教文书如此浓厚的佛教色彩，故从形式上看，它简直酷似一篇佛经或者佛经的某个章节；特别是，如果换成另一种汉译风格，则其文

---

① 实际上，按之梵语原义，puṇya（福）与 kuśala（善）的释义有时基本甚至完全相通，例如，puṇya 可以释为 auspicious（吉祥的）、good（优良的）、right（正确的）、virtue（美德）、good work（善业）、meritorious act（值得称赞的行为）等等，而 kuśala (kuzala) 则可以释为 right（正确的）、proper（适宜的）、good（优良的）、welfare（繁荣）、happiness（幸福）等等（释见 Sanskrit, Tamil and Pahlavi Dictionaries 各条，http://webapps.uni-koeln.de/tamil/）。不难发现，二词的某些释义完全相同。

字与古代的汉译佛经几乎一般无二。下面是它的另一种汉译法：

龙象菩萨教诫经①

……打不报打，瞋不报瞋，嫉不报嫉。②其若忿恚，善言诱喻。己所不欲，莫施于人。应忍众凌辱，既忍胜己者，又忍等己者，更忍下劣者。③清净电那勿，能忍诸凌辱，纹丝不动摇，犹如花雨象，象无纤毫伤，亦如水滴石，石不坏分毫。行忍电那勿，任凭诸欺凌，正心不倾动。④

清净电那勿，或时现高大，尊如须弥山；清净电那勿，或时应谦卑，屈似栴陀罗。⑤清净电那勿，或时似弟子，或时似师长，或时似奴仆，或时似主人。

清净电那勿，当勤坐禅思，弃诸恶思惟，转为众善念。

[…………]

龙象末摩尼，今是说法人；汝名为末冒，即是受持者。⑥又有阿空

---

① 帕提亚语标题的大意是摩尼对其弟子末冒的教诲，且n'g (nāg) 以释作"龙象"即佛或菩萨之尊称为宜，而非"清白者"。鸠摩罗什所译之《佛垂般涅槃略说教诫经》（又名《佛遗教经》，载《大正藏》第12册，第389号），对众弟子作临终前的教诲（如《经》末所称的"是我最后之所教诲"那样），内容包括了对于六波罗蜜（布施、持戒、忍辱、精进、禅定、智慧）中后五个波罗蜜的简明阐述，教导弟子们务必遵守；而本文书则是以"忍辱"为主要内容。因此，就形式（教主对弟子的训诫）和内容（都谈"六波罗蜜"之部分教义）来看，摩尼教的帕提亚语文书都极似这篇简短的早期佛经；或许，这份佛教色彩浓厚的摩尼教文书正是在内容和形式上都参照了早期的梵文《教诫经》或其同类作品。鉴于此，它的标题汉译名当可作《龙象菩萨教诫经》。
② 《大般若波罗蜜多经》卷五百八十九《第十三安忍波罗蜜多分》有"于诸有情应修安忍，打不报打，骂不报骂，谤不报谤，瞋不报瞋，诃不报诃，忿不报忿，恐不报恐，害不报害，于诸恶事皆能忍受"之句；又，《成实论》卷九《瞋恚品第一百二十六》有"沙门法者，怒不报怒，骂不报骂，打不报打"句，则知摩尼教文书中这数句的文化源流显然在佛教。
③ 《杂宝藏经》卷三《二九：龙王偈缘》之"忍胜己者名怖忍，忍等己者名畏斗净，忍下劣者名盛忍"句提及的对三类人的"忍"当是摩尼教文书此语的源流之一。
④ 《大般若波罗蜜多经》卷五百六十六《第六分通达品第二》有"菩萨法尔，应行忍故，若他加害，挝打骂辱，侵夺欺凌，心不倾动"等语，其意与摩尼教文书相近，其辞亦当相似。
⑤ 佛经"或现高大如须弥，或时现卑如卧草"（《杂宝藏经》卷三《二九：龙王偈缘》）及"有菩萨具大威德，犹故谦卑如栴陀罗子"（《菩萨善戒经》卷五《菩萨地软语品第十六》）等，均可作为本译的模板。
⑥ 尽管德、英译文多将帕提亚语 'ydr (ēdar) 和 'bdr (abdar) 分别释作"写信人"和"收信人"，但是毕竟不能断定；并且，若本文书实际上并非信函，而是教主对弟子的一种训诫书（这在下文将进一步论述），则更不宜译作"写信人"和"收信人"。所以，在此按佛教大师训导弟子和信徒的"说法"模式，将 'ydr (ēdar) 译作"说法人"（指布道的修行者，如《思益梵天所问经》卷三的"是故如来，于诸说法人中，为最第一"句所示），将 'bdr (abdar) 译作"受持者"（指领受戒

达,是魔阿梨曼。我为汝说法,当谛听信受;凡闻法受持,躬自奉行者,皆能得救度,出离生死地,销灭诸罪障。① 龙象末摩尼,及与汝末冒、往世一切众、今世福德人、来世轮回者,若奉清净戒②,若具微妙慧③,若生柔顺心,悉能得救度,离生死流转。生死流转中,觉者积福善,是为殊胜业。凡奉末摩尼,祈愿先意佛,并尊电那勿,清净正直人,悉皆获救度,离生死流转。

《龙象菩萨教诫经》竟④

最后,对这份摩尼教文书作几点归纳。

第一,关于文书的形式。尽管从文书的口吻来看,是摩尼对弟子末冒的嘱咐和训导,然而,就其内容来看,则更像教会首领(不管是否是摩尼本人)对教众的公开训诫或者布道书,所以,即使称"信",恐怕也只是一封"公开信"。有鉴于此,第二种译法将文书的标题译作《教诫经》,虽然多添了一个"经"字,但确实与佛教的种种"说法"之《经》十分相像。

另外一个证据是,文书的标题在文首置一个,在文末再重复一遍,并谓

[接上页]律、经典、教法等,并认真信受的人,如《受持七佛名号所生功德经》的"尔时世尊告舍利子:吾今愍念一切有情,略说受持七佛名号所生功德,令受持者当获殊胜利益安乐。汝应谛听,极善思惟;吾当为汝分别解说"句所示)。

① "销灭""罪障"是佛教常用的句式,大意是消除障碍达于圣道的因业。如《佛说往徧照般若波罗蜜经》"此般若波罗蜜经……若有人听受、读诵、恭敬供养,所有一切罪障皆得消除,乃至得坐菩提道场"句和《佛说大集会正法经》卷二"若得见佛。即能销灭一切罪障"句所示。摩尼教汉文典籍《下部赞》亦有模仿此句式者,如第144颂"我今专心求诸圣,速与具足真实愿,解我得离众灾殃,一切罪障俱销灭"。尽管摩尼教的"罪"观念与佛教的不同,但这表明摩尼教文书是在刻意加强佛教色彩,故译如正文。

② "清净戒"是汉文佛经中频繁使用的术语,如"[善财童子]以偈赞曰:汝常护持清净戒,普修菩萨无垢忍,坚进不动如金刚,妙果超世无能比"(《大方广佛华严经》卷十三)及"我昔为是经,护持清净戒,常修于定慧,及施诸众生"(《大宝积经》卷三十一)等。故这里将帕提亚语词组 pw'g cxš'byd 译作"清净戒"。

③ "微妙慧"也是汉文佛经中的常用术语,如"偈曰:斯力不可量,奉行佛要道,微妙慧第一,众生难晓了"(《渐备一切智德经》卷四)以及"[阿修罗王]向佛以偈赞曰:稽首大法王,慧眼照三有,……甚深微妙慧,穷世间源底,知众生所欲,深着颠倒想"(《父子合集经》卷三)等。显然,"微妙慧"是最完美、最高级的智慧,故这里将帕提亚语词组 'spwr jyryft 译作"微妙慧"。

④ "竟"是结束的意思,常见于佛经的末尾,谓"某某经竟",表示某某经至此结束,如"《圣救度佛母二十一种礼赞经》竟"(《大正藏》第20册)。显然,摩尼教文书在最后的这一格式也是模仿了佛经。

某某内容"到此结束"。这种行文格式似乎不同于其他的摩尼教信件格式，却与摩尼教的颂诗等"经典"或"准经文"更为类似。例如，汉语文书《下部赞》中的每一种颂诗都列有小标题："赞夷数文第二叠"、"叹无常文，末思信法王为暴君所逼，因即制之"、"普启赞文，末夜莫阇作"，等等；整个《下部赞》的末尾则有"下部赞一卷"字样。又，帕提亚语赞颂组诗《胡亚达曼》的标志格式也与此类似："《胡亚达曼》始于此，《胡亚达曼》第一篇"；"《胡亚达曼》第二篇：罪人之惩罚"及其结尾"《胡亚达曼》第二篇之末"。① 所以，与其说该文书是一封普通的信件，还不如理解为是一篇"布道书"，或者是模仿佛经的"说法经"。

第二，关于文书的撰写时间。文书既系"伪作"，那么就绝不可能撰成于摩尼在世之时（216—274），所以，其时间上限为公元三世纪末。另一方面，末冒对于文化传播方面的一个重大贡献是，使得帕提亚语成为摩尼教东方教会的官方语言，并且在嗣后的数百年间始终盛行于中亚的粟特地区，直到公元六世纪下半叶被粟特语取代为止。② 按照此说，则本文书很可能撰成于东方摩尼教大本营粟特地区盛行帕提亚语的时期内，易言之，是在三世纪末至六世纪下半叶的这段时间内。这是文书撰写年代的一种推测。

但是，以下的分析似乎有助于将文书撰写的时间提前很多年：综观文书的内容，佛教色彩之浓厚是毫无疑问的，甚至达到几乎可以与佛经相混淆的地步。那么，这就导出了一个问题——为什么摩尼教要费尽心机把自己的宗教伪装得犹如佛教一般？文书为什么不堂而皇之地宣布本教的教义？答案恐怕只能是：当时的民众不理解摩尼教，从而几乎不可能轻易接受之；而当时的客观环境却颇利于佛教信仰的传播。因此，摩尼教不得不有意识地增添佛教色彩，以便于摩尼教教义在佛教外衣的掩饰下暗暗推行。

摩尼教的一份中古波斯语文书 M 2 描绘了末冒前赴中亚，欲渡阿姆河，至粟特地区布教的"历史故事"：女神本来不允许他入境，但在他含糊地声称自己的宗教"不吃肉，不喝酒，远离女色"之后，就大有同感："我们这

---

① Boyce, 1954, pp. 66-67, 78-79.
② 说见 W. B. Henning, "Two Manichaean Magical Texts with an Excursus on the Parthian Ending -ēndēh", *BSOAS* 12, 1947, p. 49.

里有许多人像你一样",立即大为赞赏和欢迎了。① 显而易见,"女神"误以为末冒所言的宗教是当地颇为流行的佛教了!若非有此"误解",末冒肯定会遭到"女神"(即当地的统治者和民众)的断然拒绝;而这一"误解"却是末冒故意造成的!这个"历史故事"虽然带点传奇色彩,但反映的现象当是历史真实,即,摩尼教在中亚传播的初期,不得不故意为自己的宗教涂上足以乱真的佛教色彩。有鉴于此,本文所探讨的摩尼教帕提亚语文书,似乎正是在这种历史背景下撰成的,那么,将其撰成年代置于末冒初创中亚基业前后(即三世纪末至四世纪),或许是比较合理的,因为一旦摩尼教站稳脚跟,事业大成后,就用不着如此躲躲闪闪地利用佛教外衣作掩护了。

实际上,另一个时代背景也有助于这一推测:文书中明显具有摩尼教色彩的,是少量专名,如摩尼、末冒、电那勿、先意等;其反复强调"忍辱"观念,虽然也是摩尼教的教义之一②,但其叙说形式却具有强烈的佛教特色。那么,"摩尼"(或其他教会领袖)到底想叮嘱教徒们什么呢?依我之见,末冒及大批教徒在摩尼死后前赴中亚,与其说是"积极创业、布教",还不如说是避难,因为当时萨珊政权正大规模地迫害摩尼教。所以,当时的摩尼教徒若欲在新的地区继续生存下去乃至有所发展,最关键的恐怕即是"忍耐再忍耐","屈于一切人"。因此,一份以摩尼的名义发布的这类内容的"训诫",便是非常及时和必要的了。按此逻辑推测,本文书也应该撰成于摩尼死后,末冒和教徒们东赴中亚,艰难开拓新的生存空间的时期;所以,本文书的撰成年代大概不会迟于公元四世纪上半叶。

第三,关于文书撰写者的身份。是何许人假托摩尼的名义,撰写了这样一份文书呢?对此,只能作纯粹的"逻辑推理",因为我们不掌握任何实际凭据。首先,撰写者必须不但是摩尼教的虔诚信徒,也还得精熟佛教教义和佛教经典,否则绝不可能撰写出这份足以"鱼目混珠"的摩尼教文

---

① 中古波斯语的原文转写和若干注释,见 Boyce, 1975, text h, pp. 40-42;英译文见 Klimkeit, 1993, pp. 203-206。
② 例如,摩尼教汉语典籍《摩尼教残经》说:"八忍辱者。若有清净电那勿等内怀忍辱性者,当知是师有五记验:一者心恒慈善,不生忿恐。二者常怀欢喜,不起恚心。三者于一切处,心无怨恨。四者心不刚强,口无麁恶;常以濡语,悦可众心。五者若内若外,设有诸恶烦恼,对值来侵辱者,皆能忍受,欢喜无怨。"(见《摩尼教残经》第277—281行)

书。那么一般而言,在中亚地区,特别是在以粟特为中心的地区,以经商为主要职业,却又特别热衷于传播各种宗教信仰的粟特人,似乎特别具有这种素质。无论是在粟特本土,还是在万里之外,粟特人信奉琐罗亚斯德教(中国称"祆教")、佛教、摩尼教及其他信仰的事实已经众所周知,在此不必赘述。

既然认为本文书的目的是告诫广大摩尼教信徒,善自约束言行,艰难创业,那么,撰写者必具崇高的宗教理想,甚至肩负重大的"创业"责任;而此文书也必须"广而告之",才能达到上述目的,故撰写者应该具备直接或间接号令教徒们的权力和机制。由此推测,文书的撰写者可能是地位较高、知识较博、虔诚奉教的粟特人。当然,由于摩尼教源出波斯,故文书的撰写者也不无可能是类似于末冒的具有相当宗教地位和帕提亚语知识的波斯人。

以上即是对所谓的"摩尼致末冒之信"的若干分析,以及从中获得的一些信息。

第三章 《阿基来行传》与摩尼教史实

上文已经提及，《阿基来行传》成于公元348年前，是由署名"海格摩纽斯"的作者撰写的一部书。书中记载了美索不达米亚北部卡尔恰尔城的主教阿基来与异教领袖摩尼进行各种辩论的许多事迹，故其主题是驳斥摩尼教的教义。据说此书最初用叙利亚文撰写，后来译成希腊文，现在最为完备的则是拉丁文抄本，约成于公元四世纪末。

尽管现代学者都认可这样一个事实：《阿基来行传》涉及摩尼及其教派的"历史"记载多有歪曲乃至杜撰者，但是细加分析，毕竟包含和反映了一定的史实真相，故与同时代或后世的其他文献一样，也具有相当的参考价值。刘南强曾撰专文[①]，对《阿基来行传》的事实部分和虚构部分进行过分析，其结论比较客观和公允："《阿基来行传》再也不是如十九世纪前那样，是有关摩尼生平的主要资料来源了；尽管如此，其本身作为一种历史文献，并非没有价值。对照摩尼教来源的传记和历史资料，《行传》只是提供了其教派通常描绘的摩尼生平的一种扭曲了的映像。不过，此书作为一种辩论文献倒是成功的，因为是摩尼教的宣传作品而非纯粹的空想为本书的编者提供了伪造与讽刺的框架和次要的细节。该书极高的流行程度证明作者对其论敌的宣传是了解得多么详细。"[②]

《阿基来行传》的内容，可分为四大部分。科伊尔（Coyle）曾扼要地归纳了这四部分及其包含的细目：第一部分又分成三个次级内容，一是有关马塞

[①] Samuel N. C. Lieu, "Fact and Fiction in the Acta Archelai", in P. Bryder (ed.), *Manichaean Studies, Proceedings of the First International Conference on Manichaeism*, Lund Studies in African and Asian Religions I, Lund, 1988. 后又刊于 Lieu, 1999, pp. 132-152.

[②] Lieu, 1999, p. 152.

卢斯的导言，包括第 1—3 章；二是摩尼与马塞卢斯的通信，一来一往，包括第 4—6 章；三是图尔博有关摩尼教之创世说的概括介绍，包括第 7—13 章。第二部分是有关阿基来与摩尼二人第一次相遇的情况，包括第 14—43 章第 2 节。第三部分又分成四个次级内容，一是有关摩尼逃往迪俄多里斯（Diodoris）的情况，包括第 43 章第 3—5 节；二是迪俄多鲁斯（Diodorus）①与阿基来的书信往来，包括第 44—51 章；三是摩尼与迪俄多鲁斯相遇的情况，包括第 52 章；四是摩尼与阿基来的第二次相遇，包括第 53—60 章。第四部分是阿基来向公众谈论摩尼的先人和他本人早期的生活，包括第 61—68 章；但是，第 66 章插入了有关摩尼之不体面下场的简短叙述。书末则是一个结语。②

本章的主旨，是环绕阿基来向公众介绍的摩尼和摩尼教简况展开若干论说，指出《行传》的史料价值；同时，为方便叙述，还翻译《行传》的第 61—68 章（即第四部分），并作较详的注释。汉译所参照的蓝本，以 2001 年出版的，由菲末斯英译、刘南强注释的版本③为主；章、节的标志形式也从之，即，罗马数字标志者为"章"，阿拉伯数字标志者为"节"。

一、《阿基来行传》第 61—68 章译释

LXI, 1：阿基来说完之后，众人对他演讲的教义真谛极度钦佩，人群中爆发出巨大的赞美声，以至于大家激动得围住他，竭力不让他离开演讲之处。

2：最后，他们散开了。稍后，当他们重新聚集起来时，阿基来敦促他们同意自己的想法，来倾听他的一些信息。在此聆听阿基来演讲的，不仅有和迪俄多鲁斯一起的人，还有跟随阿基来，从其居地前来的

---

① Diodorus，是一名声誉极好的虔诚的基督教修士，居住在与其名相似的 Diodoris 村落。该村落位于罗马帝国所辖的美索不达米亚地区，远离城镇（实际上，当时的美索不达米亚境内并无这一名称的村落或城镇，故当是《行传》编者的杜撰）。摩尼来此布教，令迪俄多鲁斯十分不安，遂写信给阿基来；另一方面，他与摩尼进行了辩论。阿基来闻讯后，前来迪俄多里斯，与摩尼展开论战。在此转录的一段话，便是阿基来辩论胜利后，对民众发表的讲话。

② Coyle, 2009, pp. 25-26.

③ Vermes & Lieu, 2001.

人，以及从邻近地区赶来的人们。阿基来让大家安静下来之后，便开始谈述有关摩尼的事情：

3："你们肯定已经听到了我所演讲的学说的本质，你们肯定也已经接受了我的信仰的证据；我用我对《圣经》经文最确切的理解，向你们所有的人揭示其真谛。但是，现在我要求你们静下心来听我极为简略地说说另一些事，我要让你们知道前来这里的那人是何许样人，他是从哪里来的，他是哪一类人？一个名叫西西纽斯（Sisinnius）①的人，他的伙伴之一，为我提供了这些信息；如果你们要求的话，我会请他证实我将说的这些情况。

4："他甚至不会阻止我当着摩尼的面说这些话，因为我刚才提到的那人已经成了我们学说的信奉者，正如另一位曾与我相处过的图尔博（Turbo）②一样。因此，所有这些人告诉我的，以及我们自己从摩尼那里发现的一切情况，我保证让你们完全了解。"

5：于是，聚集起来的人们怀着更大的热情来聆听阿基来的讲话；因为他所说的情况将带给他们极大的乐趣。所以，他们竞相敦促阿基来谈论他希望谈论的，以及认为合适的话题，并答应说，他们将倾听他的谈论，直到黄昏时分，甚至掌灯以后。阿基来受到他们的热情的鼓舞，遂充满信心地开始了演讲：

6："我的弟兄们，你们肯定已经听到过我主耶稣的最主要解释了，我的意思是指法和先知们所表达的学说；同时，你们也不会不领悟到我主耶稣基督，救世主的次级解释。还需要我再多说吗？

7："我们之所以被称为基督徒，是因为犹如整个世界所证明的那样，以及使徒们所教导的那样，我们期盼着我们的救世主。此外，最优秀的建筑师保罗③既奠定了我们的基础（即教会的基础），还将教会的法

---

① Sisinnius，亦作 Sisinnios，或称 Mār Sīsīn。在摩尼殉难前的最后日子里，与他在一起的弟子们按照摩尼的意愿，推举西西纽斯为宗教的继承领袖；作为授权的象征，他们把摩尼亲撰的《福音》、《图经》、衣袍以及手杖交给了他。参见文书 T II D 79，载 Andreas & Henning, 1934, p. 862.
② Turbo，当是指本书第二章谈及的，为摩尼送信给马塞卢斯的叙利亚人图尔博。按《阿基来行传》之说，他原来是摩尼教信徒，但后来改宗了基督教。
③ 在此所言的"建筑师保罗"，当是指生活在公元一世纪，继耶稣之后的第一位伟大的基督教神学家兼传教师保罗（约公元3—67年）。天主教教廷将他列为"圣品"，提到他时往往称为"圣保罗"。他在小亚细亚和欧洲等地曾作传教旅行数十年，亲自建立过好多教会。他借助书信来传布

令、牧师、长老和主教之任命规则传授给后世。

8:"他在专门的章节中描述了如何任命上帝之牧师的方式,以及所需人选的品类,还有充任长老的人选类型和任命方式,以及担任主教职位的人选类型。有关所有这些事务的良好和适宜的安排,一直保留到今天,我们也仍然遵守着这些礼仪。

LXII, 1:"但是,我现在要告诉你们的,则是来自波斯地区,猛烈抨击我们的,名叫摩尼的那个人的家世和劣迹;为了对付他,我如今不得不第二次与他展开论战。此外,我将非常清晰地揭示他的教义的由来。

2:"他并非这类教义的始作俑者,也不是唯一的创造者,在使徒时代,一个名叫塞西安努斯(Scythianus)① 的人才是这一教派的原创者和缔造者。同样地,还有许多叛教者为了出人头地,就写了许多谎言来掩盖真理,为了自己的乐趣而败坏了更朴实的道理。他们的名字和欺诈行为使得我在此难以一一罗列。

3:"于是,这个塞西安努斯引进了相互对立的二元论,这是他从毕达哥拉斯(Pythagoras)② 那里继承来的。这一学说的所有其他拥护者也都如此,竭力主张二元论,从而使之脱离了神圣经典的正道。然而,他们不会继续成功下去了。

4:"没有人比塞西安努斯的行为更轻率了。他大肆宣传这天生[明

(接上页)教义和驳斥异端,从而成为基督教信徒的宝贵经典,今收录在《圣经·新约》中的通称为"保罗书信"文书,就多达十三卷。因此,保罗虽非耶稣的直接门徒(十二门徒)之一,他在后世的声誉和地位却绝不逊色于十二使徒;正教会将他与使徒彼得并列,称为"首座圣使徒"。

① Scythianus,在此被说成是摩尼教教义的始创者,虽然不无虚构的嫌疑,但是在公元三至四世纪,却有好几位其他的基督教和反摩尼教作家也谈及了他的事迹,并且颇相类似,如 Cyril of Jerusalem、Hippolytus、Epiphnius 等。Scythianus 的总体形象是:是个阿拉伯人,在巴勒斯坦边界地区受的教育,精熟于希腊的知识。后来前赴埃及的亚历山大里亚,学习哲学,又通埃及学,逐步形成"善/明—恶/暗"二元论,并撰写了多部书。如此等等。Scythianus 与古波斯视为"蛮夷"专名的 Scythian(汉译"塞西安"或"斯基泰"等)同一词根,故似乎有暗贬这位"教派宗师"之意。

② Pythagoras(前572—前497),古希腊的数学家、哲学家。毕达哥拉斯年轻时就游历过古代世界中两个高度文明的地区:埃及和巴比伦,汲取了许多知识;后来又曾到意大利南部讲学及宣传其哲学思想,并组建了被称为"毕达哥拉斯学派"的政治和宗教团体。因此,他的学说中包含了许多非希腊本土的文化,在此所谓的"二元论"当即毕达哥拉斯采纳埃及、琐罗亚斯德教和希伯来等文化中的肉体、灵魂观,再结合希腊本土文化而形成的一种二元学说。《行传》在此声称摩尼教的二元论源自毕达哥拉斯,显然只是就作者所了解的表面现象而言。

暗]二宗的相互敌对,以及伴随这一说法的所有观念。塞西安努斯出自撒拉森①部族,娶了来自特贝德(Thebaid)②南部的一个女囚徒③,她劝说丈夫生活在埃及,而不要居住在沙漠中。

5:"真希望[埃及的]这一省区从未安过他的家,以至他得以在此生活,汲取了埃及人的智慧!实事求是地说,正如了解他的人在记载中向我们证实的那样,他在智力和能力方面都具有极高的天赋。

6:"他有一个门徒,为他撰写了四本书,其中的一本名为《秘密经》④,另一本名为《要义概说》⑤,第三本名为《福音》⑥,最后一本则名为《宝藏经》⑦。于是,他就有了四本书和一个名叫特雷宾图斯(Terebinthus)的弟子。

7:"师徒俩决定分手一段时期,于是,塞西安努斯便前往犹地亚(Judaea)⑧,去联合那里他所认为的一切博学人士。然而,他旋即在那里去世了,再也无法实现他的任何愿望了。

LXIII,1:"此后,那个门徒把自己的所有财物收集打包,开始前往巴比伦,那里如今是波斯人的居地,离我们目前的居地有六日六夜的行程。

2:"到了那里以后,特雷宾图斯为自己编造了一段不平常的故事,声称自己拥有埃及人的一切智慧,如今,自己不再名叫特雷宾图斯,而

---

① Saracen,是中世纪后期欧洲人通常用来指称伊斯兰教教徒的名号。但是,在本《行传》撰写的年代,显然尚未存在伊斯兰教,故它只是希腊、罗马及其他欧洲人对居住在罗马帝国之阿拉伯半岛辖境附近的居民的称呼,尤其是阿拉伯人。
② Thebaid,亦作 Thebais,是罗马帝国在上埃及设立的一个省区的名称,因其地位于古埃及都城 Thebes 而得名。
③ 按埃皮法纽(Epiphanius)的记载,暗示塞西安努斯所娶的女子是一个妓女(见其 *Haeresibus*, LXVI, 2, 4)。参见 Vermes & Lieu, 2001, p. 141, note 308。
④ 《行传》称此书为 *Mysteria*,意为"秘密",应即摩尼教汉语文书《摩尼光佛教法仪略》所谓的《秘密法藏经》。
⑤ 《行传》称此书为 *Capitula*,有"章节"、"概要"之意,应是相当于科普特语文书的 *Kephalaia*,为导师摩尼的演讲摘要。
⑥ 《行传》称此书为 *Evangelium*,意为"福音",则相当于汉语文书《摩尼光佛教法仪略》所谓的《彻尽万法根源智经》。
⑦ 《行传》称此书为 *Thesaurus*,意为"宝藏",则相当于汉语文书《摩尼光佛教法仪略》所谓的《净命宝藏经》。
⑧ Judaea,地名,为古巴勒斯坦的南部地区,相当于今巴勒斯坦之南部和约旦的西南部地区。

是号称'佛陀（Buddha）'了；这是上天赐予的名号。他假称自己是由童贞圣女孕生的，由山上的一位仙女哺育长大。

3:"然而，一个名叫'密特拉之子帕库斯和拉布达库斯'①的预言师则指责他是在弄虚作假，从而每天都就这类主题与他展开激烈的争论。那么，为什么辩论会进行得如此漫长？因为他虽然经常遭到指责，但是仍会宣称我们这个时代之前的状况，关于这个星球，以及两个发光体②；

4:"还有，关于灵魂去向何方，以及以何种方式再回归躯体的问题；还有这类性质的其他许多事情，以及比这更为邪恶的事情，诸如有关因尊神及其[光明]分子而引发战争的问题等。③因此，我们应该相信预言师。他在因这些说法而遭到谴责之时，与一个寡妇姘居在一起，他把那四本书也带过去了，这样，他使得这位独居的老女人不仅成了他的门生，也成了他的帮手。

5:"最后，在一个清晨，他攀上了一个高高的屋顶，开始呼唤一些名号；图尔博告诉我们道，只有七位选民才得以被传授理解这些名号的知识。当他要放纵地施展某种巫术仪式，他就独自攀爬到高处，避免被任何人觉察到，因为，他如果假装或确实对此事不够重视，他就会受到天空之王的惩罚。

6:"但是，当他这样思想的时候，最公正的上帝命令天神将他推到大地之下，他立即被猛烈地从高处掷下，其躯体被抛掷得毫无生机。那老妇人怜悯地把他收殓起来，埋在以往的地方。

LXIV, 1:"于是，他从埃及带回来的所有事物都留在了老妇人那里。她对于他的死感到很高兴，出于两个原因：第一，她对他的宗教信仰并不以为然；第二，她从他继承的遗物中获益不少，她是很贪婪的。

---

① 其名称为 Parcus and Labdacus the son of Mithras，显然展示了主人的宗教信仰属性，即，他是太阳神（Mithras）崇拜的信徒。太阳神崇拜（Mithraism）兴盛于公元前一世纪至公元五世纪，源自波斯、印度的古代神灵密特拉的信仰，罗马帝国境内也曾流行过太阳神崇拜。
② 所谓"两个发光体"，当是指太阳和月亮。在摩尼教的创世神话中，太阳和月亮是两个极重要的元素和神灵，许多重要的教义与之相关，故《行传》在此提及。
③ 在此所言的"尊神"、"（光明）分子"以及"战争"云云，当是指摩尼教创世神话中，有关暗魔入侵明界，明尊下令初人（先意）率领五明子与暗魔战斗，从而失败被囚等等的说法。这类神学固然是摩尼教的重要教义，却被反对者视作十分的"异端邪说"。

2："嗣后，她很孤独，于是希望找个人伺候自己，遂买了一个七岁的小男孩为奴，名叫科比修斯（Corbicius）。① 不过，她旋即给予了他自由之身，并教他读书、写字。当他十二岁时，老妇人去世了，将她所有的财产都遗赠给了他，与之一起的，还有其他遗物，也包括塞西安努斯撰写的四本书，每本书都有一定的篇幅。

3："于是，科比修斯埋葬了她的女主人，并开始利用遗留给他的所有财产，把家搬到了波斯人国王所在的城市的中心。他改了名字，不再称科比修斯，而称摩尼（Manes）了；② 或者，除了称 Manes 外，也称 Manen，因为这是波斯语的变异。

4："就这样，那男孩将近六十岁③时，对于那些书中所论述的学说已经很精熟了，我几乎可以说，其熟谙程度超过了其他任何人，即使如此，他仍然更勤奋地研究那四本书中包含的内容。他还收了三个弟子，他们的名字是托马斯（Thomas）、阿达斯（Addas）和赫尔马斯（Hermas）④。

5："随后，他抄录了那些书，并且插入了他自己新创的许多其他内容，就如老太婆讲的故事那样。他并教导他的三个弟子充分理解其邪恶的学说。除此之外，他还把这些书说成是自己撰写的，删去了原作者的署名，使之看来仿佛完全由他一人撰写的样子。

6："随后，他决定派遣他的弟子们带着他所撰写的书，前赴本省南部地区的各个城镇和村庄，以吸引其他民众追随他的宗教。托马斯负责

---

① 刘南强在注释中转引 Peuch 之说，认为"科比修斯（Corbicius）"之名和见于吐鲁番中古波斯语、帕提亚语文书中的摩尼名号之一 qyrbkr (*kirbakkar*) 读音近似，当即同名异译，故也是意为"仁慈者"（Verme & Lieu, 2001, pp. 143-144, note 317）。
② 由此可知，"摩尼"一名并非该教教主最初就有的名字，而是他开始独立生涯（亦即其宗教生涯）后所用的名号。至于为何改用此号，亦即此号的真正含义是什么，学界向来看法不一；我则认为源自印度文化，即梵语 Maṇi（义为珍珠）。有关考述可参见拙文《"摩尼光佛"与"摩尼"考辨》，载《传统中国研究集刊》第四辑，上海人民出版社，2008 年。
③《行传》在上文提到摩尼十二岁时如何如何，现在却又忽然提到他六十岁时的情况了，似乎时间跨越太大，故怀疑原稿之"六十岁"或为笔误。不过，由于通常将摩尼的生卒时间定为216—274年，故在此若是指摩尼晚年的年龄，则与史实相差无几。
④ 对于 Hermas 之名，刘南强怀疑是摩尼派往东方的弟子 Mar Ammo（在汉语文书中称"末冒"）的希腊化名字（Vermes & Lieu, 2001, p. 144, note 320）。

埃及的各个地区，阿达斯负责塞西亚（Scythia）①地区，赫尔马斯则留在了摩尼的身边。

7:"当他们离开之后，国王的儿子生了重病，国王为了治愈他，遂发布了诏令，许诺了大笔赏金，奖励给能够治好王子之病的任何人。

8:"于是，摩尼就像喜欢玩'立方体'——这是骰子的另一个名称——的那些人一样，前去觐见国王，声称他能够治愈这个男孩。国王得知此事，非常有礼貌地接见了他，很高兴地欢迎了他。为了避免因谈论摩尼所干的许多事情而导致听众们产生厌烦感，我简单地说，那男孩死在了摩尼的手中，或者，不如说是被他害死了。

9:"于是，国王下令将摩尼投入监狱，并用大铁镣把他囚禁起来。他派出去在各地宣教的两个弟子也遭到了通缉，要受到惩罚。虽然他们不断逃亡，但是他们在各地却从未停止过反复宣传这反基督教者的异端教义。

LXV, 1:"此后，他们回到导师那儿，汇报发生在自己身上的事情。他们也得知了导师所遭遇的不幸。他们走近他，以适当的礼仪，告诉他有关自己在各地遭遇到的麻烦。有关将来的前景，他们强烈表示，要专致于自身的安全，因为他们非常担心施之于导师的痛苦也会降临到自己的头上。

2:"但是，他鼓励他们不要害怕，并且起身向他们发表演说。最后，他一方面在监狱中备受苦难，另一方面则要求弟子们取得基督教徒的法令书籍。因为他派遣出去宣教的人在各地遭到许多人的痛恨，特别是那些有着'基督教徒'之名的人的痛恨。

3:"于是，他们带了大量金子，前往出版这些基督教徒书籍的地方，假称是新皈依的基督教徒，要求购买适合于他们的书籍。

4:"简单地说，他们获得了有关我们之《圣经》的所有书籍，并把它们转给了监狱中的摩尼。这个狡猾的人得到了这些书，开始在我们的这些书籍中寻找可以支持他的二元论的章节段落；或者说，并非

---

① Scythia（汉译通常作"塞西亚"）为古典时代希腊人创造的地理名称。广义而言，是指欧洲的东部、北部、黑海的北岸等游牧人活动的"蛮荒之地"；稍后，则指今天所谓的"中亚"地区或"内陆亚洲"的西部。

'他的'二元论,而是'塞西安努斯的',此人在更早得多的时候就提出了这种学说。

5:"他还试图用我们书中的内容来证实他自己的观点,就如他与我辩论时所做的那样,攻击其中的一些说法,篡改另一些内容,只是添加了基督的名字。他假意借用了基督的名字,这样,在所有的城市里,当人们听到基督的神圣名字时,就不会再憎恨和排斥他的门徒。

6:"此外,当他在《圣经》中发现有关圣灵①的段落后,就认为自己就是那位圣灵。但是,他并未仔细地阅读这些内容,因为当使徒们仍在俗世时,圣灵已经降临了。就这样,他把这些邪恶的解释糅合起来,派遣他的门徒们到处传播这些大胆伪造的谎言,宣扬新的和欺诈的学说。

7:"当波斯人的国王得知此事后,就打算对他施加适当的处罚。但是,当摩尼因一个梦境的警告而发现了危险后,他便用一大笔金币贿赂了狱卒们,逃离了监狱,作为一个逃亡者,避居在阿拉比昂(Arabion)的要塞里。

8:"正是从那里,他让图尔博给我们的朋友马塞卢斯送去了一封亲笔信,表示他将前来造访。当他来到此地后,我与他进行了一场辩论,就如你们已经见到和听到的那样。在辩论中,我们尽最大努力证明了他是个显而易见的伪先知。

9:"帮助他逃跑的狱卒受到了惩罚。国王下令通缉摩尼,不管他逃亡到哪里,都要将他捉拿归案。既然我已经得知这些事实,我就必须告诉你们,直到今天,波斯国王都还在追捕摩尼。"

LXVI,1:听到这番演讲后,众人都要求抓捕摩尼,把他交给蛮人

---

① "圣灵"的原文作 Paraclete,源出希腊语 παράκλητος (paráklētos),意为安慰别人的人、鼓励别人的人、帮助别人的人、为别人辩护的人等。但是在基督教文化中,则通常用以特指三位一体(Trinity)中的第三位,即圣父、圣子、圣灵中的"圣灵";有的汉译《圣经》亦称"圣神"、"护慰者"、"保惠师"或"训慰师"等。例如:"若翰固然以水施了洗,但不多几天以后,你们要因圣神受洗。""但当圣神降临于你们身上时,你们将充满圣神的德能,要在耶路撒冷和全犹太和撒玛黎雅,并直到地极,为我作证人。"(见《新约·宗徒大事录[使徒行传]》第 1 章第 5 节、第 8 节,思高,1968 年,第 1683 页上)"我的孩子们,我给你们写这些事,是为叫你们不犯罪;但是,谁若犯了罪,我们在父那里有正义的耶稣基督作护慰者。"(见《新约·若望一书[约翰一书]》第 2 章第 1 节,思高,1968 年,第 1931 页下)

的各派势力，他们是斯特兰加（Stranga）河对岸的邻居。他们在这之前就曾搜捕摩尼，但是找不到他，因为他一直在逃亡之中。

2：当阿基来揭示了这些真相后，摩尼立即逃亡了。他成功地逃脱了，没有被人追捕到，因为民众都因为兴奋地聆听阿基来的演讲而耽搁了时间；当然，仍旧有少数几人对摩尼紧追不舍。

3：但是，摩尼却从他原来走过的路线又折返回去，跨过河，又回到了阿拉比昂城堡。稍后，他在那里被捕，被带到了国王的面前。国王对摩尼愤怒异常，他要为了两个人的死亡而报复摩尼：一个是他的儿子之死，另一个是他的典狱官之死。他下令将摩尼处死后剥皮，悬挂在城门口，人皮中充填药草，肉则用以喂鸟。

4：阿基来得知此事后，便将这些内容添加到他早先的论辩演讲中，从而使得尽人皆知。例如我本人，此书的作者，就在前文已经谈过这些事情了。于是，所有的基督教徒聚合起来，做出了对摩尼的判决，这便形成了摩尼死亡的一种结论；他的死亡是其在世时种种行为的最自然的结果。

LXVII，1：阿基来还作了下面的讲话："我的弟兄们，你们任何人都不要怀疑我所说的话，即：摩尼本人绝对不是这可诅咒学说的原创者，而只是通过他，这种学说被传播到了世界上的某些地区。将某些事物传播到某地的人，不能被自然地视作为这些事物的始创者，而只是编造者。

2："恰如一个水手掌控着另一个人建造的一艘船，他可以把船驶往他想去的任何地方，但是，无论从哪个角度讲，他都与这艘船的建造毫无关系。我们对于摩尼的理解也正是如此。他并不是开创了这种学说，而是用他自己的传播手段，把别人创造的东西介绍给了群众，犹如我们从可靠的资料中得知的那样。我们意欲从这些资料中证明，

3："这场瘟疫的源头并非发自摩尼，而是发自另一个人，是在早得多的时候出自一个野蛮人，一直默默无闻；但是这不为人知的和隐藏着的观念却被摩尼公开发布了，并且假装成是他自己的学说，删除了原作者的名字，就如我稍早所指出的那样。

4:"波斯人中还有一个传教者,名叫巴西利德斯(Basilides)①,他的生活时代更早,在我们的使徒们的时代后不久。他是个很机灵的人,他发觉,当时的所有其他领域都被充分地研究过了,因此他决定也主张塞西安努斯提出的二元论。简言之,他是因为自己没有独创的学说,所以就用其他人的观点去挑战他的论敌。

5:"他的所有著述中都包含了一些难懂和十分深奥的段落。他的第十三本书迄今犹存,其开首是这样说的:'当我们撰写论著的第十三本书时,拯救一词将为我们提供必需和丰富的内容。通过富人和穷人的寓言故事,它演示了加诸无根万物之原质的源流。'

6:"这是此书唯一的主题吗?它包含了其他的主题吗?难道你们一点都不因为此书以这种方式开头,而像其他一些人那样,感到自己被冒犯了吗?相隔约五百行之后,巴西利德斯回到他的主题,说道:

7:"'让我们不再谈论这些不得要领和空泛的题外话,而是来考察一下,野蛮人是如何看待善良事物和邪恶事物的,以及他们有关所有这些事物的观念是什么?他们中的有些人曾说道,一切事物都具有与善、恶联系在一起的两个开端,声称这些开端本身却无始点,没有诞生之源。换言之,光明与黑暗在最初之时就已存在,并非由任何事物的诞生而形成。

8:"'这些原质存在之时,它们各按自己所需求和适宜的而生存着。一切事物都和属于它的,似乎对它并无恶意的事物友好相处。但是,当它们相互认出对方后,黑暗注视着光明,由于这更美好的事物而充满了贪欲,使得它渴望着吞并光明,分享光明。

9:"'黑暗是这样行动了,但是光明却根本不想把黑暗吸纳进来,它除了遭到黑暗热切的凝视外,对于黑暗毫无念想。于是,它确实就像通过镜子一样看待黑暗。因此,只有一缕反射,即一道光明彩色射向黑

---

① Basilides,约生活于公元二世纪上半叶,主要活动于埃及的亚历山大里亚(Alexandria),为早期诺斯替教派的布道师。他声称自己的学说传承自耶稣的十二门徒之一马太(Matthew),也是公元一世纪的诺斯替教派领袖 Menender 的一个学生。他的主要学说之一即是光明、黑暗二元论。据说,他写过二十几本书,但是至今除了若干残片外,没有任何一本完整的书流传下来。刘南强称,在摩尼教的著述中,从未将巴西利德斯视作摩尼教的先驱者;并且,他也绝对不是波斯人(Vermes & Lieu, 2001, p. 149, note 329)。

暗；光明本身只是看了一下就撤回了，它显然没有取回任何一点黑暗。

10："'但是，黑暗却从光明获得了它的一瞥，亦即光明原质的反射，这使得光明很不愉快。由于拙劣原质从美好原质获得的并不是真正的光明，而只是光明的影像和反射，因此它通过强行改变方式吸纳的也只是美好事物的反射。所以，在这个俗世，既没有完美的事物，这些事物也纤弱得极，因为它们在开初孕育时太过弱小。

11："'虽然这是十分弱小的光明，或者只是光明的某种影像，但是它们能够产生一种创造物，该创造物与它们获自光明的混合物相关。这就是我们看见的创造物。'

12："巴西利德斯在嗣后的章节中继续谈论着这类问题，但是我认为前面所引用的已经足以说明他在这方面的观点了，因为在后面的内容中，他描写了塞西安努斯所认为的世界形成的说法。

LXVIII, 1："他还采用了塞西安努斯著述中的邪魔名字、纷扰的骚乱，以及动荡不安的光明分子等描述，并不是按照古人所言的次序，而是把它们混合成犹如充满了许多废话的一个口袋，从而导致读者产生了大量困惑与混乱。

2："但是，就如巴西利德斯的后人所记载的那样，他所有的教条和无知的观点，都是建立在二元论的基础之上的，而这是根本不成立的。因此，如果有人能够驳倒这无根无源的二元论，那么我认为，他就能同时铲除他的整片语辞森林。

3："正如若有人砍去怪兽的头颅，就能使其躯体的剩余部分毫无用处、毫无价值一样，我们如果能够证明有关两个天生原质——即光明与黑暗——的混合物之说法是不正确的，那么我们就能证明他所撰写的其他一切东西也是毫无价值的，而我们所写的就是正确的。

4："但是我强烈要求那些希望使用这种方式的人，首先更为仔细地检查自己的每一条陈述，因为巴西利德斯对于他在塞西安努斯著述中发现的观点，都是非常精确和简洁地加以论述的。他采纳它们后，是更为细致和使用更为有力的辩论来公布它们的；由于他使用了新奇的言辞，因此这些观点被认为是他自己的了。这就是我尽我所能要说的话。

5："具有更为敏锐的智慧而超越我们的人，将会拥有更多、更好的论据来撰写论著，驳斥巴西利德斯所发表的那些书籍。"阿基来就这样结束了辩论演讲，和平地解散了听众，让他们回家去。人们像往常一样高声地为他祝福，非常快乐地离去了。

我，海格摩纽斯，记下了这场辩论，我是为那些希望了解真相的人而记载、描述的。①

二、《行传》的史料价值

上文已经指出，《阿基来行传》尽管是基督教为驳斥摩尼教教义而撰写的一本书，存在着虚构或部分虚构的情况，但是仍有相当的史料价值：它通过直接、间接描述或暗示的方式，展现了有关摩尼教及其教主的若干史实。在此，则以上文翻译的内容（《行传》第61—68章）为核心，举例作一简要论述。并且，为令读者易于理解和体会，先对《行传》全书的内容作一概述。

（一）《行传》内容概述

《行传》以赞美卡尔恰尔城（Carchar）的虔诚长者马塞卢斯之美德开始，说他如何仁慈、宽容，从而美名远扬。远在波斯的异端首领摩尼企图说服马塞卢斯，要他改宗摩尼教，以扩张自己的影响力。摩尼便写了一封信给马塞卢斯，吩咐自己的一个信徒图尔博前去送信。马塞卢斯当着本城主教阿基来的面读了此信。在信中，摩尼简要地表述了摩尼教的基本教义，并表示要"拯救"马塞卢斯的"灵魂"。阿基来勃然大怒，不过马塞卢斯则有礼貌地复了一封短函，邀请摩尼前来卡尔恰尔城。图尔博不愿再长途跋涉地递送复函，遂留在了卡尔恰尔城。

由于图尔博曾是摩尼教信徒，故应邀向卡尔恰尔城的民众概述了摩尼教的教义。他谈到摩尼教的明暗二宗说，谈到其创世神话、轮回观念以及末世论等。听完这番介绍后，阿基来很担心摩尼的邪说会蛊惑淳朴的基督教信徒。

---

① Vermes & Lieu, 2001, pp. 139-151.

摩尼信心十足地带领一些追随者来到了卡尔恰尔城，却发现并不是与马塞卢斯的私人会面，而是参与一场向公众开放的教义辩论；辩论的对手即是该城的主教阿基来。马塞卢斯邀请了本城四位富有学识和声望，并且信仰中立的长者作为裁判，在自己宽广的宅第中举行了辩论盛会，并把优先发言权让给了摩尼。

摩尼声称，自己即是耶稣预言中由天主派往尘世的保惠师，是基督选中的使徒；他否定《旧约》，宣扬明暗二元说。阿基来旋即予以驳斥，他引证了《圣经》——特别是《新约》——中的大量辞句，不断地逼问摩尼，要他做出解释。辩论的主题涉及摩尼的"使徒"身份、明暗二宗的可转换性、邪恶的天然起源、黑暗的自我存在，以及摩尼教宇宙说中明暗两界的边界划分等。最后，阿基来断言摩尼是个假先知。摩尼理屈词穷，听众群情激愤，乃至向摩尼投掷石块。于是，摩尼在卡尔恰尔的辩论以不光彩的失败而告终。

嗣后，摩尼逃往一个名叫迪俄多里斯的偏僻村庄，并试图在那里传布教义，发展信徒。然而，这引起了当地一位非常虔诚的基督教修士迪俄多鲁斯的警惕。他立即写了封信给阿基来主教，简要地汇报了摩尼在此演讲的观点，以及自己与他辩论"摩西之律法不属于善良天主，而属于邪恶大王"之问题的情况。

阿基来接报后，立即复了一函，简要地告诉迪俄多鲁斯，摩尼的主要目的是想证明摩西的律法与基督的律法不一致，并企图利用《圣经》来支持这个观点；所以，己方也应该利用《圣经》，证明摩西律法完全合情合理，并证明整部《旧约》和《新约》都是完全契合和一致的。在此同时，阿基来日夜兼程，在摩尼与迪俄多鲁斯将要再次展开辩论之前突然出现在众人面前。

此举令摩尼大出意外，嚣张的气焰顿减，却也不得不接受阿基来的挑战。于是二人进行了第二次辩论。这一次，他们争论的主题是：耶稣是由人类（即圣母玛利亚）孕育和诞生的，还是由神（天主）创造的？阿基来持前一观点，摩尼则持后一观点。当然，最终是以全场听众赞成阿基来的观点而结束。

稍后，阿基来向众人宣讲了摩尼及其学说的来历。他说道，早年，塞西安努斯借鉴毕达哥拉斯而创始了相互对立的二元论。他撰有《秘密经》、《要义概说》、《福音》、《宝藏经》四部书，去世后传给弟子特雷宾图斯。特雷宾图斯与一位寡妇姘居，后来死于一次巫术施行中。老妇人继承了他的遗产，并买了一个名叫科比修斯的小男孩为奴。男孩十二岁时，老妇人去世，所有遗物都由男孩继承，其中包括塞西安努斯撰写的四部书。科比修斯认真研读这些书，发展其学说，并改名摩尼，收罗门徒，到处布教。

为了博取名声，摩尼以巫医的身份，试图治愈波斯国王的儿子，却不幸导致了他的死亡。于是，国王将摩尼投入监狱。摩尼在狱中还曾派遣弟子前赴各地布教，他并贿赂了守监者，得以脱逃，避居在阿拉比昂要塞；他正是从那里致函马塞卢斯，前赴卡尔恰尔城与阿基来辩论的。摩尼如今仍然遭到波斯国王的通缉。

阿基来揭穿摩尼的真相后，摩尼又到处逃亡，但是最终仍然被捕，被国王处死。其皮囊被充填药草，悬挂在城门口示众。

阿基来还介绍了摩尼之前，同样持二元论的巴西利德斯的情况，希望大家警惕和驳斥这类异端学说。

以上为《阿基来行传》全书的内容概要。

（二）摩尼的亲撰著述

摩尼曾经十分自豪地说，迄于他那个时代，只有摩尼教才称得上是真正的"世界宗教"。它具有十大优点；而创教者亲撰著述，传之于后世，则是优点之一。确实，此话并非虚言，因为无论是本教文献还是教外著述，都声称摩尼亲自撰写了多种著述。虽然诸说稍有出入，但都大同小异；常见的为"七部书"之说。例如，摩尼教的汉语文书《摩尼光佛教法仪略》（发现于敦煌，撰成于唐代）记载摩尼所撰的著述道："凡七部，并图一。第一，大应轮部，译云《彻尽万法根源智经》；第二，寻提贺部，译云《净命宝藏经》；第三，泥万部，译云《律藏经》，亦称《药藏经》；第四，阿罗瓒部，译云《秘密法藏经》；第五，钵迦摩帝夜部，译云《证明过去教经》；第六，俱缓部，译云《大力士经》；第七，阿拂胤部，译云《赞愿经》；大门荷翼图一，译云《大二宗图》。右七部大经及图。"[①]

又如，伊本·阿尔纳丁在987年撰成的阿拉伯语《群书类述》一书也谈到摩尼的亲撰著述："摩尼撰写了七部书，其中之一用波斯语，其他六本用叙

---

① 见《摩尼光佛教法仪略》第57—66行，转录自芮传明，2014年，第51页。

利亚语撰写。它们是：《萨法尔·阿尔阿斯拉》（*Safar al-Asrār*），它包括如下章节……。《巨人书》，它包括……。《听者戒条》。《选民戒条》。《沙卜拉干》，它包括……。《生命经》，它包括……。《论文》，它包括……。"①

　　《摩尼光佛教法仪略》为"本教文献"，故所言应该接近事实；《群书类述》虽是"教外著述"，但其记述比较客观，故也有重要参考价值。而二书所载对于《行传》在此提到的摩尼从塞西安努斯以及特雷宾图斯"继承"的四部书，则是很好的佐证。《行传》第62章第6节所说的四部书的拉丁文书名分别为 *Mysteria*、*Capitula*、*Evangelium*、*Thesaurus*。其中，Mysteria 意为"秘密"，也就相当于《仪略》所言的《秘密法藏经》以及《类述》所言的《萨法尔·阿尔阿斯拉》②。Capitula 有"章节"、"概要"之意，应该相当于科普特语（Coptic）文献 *Kephalaia*，是摩尼的演讲摘要。③ Evangelium 意为"福音"，相当于《仪略》所言的《彻尽万法根源智经》。Thesaurus 意为"宝藏"，相当于《仪略》所言的《净命宝藏经》以及《类述》所言的《生命经》。

　　显然，《行传》所列的四部书是确实存在的，并非虚构。它与后世及本教文献的区别似乎只在于数量上：前者谓四部，后者谓七部。而对于这一点，好像还有一个比较合乎逻辑的解释：《行传》成书较早（四世纪上半叶），在摩尼去世后不久。此时的摩尼教信徒们正处于遭受迫害而四散避难的最艰苦处境中，故尚未形成后世流传的"摩尼亲撰七书"的成熟说法。

　　此外，《行传》不同于其他文献之说的另一点，是将《要义概说》（*Capitula*，相当于科普特语的 *Kephalaia*）作为摩尼的亲撰作品；而我们从《克弗来亚》导言中摩尼的话语可以推断出，这部著述是摩尼的弟子辑录导师的各种言论而成：

　　　　这个世界始终不允许我写下所有这些……。如果你们，我的孩儿们和弟子们记下了我的一切智慧……你们问过我的问题……以及我不时

---

① Dodge (trans.), 1970, pp. 797-798.
② 阿拉伯语 safar 义为著述、书、经典等；al-Asrār 则义为秘密、神秘、谜等，故词组 Safar al-Asrār 便当意为"秘密经"。
③ 它的抄录文书在二十世纪发现于埃及，当是摩尼的第一代弟子根据摩尼的亲口演讲笔录而成，撰成于三世纪下半叶，内容包括了几乎所有的摩尼教根本教义。此书的汉文译名通常作《克弗来亚》或《导师的克弗来亚》；英译本为 *The Kephalaian of the Teacher* (trans. by Iain Gardner, Leiden, 1995)。

地清楚给予你们的解释。我与导师们一起向教会领袖、选民及新信徒宣讲的布道、训诫……我不时地宣讲的一切。它们未被记录下来。你们必须记住它们，把它们写下来。要在各地收集它们，因为大部分都是我曾对你们讲过的智慧。……不管怎样，根据你们的能力，尽你们最大的努力，记住了！把你们从我那里听到的大智慧记一点下来。①

由此可知，严格地说，此书并非摩尼"亲自撰写"；但是全书的内容实际上都出自摩尼的教导，只不过从形式上看，是摩尼"口述"，弟子"笔录"而已。那么，若将此书视作摩尼的作品，也未尝不可；正如《论语》虽由弟子辑录，《大唐西域记》虽由辩机执笔，却都被理所当然地说成是孔子所作和玄奘所作。总之，尽管《行传》将四部书说成是摩尼获自他人，却清楚地展示了，摩尼教确实拥有这四部重要典籍的史实。

（三）摩尼教的重要人物

《行传》第 61—68 章提及了好几位与摩尼教相关的重要人物，我们可以发现，这也是确有其人或其事的，并非虚构。

首先，第 61 章第 3—4 节中，阿基来声称，要向众人介绍摩尼的来历；而提供这些"内幕信息"的，即是曾为摩尼教信徒，现今则改宗基督教的西西纽斯（Sisinnius）。关于西西纽斯这个人物，假若去除阿基来谓其"改宗"的夸张说法，倒确实是摩尼教中相当重要的一个角色。因为摩尼教的本教文书，帕提亚语文书 M 5569（T II D 79）曾有这样的描述："在光明使者（指摩尼）般涅槃后，他的《福音》（Gospel）、他的《图经》（Ārdahang）、他的外衣，以及他的手杖都被送往……教区……西西纽斯……"

在此所言的《福音》、《图经》是摩尼撰写的两部书，前者用文字阐述摩尼教教义，后者则以图画来描绘教义。第四样物件的帕提亚语原文为 dst (dast)，原义是"手"；但是也有学者认为是"手"的引申义——手杖、权杖②，或许比较合理。虽然在原文书上，相当于"西西纽斯"的帕提亚语词只

---

① Gardner, 1995, 6$^{16-27}$, 9$^{5-7}$, Introduction, pp. 12, 14.
② 参见 Klimkeit, 1993, p. 215 及 p. 220, note 105。

是残缺的sisin，是由亨宁补足为Sisinnius的[①]，但是后来的学者都接受了这一辨读。因此，整个段落可以理解为：摩尼去世之后，经过一段时间（据说是相隔了五年），本教推举西西纽斯为摩尼的继承者，成为摩尼教的最高领袖；摩尼的两本著述是作为教义的传承，外衣和手杖则是作为摩尼权威的象征，全都留传给了西西纽斯。由此看来，尽管作为摩尼之高级弟子的西西纽斯绝不可能为阿基来证实对摩尼的污蔑或歪曲之辞，更不可能改宗基督教，但是阿基来提到的"西西纽斯"人物，却是确有其人的。

其次，《行传》第64章第4—6节谈到了摩尼的三个弟子：托马斯、阿达斯和赫尔马斯，并声称，摩尼派遣他们到各地传布摩尼教，托马斯到埃及，阿达斯到塞西亚，赫尔马斯则与摩尼在一起。尽管同书在另一处所说的与此不同（"摩尼将其学说全部传给他的三个弟子，并命令他们各赴外地布教。阿达斯负责东方地区，托马斯负责塞西安人居地，赫尔马斯则前赴埃及。"[②]），但是后世的学者都将这些说法作为史实的一部分，他们结合其他资料梳理出的摩尼诸弟子的情况，通常都以《阿基来行传》所述者为基础和核心。

按照不同资料的记载，托马斯被说成曾经在叙利亚、耶路撒冷、犹地阿（Judea，巴勒斯坦南部）、埃及、印度等地布教。[③] 虽然他有可能去过不止一地，但是显然不太可能去过所有这些地方。新柏拉图主义哲学家利科普利斯的亚历山大（Alexander of Lycopolis）[④] 为托马斯在埃及传播摩尼教提供了证据："游历我地，最早诠释其学说（指摩尼教）的，是一个名叫Papos的人；在他之后前来的则有托马斯，以及他俩之后的若干其他人。"不过，现代学者的研究表明，托马斯还可能在其他地区布教，如沙夫·索德堡所言："不得不承认，这些传统说法是有些矛盾的，但是似乎十分肯定的一点是，托马斯曾在叙利亚，并可能还在巴勒斯坦传布过摩尼教。"[⑤] 则显然托马斯至少还

---

① Andreas & Henning, 1934, p. 862.
② 见希腊文版本的第13章第8节，Vermes & Lieu, 2001, p. 159。
③ 参见 F. Forrester Chuch & Gedaliahu G. Stroumsa, *Mani's Disciple Thomas and the Psalms of Thomas*, Vigiliae Christianae, 34, p. 49, North-Holland Publishing Company, 1980。
④ Alexander of Lycopolis, 约公元四世纪人，他因其论文集《摩尼学说驳论》（*Alexandri Lycopolitani contra Manichaei opiniones disputatio*）而闻名；曾任 Lycopolis 城（位于埃及东部，在尼罗河左岸）的基督教主教。
⑤ Torgny Söve-Säderbergh, *Studies in the Coptic Manichaean Psalm-Book: Prosody and Mandafan Parallels*, Leipzig, 1949, p. 165.

曾在叙利亚及巴勒斯坦活动过。

关于摩尼的另一位早期弟子阿达斯（Addas，在其他文书中也称 Addā），《行传》及其他许多古代著述和摩尼教本教文书对其布教的地区也有不少说法，其中包括东方、塞西亚、耶路撒冷、北方、叙利亚、也门、埃及等。讲述摩尼教传教史的中古波斯语文书 M 2 曾这样描述阿达斯的布教活动：他被任命为主教，前赴罗马帝国的统治地区传布摩尼教，他的上司是导师 Pattikios；他们抵达了亚历山大里亚。大约一年过后，Pattikios 返回了宗教领袖摩尼所在的萨珊王朝的美索不达米亚地区，阿达斯便接管了传教团的领导权。阿达斯最大的成就是使一位罗马皇后的姊姊纳芙莎（Nafšā）改宗了摩尼教。现代学者把这一阿达斯传教团的活动时间定在公元 244—262 年之间。所以，不管阿达斯曾经去过多少地方，埃及恐怕是他最主要的布教地区。

至于《行传》提到的摩尼三位早期门徒之一的赫尔马斯（Hermas）的布教区域，不同的古代著述也有不同的说法，只是异说较少而已，如只提到埃及、美索不达米亚（与摩尼在一起）、耶路撒冷等，且大部分声称是埃及。不过，若按刘南强的推测，Hermas 是同为摩尼弟子的 Mar Ammo 的希腊化名字的话（见前文注释），则他的活动区域应该是在东方的中亚地区。因为摩尼教的许多文书都谈到了 Mar Ammo（汉语文书作"末冒"）的事迹，声称他是摩尼的最得力门徒之一，因为能干并精熟帕提亚语，故前赴波斯东方流行帕提亚语的地区布教；他不仅圆满地完成了传教使命，还使得帕提亚语在随后的数百年间成为东方摩尼教教会的官方语言。据说末冒陪伴摩尼度过了在监狱中的最后日子；现存的摩尼教文书中，有的声称是摩尼写给末冒的信，有的描绘末冒前赴中亚布教的传奇故事，还有据说是末冒撰写的赞美诗。摩尼的这位门徒似乎是诸弟子中最为杰出的一位，至少就现有资料而言是这样。

由此看来，《行传》为摩尼教的好几位重要人物都留下了接近史实的记载。

（四）摩尼来历的真伪

如上译《行传》所言，摩尼七岁为老妇人之奴，稍后获自由之身；十二岁时继承独居老妇人的遗产，从而获得了由塞西安努斯撰写，特雷宾图斯传承下来的四部典籍，遂伪称由自己所撰，创建了摩尼教异端。有关摩尼来历的这一说法，与其他文献，特别是摩尼教的本教文献所描述的摩尼履历迥然不同。例如，《群书类述》是这样记载的：

> 摩尼的父亲名叫福图克（Futtuq），是安息王朝的成员之一；母亲名叫满艳（Mays），也是安息王室的后裔之一。摩尼的父亲原居哈马丹（Hamadhān），后来移居至巴比伦，生活在阿尔马达因（Al-Madā'in）城，在著名的泰西封（Ctesiphon）。那里有一座偶像崇拜的神庙，福图克常去参拜。有一天，神庙内有个声音对福图克高声说道："不要吃肉，不要喝酒，不要结婚！"于是，福图克参加了某个教派。
>
> 当时，满艳正身怀摩尼。她生下摩尼时，曾梦见有人抱着她的儿子一起升上天去；在天堂待了一两天后才回来。
>
> 摩尼自幼追随父亲，有着与之相同的信仰。当他十二岁时，一名天使带来光明乐园最高尊神的启示，要他脱离先前的信仰，潜心净化自己，戒除肉欲。当他二十四岁，同一位天使给予了他第二次启示，声称他公开露面的时机已经成熟，可以用正义来号召众人，传播来自尊神的福音了。于是，摩尼在波斯国王沙普尔一世（Shapur I）加冕之日，向国王提出了公开布教的请求，并获得了允准。①

由此可见，《阿基来行传》与《群书类述》关于摩尼的家世记载大相径庭。前者描绘得很普通，甚至有些辛酸和艰苦——七岁时就为人奴；而后者则把他说得出身显贵（父母都源自王族），并有神助（诞生时母亲的奇梦以及嗣后的两度"天启"）。那么，哪种说法更接近事实呢？显然，《类述》之说十分完美，也十分符合历来伟人身世的"套路"，同时却十分玄虚；而《行传》之说则更常见于现实生活中。所以，相比之下，恐怕《行传》的身世之说倒是更接近史实。因为按逻辑推理，旨在驳斥异端教义的《行传》，可以丑化摩尼的品格，可能歪曲摩尼的教义，却似无必要编造他的身世；而摩尼身后数百年的信徒们却有充分的理由和可能为其"伟大教主"编造一套"荣耀"的门第和"神助"的经历。有鉴于此，恐怕倒是《行传》为后世保留了更接近真实的摩尼早期经历。

另外要指出的一点是，尽管《行传》声称，摩尼教之经典要籍并非由

---

① 参见 Dodge (trans.), 1970, pp. 773-776。

摩尼自创，而是借鉴甚至剽窃自名叫塞西安努斯的一位前人，但是总的意思不外乎"借鉴他人"，而这一说法也得到其他文献或多或少的印证。例如，《群书类述》称："摩尼的学说源自马吉安信徒（Magians）[①]和基督教徒。同样地，他撰写宗教书籍时借鉴的稿本，则来自叙利亚文和波斯文的手稿。"[②] 那么，《行传》有关塞西安努斯与摩尼之关系的叙述，似乎也并非全然没有来由。

（五）摩尼教的文化渊源

《行传》第65章第4—5节描绘摩尼师徒们的做法道："他们获得了有关我们《圣经》的所有书籍，并把它们转给了监狱中的摩尼。这个狡猾的人得到了这些书，开始在我们的这些书籍中寻找可以支持他的二元论的章节段落；……他还试图用我们书中的内容来证实他自己的观点，就如他与我辩论时所做的那样，攻击其中的一些说法，篡改另一些内容，只是添加了基督的名字。他假意借用了基督的名字，这样，在所有的城市里，当人们听到基督的神圣名字时，就不会再憎恨和排斥他的门徒了。"

由此不难想见，摩尼教——至少在阿基来时代的基督教徒眼中的摩尼教——在表面上是与基督教相同的，它也崇拜天主、耶稣基督、圣灵、圣徒等，也从《圣经》中引经据典，从而使得普通的信徒根本无法辨认什么是真正的基督教，什么是"异端"摩尼教。《行传》的各处不时地揭示出这一点。例如，第5章第1节所载摩尼写给马塞卢斯的信函开首说道："摩尼，耶稣基督的使徒，以及一切追随我的圣徒和贞女，向其最亲爱的儿子马塞卢斯致意。来自父尊天主与我主耶稣基督的恩典、仁慈与和平。愿这光明的右手，保佑你在这邪恶的时代平安，免遭灾难，以及不会堕入邪恶时代的种种陷阱。阿门！"又如，第15章第1节记述摩尼在卡尔恰尔城的辩论演讲的第一句话即是"弟兄们，我肯定是基督的弟子，确实是耶稣的使者"云云。不仅如此，摩尼在与阿基来的两次辩论中，作为支持自己观点的所有证据几乎全部来自《圣经》的辞句。

[①] 马吉安信徒（Magians）是古伊朗（至少上溯至公元前一千纪）的某种宗教信徒，他们崇拜火，相信死后的奖善罚恶等。
[②] Dodge (trans.), 1970, p. 776.

所以，通过《阿基来行传》的描述，我们可以发现，摩尼教——至少是早期的摩尼教——可以说是"伪称基督教"的一个异端；它的主要文化因素似乎来自基督教，至少在形式上看是这样。例如摩尼致马塞卢斯信函的开首若不是夹入了"愿这光明的右手，保佑你……"一语，是决计看不出"异端"色彩的。

当然，《阿基来行传》反映出或暗示的摩尼教文化因素尚不止基督教。例如，第63章第2节谈及，撰写《秘密经》等四部摩尼教典籍的塞西安努斯的弟子特雷宾图斯在其导师去世之后，继承其遗产、遗著，前往巴比伦，"到了那里以后，特雷宾图斯为自己编造了一段不平常的故事，声称自己拥有埃及人的一切智慧，如今，自己不再名叫特雷宾图斯，而是号称'佛陀（Buddha）'了；这是上天赐予的名号"。在此，尽管自号"佛陀"的是特雷宾图斯，并非摩尼，但是他毕竟是摩尼的"前任"，摩尼是从他那里继承了本教的重要典籍。所以，摩尼完全可能将他借鉴的佛教因素也纳入日后的摩尼教中。

有关摩尼在创教之初就纳入若干佛教因素的例证，还见于他献给波斯国王沙普尔一世的亲撰著述《沙卜拉干》中。他声称，自己是继佛陀、琐罗亚斯德和耶稣之后的真理之神的使者，是他把智慧带给了人类。① 这表明摩尼早就了解东方的佛教，并且将佛教因素像基督教、琐罗亚斯德教因素一样，融入新创的摩尼教中。

嗣后，当摩尼教日益向东方发展时，其佛教因素也越来越彰显出来。例如，帕提亚语文书 M 48 描述摩尼施展奇迹，使土兰（Tūrān，指印度河流域之西，今卑路支斯坦地区）国王皈依摩尼教的故事道："当土兰沙见到慈悲尊者（指摩尼）腾身空中，便立即远远地双膝跪下，对慈悲尊者恳求道：'请不要走过来。'但是慈悲尊者仍然走过来了。国王立刻站起来，趋向前去，亲吻他。随后，他对慈悲尊者说道：'你是佛陀，我们是有罪之人，所以，不应该是你走向我们。如果我们走向你，那么所获得的福德和拯救将与所迈的步子的数量那么多；但是如果你走向我们，那么我们所犯的过失与罪

---

① 转引自阿拉伯史家比鲁尼的《古族编年》，见 Sachau, 1879, p. 190。

孽，将如你所迈步子的数量那么多。'"①

综上所述，作为批判摩尼教，甚至不无丑化该教之意的《阿基来行传》，尽管很可能存在虚构、曲解等情况，却仍然透露出具有相当价值的真实信息，为后世科学地研究摩尼教提供了珍贵的原始文献。

---

① 帕提亚语原文及简注见 Boyce, 1975, text e, p. 36；英译文见 Klimkeit, 1993, p. 208。

第四章　叙利亚文《注疏集》等及其创世说简论

一、叙利亚文《注疏集》

西奥多·巴库尼是公元八至九世纪基督教聂斯脱利教派的一位教士和作家，美索不达米亚人。他撰写过有关葬礼演说和教会史等方面的书籍，但其中最重要者则是成于791—792年的叙利亚文著述《注疏集》（*Book of Scholia*，叙利亚语的拉丁转写名为 *ketābā deskōlyōn*）。此书共分十一讲，包括逻辑学、语法、神学、反异端的解释等，特别是问答式的为基督教教义的辩解和对异端教派的驳斥。而对伊朗研究最具重要价值的是第十一讲，其中涉及古伊朗的许多教派，最为重要者即是有关摩尼教的资料，它直接引自摩尼的著述，主要谈论了摩尼教的创世说，因此极具学术价值。

早在一百多年前，西方学者就开始对《注疏集》的摩尼教内容进行翻译和研究，如波尼翁（Pognon）的法译文[1]、居蒙（Cumont）的法译文和研究[2]、谢德尔（Schaeder）的德译文[3]、杰克逊（Jackson）的英译文和注释[4]，以及亚当（Adam）、波利西（Böhlig）等的德文著述[5]。在此主要依据杰克逊的英文版，译释《注疏集》中有关摩尼教的记载：

---

[1] H. Pognon, *Inscriptions mandaïtes des coupes de Khouabir* II, Paris, 1899.
[2] F. Cumont, *Recherches sur le manichéisme* I: *La cosmogonie manichéenne d'après Théodore bar Khoni*, Brussels, 1908.
[3] H. H. Schaeder, "Iranische Lehren", in R. Reitzenstein and H. H. Schaeder eds., *Studien zum antiken Synkretismus aus Iran und Griechenland*, Leipzig and Berlin, 1926.
[4] A. V. W. Jackson, *Researches in Manichaeism*, New York, 1932.
[5] A. Adam, *Texte zum Manichäismus*, Berlin, 1954; A. Böhlig with the collaboration of J. P. Asmussen, *Die Gnosis* III: *Der Manichäismus*, Zurich and Munich, 1980.

关于他的奇谈怪论

在此，我们有必要在本书中插入一点有关不信神的摩尼的虚假说教和亵渎神灵的言辞，以羞辱一下摩尼教的信徒们。

他（指摩尼）说道，在天、地和一切事物存在之前，有两种原质，一种是善良，另一种是邪恶。善宗居于光明区域，他被称为"大父尊"①。他们（指摩尼教教徒）还说，在大父尊之外，还居住着他的五荣耀（或五居所）②，即：（1）智慧（Intelligence 或 Mind），（2）知识（Knowledge），（3）理性（Reason），（4）思想（Thought），（5）熟虑（Deliberation）。③邪宗被称为黑暗之王，据说居住在暗地的五界中，即：（1）烟界，（2）火界，（3）风界，（4）水界，（5）暗界。

他（指摩尼）说道，当黑暗之王蓄意攀升入光明区域时，五荣耀战栗了。他说道，于是，大父尊经过认真思考后，说道："我不会派遣五荣耀中的任何一个离开我的五界，前去作战，因为我是为了安宁与和平才创造了他们，我将亲自前去，参加这场战斗。"

---

① 此名的叙利亚原文为 'Abhā deRabbūthā，意为"伟大的父亲"、"伟大"、"陛下"等。而在吐鲁番发现的摩尼教的伊朗语文书中，也有类似的表达方式，如中古波斯语作 Pīd i Vazurgīī，也是意为"伟大的父亲"。在摩尼教的汉语文书中，这位明界的最高神灵有着许多名号，诸如明尊、大圣尊、明父、明尊父、慈父、真实父、明王、涅槃王、明主、大明、大圣、明宗祖等。在此则据西文的通常称呼 Father of Greatness 的意思，以汉文名"大父尊"当之。

② 叙利亚语 šekhīnthā（复数为 šekhīnāthā）义为住宅、帐篷、临时居所等，并且也有荣耀、庄严、高贵等含义。它在叙利亚语的《旧约》中则用以指称神圣的荣耀，或者位于天使之间的神的风范。按照摩尼教的神学，这"五荣耀"是十分重要的概念，它的异称非常多，其内涵也相当复杂。一般说来，它在非汉语文书中的称呼有五荣耀、五居所、五品性、五体等；在汉语文书中则有五妙身、五净体、五国土、五世界等名号，具体而言，便是相、心、念、思、意。对于"五妙身"名号的部分研究，可参见拙文《摩尼教"五妙身"考》（《史林》2004 年第 6 期）、张广达《唐代汉译摩尼教残卷——心王、相、三常、四处、种子等语词试释》（《东方学报》第 77 册，2005 年），以及马小鹤《"相、心、念、思、意"考》（《中华文史论丛》2006 年第 4 辑）等。

③ 这五者的叙利亚语分别为 haunā、madde'ā、re'yānā、maḥšabhthā 以及 tar'īthā，亦即相当于汉语文书中的相、心、念、思、意。但是，这五者在不同的记载中，其含义的解释有所不同，排位次序也有所区别，如布尔基特与杰克逊的解释便颇不相同："Haunā 意为判断力（sense）或心智健全（sanity），是疯狂（madness）的反义词；……Mad'ā 意为辨别人类的推理能力（reason）；……Re'yānā 是意为思想（thought）或心智（mind）的最普通的叙利亚词；我将 Maḥshabthā 译成想象力（imagination），因为它通常似乎包含了创造新事物之意；……Tar'ithā 一般是意图（intention）之意，被视作意愿（will）。"（Burkitt, 1925, pp. 19, 33）所以，对于摩尼教的"五妙身"，实际上可作更为深入的探讨。

他说道，于是，大父尊就召唤①出了生命母②；生命母又唤出了初人③；初人则唤出了他的五个儿子④，犹如一个人披上甲胄去作战一样。

他还说道，有个名叫纳哈希巴特⑤的天使，来到初人的面前，手中拿着一顶胜利宝冠。他说道，初人在自己面前散发出一片光明，黑暗之王见到后，想道："我从远方看见的这个事物，如今发现近在身旁了。"于是，初人以自身及其五个儿子作为食物，让黑暗五子吞食了，恰如一个人将毒药和在饼中，给他的敌人吃一样。⑥

他说道，当黑暗诸子吞吃了初人的五子后，由于他们的恶毒意念的作用，五明神的智慧被夺走了，犹如一个人被疯狗或毒蛇咬了一般。⑦

他说道，当初人恢复心智后，向大父尊作了七次祈祷。大父尊遂进

---

① 叙利亚语 qᵉrā 义为呼唤、召唤，在此所要表达的意思，显然是指大父尊用自己的声音创造或"生育"出了另一位次级神灵。摩尼教对于通常的繁育新生命的行为方式（即经过性交，由生殖器官繁育新一代）有着颇为古怪的观念，因此刻意避免使用暗含性行为的词汇来表达新的光明神灵的诞生。于是，即使某高级神灵创造了一个或几个称之为"儿子"的次级神灵，这一创造行为的动词也不是使用"生育"之类的词语，而是使用在此所谓的"召唤"，或者在其他场合所谓的"发射"。由于摩尼教认为一切美好事物均源自"光明原质"，故将明界的所有次级神灵都视作是从最高神"大父尊"分离出来（亦即"召唤出"或"发射出"）的一部分，也就似乎相当合理了。

② 叙利亚语 'emmā dʰayyē，意为"生命之母"（英文作 Mother of Life），在摩尼教汉语文书中则称为"善母"。这是大明尊（大父尊）为了对付暗魔的侵犯而进行的"第一次召唤"中创造出的第一位明界高级神灵。

③ 叙利亚语 "nāšā qadmāyā，意为"最初之人"、"远古之人"等（英文作 First Man/Ancient Man），在摩尼教汉语文书中，则称为"先意"。

④ 先意的"五个儿子"亦即五个"光明要素"：气（或"以太"，Ether）、风、光、水、火；也称"五光明神"（Five Luminous Gods），在汉语文书中或称"五明子"。这是摩尼教文书中谈得最多的一组神灵，因为按照摩尼教的创世神学，他们即是被暗魔吞食的光明分子，亦即被源自黑暗原质的肉体所囚禁的"灵魂"，是摩尼教信徒们千方百计要解救而使之回归明界的光明要素。

⑤ 杰克逊在注释中指出，对于天使名字 Nḥšbṭ 的含义，学界颇有不同看法。通常将此词读作 Naḥashbaṭ，意为"宝冠赉持者"；在摩尼教的创世神学中，他的出场顺序都是在初人之后，明女（Virgin of Light）之前。另有一种看法，则认为此词可能读作 Neḥšbeṭ，意为"预言之主"（Lord of Augury），乃是叙利亚语 neḥšā（义为预言、占卜）和中古波斯语 bēd（义为君主、统治者）的混合词。参见 Jackson, 1932, p. 225, note 13。

⑥ 在此"毒药"云云的说法，与其他的记载有所不同：不是把初人及其五子说成是与暗魔交战失败而被吞食（囚禁），而是声称光明分子主动让暗魔吞食（囚禁）自己，以便从暗魔的内部破坏毁灭之。

⑦ 这段描述，可与汉语文书《摩尼教残经》第 43—48 行相比照："其五明身，既被如是苦切禁缚，废忘本心，如狂如醉。犹如有人以众毒蛇，编之为笼，头皆在内，吐毒纵横；复取一人，倒悬于内，其人尔时为毒所逼，及以倒悬，心意迷错，无暇思惟父母亲戚及本欢乐。今五明性在肉身中，为魔囚缚，昼夜受苦，亦复如是。"

行了第二次召唤，唤出了明友①；明友唤出了大般（Great Bān，建筑师）；大般唤出了生命神。生命神则唤出了他的五个儿子：（1）从其智慧唤出光辉护持者，（2）从其知识唤出光荣大王，（3）从其理性唤出光明阿达马斯，（4）从其思想唤出荣耀之王，（5）从其熟虑唤出支撑者。②

这些神灵来到了黑暗之地，发现初人及其五子都被暗魔吞食了。生命神便发声呼唤初人，生命神的语声仿佛一把锋利的剑，揭示出初人的形貌，该语声道："祥和已经降临于你。陷于邪恶中的正直者、陷于黑暗中的光明者，以及陷于狂兽中的神灵是感觉不到他们的荣耀的。"于是，初人对此做出回应，其语声道："你为了一个垂死者的祥和而来！啊，来吧，你是安宁与祥和的宝藏！"初人的语声进一步道："我们的父尊们以及光明诸子们在神界中的情况好吗？"呼唤神③答道："他们的情况都很好。"于是，呼唤神与应答神一起向上攀升，来见生命母和生命神。④ 生命神穿上了呼唤神，生命母穿上了她的可爱的儿子应答神⑤，他们一起下赴黑暗之地，即初人及其五子所待之处。⑥

---

① 叙利亚语 ḥabbībh nahīrē，义为光明所爱的人；这一神灵的英文名通常被译作 Friend of Light，故汉译作"明友"（光明之友）。

② 这五个神灵的叙利亚语名称依次是：ṣaphath zīwā、malkā rabbā deīqārā、Ādāmōs nūhrā、melekh šūbhḥā、sabbālā；其英文名号则作 Custody of Splendor、Great King of Honor、Adamas of Light、King of Glory 以及 Supporter Atlas（叙利亚语文书在此省略了"支撑者"的名字 Atlas）。他们的主要职责分别是支撑十天、诸天之主、击杀暗魔、帮助天体运行、负载大地。

③ 叙利亚语 qāryā，义为呼唤者。需要注意的是，在此的这段对话，尽管实际上是生命神与初人的对话，但是双方的对话在形式上却被拟人化地成为两个神灵的对话：一是由生命神之呼唤话语生成的"呼唤神"，一是由初人应答话语形成的"应答神"（见紧接着的下文，叙利亚语 'ānyā）。在汉语文书《摩尼教残经》中，有着相应的神灵，即是"呼嚧瑟德"（帕提亚语 Xruštag 之音译）和"呦嘍曭德"（帕提亚语 Padwāxtag 之音译）；它们在文书中的汉文意译名则为"唤应（神）"和"说听（神）"。摩尼教之所以会出现声音（话语）化为神灵的说法，当是与其"声音/话语之神圣性、创造性"的特殊教义有关。对于摩尼教"话语"性质的探讨，可参见拙文《摩尼教"话语"考释》，载《传统中国研究集刊》第 8 辑，上海人民出版社，2011 年。

④ 本句如此描述，是想表达这样的情况：初人及其五子被暗魔囚禁于深渊之底，而生命母和生命神只是停留在深渊的上部边缘，通过"话语"形成的神灵与渊底的初人沟通；因此才有呼唤神与应答神从渊底"攀升"来见生命母、生命神的说法。

⑤ 叙利亚语 lebhaš 的原义为穿上（甲胄、衣服等），但是其引申的譬喻含义则为"将……作为自己的一部分"；在此即是用后一义。即，似乎意谓由生命神之话语化成的"呼唤神"如今又回归了生命神；由初人之话语化成的"应答神"也回归了生命母——初人是生命母所创造，是她的"儿子"，故初人化出的应答神也就是生命母的一部分。

⑥ 按照其他同类资料，生命母和生命神见到初人之后，还有拯救他回归明界的具体行动，但是本文书则缺少了这方面的描述，当是疏漏所致。

于是，生命神便命令五子中的三个儿子采取行动，一个去斩杀诸魔，另两个则将暗魔诸子剥皮，并把它们运送给生命母。① 生命母用诸魔的皮铺成天，建成了十一层天②；他们还把诸魔的尸身扔入黑暗之地，从而建造了八层地。生命神的五个儿子都参与了此事，每人都有自己的职责。光辉护持者握住了五明神的腰部；在他们的腰之下则散布着诸天。支撑者则跪下一膝，负持着诸地。光荣大王则在天、地造成之后，坐在诸天中央，守卫着所有天层。

随后，生命神对黑暗诸子显露了自己的形相，净化了被暗魔吞食的五明神的光明分子，用以制造了太阳、月亮，以及成千上万的光明星辰。③

他（即生命神）还制造了诸轮，即风轮、水轮与火轮。他下到支撑者附近，使得三轮运行。荣耀之王召唤出覆盖物④，使之升在三轮的上空，以便在上方遮蔽被镇服于诸地层的魔众，保护五明神不被魔众的毒液所灼伤。

他（指摩尼）说道：随后，生命母、初人以及生命神站着祈祷，恳求大父尊。大父尊倾听了他们的祈求，遂作了第三次召唤，呼唤出使者。

使者则相继唤出了各具衣饰、宝冠和特性的十二少女；她们的特性是：一为君权，二为智慧，三为胜利，四为和睦，五为纯洁，六为真

---

① 在此所描述的斩杀诸魔的参与者，只是生命神五个儿子中的三个儿子。按照本文书之上下文和其他同类文书的相应描绘，这三个儿子应该是光明阿达斯、荣耀之王和光荣大王。

② 在此，叙利亚语原文作 hedha'sar，义为十一。但是，这恐怕是个笔误，因为按照其他的同类资料，都是声称始创的世界为"十天八地"。例如，汉语文书《摩尼教残经》称："净风（即西文中的"生命神"）明使以五类魔及五明身，二力和合，造成世界，十天、八地。"（第 11—12 行）又，阿拉伯语文书《群书类述》说："明界之王命令他的天使之一创造了这个世界，用这些混合的要素建造，以把光明分子从黑暗中解救出来。于是，他们建造了十层天，九层地。"（Dodge [trans.], 1970, p.781）

③ 需要指出的一点是，在此谓生命神"显露形相"净化暗魔污染之光明分子，从而制造日月星辰之说，与下文谓第三使"显露形相"诱出暗魔吞食之光明分子，从而形成俗世生物之说，都同样地采用了"显露形相"的方式；所不同的是，前者并未具体说明所谓的"显露形相"实际上即是以男女裸身诱发诸魔的炽盛性欲。这或许是《注疏集》的作者故意隐晦其说，也可能是无意间的遗漏。

④ 叙利亚语 maškebhā 原义为床、长沙发、卧榻等，故在此可能引申为床单、覆盖物等。这种三轮的"覆盖物"亦即汉语文书（如《摩尼教残经》）中所谓的"三衣"："其彼净风及善母等，以巧方便，安立十天；次置业轮及日月宫，并下八地、三衣、三轮，乃至……"（第 13—15 行）

理，七为诚信，八为忍耐，九为正直，十为仁慈，十一为公正，十二为光明。①

使者来到这些舟船后，他命令三位随从驱使这舟船运行。② 他并命令大般建造新地③，以及用以登升舟船的三轮。当舟船向上，抵达天空中央后，使者便显露了男身和女身的形相，让无论雌雄的一切暗魔都看见此身。一切诸魔见到使者俊美的身形后都充满了欲望，雄魔因女身之神而起欲念，雌魔因男身之神而起欲念，于是他们全都将此前吞食的五明神的光明射泄出来。幽闭在他们体内的罪孽犹如毛发混和在面团中一样，随着光明分子泄出诸魔体外。他们欲图再次进入光明，但是使者隐蔽了其形相，并将五明神的光明与诸魔的罪孽分离开来。来自诸魔的罪孽降还诸魔，但是他们拒绝接纳，犹如一个人厌恶自己的呕吐物一样。

于是，罪孽降落大地，一半落入湿处，一半落入干地。落入湿处者变成了恐怖的怪物，其状宛如黑暗之王；光明阿达马斯则被派去对付

---

① 有关这"十二少女"的十二种品性，可以参见汉语文书《摩尼教残经》所言的"惠明相"或者"十二光明大时"，二者大体相等："惠明相者，第一大王，二者智慧，三者常胜，四者欢喜，五者勤修，六者平等，七者信心，八者忍辱，九者直意，十者功德，十一者齐心一等，十二者内外俱明。如是十二光明大时。"（第220—222行）

② 摩尼教文献中的"舟船"多指日月，而在此所称驱使日月运行的"三位随从"（叙利亚语 lelāthā 'abhdīn）究竟是何等神灵，是可以探讨的。从文义看，这三者似乎是第三使的"随从"。然而，似乎未见其他文书提到过第三使的"随从"。故杰克逊认为，这三名"随从"当是生命神的三个儿子，因为同一文书在谈及生命神创造天地时，曾提到他命令其五个儿子中的三个儿子（光明阿达马斯、荣耀之王和光荣大王）去宰杀诸魔（一子负责宰杀，另二子负责剥皮），以用其尸体建造天地。生命神的这三个儿子的事迹颇为突出，遂可能在此被移植到第三使名下，作为三名"随从"，来推动天体的初始运转（Jackson, 1932, p. 233, note 45; p. 242, note 86）。

但是，若谓这三位"随从"是生命神的三个儿子，那么，派遣他们的主神很可能并非第三使，而当是其父生命神，因为生命神偕其五子与第三使分属大明尊第二次和第三次"召唤"出的两批不同神灵。另一方面，在摩尼教的帕提亚语和中古波斯语文书中，myhr（常为太阳之称）一词有时指称生命神，有时亦指称第三使，所以在某些情况下不无可能混淆了二者。

另有一种可能是：这"三位随从"恐怕也非生命神之子，而是同在大明尊第三次"召唤"中诞生的另外三位次级神灵，即是由第三使本身"召唤"出的光耀柱（Column of Glory，汉语文书称相柱）、耶稣（Jesus，汉语文书称夷数）和光明少女（Virgin of Light，汉语文书称电光佛）。这三位神灵与第三使的关系，恰如五子与生命神的关系，故若言他们奉第三使之命去办某事，较诸生命神之子奉第三使之命办某事更加合乎情理。

③ 叙利亚语 'ar'ā ḥedathā 意为新的大地（或地域、领域等）。虽然此"地"与生命神创造的八地之"地"为同一词，但是，它显然并非上文已提到的"八地"之一，而是在"十天八地"之外的另一界域。按杰克逊之见，这当是"末世"之后光明神回归和聚居的"新天堂"，亦即汉语文书《摩尼教残经》提到的"新城"（Jackson, 1932, pp. 243-244, note 90）。

她。① 他与她格斗,打败了她,把她掀翻得仰面朝天,用其长矛刺进她的心脏,用其护盾按在她的嘴上,用其一足踩在她的大腿上,另一足踏在她的胸膛上。而落在干地的罪孽则长成了五类树木。②

他(指摩尼)又说道:暗魔的这些女儿们此前都怀了孕,但是见到使者的美妙形相后,她们的胎儿都堕落了,落到地上,吞食了树木的嫩芽。这些堕胎物一起思考,回忆起他们曾经见过的使者的形貌,他们说道:"我们所见的形貌如今在哪里?黑暗魔王之子阿沙克龙③对堕胎物说道:"把你们的子女给我,我将为你们创造你们见过的那形貌。"于是,他们将其子女交给了他。然而,他只吞食了雄性者,而将雌性者给了其配偶纳姆里尔。④ 随后,纳姆里尔和阿沙克龙一起交合,她因而怀孕,遂生下一个儿子,起名为亚当。她又怀孕,生下一个女儿,起名夏娃。

他(指摩尼)又说道:光辉耶稣走近清白者亚当,把他从死亡睡眠中唤醒,以使他可以摆脱那两大凶灵⑤。正如一个正直之人发现有人被恶魔所困时,他就会用其法术使之缓解一样,这位受人爱戴的神(指耶稣)发现他沉睡时,就把他唤醒,抓住他,摇晃他;他把诱惑他的暗魔从他身边驱走,使得那强大的雌魔逃离。然后,亚当审视了自己,认清了自己的本相。他(指耶稣)向他展示了高空中的诸位父尊,以及他自己是如何落入虎豹的利齿中,落入猛象的口中,以及如何被贪婪的嗜食

---

① 在摩尼教文书中,凡是象征罪孽的魔怪往往都用阴性名词表示,这是摩尼教的特色。
② 这里所言的"五类树木"当即汉语文书《摩尼教残经》描述的"五毒死树",用以禁锢光明分子,系由暗魔所造:"魔见是已,起贪毒心,以五明性,禁于肉身,为小世界。亦以十三无明暗力,囚困束缚,不令自在。其彼贪魔,以清净气,禁于骨城,安置暗相,栽莳死树;又以妙风,禁于筋城,安置暗心,栽莳死树;又以明力,禁于脉城,安置暗念,栽莳死树;又以妙水,禁于宍城,安置暗思,栽莳死树;又以妙火,禁于皮城,安置暗意,栽莳死树。贪魔以此五毒死树,栽于五种破坏地中,每令惑乱光明本性,抽彼客性,变成毒果。是暗相树者,生于骨城,其果是怨;是暗心树者,生于筋城,其果是嗔;其暗念树者,生于脉城,其果是淫;其暗思树者,生于肉城,其果是忿;其暗意树者,生于皮城,其果是痴。如是五种骨、筋、脉、肉、皮等,以为牢狱,禁五分身。"(第29—40行)
③ 此即叙利亚语 Ašaqlūn 的汉译名。按摩尼教神学,是为诞育最初人类亚当、夏娃之雄魔的名号。希腊语和拉丁语作 Saklas;中古波斯语则称 āsrēštār。
④ 叙利亚语 Namrāēl 即是诞育最初人类亚当、夏娃之雌魔的名号,但按其他著述,似乎更宜称 Nebrōēl。在帕提亚语和粟特语文书中,此魔则称 Pēsūs。
⑤ 叙利亚语 saggīthā 有强大的、伟大的、压倒一切的等含义,故词组 rūḥā saggīthā 为"强大精灵"之意。这里所谓的"两大凶灵",即是指暗魔之王派遣的看管亚当的一雌一雄两个邪魔。

怪兽所吞食,被群狗所吃,以及被混杂和禁锢在一切物质之中,被束缚在黑暗的污秽之中。

他(指摩尼)又说道,他(指耶稣)将他(指亚当)向上抬升,让他品尝生命之树。此后,亚当观望,并且悲泣起来。他用力提高嗓门,犹如狮子吼叫一般;他解开胸口的衣襟,捶打着自己的胸脯,说道:"唉,唉,该死的,我肉体的制造者,我灵魂的束缚者,还有那奴役我的背叛者!"①

二、粟特语文书 M 178

前文已经指出,今存的叙利亚文《注疏集》并不完整,我们所见到的,主要只是摩尼教的"创世"神学,亦即有关天体和人类俗世之创造的种种说法。而与此相关的摩尼教文书,除了本章译释的《注疏集》外,尚有第一章列入《沙卜拉干》一书的中古波斯语文书 M 98 I 和 M 99 I,以及中古波斯语文书 M 7980—M 7984。当然,在此之外,还有许多涉及该主题的文书;但在此要补充的一件文书,则是曾被学界认为是最为详细和复杂的一段摩尼教宇宙创生描述文字②,即粟特语文书 M 178。

涉及摩尼教宇宙创生说的内容见于该文书的第二页,故此文书也标为 M 178 II。在此译释的主要参考者为亨宁和克林凯特的著述③;译释的内容,只是具体描绘天体创造的那一部分,而非全部:

(明尊命令生命神和生命母创造了世界)……"清除他们(光明分子)所受的阿赫里曼之毒,净化他们,随后将他们带上天堂。"

---

① 西奥多·巴库尼有关摩尼的说教,录引到这里便突然截止了。但是从其他文书可以得知,这份叙利亚文书只是有选择性地转述了摩尼教的若干教义。
② Henning, 1948, p. 306.
③ 亨宁有文书原文的拉丁字母转写和英译本,并有详细注释(Henning, 1948);此文除原载 *BSOAS* 卷 12 的 306—318 页外,后还收载于亨宁 *Selected Papers II*, pp. 301-313。克林凯特则依据亨宁,将 M 178 中有关天体创造的那部分译文录在 Klimkeit, 1993, pp. 235-236,并略作注释。

于是，七域之主和正直之母①便开始规划如何安排这一世界，他们开始创造它。首先，他们创造了五块地毯，让辉煌②落座于此。然后，他们创造了十重天，设置了具有十二面的魔法透镜，并让尊神的一位儿子作为督察官而落座于此，以使十重天中的一切诸魔都无法再为害。他③召唤出了四十个天使，他们擎着十重天，向上托起。④

他们为每一层天设置十二道门；另外，他们又在四个方位的每面建造四道门，由这些天使在此守卫。十重天的厚度达到十万帕勒桑；空间层的厚度则达到一万帕勒桑。⑤

他们为每层天的十二道门中的每道门都建造了六道门坎，而每道门槛则有三十个集市，每个集市呈十二排，每排有两侧。他们在一侧设置了一百八十个小间，另一侧也设一百八十个小间。每个小间中囚禁了药叉和诸魔，雄魔与雌魔分隔开来。⑥

此后，万物创造者⑦召唤出诸天之主。他们让他落座于第七天的王

---

① 粟特语词组 'βtkyšpy xwt'w 意为"七方之主"（'βt 义为七；kyšp 义为地区、地带；xwt'w 义为国王、宗主），在此即是生命神的异称；但在粟特语文书中，不如"生命神"那么多见。这一观念来自伊朗的古代神话：大地由七个同心的地域构成，故每个地域称为"大地的七分之一"；它们形成于创世之初，当时天狼星（Sirius）造雨，导致不同的海洋出现，以及大地分成七个部分（说见 Bundahišn）。摩尼教承袭了古伊朗的这类说法，遂有"七域世界"之称，并以创造世界的生命神为"七域之主"，亦即"世界之主"。粟特语词组 'rd'wn m't 意为"正直之母"（'rd'w 义为正直的、公正的、诚实的；m't 义为母亲），是为生命母的异称。摩尼教汉语文书的"善母"当是此名的直接意译。

② 粟特语 xšyšpat 是生命神之五子的第一位，西文通常作 Splenditenens，意为"辉煌"，其职责是保护诸天，直到物质世界被大火烧尽，一切复归原始状态时为止。

③ 之所以作"他"而非"他们"，亨宁谓是"原文如此"（Henning, 1948, p. 312）。则可理解为仅指生命神（净风），今从英译文。

④ 本句的类似意思也见于汉语文书《下部赞》第 134 颂："复启四十大力使，并七坚固庄严柱，一一天界自扶持，各各尽现降魔相。"

⑤ 粟特语 fswx 即是如今通用的 parasang，为古伊朗的长度单位，原为步兵在某段时间内的行军距离，具体长度则诸说各异，大约相当于今天的 3 到 5 公里。有关这段文字的确切意思，亨宁解释道："这段文字的辞句很拙劣，可能意为：每层天的厚度为 1 万帕勒桑，而在每两层天之间的空间层的厚度也为 1 万帕勒桑。因此，从最低天之底部到最高天之顶部的距离当为 19 万帕勒桑。"（Henning, 1948, p. 313, note 1）

⑥ 显然，这里之所以声称将雄魔和雌魔分隔囚禁，是体现了防备黑暗势力再度繁殖的意思；同时，也表明摩尼教采纳了古希腊有关天体也分雌雄性的观念。

⑦ 粟特语 wyšprkr (wišparkar) 义为创造一切者，其语源来自梵语 Viśvakarman。后者音译作"毘首羯磨"，是为古印度的天神，住于三十三天，乃帝释天的大臣，执掌建筑、雕刻等。在《梨俱吠陀》中称为宇宙之建造者。此名在此指摩尼教的生命神（净风），但似乎并非他的专名，而是对所有"世界创造者"的通称。

座上，但是充任所有十重天的主人和王者。

然后，在十重天之下，他们建造了一个滚动轮和黄道。在黄道内，他们囚禁了众暗魔中的最邪恶、凶残和难以驾驭者。他们为十二星座和七行星的整个混合世界设立了治理者，并使它们相互对立。

他们从已被监禁在黄道内的一切暗魔那里往复编织了根基、脉管和环扣。[①] 他们在最低的一层天上钻了个孔，将黄道悬挂在那里。尊神的两个儿子被置于此，作为督察者，以便……卓越之轮持续地……。

三、中古波斯语文书《斥疑解》

接着，我们将译释中古波斯语文书《斥疑解》中的一段文字，它是琐罗亚斯德教信徒驳斥摩尼教教义的著述，在此谈及了摩尼教有关俗世和人类创生的说法。

此书约成于公元九世纪下半叶，题为 *Shikand-Gūmānīg Vizhār*（或者 *Škand-Vimānīk Vičār*），意思是"祛除对于宗教之怀疑的解释"（英文作 *Doubt-dispelling Explanation*）。作者为马坦·法鲁克（Martān-farūkh），他主张琐罗亚斯德教有关善恶独立起源的教义，而试图驳斥摩尼所持的某些异端观点。该书的第 16 章是他对于摩尼教作专门说明性解释的部分，因此译释于此；至于其他关系不大的"驳斥部分"则不予涉及。

此书最初的版本用钵罗比（Pahlavi）字母书写，但迄今未见，而所见者只有尼尔约尚（Neryosang）撰成于公元十二世纪的用帕赞德—梵（Pāzand-Sanskrit）字母书写的版本；而所谓的帕赞德版本，即是用阿维斯塔字体（Avestan script）书写的中古波斯语。早在十九世纪末，威斯特就将全书译成了英文[②]；后来，俄国学者赛尔曼对此曾有德文译本[③]；但稍后杰克逊的英译本

[①] 粟特语 wyx (wēx) 义为根部、根基、根源等；r'k (rāk) 义为血管、叶脉、脉络、脉管等；ptβnd (patβand) 义为环节、纽带、连接等。摩尼教有关创造"脉管"，连通诸天与诸他的说法颇为复杂，也颇古怪；但其源流当来自古代伊朗文化，因为琐罗亚斯德教的经典《创世记》（*Bundahishn*）有类似的说法。

[②] E. W. West, *The Secret Books of the East*, 24, pp. 115-251, Oxford, 1885.

[③] C. Salemann, "Ein Bruchstük manichaeischen Schrifttums im Asiatischen Museum, mit einem Facsimile", in *Mémoires Acad. Impér. Des sc. De St. Pétersbourg*, 8me sér. Vol. 6, no. 6, pp. 18-20. St. Peterburg, 1904.

更为完善,并有详细注释①。在此,主要依据杰克逊的英译文进行汉译,各节的标号也从之。

(§1)在此,进一步撰写有关摩尼的成千上万异端邪说之一,(2)因为我无法用更充分的方式来谈论摩尼和摩尼教徒们的邪说、胡话与谎言,(3)那是需要花费我大量心思和长久的日常工作的。

(§4)如今,你们这些琐罗亚斯德的马兹达崇拜者②们应该知道,摩尼的最初宣言便是有关原始要素之无限性的;(5)第二即是有关混合的中间阶段,(6)最后是有关光明与黑暗之分离,(7)而这更像是不分离。③

(§8)此外,他还声称,俗世④是邪魔阿赫里曼的躯体形成的,(9)肉体本身即是阿赫里曼的创造物。(10)与此对应的说法是:天空用(暗魔的)皮造成,(11)大地用肉造成,(12)山脉用骨造成,(13)植物则是由邪魔库尼⑤的头发造成。(14)雨即是被囚禁于苍穹中的马赞诸魔的精液⑥,(15)人类是两条腿的魔,动物则是四条腿的魔。(16)库尼是阿赫里曼的军队的司令官,(17)阿赫里曼在[与光明的]第一次战

---

① Jackson, 1932, pp. 174-201.
② 帕赞德书写体系的 *Mahəst* 一词即相当于钵罗比书写体系的 *Mazdayasn*,意为"Mazda(神)的崇拜者"。而马兹达(Mazda)即是古伊朗最高善神 Ahura Mazda(中古波斯语作 Ohrmezd)的简称:ahura 义为君主、帝王,mazdāh 义为知识、智能等;故 Ahura Mazda 为"贤明之主"之意。琐罗亚斯德教奉此神为最高神灵,且以火的崇拜为特色,故通常亦将"马兹达崇拜"译作"拜火教"。
③ 这里所引摩尼所说的三点,即是摩尼教根本教义中的"三际"——世界发展的三个阶段:第一,光明与黑暗互不相干的原始时期;第二,黑暗与光明搏斗,从而混合,并且努力将光明从黑暗束缚中解救出来的时期;第三,光明最终完全战胜黑暗,与黑暗再度完全分离的时期。
④ 中古波斯语 gytyg (*gētīg*) 为"世界"之义,但是通常是指有形的和物质性的凡俗世界,因此下文有"阿赫里曼的躯体形成"云云的说法。
⑤ 中古波斯语 Kunī 或 Kund(亦作 Kūndag)是琐罗亚斯德教中著名的邪魔,不喝酒而醉,其部分力量就来自醉;有时候扮演男巫之坐骑的角色。其形状硕大无比,摩尼教粟特语文书 T II, D. 121 所谓的头枕东方山脉,下身处于西方,双肩位于南、北方,中腹即在须弥山的巨魔,尽管并未标明名号,却显然是借用了琐罗亚斯德教的这一"库尼魔"传说。
⑥ 帕赞德字体的 *šuθur* 即相当于钵罗比字体的 *šusr*,义为含有遗传天性的种子。按杰克逊,此词也相当于阿维斯陀语 *xšudra*(见 Jackson, 1932, p. 186, note 12),而 *xšudra* 则有"液体"、"混合液体"、"男性精液"等含义(释见 C. Bartholomae, *Altiranische Wörterbuch*, Strassburg, 1904, p. 555 该条)。又,此词还相当于梵语的 *vīrya*,则有男子气概、勇气、力量、男性精液等意思;佛教的"精进"、"精勤"术语亦用此词。因此,综合此词诸义及原文书的内容,这里的汉译文作"精液"当最贴切。

斗中用其爪子抢劫了奥尔马兹德（Ormazd）神，吞食了其光明；（18）在第二次战斗中，邪魔库尼与众魔一起被诸神捕获，（19）一些魔被囚禁在苍穹；库尼则被杀死；（20）正是从他成就了这一伟大的创造。

（§21）太阳和月亮被安置在天空之外的最高处；（22）这样，就逐渐地，通过太阳和月亮的向上吸引和提炼来净化被诸魔吞食的光明。（23）此后，阿赫里曼预见①到了光明分子将因太阳和月亮的吸引而很快地得到净化，从而脱离暗魔。（24）为了使得光明不能快速脱离黑暗，他设置了这个小世界，即是人类、牲畜和其他一切生物，完全复制了大世界，包括其他的具体创造。（25）他将生命和光明囚禁在躯体之内，（26）这样，被太阳和月亮导引的光明就会因生物的交配和生育，被迫再度返回原处，（27）于是，光明与黑暗的分离过程就会变得更慢。

（§28）雨即是马赞诸魔的精液，（29）因为当众马赞被羁缚于苍穹后（30）（他们曾吞食了光明），（31）（诸神）为了将光明与他们分离开来，使用了一种新的方式，将楚尔凡②的光明［与邪魔］区分出来。他们在雄性马赞面前显现了楚尔凡的十二显赫女儿［的状貌］，（32）从而诱发出雄马赞们的色欲，（33）遂从其体内射出了精液。（34）精液所含的光明便流到地上；（35）植物、树木、谷物也就从那里而生长；（36）马赞诸魔体内的光明就这样通过其精液的射出而被分离出来，（37）同时，土地中所含的光明则通过植物而被分离出来。

（§38）此外，有关生命（灵魂）和躯体之性质的不同，他说道，

---

① 中古波斯语 *paš-vīnāihā* 义为预见、预知，这是一种高级的智慧。但是，在琐罗亚斯德教的教义中，"预见"绝不是邪魔阿赫里曼的品性；相反，他始终被说成是愚昧、无知的，如《创世记》所言："而阿赫里曼处于黑暗之中，只有低劣的理解力和破坏的欲望"；"那邪神由于低劣的知识，不能觉察到奥尔密兹德神的存在"；"然后，那邪神由于不善于观察和彻底的无知，满足于那个协定"（见所谓的"印度版创世记"，Chapter 1, §3, 9, 19, 载 Anklesaria [tr.], 1956, pp. 153-154）。所以，一旦摩尼教将邪神阿赫里曼说成也具有"先知先觉"之能力后，便遭到了其他教派的激烈驳斥，指责其为谬论。

② 中古波斯语 *Zarvān*（亦作 *Zarvān、Zurvān*）是古伊朗的一个超级神灵，代表无穷之时间、空间和命运，本来只是一个通称，因为该神是无名的，并且无性别，无情欲，乃至就善与恶而言，也是中性的。琐罗亚斯德教将楚尔凡神视作最原始的创造者，亦即时间和空间的原质。该教的分支楚尔凡教派（Zurvanism）更将楚尔凡说成是最高善神奥尔密兹德（Ohrmuzd，即 Ahura Mazda）和恶神魁首阿赫里曼（Ahriman，即 Angra Mainyu）这对孪生兄弟的父亲。摩尼教借用了这一文化要素，以"楚尔凡"指称其最高光明神灵大明尊。

生命（灵魂）是被束缚和囚禁在躯体内的。（39）既然具有躯体外形的一切物质的创造者和维护者即是阿赫里曼，（40）那么就不该生育，繁衍子孙，（41）否则他就是阿赫里曼的合谋者，维持了人类和牲畜，强迫生命和光明返回肉体；甚至，栽种植物和谷物也是不适宜的。

（§42）此外，他们又自相矛盾地说，（43）创造物的摧毁者也是阿赫里曼，（44）鉴于这一原因，也不该宰杀任何生物，（45）因为宰杀正是阿赫里曼所干的事。

（§46）此外，他们还说，尽管阿赫里曼在维护着这俗世，但尊神最终肯定会取得胜利，（47）即是通过将生命（灵魂）从躯体分离而取胜。（48）最终，这个俗世将被毁灭；（49）此后，不会再有类似的新世界建立起来，（50）也不会有死亡和躯体的恢复。

（§51）此外，他们还说道，这两个最初的创造物始终一起存在，犹如阳光和阴影一般，（52）二者之间没有任何界线和空间。

四、摩尼教宇宙创生说的若干观念辨析

下面，则结合见于本章和第一章的摩尼教宇宙创生说文书，以及第五章《群书类述》中的相关内容，对某些观念和说法略作辨析，以加深对这些教义和文书的理解。

第一，有关"二龙"的指称。

首先，文书 M 98 提到的"二龙"显然是指光明诸神的敌对势力，亦即属于"魔"类。但是，它具体是指什么魔，却不甚了了，至少，杰克逊认为，这"龙"不知是指哪两种魔，尽管摩尼教中有许多魔都称为"龙"。[1]克林凯特则谓"此即月球结节（That is, the lunar nodules）"，而未作任何其他解释[2]；不过，其说当来自博伊丝："二龙是月球结节，由于它和日食、月食结合在一起，故被视作邪恶的。在琐罗亚斯德教的著述中，它们往往作为两

---

[1] Jackson, 1932, p. 38, note 3.
[2] Klimkeit, 1993, p. 237, note 27.

颗行星而取代太阳和月亮。"① 此语似乎暗示"二龙"是指太阳和月亮的邪恶对应者。

中古波斯语 'zdh'g (*azdahāg*) 或者 'wzdh'g (*uzdahāg*)、'jdh'g (*ažδahāg*) 都是指同一类神话生物，它是具有五花八门形貌的蛇状怪物，通常十分巨大，或居空中，或居地面，或居海里；有时候与自然现象相关，特别是下雨和日月食。在大多数情况下，它都是邪恶的魔类（这样的"龙"与中国的传统概念截然不同，故在此只是借用"龙"字而已）。在琐罗亚斯德教中，这种魔类与天象关系密切，故摩尼教的类似观念便当是借鉴自琐罗亚斯德教。

琐罗亚斯德教的《创世记》所描绘的蛇状魔类或"龙怪"有两个主要者，一称古契尔（Gōčihr），一称穆希佩里（Mūšparīg），它们的通称为 azdahāg，亦即"龙怪"，其状貌则有长尾或翼翅。如，"古契尔位处天空中央，状若龙怪，其头在双子座，尾在人马座"；"龙怪古契尔将被熔化的金属所烧"；"有尾的穆希佩里配有双翼。太阳将她羁缚在自己的光芒中，以使之无法再作恶"。②

古契尔与穆希佩里这两个龙怪在琐罗亚斯德教的天象学中扮演了相当重要的角色，它们与五大行星（这在琐罗亚斯德教和摩尼教中都属于邪恶的一方）一起，共同对付光明和善良的一方。例如："行星的七个魁首对抗星座的七位领袖：水星对付提什塔尔（Tishtar），火星对付哈普托林（Haptoring），木星对付瓦南德（Vanand），金星对付萨特维斯（Sataves），土星对付天中央的伟大者，古契尔与鬼鬼祟祟的穆希佩里（它们都有尾巴）则对付太阳、月亮和星辰。"③ 这段文字暗示了，龙怪古契尔和穆希佩里是太阳和月亮这两个最大光明体的邪恶对应者。这一点在伊朗版《创世记》（即更为详细的 *Great Bundahishn*）的相应段落中得到了更清楚的展示："在苍穹中，暗日对付太阳，暗月对付拥有驯良动物之种的月亮。……七个行星魁首对付七个星座领袖，例如水星对付提什塔尔，木星对付北斗七星哈普托林，火星对付瓦南德，金星对付萨特维斯，行星之首土星对付中天之主，而有尾

---

① Boyce, 1975, p. 60, note.
② 分别见 Anklesaria (tr.), 1956, Chapter V A, 5 (Iranian recension), p. 65；Chapter XXXIV, 27 (Iranian recension), p. 142；Chapter V A, 6 (Iranian recension), p. 65。
③ Anklesaria (tr.), 1956, Chapter V, 1 (Indian recension), p. 159.

的龙怪和穆希佩里则对付太阳、月亮和星辰。"①

在这段引文中,首先提到暗日对付太阳,暗月对付月亮,紧接着的详细叙述中,则谈到"有尾龙怪"(显然是指古契尔)和穆希佩里对付太阳、月亮。那么,龙怪古契尔和穆希佩里即是"暗日"和"暗月",应该可以推定。事实上,这两个魔怪与光明天体太阳、月亮的对应关系,在《创世记》的其他地方也反映得很清楚,例如:"在这些行星中,暗日和穆希佩里以混合的状态被羁缚起来,暗日被拘于太阳的光芒中,暗月被拘于月亮的光芒中。"②既然文书 M 98 提到了光明之神"束缚了二龙",则其意与《创世记》之古契尔、穆希佩里二龙被分别羁缚于日月光芒中之说十分相似。故若谓摩尼教文书中的"二龙"即是借用了琐罗亚斯德教文献中的古契尔、穆希佩里,亦即所谓的"暗月"、"暗日",当是合乎情理的。

另一方面,月亮运行轨道的特征也可以被理解为"二龙"之说的来源。《创世记》描述道:"古契尔位处天空中央,状若龙怪,其头在双子座,尾在人马座,故其首尾之间始终有六个星座。它是不断向后运动的,故每隔十年,其尾便变成原来之首,其首则转成原来之尾了。"③亦即是说,每隔十年,月亮的运行轨道便在黄道两侧形成首尾正好相反的两条"龙",那么,若因此而有"二龙"之称,似乎于理也通。

不管怎样,摩尼教文书中所见的"二龙",其主要文化因素源自伊朗古代文化,特别是琐罗亚斯德教,则是可以断定的。

第二,有关天体的最初推动者。

按摩尼教的宇宙创生说,在神灵创造诸天体之后,它们是静止的,④其最初的运动来自某些神的推动。但是在不同的记载中,其"推动者"也有所不同。在此则就该问题略作梳理。

按文书 M 98 所示,被创造的天体是由"二龙"推动的。但是,按《阿

---

① Anklesaria (tr.), 1956, Chapter V, 4 (Iranian recension), pp. 63-64.
② Anklesaria (tr.), 1956, Chapter V A, 7 (Iranian recension), p. 65.
③ Anklesaria (tr.), 1956, Chapter V A, 5, p. 65.
④ 天体被创造之后静止不动的这一观念,并非源自摩尼教,而可追溯到更古的伊朗文化,例如,琐罗亚斯德教的经典也作此说:"在三千年内,这些创造物只有躯体,而无法用其肚脐行走;太阳、月亮、星辰始终保持静止。"(见 *Zād-sparam*, Chapter I, 22,原文为中古波斯语,E. W. West 英译,载 *Sacred Books of the East*, Part V, Clarendon, 1880, p. 159)

基来行传》，这些天体是由生命神（汉语文书称"净风"）推动的："生命神创造了这些天体，它们由灵魂的残余构成；他并使得它们绕着苍穹运转。"①又，按科普特语的《克弗来亚》所言，则天体之运转当归功于第三使："开悟者又说道：使者（即第三使）降临，完成了十项业绩。第一，[召唤]大建筑师前来，建造了新永世。第二，[使得]众船运行在诸天的高空。……"② 在摩尼教科普特语文书中，"船"多指太阳、月亮或其他天体，故太阳等天体的最初运转，显然被说成是第三使所为。

然而，按《注疏集》，则天体的推动者是第三使指派的"三名随从"："使者来到这些舟船后，他命令三位随从驱使这舟船运行。他并命令大般建造新地，以及用以登升舟船的三轮。"在此，叙利亚语词组 lelāthā 'abhdīn 的直译之义便是"三位随从"，所以从句子的文义看，他们似乎是第三使的"随从"。然而，按其他各种摩尼教文书的记载，似乎未见第三使有过"随从"，因此，杰克逊认为，这三名随从即是生命神的三个儿子，因为同一叙利亚文书在谈及生命神创造天地时，曾提到他命令其五个儿子中的三个儿子去宰杀诸魔（一子负责宰杀，另二子负责剥皮），以用其尸体建造天地。生命神的这三个儿子的事迹颇为突出，故可能在此被移植到第三使的名下，作为"三名随从"，来推动天体的初始运转。这三神当即是善战的英雄阿达马斯、荣耀之王以及光荣大王。③

归纳以上诸说，则天体的初始运转，或当归功于"二龙"，或当归功于生命神，或当归功于第三使，或当归功于三位随从（而这被认为可能即是生命神的三个儿子），至少有四种说法，颇为纷杂。若无更多证据，恐怕难以肯定某一说。然而，对于其中的一说似乎可以略加辨析，即三位"随从"的比定。

一方面，如果按杰克逊之见，启动天体的三位"随从"即是生命神五个儿子中的三个儿子，那么，当可进而推测，指派"随从"的主神并非第三使，而是"随从"的父亲生命神。理由是：首先，生命神是大明尊第二次"召唤"出的一批神灵之一，其使命是创造宏观宇宙；而第三使是大明

---

① Vermes (trans.) & Lieu (comm.), 2001, Chapter 8, p. 49.
② Gardner, 1995, Chapter 34, 8631-875, p. 90.
③ 参见 Jackson, 1932, p. 233, note 45 和 p. 242, note 86。

尊第三次"召唤"出的一批神灵之一，其使命是创造微观宇宙，即人类和动植物。那么，推动天体的任务由以生命神为首的神灵承担，是顺理成章的事情。其次，大般（大建筑师，汉语文书称造相佛）也属于大明尊创造的第二批神灵之一，故与生命神合作比接受第三使指挥更合乎情理。最后，必须指出的一点是，在摩尼教的帕提亚语和中古波斯语文书中，myhr 一词有时指称生命神，有时指称第三使（当然亦指称太阳）①，因此，在其他文书中，亦不无可能误解了词义，从而混淆了二者。亦即是说，该文书的原义本是指生命神命令"三名随从"启动天体，结果却被误解成是第三使下达了启动天体的命令。

另一方面，如果取下令运转天体者确是第三使之说，那么可以推测，这"三名随从"恐怕并非如杰克逊认为的那样是生命神之子，而更可能是同在大明尊第三次"召唤"中诞生的另外三位次级神灵，即是由第三使本身"召唤"出的光耀柱、耶稣和光明少女。科普特语的《克弗来亚》对此有一段描述："第二父尊源自第一父尊，即是第三使，诸光之王的典范。他也从自身召唤出三大威力。一是光耀柱，即净善人，撑起万物；是福佑的伟大支柱，是比任何其他搬运者更伟大的搬运者。二是荣耀耶稣，通过他就能获得永久的生命。三是光明少女，荣耀的智慧；她以其美貌赢得了众君王之心和权力，满足了伟大的愉悦。"②显然，光耀柱、耶稣和明女三位次级神灵，既是由第三使本身创造出来，虽然并未明确称之为"随从"或"儿子"，但其地位与生命神的五个"儿子"是完全一致的，那么，他（她）们奉第三使之命去干些什么事，当然比生命神之子奉其命干事更合乎情理了。由此或可推测，叙利亚语文书中启动天体的"三名随从"乃是这"三大威力"。

第三，有关"光明舟"、"光明车"与"光明宫"。

中古波斯语文书 M 98 提到了"光明车"一名，此"车"即是中古波斯语 rhy (rahy)，义为乘具、战车、马车等。在摩尼教文书中，此词凡与"光明的"构成词组后，通常都是指称太阳和月亮。在有些地方，它则直接与日、月构成词组，称"太阳车"和"月亮车"。例如，《沙卜拉干》多次使用这样的名称："那时候，太阳神也将从太阳车中降临到这宇宙，一个呼唤将回荡

---

① 见 Durkin-Meisterernst, 2004, p. 235, myhr 条。
② Gardner, 1995, Chapter 7, 358-17, p. 39.

四方";"奥尔密兹德之母的女性身形将从太阳车上显现,俯瞰诸天"。

但是,以"车"喻指太阳和月亮的情形似乎只多见于摩尼教的东方文书中,盖因其西方文书往往以"船"或"光明舟"来指称太阳和月亮。例如,奥古斯丁在其拉丁文的著述中谈及摩尼教时,提到"舟船",使用了 navis 一词,即是船、舰的意思。又,《阿基来行传》曾提到,耶稣、生命母、明女等神灵居于"小船"中,生命神等则居于"大船"中。[①] 在此,"小船"是指月亮,"大船"是指太阳;而"船"一词,拉丁文版用 navis,希腊文版用 πλοῖο,都是"船"的意思。再如,《注疏集》提到,第三使命令三个"随从"去推动"这些舟船"开始运行;而这些"舟船"即是指刚创造出来的太阳和月亮,叙利亚文为 'elpē。

除了上引的早期拉丁文、希腊文、叙利亚文等文书外,更多的将太阳、月亮称为"船"的例子则见于摩尼教的科普特语文书,通常单数作 ϫⲁⲓ,复数或同单数,或作 ⲉϫⲏⲩ。例如:"……我父的航船,太阳和月亮";"航船即是太阳和月亮;他登上了航船";"我发现了航船,这航船即是太阳和月亮,它们运渡我,直抵我的城池"。[②] 又如:"此外,太阳清楚展示了另外三个原型,涉及最尊贵者的奥秘。首先,日船之盘饱满滚圆,它的航船一年四季始终饱满滚圆,它一点也不蚀损,不会像月船那样蚀损。"[③] 当然,以上诸例是以"船"直接指称太阳、月亮;而有的地方,"船"即使并未明指,但就其文义看,实际上也是指日月,如:"灵魂啊,抬起你的眼睛,注视高空,对于你的羁缚仔细考虑……你已经抵达;你的父尊正在召唤你。如今,登上光明之船,接受荣耀花冠吧,回到你的故国,与永世们(Aeons)共享欢乐";"如今,在你的光明礼物中,……从此船到彼船,向着使者……他将运载我,渡过……";"航船正在高空等候你,它们会接引你上升,将你带到光明世界"。[④] 诸如此类的例子不胜枚举,清楚展示了在摩尼教西方文献中,"船"与太阳、月亮的密切譬喻关系。

摩尼教的东方文书中,除了上文谈到的以"车"喻称日月外,虽然也有

---

① Vermes (trans.) & Lieu (comm.), 2001, Chapter 13, p. 57.
② 分别见 Allberry, 1938, 75⁴, 134²⁴⁻²⁵, 168⁵⁻⁸。
③ Gardner, 1995, 162²²⁻²⁶, Chapter 65, p. 171.
④ 分别见 Allberry, 1938, 55⁹⁻¹⁴, 85⁷⁻⁹, 163¹⁴⁻¹⁵。

称太阳、月亮为"船"者（如汉语文书《摩尼教残经》："又复净风造二明舡，于生死海运渡善子，达于本界，令光明性究竟安乐。怨魔贪主，见此事已，生嗔妬心，即造二形雄雌等相，以放日月二大明舡，惑乱明性，令升暗舡，送入地狱，轮回五趣，备受诸苦，卒难解脱。"①），但是还有其他喻称，例如，汉语文书《下部赞》屡称日月为"宫"："又启日月光明宫，三世诸佛安置处，七及十二大舡主，并余一切光明众"（第127行）；"对日月宫，二光明殿，各三慈父，元堪赞誉"（第389—390行）；"从彼直至日月宫殿，而于六大慈父及余眷属，各受快乐无穷赞叹"（第398—399行）。

称日月为"宫"的表达方式也见于东方的突厥语文书中：供"听者"（即摩尼教俗家信徒）使用的突厥语忏悔词有这样的辞句："第二，是对于日月神，是对居于二光明宫中的神灵所犯的罪过"（II A）；"我的明尊啊，如果我们曾经无意中以某种方式得罪了日月神，居于二光明宫中的神灵"②。这里所谓的"宫"，突厥词为 ordu，而它最初的意思即是"王家的居所"、"统治者的营帐"等，或者用在宗教方面则是"天宫"；后来被借用，则渐有"军营"等义了。③

由此可见，摩尼教在由西往东传播的过程中，原先太阳、月亮的喻称"舟船"似乎有所演变，即由"船"向"车"、"宫"变异。如何解释这一现象？杰克逊有一个解释：摩尼长期生活在两河流域，摩尼教也是在两河流域创建。而底格里斯河与幼发拉底河中自古以来就有一种圆形的渡水器具，状如浴盆，称之为 gufas。这种形状的摆渡工具可能启发了摩尼，使他将跨越天空的圆形天体日月与 gufas 联系起来，因为日月不仅呈圆形，并按摩尼教教义，还是"灵魂"（光明分子）回归明界的中间运渡站。而中亚地区由于水流稀少，故居民们不熟悉大河的渡水器具，遂将"船"改成了他们熟知的"营帐"、"宫殿"。④如果接受此说，那么，我们可以进一步推测，"车"（战车、马车）更是中亚人，特别是中亚游牧人所常用的器物，所以在摩尼教的东方文献中，喻指日月的"舟船"被改成了他们更加熟悉的"马车"。这种

---

① 见《摩尼教残经》第48—52行。
② 突厥语的拉丁字母转写和英译文，分别见 Asmussen, 1965, pp. 169, 170, 194；汉译文则见芮传明《摩尼教突厥语〈忏悔词〉新译和简释》，《史林》2009年第6期，第56页。
③ 参见 Clauson, 1972, p. 203。
④ Jackson, 1932, p. 42.

现象展示了宗教文化在传播时往往因信众居住环境的不同而有所演变。

第四,有关沟通天地的三种"脉管"。

粟特语文书 M 178 II 在最后提到了生命神和生命母从黄道十二宫编织了"根基"、"脉管"等,语句过于简单,其含义不甚清楚。实际上,"脉管"之说在摩尼教的宇宙创生说中颇有讲究,故需要作较详的探讨;而对此作较多阐述的文字则见于科普特语的《克弗来亚》。兹将《克弗来亚》第 48 章中的相关叙述译释如下:

> 开悟者又说道:从暗狱到诸天的全部域界内都存在着三种导管。
>
> 第一种导管是上方一切威力①的根基,它们存在于一切诸天。它们被抛下,并羁缚于下方诸地。因为下方之地是"剥光之物",是上方诸天之众威力的外衣和躯体。
>
> 因为生命父尊建造天界之时,他剥光了它们的躯体,将它们抛掷到下方诸地。
>
> 这样,上方诸界就由灵魂与精神构成,而下方诸界则由躯体和尸体构成。……如今,正因为如此,他……天上诸威力。他在诸地上的躯体和尸体上盖上印章,从而当生命从诸地的成熟中产生时,它能被完全汲取到天上的固紧在它躯体里的根基中,同时,一切生命也能在那里得到净化。然而,上登天界的净化者所清除出的废物将通过这些导管而丢落下方之地,将被倒入……以及扔至阴暗处。这即是第一种导管,它发自天界的诸威力,通往它们在诸地的躯体和尸体;也从诸地上的躯体和尸体通往诸天的众威力。
>
> 第二种导管始自天界的寺庙、住宅和城市,下至地界,通往生长在地上的五类树木。生命从树木向上通往寺庙和城市。而天上之物的残渣也通过导管下落到众树木。
>
> 第三种导管始自居于一切诸天的所有威力和户主,从其根基向下通

---

① 科普特语 qam 义为力量、权势、威力等。在摩尼文献中,它大多用来指称明界的正义力量或神灵,但有时亦用以指称与之相对的黑暗势力。在本节中,该词似乎主要是指被生命神囚禁于黄道(天界)的众暗魔;由于这些暗魔此前吞食了光明分子,所以导致了在它们身上汲取"生命",排除"废渣"的必要性,从而产生了这里所描绘的通过"导管"上上下下"净化"的情景。

到蠕动于地上的五类肉体，相互固定。这样，将被聚集起来的来自肉体世界的威力与生命以不同的外形分散在它们之间。上方的威力将通过导管把它们汲取上去。天界威力的更强烈的废渣、贪欲、恶行和恼怒也将通过不同的导管而倾倒至地上。它们将被卸到人类和其他剩余的动物身上。天界将清除自己的废渣、臭气和毒物，倾倒给下界的肉体生物；下界的这些生物也会因它们在天上的父辈的行为而以更强烈的贪欲、恼怒和恶行而相互争斗。

使者说道：再看看众星之轮，它在地上并无根基，但是它的根基却结合在整体中。众星之轮从经过导管而自诸地上升到诸天的威力和生命那里获取生命。它也从那些从苍穹和天界获取生命的导管那里取得生命。①

显然，即使这段引文的字数也不少，但仍未完全清楚地表述其意，特别是两个关键词"导管"（科普特语 ⲗⲓⲝⲙⲉ）②和"基地"（科普特语 ⲛⲟⲩⲛⲉ）的含义，毕竟与通常的用法不一样。不过，其总体意思大致是可以理解的，即：天体与地界是无法分割的，它们之间始终有着紧密的联系。维系其间交流的是三种"导管"，通过这些导管，地界的神圣生命可被汲取上天界，并且进行净化；同时，天界的邪恶废渣则通过它们倾倒入地界。

至于三种导管相互之间比较一下，也是有优劣的。有关这点，第 48 章接着作了解释：第一种导管最伟大，因为它与所有的地界联结在一起，能汲取最多的神圣生命。第二种导管由于和地界的五种植物联结起来，而植物广泛地分布于世界各处，故这类导管能够汲取较多的生命。第三种导管最差，因为它与地界的肉体生物联结在一起，而包括人类在内的肉体生物只居于地界的一小部分（在南方）。③

---

① Gardner, 1995, Chapter 48, 120^{24}-122^{4}, pp. 128-129.
② 在早期的科普特语文书编纂译本中，lixme 一词未作解释，显然是对其义不甚了了。后渐有各种解释，例如，或以为源自中埃及方言波海利语（Bohairic）的 laxem，义为干、枝、茎、管等（见 W. E. Crum, *A Coptic Dictionary*, The Clarendon Press, Oxford, 1939）；或以为源自义为连接、弦的阿拉美语（Aramaic）词 lihme，因为《克弗来亚》最初很可能是用阿拉美语书写的（见 E. B. Smagina, "Some Words with Unkown Meaning in Coptic Manichaean Texts", *Enchoria*, Vol. 17, 1990, pp. 121-122）；当然，在本文所引的 *Kephalaia* 英译本中，此词则译为"导管（conduits）"。据文书上下文的内容，当以"导管"之释最为近是。
③ Garnder, 1995, Chapter 48, 123^{29}-124^{22}, pp. 131-132.

摩尼教有关宇宙创生的这类说法，与伊朗古代文化甚有渊源。例如，以伊朗古宗教琐罗亚斯德教诸典籍为蓝本而编纂的中古波斯语著述《创世记》（Bundahishn）集中谈论了宇宙的创造情况，而其中就涉及星辰与"导管"的问题："他（指琐罗亚斯德教主神奥尔密兹德）将大熊星座布置在北方，那里是入侵者来犯时期的地狱所在地。有条系链将七大陆中的每块大陆都与大熊座连接起来，其目的是在混合时期内治理诸大陆。这就是大熊星座被称为Hoftōreng 的缘故。"①

在此初看之下，似乎并无"导管"之词，但是实际上，大熊星的别称Hoftōreng 即是中古波斯语 haft rag 的合称，而 haft 义为七，rag 义为血管、脉管等，亦即相当于前引粟特语文书中的 răk (r'k)。所以，琐罗亚斯德教典籍《创世记》所谓的"七系链"（Hoftōreng）其实也就是"七导管"，目的即是为了维系上方天体与下界地面的联系，对其发挥作用。②

那么，摩尼教宇宙创生论中的"天体导管说"，显然颇受琐罗亚斯德教或古代伊朗文化的影响。

第五，有关邪魔创造人类和俗世。

按照摩尼教的创世神学，人类是邪恶暗魔的创造物。这一说法与基督教的"上帝创造人类"的观念（其他宗教文化也有类似观念）恰恰相反，因此非但显得"特立独行"，更令其他宗教文化（尤其是基督教）的教俗信众深为厌恶，从而产生了强烈的敌意。这恐怕也是摩尼教在各个时期和各个地域都难以与其他信众和谐相处的重要原因之一。

从属于《沙卜拉干》一部分的中古波斯语文书 T III 260 中可以清楚地看到，第一个男性人类和女性人类，都是暗魔之首阿缁用她所吞食的由诸魔（雄性马赞和雌性阿斯雷什塔）的后代混合体创造的。正因为如此，故人类的体内从一开始就充满了"贪婪、淫欲、色情、性交、仇恨、诽谤、嫉妒、罪孽、愤怒、不净、昏聩、无知、仇教、疑神、偷窃、撒谎、抢劫、恶行、固执、虚伪、报复心、狂妄、焦虑、忧伤、悔恨、痛苦、贫穷、匮乏、疾病、衰老、恶臭和偷盗心"等等邪恶的品性；"最早的男人和女人开始统治

---

① Bundahishn, Chapter 2, A 27¹¹, 英译文见 W. B. Henning, "An Astronomical Chapter of the Bundahishn", JRAS 3, 1942, p. 232.
② 说见上注的引文，p. 232, note 6。

大地，他们体内的贪婪发作，充满狂暴。他们开始淤积泉流、砍伐树木和植物，肆虐大地，贪婪之极"。显而易见，在摩尼教的眼中，俗世的人类，除了其肉体所囚禁的一点"灵魂"（即光明分子）外，其言、其行、其思都与邪魔无所区别。

又，中古波斯语文书《斥疑解》则更将俗世的天体、天象、人类、动物、植物等等都视之为邪魔的一部分："俗世是邪魔阿赫里曼的躯体形成的，肉体本身即是阿赫里曼的创造物"；"天空用［暗魔的］皮造成，大地用肉造成，山脉用骨造成，植物则是由邪魔库尼的头发造成。雨即是被囚禁于苍穹中的马赞诸魔的精液，人类是两条腿的魔，动物则是四条腿的魔"。在此，人与动物被直指为"魔"，足见摩尼教对于俗世和现世人类的恶感到达了何等程度。

摩尼教出于这样的教义，其推衍出的理论也就更趋极端，如《斥疑解》所言："既然具有躯体外形的一切物质的创造者和维护者即是阿赫里曼，那么就不该生育，繁衍子孙，否则他就是阿赫里曼的合谋者。"连生育都遭指责（当然，在现实生活中，应当只是不鼓励或部分禁止，而无法绝对禁止生育），摩尼教在现实世界中的不受欢迎、孤立和被敌视的程度可想而知，则其生存环境和发展之艰难也可以想见。是为摩尼教俗世生物创生说的特点之一。

第六，有关女性更为邪恶的观念。

尽管摩尼教将男人和女人都归因于暗魔的创造，但是相比之下，它把女性视作更为邪恶的一部分，这在阿拉伯语的《群书类述》中表述得比较清楚。例如，当明界诸神得知暗魔创生了第一个男人亚当和第一个女人夏娃后，便派遣耶稣等来搜捕暗魔，解救二人："耶稣开始对被［暗魔］生下的男人即亚当说话，教导他有关天堂乐园、神灵、地狱、邪魔、天地、日月等事。使得他惧怕夏娃，向他解释道，她是被禁止接触的，他不能够接近她，从而使他不敢靠近她。"显然，耶稣更关注和意欲拯救的是男人亚当，而女人夏娃则是亚当应该惧怕和禁止接触的对象，因为她更加"邪恶"！

又，夏娃屡有与魔、神乃至儿子滥交，以及用情欲勾引亚当的行为，分明都是该受斥责的"不规之举"。因此，最终的结果是，亚当"一直居住在东方，直到去世，前赴［天堂］乐园。沙蒂尔则与法尔亚德（悲哀）、普尔法尔亚德（充满悲哀）及其母亲世代智，以正确的观念和正确的方式积善行德，直到去世；但是夏娃、凯恩及堕落女则进了地狱"。亦即是说，同样由暗魔创造的人类先祖，男性亚当最后进了天堂，女性夏娃则堕入地狱。如此截然相反的结局，十分鲜明地表现了摩尼教对于女性的敌意甚于男性。

摩尼教的这一观念还在通常以魔首为阴性的现象上展示出来。例如，T III 260（M 7980—7984）文书用大量篇幅叙述了暗魔阿缁如何操纵诸魔和创生人类等事，而对阿缁的人称代词都用阴性"她"。又，"阿赫里曼以及诸魔在五洞穴（即暗界的五个部分）展开了战斗，一个洞穴深于一个洞穴。阿缁即诸魔之母，一切罪孽从她而出"①。在此称阿缁为"诸魔之母"，乃一切罪孽之源泉，足见雌性暗魔的地位之高。

更为明白的描绘见于科普特语文书《克弗来亚》第四章："第二夜是黑疠②，女雕塑师……，她塑造了……以及在黑暗世界的整个统治权。她为其制造了五种感觉器官，五男五女，每个世界两人；还有居于男人和女人体内的激情和性欲，激发他们相互亲密。它们是第二夜的十二精灵。确实，这个黑疠，死亡之思，她给予暗界魔王以力量，展开对付伟大永世的战争。"③暗界魔王在与明界交战中的力量，也要来自"她"，可见女/雌/阴性的"邪恶"程度确被认为甚于男/雄/阳性。这是摩尼教创生说的又一特点。

第七，有关人体为"小宇宙"的教义。

摩尼教创世说的另一个特征，是将人体视同于整个宇宙的缩影，或者，宇宙是人类身体的扩展。亦即是说，人体是个小宇宙，宇宙是个大人体；暗魔按照大宇宙的结构创造了人体这个小宇宙。如《斥疑解》所言，暗魔阿赫里曼为了使光明不能快速脱离黑暗，遂"设置了这个小世界，即是人类、牲畜和其他一切生物，完全复制了大世界，包括其他的具体创造。他将生命和光明因禁在躯体之内，这样，被太阳和月亮导引的光明就会因生物的交配和

---

① 见帕提亚文书 M 183 I；英译文见 Asmussen, 1975, p. 119.
② 在摩尼教科普特语文书中，ὕλη（拉丁字母转写作 Hylè）一词往往有特殊的含义：因为若按一般解释，其义为木材、物质，在古希腊的哲学用语中，则为实质、原质、原始物质之义；此外，按照二元论的思想，又是与心灵、精神相对立的"物质"，故英文通常译作 Matter。但摩尼教则以此作为暗魔的名号（相当于伊朗诸语中的"阿缁"），亦即邪恶、罪孽等的异名，与一般的解释不同，所以，在此按读音译作"黑疠"。
③ Gardner, 1995, 26$^{11\text{-}20}$, Chapter 4, p. 30.

生育,被迫再度返回原处。于是,光明与黑暗的分离过程就会变得更慢"。

大—小宇宙的对应,不仅仅是一般性的譬喻,而是有相当具体的对应关系,例如,科普特语文书《克弗来亚》第38章引述摩尼对门徒的教导道:

> 宇宙按照人的模样构成。他的头是外衣的领口。他的颈是外衣的项部。他的胃是五个展开部分,是外衣的……。他的肋骨是诸天,他的脐是星辰和黄道十二宫。此外,他的脐和臀之间的那部分是从黄道十二宫诸星到四世界角落的那部分。他的腰是……之下的三重地,它在门警的上方。他的……是从……到门警稳稳站立的大地的那部分。他的胫骨和脚是……,整个区域隶属于……。他的心脏是人类,他的肝是四足动物,他的肺是空中飞翔的鸟类,他的脾是水中游泳的鱼类,他的肾是地上匍匐的爬行类动物,他的表皮是……的围墙,包围着浓烈的大火。他的……是……烈焰的容器。他的……黑暗的……。他的胆是……,他的大肠是各个世界的……,他的血管是……一切井、泉,他的眼睛是……。①

当然,这是以"小宇宙"中的人体或俗世的结构部件来对应宇宙,同书第70章则倒过来,以"大宇宙"中的天体对应人体的诸部位,并且更为具体:

> 白羊宫、金牛宫、双子宫、巨蟹宫、狮子宫、室女宫、天秤宫、天蝎宫、人马宫、摩羯宫、宝瓶宫、双鱼宫,这是黄道十二宫,见于上界,在空中。……
>
> 又,如我们已经列数的黄道十二宫那样,它们也一一见于人体内,他们依次排列,从头到脚。头是白羊宫;颈和肩是金牛宫;双臂是双子宫;上身是巨蟹宫;胃是狮子宫;腹部是室女宫;脊椎和肠是天秤宫;生殖器是天蝎宫;腰是人马宫;膝是摩羯宫;胫骨是宝瓶宫;脚掌是双鱼宫。看哪,它们也逐一地分布,存在于身体各部,犹如黄道十二宫的分布格局一样。它们也一个个依次排列,从头至脚,……

---

① Gardner, 1995, 90[20]-91[13], Chapter 38, pp. 95-96.

我将叙述的自上而下的右侧六种肢体是：右太阳穴为白羊宫；右肩是金牛宫；右臂是双子宫；右胸腔是巨蟹宫；胃是狮子宫；生殖器的右半部是室女宫。倒过来，我们已谈到的另六种肢体在左侧，它们则是自臀部至头部：生殖器的左半部是天秤宫；左胸腔是天蝎宫；左乳与左肾是人马宫；左肘是摩羯宫；左肩是宝瓶宫；左太阳穴是双鱼宫。这即是人体创造者所安排的肢体。他将它们依次排列，一个挨着一个，自头至足。①

　　尽管在其他的古代文化中，也多有"大—小宇宙对应说"，但其含义与摩尼教之说并不完全相同。所以，摩尼教的"大—小宇宙"说固然可能汲取了其他古代文化因素，或者影响了其他宗教文化，但它毕竟有其自身的特色，并且是本教教义的重要组成部分。

---

① Gardner, 1995, 173^{22}-175^{4}, Chapter 70, pp. 183-184.

第五章　阿拉伯文《群书类述》译释

伊本·阿尔纳丁，约生于公元932年，卒于990年；在987年撰成阿拉伯语的《群书类述》一书。该书旨在将作者当时所见的一切书籍、文章、笔记编目而作阿拉伯语简介，从而发展成一部百科全书式的著作，不仅集中了十世纪巴格达穆斯林学者所拥有的知识，并且还记录了宝贵的古代文化遗产；在许多情况下，后人只有从该书中才能了解某些早期作者及其著述的情况。而有关摩尼教的介绍，见于此书的第九章，涉及摩尼的生平及其诸多说教。可以认为，这段文字是谈及摩尼及其教义的最为广泛、多样和可靠的非摩尼教文书；甚至，在大量摩尼教本教的原始文献被发现之后，此书的价值依然重大。

在此，译释《群书类述》的第九章，主要参照道奇的英译本[1]。此外，早在150年前就已经有了弗留格尔的德文译本以及详细注释[2]，长期以来为学界所引用，本章亦用以作为比照和参考。

摩尼教的教义

穆罕默德·伊本·伊萨克·阿尔纳丁（Muḥammad ibn Isḥāq al-Nadīm）这样说道：摩尼·伊本·福图克·巴巴克·伊本·阿布·巴尔赞（Mānī ibn Futtuq Babak ibn Abū Barzām）是安息王朝的成员之一。[3] 他母亲的

---

[1] Dodge (trans.), 1970, pp. 773-805.
[2] G. Flügel, *Mani: seine Lehre und seine Schriften*, Leipzig, 1862.
[3] 阿拉伯语 *Ḥashkānīyah* 可能即是 *Ashghānīyah* 一词，当是指波斯帕提亚王朝（Parthian Dynasty），亦即汉文古籍所谓的安息王朝（Ashkanian/Arsacid Dynasty）。据一些并不可靠的资料记载，摩尼的父母都与波斯的"王室"有亲戚关系；如汉语文书《摩尼教光佛教法仪略》称："摩尼光佛诞苏邻国跋帝王宫，金萨健种夫人满艳之所生也。"（第18—19行）

名字叫满艳，也叫乌塔金（Utākhīm）和马尔马燕（Marmaryan），是安息王室的后裔之一。① 据说，摩尼是库那及其郊区的教会负责人，是胡希② 地方的人，在巴达拉亚和巴库萨亚境内。③ 此外，他有一只脚是畸形的。

据说，他的父亲原居于哈巴丹（Hamadhān）④，后来移居至巴比伦，生活在阿尔马达因城（Al-Madā'in）⑤，在著名的泰西封（Ctesiphon）⑥。那里有一座偶像崇拜的神庙，福图克（指摩尼的父亲）像其他人一样，经常前去参拜。有一天，偶像崇拜庙内有个声音对他高声喊道："福图克啊，不要吃肉，不要喝酒，不要结婚！"在三天之内，这个喊声重复了好多次。当福图克意识到此语的含义后，便和位于达斯土密桑（Dastumīsān）⑦ 郊区的一个名叫穆格塔西拉（Mughtasilah）⑧ 的一伙人发生了联系。这个教派的余部迄今仍逗留在这些地方和多水的地区。他们属于神灵要求福图克参与的那个教派；当时，福图克的妻子正身怀摩尼。

他们声称，当她生下他时，她做了一个有关儿子的美梦。她醒来后说道，她仿佛见到有人抱着儿子，一起升上天去。后来，那人把儿子带

---

① 摩尼母亲的通用名字 Mays 义为朴树，汉语文书音译为"满艳"。另一名 Marmaryan 或许是 Mār Maryam 的变异；而 Mār 在波斯语中则往往置于名字之前，有"尊敬的"或"我主"之意。除了这些异名外，摩尼的母亲还有 Mes、Karossa 等称。
② Ḥūḥī，有可能是 Jukhā 的异名，是为巴格达东南方的一条河流。
③ Bādarāyā 和 Bākusāyā 构成了 Bandanījīn 地区，该地区从 Nahrawān 运河（在底格里斯河以东，巴格达附近，长约 60 英里）之东延伸到 Zagros 山脉及 Media 或 Jibāl 省边界地区。
④ Hamadhān，伊朗西部的一个省区及其首府的名称，即古代的 Ecbatana，曾是波斯帝国的夏都。是为丝绸之路上的重要站点和商业城市，尤以毛皮制品和地毯著名。位于 Alwand 山麓的平原上，在德黑兰西南约 180 英里。
⑤ 阿拉伯语 Al-Madā'in 意为"城市"的复数，是座双城，由两部分构成：一为底格里斯河西岸的 Seleucid 城，一为底格里斯河东岸的波斯冬都泰西封。
⑥ Ctesiphon，波斯帝国以及萨珊王朝的首都，在底格里斯河东岸。本是古代美索不达米亚的大都市之一，但是，自从阿拉伯人于公元 637 年夺取此城，并建造巴格达城之后，它便开始衰落了。至今，该城遗址仍见于巴格达的辖区之内。
⑦ Dastumīsān 是位于 Wāsiṭ 和 al-Baṣrah 之间的一个地方。阿拉伯语 Wāsiṭ 义为中间的，是中古时期伊拉克中部的一个军事和商业重镇，在伊斯兰的乌迈王朝（Umayyad Caliphate, 661—750）时期尤见重要。al-Baṣrah 则是 Baṣrah 省的首府，位于伊拉克的东南部，是伊拉克的主要港口。
⑧ Mughtasilah 也称为 Ṣābat al-Baṭā'ḥ，意即"湿地之萨比安教徒"（Ṣābians of the Marshlands）；而萨比安信仰则是古代伊朗以崇拜星辰为主要特色的一个教派，常被人混同于曼达教派（Mandaean，持明暗二元论，经常举行用水净化的仪式）。

了回来,但是,可能他在天上已经待了一两天。

此后,摩尼的父亲将他带到自己常去的地方,于是,摩尼就追随着父亲,与他有了共同的信仰。即使在幼年时代,摩尼就经常讲一些充满智慧的话了。当他十二岁时,一个启示降临了他。据他说,这一启示来自光明乐园之王,即是最高尊神。带来启示的天使名叫陶姆(Tawm)①,这是纳巴泰(Nabataean)②语,意为"伙伴"。天使对他说道:"离开这种崇拜,你并不是它的信徒之一。对于你来说,需要的是清净和禁止肉体贪欲,但是现在还不是你公开亮相的时机,因为你年纪还小。"

当他十足二十四岁时,陶姆天使再次降临,对他说道:"如今,你公开露面的时机已经成熟,为了你的事业而去发出号召吧。"

陶姆天使对他发出这样的宣言:"啊,摩尼,我本人以及派我前来的尊神都祝你安宁。他选择了你作为他的使者,并且命令你用自己的正义来号召众人,去传播来自尊神的真理福音,用你最为坚忍不拔的精神去完成这一使命。"

摩尼教徒们说道:他的公开露脸,是在沙普尔·伊本·阿尔达希尔③登基之日,在此日,他将王冠戴到头上。那是星期天,尼散月④的第一天,当时,太阳正处在白羊座。有两个人追随着他,遵循他的学说,一个名叫沙蒙(Sham'ūn),另一个名叫达夸(Dhakwā)。⑤ 他的父亲也与他在一起,以观察他的事业的进展。

于是,穆罕默德·伊本·伊萨克·阿尔纳丁说道:摩尼在罗马皇帝

---

① 在此所言的 Tawm,当即 taw'am 的变异,亦即英文 twin。同类词在摩尼教中古波斯语文书中为 dwg'ng(dōgānag),也是两倍的、双重的、孪生的等意思。按摩尼教的其他文书所载,在此传达明界尊神之启示的天使陶姆,实际上即是俗世的摩尼在神界对应的"精神性自我"。所以,他是摩尼之"物质—精神对应体"的另一半,则可译为摩尼的"神我"。
② 纳巴泰人(Nabataeans 或 Nabateans)是居于阿拉伯半岛北部和累范特(Levant,地中海东部地区)南部的一个古代民族。公元一世纪左右,他们在阿拉伯与叙利亚之间的居地(从幼发拉底河到红海)被称为纳巴特尼(Nabatene)。
③ 这里所谓的 Shāpūr ibn Ardashīr 即是指波斯萨珊王朝的第二代君主沙普尔一世(Shapur I,亦被尊称为 Shapur I the Great)。他的父王名叫 Ardashir;其在位年代则通常被认为是公元 240/242—270/272 年。
④ Nīsān,为犹太历的宗教年中的第一个月,共有三十天,相当于今公历的三月到四月之间。
⑤ Sham'ūn 和 Dhakwā 二名,被认为相当于基督教史籍所称的 Simeon 和 Zakō。

伽卢斯（Gallus）在位的第二年公开露面。① 马尔西翁（Marcion）②的公开露面差不多要早一百年，在提图斯·安东尼努斯（Titus Antoninus）③在位的第一年。伊本·戴桑（Ibn Dayṣān）④的公开露面在马尔西翁露面后三十年；他之所以名为伊本·戴桑，是因为他生在名为"戴桑"的一条河流旁。

摩尼声称，他即是圣灵，是宁静的耶稣所宣讲的圣灵。⑤ 摩尼的学说源自马吉安信徒（Magians）⑥和基督教徒。同样地，他撰写宗教书籍时借鉴的稿本，则来自叙利亚文和波斯文的手稿。

摩尼在晋见沙普尔之前，曾在大陆上旅行了约四十年。⑦ 随后，他求见了沙普尔·伊本·阿尔达希尔（Shāpūr ibn Ardashīr）的兄弟菲鲁兹（Fīrūz），而菲鲁兹则引荐他觐见了兄长沙普尔一世。

摩尼教徒们说道，当摩尼晋见国王之时，他的双肩上负着两盏明灯。当沙普尔注视着他（指摩尼）时，他高度地赞美了他（指国王），从而在他的眼中，他（指摩尼）的形象变得高大了。他（指国王）本来是想谴责他，处死他的，但是当他们相遇之后，他（指国王）对他（指摩尼）产生了敬畏感，从而善待他了。随后，他（指国王）问他为什么前来，并允诺他，今后可以再来谒见自己。就这样，摩尼提出了不少请

---

① Trebonianus Gallus 为罗马帝国的皇帝之一，他的执政时间为251—253年，若按此计算，则与前文所言摩尼的"露面"时间相差十年。似乎是《群书类述》的作者造成的误差。
② 在此所言的 Marcion，当是指基督教会早期的主教 Marcion of Sinope。他的神学完全否定了犹太圣经描述的诸神的存在，所以往往被认为在《圣经·新约》的发展中发挥了关键的作用。其生卒年份约为公元86—160年。
③ 这位罗马皇帝的全名是 Titus Aurelius Fulvus Boionius Arrius Antoninus Pius，故在此称他为 Titus Antoninus。他生于公元86年，138年开始执政，直到161年去世。
④ Ibn Dayṣān（叙利亚语为 Bar Dayṣān），是诺斯替教派的思想家，生于公元154年，卒于222年。他在公元一至二世纪的叙利亚诺斯替体系中，以及第三世纪的伊朗摩尼教的诺斯替体系中都占有相当的地位。
⑤ 在此所言的"圣灵"、"耶稣"云云，当是借用了基督教的"三位一体"（trinity）概念，即圣父—圣子（耶稣）—圣灵（Holy Spirit / Paraclete）。因此，摩尼既自比为"圣灵"，似乎即是等同于最高神灵了。
⑥ Magians 是古伊朗（至少上溯至公元前一千纪）的某种宗教信徒，他们崇拜火，相信死后的奖善罚恶等。
⑦ 《群书类述》在此的意思是说，摩尼在大陆各地布教约"四十年"后，才得以面见国王沙普尔。但是，按照其他的多种记载，摩尼是在二十多岁时晋见国王的。所以，这里的"四十年"之说似为笔误。

求,其中之一是沙普尔国王在王国的各地都庇护摩尼的同伴们,让他们有权前赴他们希望去的本国的所有地方。沙普尔国王答应了摩尼提出的所有要求,于是,摩尼便将他的宗教传播至印度、中国①,以及呼罗珊(Khurāsān)②的民众中,并在每个地区任命他的一位弟子管理事务。

有关摩尼教导的叙述,他有关福佑的和崇高的古代神灵之本质的说法,有关世界之形成的说法,以及有关发生在光明和黑暗之间的战争的说法

摩尼说道:"世界原来由两种要素构成,一种是光明,另一种是黑暗。最初,两种要素互不相干。光明是伟大的和最早的要素,但是数量不大。它是神灵,是光明乐园之王。它有五个世界:忍辱、知识、智能、深不可测和洞察力。它还有另外五种精神品性,即:博爱、信仰、忠诚、仁慈和智慧。"

他(指摩尼)声称:"光明及其各种品性都是永恒的。与之一起的,有两个永恒体,一为天,一为地。"摩尼还说道:"天的世界有五个:忍辱、知识、智能、深不可测和洞察力。地的世界则是以太(ether)、风、光、水与火。另外一种存在是黑暗,它有五个世界:云、火焰、瘟风、毒和阴晦。"

摩尼说道:"光明世界与黑暗世界相邻,二者之间并无障碍。光明交界于黑暗的表面。光明世界的高度无限,其右侧和左侧亦然如此。而黑暗世界则是深度无限,其右、左两侧同样如此。"

摩尼说道:"黑暗之地有个撒旦(al-Shayṭān),他本身并不是永恒的,但是他的构成成分的元素是永恒的。他的头颅状若狮子的头,躯体状若巨蟒怪兽之体。他的翼翅就像鸟的翅膀,他的尾巴犹如大鱼之尾,他的四足则似巨兽之足。这个撒旦被称为古魔(Iblīs al-Qadīm),是由黑暗原质构成,他左腾右挪,深入地下,始终在贪婪地吞食、腐蚀和杀戮反对他的任何事物。他觊觎上层世界,看见了光明的闪烁,一心要与之

---

① 摩尼在世的公元三世纪中叶,似乎无论是摩尼本人还是他的弟子,均未直接抵达过中国本土传播摩尼教。因此,在此所谓的"中国",恐怕只是指中亚的阿姆河等地区。
② Khurāsān,亦作 Khurasan 或 Khorasan,在古代,它所指称的地理范围很大,包括今天的阿富汗、伊朗的一部分以及土库曼斯坦。它早先称为帕提亚(Parthia),后在萨珊王朝期间改称为呼罗珊(Khurasan)。

竞争。然后，他看见他们升到高空，便战栗起来，与之混合在一起，用他的黑暗成分去接触他们。于是，由于他（指撒旦）觊觎上层诸界，光明世界察觉了撒旦的心理状态，得知了他的杀戮和腐败欲望。明界在了解他之后，就让他先知道洞察力世界，再知道知识世界，再知道深不可测世界，再知道智能世界，然后再知道忍辱世界。"

他（指摩尼）说道："此后，明界形成了光明乐园之王，谋划对于撒旦的征服事宜。"他说道："他（指明尊）的战士能够击败他（指撒旦），但是他希望在这件事上亲自来征服他。因此，他通过他的幸运神灵、他的五个世界以及他的十二个要素，创造了一个后代，这即是初人（Primal Man），委托他与黑暗去搏斗。

他说道："初人穿上了他的五要素，是为五个神灵：以太、风、光、水与火。他将他们作为甲胄。首先穿上的是以太，然后在这宽广的以太外披上勇敢的光明，覆盖在光明之上的是含水的尘土，再包在外面的则是吹拂的风。然后，他手中握着火，作为盾和矛。他快速地向下冲去，直到接近交战处的边界才停止。

"于是，古魔修复了他的五要素，即烟、焰、阴晦、瘟风和云，用它们武装了自己，作为自己的防护甲胄。当他前来，与初人接触后，他们交战了很长的时间。古魔击败了初人，吞食了他覆盖于外的光明要素。

"随后，光明乐园之王派来了另一位神灵，救出了初人，征服了黑暗。他继初人之后派出的神灵名叫'热爱光明者'①。他下降地界，将初人救离较低的地层，同时，他还抓捕了许多暗魔，使之成为俘虏。"

他说道："然后，阿尔巴希亚（al-Bahījah）② 和生命神前往深渊的边

---

① 阿拉伯语 Ḥabīb al-Anwār 意为 Beloved of Lights，故《群书类述》的英文版将此神名译为 "the Man Beloved of Lights"，则汉译可为 "热爱光明者"；其异名亦作 "明友"（Friend of Light）。按摩尼教创世神话，他是大明尊进行第二次召唤时创造出的第一位神灵。有关他的职能和事迹，曾经有不少学者认为模糊不清，甚至不得而知（如 Andreas、Henning、Jackson、Boyce、刘南强等）。但是，埃斯梅尔普尔则在比较研究中古波斯语、帕提亚语、阿拉伯语、叙利亚语和科普特语等文书的基础上，相当清楚地描绘了 "明友" 神灵的职责与功能。见 Abolghasem Esmailpour, "The Role of the Beloved of the Lights in the Process of Manichaean Cosmogony", *CAJ* 50/2 (2006), pp. 233-245.

② 阿拉伯语 al-Bahījah 义为欢乐、高兴，在此用以特指明界的高级神灵，初人的 "母亲" 生命母（Mother of Life / Mother of the Living），亦即汉语文书中的 "善母"。杰克逊早在九十年前探讨生命母的一篇文章中就曾指出，阿拉伯语名号 *al-Bahījah* 和中古波斯语名号 *Rāmrātūkh* 一样，都是

缘，他们在此望向下界殿堂的深处，看见了被魔王和穷凶极恶诸魔及邪恶生灵包围着的初人以及天使们。"他说道："生命神大声地呼唤初人，这个声音的速度就像闪电一样，它变成了另一位神灵。"

摩尼说道："当古魔陷入与初人的战斗中时，光明的五要素与黑暗的五要素混合在一起了。烟和以太（气）混合起来，形成了混合的以太。其中，对于生物的灵魂和生命而言是欢乐和安宁的事物来自于以太；而毁灭和疾病则来自于烟。焰与火混合在一起，其中的燃烧、毁灭和腐败来自于焰，光明和闪亮则来自于火。光明与黑暗混合在一起，其中高密度的物体，诸如金、银等，以及纯净、美丽、清洁、有用等，全都来自于光明；而污秽、尘垢、下流、粗糙则都来自于黑暗。瘟风与好风混合在一起，其中的悲痛、蒙蔽、伤害都来自于瘟风。云与水混合在一起，形成了混合之水；其中，对于灵魂而言是纯净、甜蜜和精美的事物来自于水，而窒息、扼杀、毁灭、腐败则来自于云。"

摩尼说道："在黑暗五要素与光明五要素混合之后，初人进入了无底深坑的底部，铲除了黑暗要素的根基，使之不能再增长。然后他就返回，登升而回到他的战场岗位。"他说道："然后，他命令一些天使把这类混合物运离黑暗之地，置于明界的附近。于是，他们将混合的要素悬于高空。他又让另一个天使升上天空，并把这些混合要素交给了他。"

摩尼说道："明界之王命令他的一位天使创造了这个世界，用这些混合物建造了它，以便将光明分子从黑暗分子中解救出来。于是，他们建造了十层天、八层地。他让一个天使负责持载诸天，另一个天使则抬起诸地。他为每一层天建造了十二道大门和门廊，巨大，宽广。每一道大门都与另一道大门对面相向，并且外形一样。每一道门廊都置有两扇门。这些门廊的每一扇门都设有六个入口。每个入口有三十条道路，每条道路有十二条小街。此外，他还尽可能地把这些入口、道路、小街建造在高处，犹如诸天之高一般。"①

（接上页）生命母的异名，含有"施予欢乐"的意思，与其职能本吻合。参见 A. V. W. Jackson, "Contributions to the Knowledge of Manichaeism", *JAOS*, 44, 1924, pp. 63-64.

① 在此的一段文字很可能是对阳历年的譬喻性描述。即："十二道大门"当是指十二个月；"两扇门"，是指白天和黑夜；"六个入口"是对太阳的度量；"三十条道路"是指阳历每月的三十天；而"十二条小街"则是指白天（"两扇门"中的一扇"门"）的十二个小时以及黑夜（"两扇门"中的另一扇"门"）的十二小时。

他说道:"然后,他创造了太阳和月亮,以过滤出世界中的光明分子。太阳过滤出混杂在炽热邪魔中的光明分子,而月亮则过滤出混杂在寒冷邪魔中的光明分子。这些光明沿着赞美柱①上升,与之一起的还有对尊神的赞颂、神圣而美妙的言辞,以及正直的行为。"

他说道:"这一光柱插入太阳,太阳则把它插入上方位于赞美世界的光明中,在这一世界中,它继续前往最高的纯洁光明中。这个过程始终进行着,直到太阳和月亮再也无法将黑暗分子束缚的光明分子萃取出来为止。到了这个时候,负载着诸地的天使向上升起,另一位天使则松开了他对诸天的擎持,于是最高者与最低者混合起来,大火便燃烧起来,这些混合物持续地燃烧,直到其中所剩的光明分子得到解脱。"

摩尼说道:"这场大火将持续一千四百六十八年。"他说道:"如果这种状况最终结束,那无耻的暗魔首领见到光明被解救,天使们兴高采烈,而黑暗的战士和守卫则全都投降,如果她见到了战斗,以及她的战士指控她,那么,她就会撤退到为她准备的一个坟墓中。这个坟墓会被如世界那么巨大的一块岩石堵住,把她隔绝在墓中。于是,光明便不再会因为黑暗及其伤害而心怀忧虑了。"

摩尼教的一个教派声称,光明分子中的某些东西依然存留在黑暗之中。

按照摩尼之学说的[人类]世代之始

他(指摩尼)说道:"随后,诸魔之一以及众星迫不及待地,欲火炽盛地,充斥罪孽地进行性交,并因其性交而出现了最初的男人,即是亚当。导致这一结果的是二魔,即雄魔和雌魔的交合。然后,这样的性交再次发生,从而出现了一个美丽的女人,即是夏娃。"

他说道:"当五天使②见到尊神的光明及其仁慈被欲望所掠夺,并且

---

① 在此所谓的"赞美柱"(Column of Praise)即是其他非汉语文书中所言的"光耀柱"(Column of Glory),或者汉语文书所言的"相柱"、"庄严柱"、"卢舍那(佛)"等。按摩尼教教义,获救的纯净灵魂凝聚成光耀柱,既是一种神灵,又是灵魂(光明分子)抵达日、月宫,乃至最终回归明界的道路。不过,若按摩尼教创世神话中的其他譬喻含义,则当是指天体中的银河(Milky Way)。
② 这里的"五天使"(five angels)当即摩尼教神学所言,明暗相斗之初,明界主神之一"初人"之五子"五明子",他们被暗魔吞食,从而流落俗世,被暗魔创造的肉体所禁锢,从而始终期待获得拯救,重返明界。

囚禁在这两个出生者体内时，他们就请求阿尔巴希尔（al-Bashīr）[①]、生命母、初人以及生命神派人前来初生者那里，解放他，拯救他，教给他知识和正直，拯救他脱离诸魔。"

他说道："于是他们派遣了耶稣，与他一起前来的另一位神灵搜捕到了二魔（即雄魔与雌魔），囚禁了他们，并解救了被他们生下的二人。"他说道："耶稣开始对被［暗魔］生下的男人即亚当说话，教导他有关天堂乐园、神灵、地狱、邪魔、天地、日月等事。使得他惧怕夏娃，向他解释道，她是被禁止接触的，他不能够接近她，从而使得他不敢靠近她；他听从了。

"此后，雄魔由于充满了欲望，便又与他的女儿夏娃性交，她遂生下一个儿子，相当丑陋，肤色发红。他的名字叫凯恩（Cain），意为'红肤人'。此后，这个儿子又与他的母亲交合，从而生下一个儿子，肤色发白，名叫阿贝尔（Abel），意为'白肤人'[②]。凯恩随后又与其母亲交合，遂生下两个女儿，一个名叫'世代智'（Wise of the Ages），另一个名叫'堕落女'（Daughter of Corruption）。随后，凯恩娶堕落女为妻，而将世代智给阿贝尔，阿贝尔便娶她为妻。"

他说道："在世代智体内，存留着源自尊神之光及其智慧的美德，但在堕落女体内则毫无［美德］。于是，有个天使前赴世代智那里，对她说道：'保护你自己，因为你将生下两个女孩，满足尊神的愉悦。'此后，他便将她拥在身下，她遂为他生了两个姑娘，一个名叫法尔亚德（Faryād，"悲哀"之意），另一个名叫普尔法尔亚德（Pur-Faryād，"充满悲哀"之意）。阿贝尔听说此事后，大为恼怒，并充满悲伤。他因此问她道：'你与谁生下了这两个孩子？我猜她们是凯恩的孩子，因此与你交合的人是他！'虽然她向他解释了天使出现的事情，但是他还是离开了她，去了他母亲夏娃那里，向她抱怨凯恩所干的事。他问她道：'他对我的妹妹兼妻子所干之事的消息传到你这里了没有？'当凯恩听说此

[①] 阿拉伯语 al-Bashīr 义为好消息的通报者，因此也就具有"信使"、"使者"的意思，所以，此神很可能指的是大明尊第三次召唤出的主神"第三使"。

[②] 阿拉伯语 abel 义为白色，在此之所以用该词，当是隐含"善良"的寓意。释见 Dodge (trans.), 1970, p. 784, note 196。

事后，便前赴阿贝尔处，用石块砸碎了他的脑袋，杀死了他。然后，他娶了世代智为妻。"

摩尼说道："嗣后，二魔与辛迪德①及夏娃很是哀伤，因为他们听说了有关凯恩之事。辛迪德于是教夏娃念诵魔咒语言，这样，她便能蛊惑亚当。于是，她就这样做了，用一棵树上的花做成的花冠来引诱他。亚当见到她后，性欲强烈，与之交合，她遂为他生下一个男孩，漂亮、清秀。辛迪德得知此事后，心烦意乱，生起病来，他对夏娃说道：'这个初生的婴儿不是我们的孩子，而是个不相干的人。'她因此便想弄死这孩子，但是，亚当接过了孩子，对夏娃说道：'我会用母牛的乳汁和树上的果实喂养他！'于是他就带走了孩子。然而，辛迪德唆使诸魔将树和母牛移得远离亚当。亚当见此情形，便在这婴儿的周围作了三个圆圈。绕第一个圈子时，他念诵着明界乐园之王的名字；绕第二圈时，念诵初人的名字；绕第三圈时，则念生命神的名字。然后，他与尊神交流，赞美其名，并祈求道：'即使我对你犯了罪，但是这个新生儿并无罪过。'随后，三神②之一迅即手持华丽的花冠，交给亚当。辛迪德和诸魔见此情形，便都走开了。"

他说道："接着，在亚当面前出现一棵树，称为忘忧，从中流出乳汁，他便用来喂养男孩。他最初用树名称呼男孩，后来则称他为沙蒂尔（Shātil）。③ 于是，辛迪德宣布与亚当及其所生者为敌，他对夏娃说道：'你去显现在亚当面前，或许还能将他带回来。'于是她匆匆离去，勾起了亚当的情欲，使之与她淫荡地交合。沙蒂尔见此情形，便告诫亚当，责备了他，说道：'来吧，你应该前赴东方，去见光明和智慧尊神！'这样，亚当就与他分手，并一直居住在东方，直到去世，前赴［天堂］乐园。沙蒂尔则与法尔亚德（悲哀）、普尔法尔亚德（充满悲哀）及其母

---

① 对于 Şindīd（阿拉伯语也作 Al-Şindīd）一名，道奇谓义为英勇指挥官（gallant commander）或者狂风（violent wind）（Dodge [trans.], 1970, p. 785, note 200），可能即是指此前与世代智交合的那个天使。不过，亦有谓辛迪德乃是生育亚当、夏娃之雄魔阿沙克龙（Ašaqlūn）的另一名字（Abolqāsem Esmāilpūr, Manichaean Gnosis & Creation Myth, electronic file, Jan., 2005）。此说有理。
② 这三神当即亚当在绕圈时所念诵和祈求的明界之王（大明尊）、初人（先意）和生命神（净风）。
③ 这里的阿拉伯语名 Shīth 肯定即是基督教《圣经》所载的亚当与夏娃的第三子 Seth；汉译名作塞特、塞斯等。按《旧约·创世记》记载，Seth 是亚当一百三十岁时所生的儿子，其形貌酷似亚当。

亲世代智，以正确的观念和正确的方式积善行德，直到去世；但是夏娃、凯恩及堕落女则进了地狱。"

有关光明地和光明天的描述，二者与光明尊神都是永恒的

摩尼说道："光明之地有五个部分：以太（气）、风、光、水、火。光明之天也有五个部分：忍辱、知识、智能、深不可测、洞察力。"他说道："这无比伟大的十个领域都隶属于天和地。"他说道："光耀大地的主体光辉灿烂，欢乐、美丽、闪烁、明亮。在它的上方，其纯洁的明净和其原质的美丽照耀着：形相对形相，美丽对美丽，明亮对明亮、洁净对洁净，愉悦优美对愉悦优美，光明对光明，光辉对光辉，外貌对外貌，善良对善良，漂亮对漂亮，大门对大门，塔楼对塔楼，居所对居所，住宅对住宅，花园对花园，树木对树木，分支对分支，还有外表美观、光彩夺目、五彩缤纷的嫩枝与果实也都如此，其中有一些比另一些更好更光亮。此外，云也对云，阴暗也对阴暗。在光明大地上的光辉神灵是永恒之神。①"他说道："与这一光明大地神灵一起的，还有称为'头生者'的十二种伟大生灵。他们的形貌与他的形貌相像，他们全都聪明异常，富有智慧。"他说道："还有一些伟大的生灵，称为强健而聪明的拥护者。"他说道："以太（气）是这个世界的生命。"

有关黑暗大地及其炽热的描述

摩尼说道："它的地层很深，有洞窟、分区、隐匿处、屏障、灌木丛和密林。这是一块被分散和分割的地域，充满了森林、泉水，到处都是烟雾，到处都是天然屏障。火喷涌而出，到处都是；黑暗也遍布各地。有些升得很高，有些则较低。喷出的烟雾会灼伤人体，置之于死地。它是从一个泉中喷射而出的。黑暗大地的基础是暴虐②，具有土的组分、火的组分、强劲的暗风组分，以及毫无生气的水组分。黑暗大地

---

① 在此，一系列的"××对××"排比句的含义比较难以理解。不过，按照摩尼教明暗对应、人天对应、神俗对应等教义来看，这当是指"光明大地"与俗世（物质世界）一切现象的对应关系。
② 阿拉伯语 al-zaqyeh 义为暴力、暴行、暴虐等，也义为吵闹、喧嚷等。但是无论作何解释，在本句中似乎都无法表达确切的意思，因此，可能原文有误。见 Dodge (trans.), 1970, p. 787, note 210。

与其上方的光耀大地相邻接，它处于下方。上方之光明界的高度无限伸展，下方之黑暗界的深度也无限伸展。"

人如何才能入教

他（指摩尼）说道："想信奉宗教①的人必须先检查他的灵魂。如果他发现他能够抑制欲望和贪婪，克制自己不吃肉，不饮酒，以及不结婚，如果他还能够不伤害水、火、树木以及一切生灵，那么就可以让他入教。但是如果他不能做到所有这些事情，那么他就不能入教。然而，如果他热爱宗教，却还不能抑制欲望和渴求，那么就让他们认真地护卫宗教与选民②，这可以抵销他的一些不足取的行为。他必须按时地专心于做善事、正直待人、夜间祈祷、代人祈求，以及虔诚的谦卑。这样，才能在他短暂的人生中和最后时刻保护他［免受邪魔伤害］，于是，在他的来生中还能保持第二的地位。③"下文，我们将谈及此事，如果安拉希望这样的话。

摩尼所宣布的神圣法律，以及他制订的守则

摩尼为听者制订了十条守则，随后是三印④，以及不得违犯的每月七天的斋戒。这些守则象征了对四种伟大事物的信仰，它们是：尊神（God）、他的光明（His Light）、他的威力（His Power）、他的智慧（His Wisdom）。⑤尊神——赞美他的名字——乃是光明乐园的君王。他的光明是太阳和月亮。他的威力是五个天使，即以太（气）、风、光、水与火。他的智慧是神圣的宗教，具有五种含义：导师们，是忍辱的诸

---

① 阿拉伯语 al-dīn 义为礼拜、祭仪、崇拜等，但通常亦可指"宗教"；当然，摩尼在此所谓的"宗教"即是指摩尼教。
② 阿拉伯语 al-Ṣiddīqūn 义为选民，是为摩尼教信徒中的高级修道阶层，亦即专职修道者，相对于另一类世俗的修道者"听者"。在阿拉伯语的其他方言中，此名亦作 Zaddīkē 或 Zaddīqā。
③ 在此的"第二的地位"云云，其意当是指按照摩尼教教义，专职修道者"选民"（位列第一）有可能在此生之后直接回归光明天界；但是世俗修道者"听者"（位列第二）则必得经过二世或二世以上的修行，才能回归光明天界，因此有听者在来生如何如何的说法。
④ 阿拉伯语 khawātīm 是"印［章］"的复数，它在摩尼教中有戒条、禁条的喻义，故在此所谓的"三印"（指眼印、耳印、口印）是指眼不视邪物、耳不听邪言、口不说邪语。
⑤ 这四者是摩尼教教义中十分重要的元素；在中国传播的摩尼教中，将这四者称为"清净、光明、大力、智慧"，广为人知。

子；执事们，是知识的诸子；祭师们，是智能的诸子；选民们，是深不可测的诸子；听者们，则是洞察力的诸子。

十条戒律

不崇拜偶像；不说谎；不贪婪；不杀生；不通奸；不偷盗；不作不正确的说教；不施行巫术；不在信仰方面持两种不同观点；做事不疏忽，不怠慢。

祈祷的守则：四次或七次［祈祷］①

信徒起床后，应该用水清洗自己，或者使用流水，或者使用静水。然后，他应该站立着，面向最高的明亮天体，再躬身下拜，念诵道："保佑我们的向导圣灵，光明使者，保佑他的护卫天使，赞美他的光耀圣体。"他应在俯伏于地时念诵这些话。然后，他起身，不再俯伏于地，而是站直了身。此后，他再次拜伏，并念诵道："赞美您，啊，照耀光辉者，摩尼，我们的向导，光明的源泉，以及生命的支流，赋予康健的伟大树木。"

随后，在第三次拜伏时他将这样念道："我躬身下拜，用纯洁的心灵和真诚的语言赞颂伟大的神灵，光明之父及其原质；赞美和祝福您，以及您的全面的伟大，还有了解您的那些福佑者以及蒙您召唤的人。但愿您圣体中的被赞美者使得您、您的公正、您的言辞、您的伟大，以及您的偏爱增光添彩，您真正是兼具真理、善良和正直的神灵。"

然后，他在第四次拜伏时将这样念诵道："我赞颂一切神灵、一切光耀天使、一切光明以及生自伟大神灵的一切圣体，并向他们躬身下拜。"

嗣后，他在第五次拜伏时将这样念诵道："我躬身下拜，并赞颂伟大的圣体和光耀的诸神，他们利用其智慧，洞穿和驱逐了黑暗，征服了它。"

此后，他在第六次拜伏时这样说道："我躬身下拜，赞颂伟大的，强大的和光辉的父尊，他来自于拥有灵知的那些人。"然后以这同样的方式重复，直到第十二次拜伏。如果他完成了十次祈祷，他就可开始进

---

① 四次祈祷是为听者规定的；七次祈祷则是为选民规定的。

行赞颂神灵的另一次祈祷了；① 对此，我们无须再记载。

第一次祈祷在始降②之时，第二次祈祷在始降和日落之间。然后，则是太阳落山以后的日落祈祷。日落之后三小时，是阿塔马③祈祷。每个祈祷和拜伏，都与第一次祈祷中所做的形式相同，它被称为阿尔巴希尔④祈祷。

至于斋戒，则是在太阳处于人马宫⑤，月亮盈满时进行，连续两天斋戒，不得中断。当新月出现时，还有一次两天的斋戒，其间也不得中断。除此之外，还有一次斋戒，在天体处于摩羯宫⑥时，为时两天。嗣后，当新月显现，太阳处于宝瓶宫⑦时，在该月经过八天之后，则开始历时一个月的斋戒，在此期间，每天的日落时暂停斋戒。

摩尼教的普通信徒以星期天为最重要之日，而他们的高级阶层则以星期一为最重要之日。⑧摩尼就是根据这些为他们制订守则的。

摩尼教教徒有关摩尼之继承者的争论

摩尼教教徒说道：

摩尼在上登光明乐园之前，设置了继他之后的伊玛目⑨，名为西斯

---

① 此语的含义有些难以理解，故怀疑原文或许稍有笔误，即：所谓的"十次祈祷"中的"十"当是"十二"之误；"祈祷"则是"拜伏"之误。这样，就与上句的"十二次拜伏"顺利地衔接起来了：每次祈祷当拜伏十二次，每天的祈祷当为七次或四次；而这七次或四次祈祷的内容和形式则是完全一样的。
② 阿拉伯语 al-zawāl，相当于英语 descent，在此则是指正午后，太阳从最高点开始向下降落的时间点。对于这一时间节点，汉语中似无现成的词汇，故正文中译作"始降"。
③ 阿拉伯语 Atamah，是指黑夜三时段中的第一个时段，始于薄暮时分。
④ 阿拉伯语 al-Bashīl 可意为"好消息通报者"，前文提到此名，认为是摩尼教创世之初的高级神灵之一"第三使"。在此作为第一次祈祷的名称，其出典不得而知。
⑤ Sagittarius，西方古历所设黄道十二宫中的第九宫，汉文称射手座、人马座/宫等；所对应的日期为今公历的 11 月 22 日至 12 月 22 日。
⑥ Capricornus，亦作 Capricorn，黄道十二宫中的第十宫，汉文称摩羯座、摩羯宫、山羊座等；所对应的日期为公历 12 月 23 日至 1 月 20 日。
⑦ Aquariu，黄道十二宫的第十一宫，汉文称宝瓶座、宝瓶宫等；对应的日期为公历 1 月 21 日至 2 月 19 日。
⑧ 这里所谓的"普通信徒"和"高级阶层"，显然是分别指称摩尼教的世俗修道者"听者"和专职修道者"选民"。
⑨ 阿拉伯语 imām（英语 imam），原义为领袖、楷模等，是伊斯兰教中十分尊崇的一个称号，尤其是什叶派，更将获此称者视作人与真主之间的中介者，故它通常为伊斯兰教教会领袖的称衔。不过，嗣后主持祈祷仪式，率领徒众集体祈祷的人也用此称。汉文译名有"伊玛目"、"阿訇"、"教长"等。

（Sīs），他坚持对尊神及其纯洁性的信仰，直到去世。嗣后的伊玛目们代代相传，都接受了这样的信仰。他们之间本来并无歧见，但是到称为迪那瓦里亚①的一个分裂主义教派出现后，便产生了异议，他们挑战其伊玛目，拒绝服从他的领导。伊玛目的权力只有在巴比尔（Bābil）②才能得到实施，而在其他地方是不被接受的。迪那瓦里亚教派反对他们的教义，不断地驳斥它及其他不足挂齿的事情，直到领导权落入米赫尔（Mihr）之手。这发生在阿尔瓦利德·伊本·阿布德·阿尔马立克（al-Walīd ibn 'Abd al-Malik）③的执政期间，一直持续到伊拉克的卡利德·伊本·阿卜杜拉·阿尔卡斯里（Khālid ibn 'Abd Allāh al-Qasrī）④的掌权时期。此后，有个名为扎德·胡尔穆兹（Zād Hurmuz）的人加入了他们，但是他在不久之后就离开了他们。他是个具有强烈控制欲的人。他抛弃了他们，成为了选民。随后，他声称自己发现了他不同意的东西，他希望加入巴里黑河⑤另一侧的迪那瓦里亚。然而，他来到了双城（al-Madā'in）⑥，那里有个人拥有大量财富，是阿尔哈贾基·伊本·尤素福（al-Ḥajjāj ibn Yūsuf）的秘书。由于他们二人之间颇有交情，他便把内心的想法以及导致自己前赴呼罗珊（Khurāsān），参加迪那瓦里亚的理由告诉了他。然后，那秘书便对他说道："我就是你的呼罗珊！我将为

---

① 阿拉伯语 Dīnāwwarīyah 当是源自中古波斯语 dēnāwar（帕提亚语 dēnāβar，粟特语 δēnāβar），原义为信教的、虔诚的、正直的等。与此同源的词早在摩尼亲撰的《沙卜拉干》中就已频繁使用，如中古波斯语 dēnwar 便作为专名"修道士"（实际上相当于摩尼教的"选民"）而使用。尽管此名的各种同根词很可能早在公元三世纪时就在中亚的摩尼教中流行，但是正式将 dīnāvarīya 作为东方摩尼教教会的专名，恐怕得在公元八世纪及其之后。至于或以为该教派之名源自波斯城市名 Dīnawar（见 Dodge [trans.], 1970, p. 792, note 236），则恐怕有些牵强。更可能的解释是，这源自该词的原义：虔诚、正直、信教、修道等等。
② Bābil 一名所指可能并不限于巴比伦一个城市，而是泛指整个巴比伦地区。
③ al-Walīd ibn 'Abd al-Malik，是倭马亚王朝的哈里发之一，其在位期自公元 705 至 715 年去世为止。在他的统治期间，这个新兴的阿拉伯政权进行了大规模的领土扩张，成功地征服了河外地区（Transoxiana）、辛德（Sind）、希斯帕尼亚（Hispania）等地，同时抗衡东罗马帝国（拜占庭）。
④ Khālid ibn 'Abd Allāh al-Qasrī，是出生于叙利亚大马士革的阿拉伯人，他在倭马亚王朝期间曾分别担任过麦加的总督（公元八世纪初期）和伊拉克的总督（724—738 年），卒于 743 年。后一职位使他得以控制了王朝领土的东半部，成为 Hisham ibn 'Abd al-Malik 哈里发时期最为重要的高官之一。
⑤ Balkh 河，即是阿姆河（Āmū Daryā）的异名。
⑥ Al-Madā'in 如前注所述，为"城市"的复数，是由底格里斯河西岸的 Seleucid 城和东岸的泰西封构成的双城。

你建造宗教崇拜的处所，为你提供所需的一切。"①

于是，他便与他确立了合作的关系，秘书为他建造了宗教崇拜的场所。扎德·胡尔穆兹随后写信给迪那瓦里亚，要求他们任命一位他可以让其行使权力的宗教领袖。他们写信答复道，除了巴比尔地区的中心外，其他地方都不允许设立宗教首领的职位。因此，当他询问谁适合于这种条件时，显然除了他自己就没有别人了，他便答应考虑此事。但是，当他日逐消瘦，亦即死亡即将来临时，他们要求他为他们任命一位领袖。然后，他说道："注意了，这就是米克拉斯（Miqlāṣ），他的情况你们已经了解。我对他十分看好，深信他对你们的行政领导能力。"于是，扎德·胡尔穆兹去世后，他们全都接受了米克拉斯。

摩尼教形成两个分支，阿尔米赫里亚（al-Mihrīyah）和阿尔米克拉西亚（al-Miqlāṣīyah）

米克拉斯与教团对于宗教事务的意见不同，诸如有关社会交往等事，直到阿布·希拉尔·阿尔戴胡里（Abū Hilāl al-Dayḥūrī）从非洲来，摩尼教的首领职位落到他身上为止。那是在阿布·贾法尔·阿尔曼苏尔（Abū Ja'far al-Manṣūr）②的在位期间。他（指阿布·希拉尔）呼吁米克拉斯的追随者们放弃米克拉斯要求他们在社会关系方面的行事方式，他们都同意了。

当时，米克拉斯的追随者中有个名叫布祖米赫尔（Buzumihr）的人，他聚集了一帮人，着手进行一些另外的革新。这种情况一直持续到阿布·赛义德·拉哈（Abū Sa'īd Raḥā）接替领导位子为止，他让他们再转回到米赫尔（Mihr）之追随者的社会交往观念。这种形势在阿尔马蒙哈里发（Caliphate of al-Ma'mūn）③时期维持着，直到有个我认为是名叫

---

① 阿尔哈贾基在694年成为伊拉克的总督，他像对待基督教徒和犹太人一样对待摩尼教徒。不过，他仍控制着这个教派，将教派的首脑设在他自己的领内。显然，他的秘书在嗣后的卡利德·伊本·阿布de·阿拉·阿尔卡斯里统治期间仍然是个富有和极具影响力的人物，因此当米赫尔去世后，他能让扎德·胡尔穆兹成为继承的摩尼教首领。此后，米克拉斯（Miqlāṣ）成为又一任教会领袖。

② Abū Ja'far al-Manṣūr，全称 Abū Ja'far Abdallah ibn Muhammad al-Manṣūr，是为阿拉伯人之阿拔斯王朝的第二任哈里发，754—775年在位。他往往被认为是阿拔斯王朝哈里发制度的真正创建者。

③ al-Ma'mūn 的全称是 Abū 'Abbās 'Abd-Allah al-Ma'mūn bn Hārūn bn Muḥammad bn 'Abd-Allah。他

雅兹旦巴克特（Yazdānbakht）的人出现为止。他反对某些观点，随着他花言巧语的劝诱，一帮人追随了他。

为何米克拉斯的追随者敌视米赫尔的追随者

他们声称，卡利德·阿尔卡斯里送给米赫尔一头母骡、一颗银质印玺，还送给他许多刺绣的长袍。

在阿尔马蒙和阿尔莫塔辛（al-Muʻtaṣim）①的统治时期，米克拉斯之追随者的首领是阿布·阿里·赛义德（Abū ʻAlī Saʻīd）。此后继承他的是其秘书纳斯尔·伊本·胡尔穆兹德·阿尔撒马尔罕迪（Naṣr ibn Hurmuzd al-Samarqandī）。他们管理着该教派的成员，以及从事教会禁止之事的那些人。他们与统治者们密切交往，将一些事务委托给他们。阿布·阿尔哈桑·阿尔第马希基（Abū al-Ḥasan al-Dimashqī）是他们的首领之一。

摩尼之死

摩尼是在巴赫拉姆·伊本·沙普尔（Bahrām ibn Shāpūr）在位期间被杀的。国王处决他之后，还将其尸身的两半悬挂示众，一半挂在君迪沙普尔（Jundī-Shāpūr）城②的某个城门口，另一半则挂在另一个城门口。这两个地方被称"上圣徒"和"下圣徒"。③据说他（指摩尼）先是被关在沙普尔的监狱中，当沙普尔去世后，巴赫拉姆则释放了他。也有一种说法是他死于狱中。不管怎样，他被悬尸示众，是没有疑问的。

（接上页）是阿拔斯王朝的第七任哈里发，在位期从公元813年到833年。他在位期间，阿拉伯帝国虽然在军事方面已经开始走下坡路，各地纷纷独立，但是马蒙对学术和文化的推动却很大，从而对嗣后欧洲中世纪的文艺复兴产生了很大的影响。此外，他十分支持什叶派穆斯林，从而对于崇尚逊尼派的阿拔斯王朝而言，确实颇有"异端"的色彩。

① al-Muʻtaṣim，其全称是 Abu Ishaq ʻAbbas al-Muʻtaṣim ibn Harun al-Rashid，阿拔斯王朝的第八任哈里发，833—842年在位。他执政期间的一个引人注目的举措是引进了突厥奴隶兵制度（称 ghilman 或 mamalik），而这便成了哈里发历史的分水岭：因为突厥人很快地掌控了阿拔斯王朝的政府。

② Jundī-Shāpūr，有的史家亦作 Djundai-Sābūr，是为波斯南部的一个城市，由萨珊王朝的国王沙普尔一世始建，极具重要性；当时，他曾用希腊战俘移民该城。

③ 阿拉伯语 al-Mār al-Aʻlā 意为"上部的（或靠北的）圣徒"；al-Mār al-Asfal 意为"下部的（或靠南的）圣徒"。这显然是后世的摩尼教徒为了纪念摩尼殉难而创造的名称。另一位阿拉伯史家比鲁尼则称此门为"摩尼门"（Bāb Mānī）。

有人说，他的双足畸形；另一些人说，他只是右脚畸形。在他的著述中，摩尼轻视其他的先知们，指出他们的谬误，指责他们宣讲的是伪法，声称是邪魔操控了他们，通过他们的口舌在讲话。在他著述的某些地方，他说他们是邪魔，并声称，我们以及基督教徒所熟知的耶稣乃是撒旦。

摩尼教关于来世的教义

摩尼说道："当死亡降临于选民时，初人便派遣一位形如贤明向导的光耀神灵前来。与之同来的还有三位神灵，他们带着饮器、衣服、头巾、桂冠和光明头饰。有一位少女伴随着他们，她的形貌酷似这位选民的灵魂。

"然后，贪婪之魔和其他诸魔出现在他面前。选民看见他们时，便寻求形如贤明向导的神灵的帮助，三位神灵便靠近他。诸魔见到他们，立即转身逃离。随后，他们便为这位选民戴上桂冠、头饰，穿上衣袍。他们将饮器放在他的手中，帮他登上赞美柱（光耀柱），前赴月界，前赴初人和阿尔巴希亚（al-Bahījah），即生命母处，前赴他最初所居的光明乐园。至于选民的躯体则被抛弃了，由太阳、月亮和其他光明神灵从中萃取水、火、以太（气）等精力，让它们登升至太阳，成为神圣之物。但是，躯体的其余部分全为黑暗成分，则被投入到下层暗地中。

"当死亡降临于信奉宗教和正义，悉心行善和照料选民的斗士①时，我已经谈到的那些神灵也会显现。由于诸魔也出现了，所以他便请求神灵的救助，告诉他们自己所行的善举，以及对宗教的信奉和对选民的照料。于是，他们将他带离诸魔。不过，他仍将留在凡世，犹如普通人一样，梦见恐怖事物，陷入泥沼等。他将一直保持这种状态，直到其光明和灵魂获得拯救。因此，他得依附和追随选民，在长时期的不确定的过渡阶段后，才能穿上［光明的］外衣。②

"当死亡降临于受欲望和贪婪控制的恶人时，便有邪魔前来，他们

---

① 在此所谓的"斗士"（Combatant），显然是指摩尼教中相对于专职修道者"选民"的另一类世俗信徒"听者"。至于为何用"斗士"之类的名号来指称它，则不甚明了。但可能是因为听者必须不止一世地反复与"暗魔"搏杀，驱除贪欲，解救禁锢在自身中的光明分子，即不断地进行光明与黑暗的交战，故使用了"斗士"之号。

② 或谓听者在死后会转生于畜生的躯体内，直到其非正直行为导致的污秽被净化后，才能得到解脱。

抓住他，惩罚他，向他展示恐怖的事物。恶人以为他们也像善神为善人穿上光明外衣一样，是来拯救自己的。但是，他们却是来责骂他的，他们使他想起自己的种种恶行，证实他忽视了对选民的帮助。于是，他就始终游荡于凡世间，备受折磨，直到大惩罚来临，他被投入深狱之中。"

摩尼说道："人类灵魂所走的道路分成三条。一条通往天堂乐园，这是供选民使用的。第二条通往凡世和恐怖事物，这是供卫护宗教及帮助选民的人使用的。第三条通向深深的地狱，是供罪孽深重之人使用的。"

俗世消失之后的来生情况，对天堂和地狱的描述

他（指摩尼）说道："初人将来自摩羯宫，阿尔巴希尔来自东方，大建筑师来自南方，生命神来自西方。他们将驻留在这伟大的建筑物中，它是天堂的新乐园，环绕着地狱；他们将监视着地狱。随后，选民将从天堂乐园前赴光明之界，他们在那里有一席之地。他们将立即加入那帮神灵，一起站立在地狱的周围。此后，他们在巡视和游移时，上下地监视着作恶者，把地狱中的一切情况记录在案。那个地狱并无伤害选民的能力，因此，那些作恶者如果见到选民，就会苦苦地哀求他们。但是，他们除了责骂他们之外，不会允诺什么，而这对他们（指恶人）毫无裨益。于是，这就更加增添了邪恶者的后悔、忧伤和痛苦，而这成为了他们永恒的遭遇。"①

摩尼所撰诸书的标题

摩尼撰写了七部书，其中之一用波斯语，其他六本用叙利亚语撰写。② 它们是：

《萨法尔·阿尔阿斯拉》（*Safar al-Asrār*）③，它包括如下章节：《有关

---

① 按照摩尼教的创世神话，最初，在明界与暗界之间并无坚固的分界线，但在黑暗入侵明界之后，大明尊便命令大建筑师（大般，Great Bān）建起一道墙，将这敌对的两原质分隔开来。而本节所描绘的，当即选民们沿着此墙巡行，俯视地狱的情景。
② 在此所谓"用波斯语撰写"的书，显然即是本书第一章译释的《沙卜拉干》，它用中古波斯语撰写。
③ 阿拉伯语 safar 义为著述、书、经典等，al-Asrār 则义为秘密、神秘、谜等，故词组 Safar al-Asrār 便当意为"秘密经"，也就相当于汉语文书《摩尼光佛教法仪略》所列摩尼七部书中的《阿罗瓒部》或《秘密法藏经》（第 61 行）。

戴撒尼雍①的记载》;《比斯塔斯夫②有关深爱者的证言》;《有关某人灵魂与雅库布的证言》③;《寡妇之子》,按摩尼之说,这是犹太人将其钉死在十字架上的受难弥赛亚;《耶稣有关其雅胡达④之精灵的证言》;《征服之后正义证言的开头》;《七神灵》⑤;《有关改变命运的四神灵⑥的叙述》;《嘻笑》⑦;《亚当有关耶稣的证言》;《信仰的堕落》;《戴撒尼雍有关灵魂与肉体的学说》;《驳斥戴撒尼雍有关生命神的观点》;《三道沟渠》;《世界的维护》;《三个白日》;《诸先知》;《复活》。这即是《萨法尔·阿尔阿斯拉》一书的内容。

《巨人书》,它包括……;《听者戒条》;《选民戒条》;《沙卜拉干》,它包括《听者之结局》、《选民之结局》、《罪人之结局》等章节;《生命经》⑧,它包括……;《论文》⑨,它包括……。

摩尼以及在他之后各伊玛目的书信的标题:《两宗》;《伟大者》;《有关印度的长信》;《正直者的安宁》;《公正的审判》;《卡斯卡尔

---

① 阿拉伯语名字 Dayṣānīyūn 即是指 Bardesan(拉丁名 Bardesanes),公元二到三世纪人(154—222年)。他生于 Edessa 城,据说出身名门;由于当时颇受罗马和帕提亚影响的这座都市位于 Daisan 河上,故父母称他为"Daisan 之子"。他是亚美尼亚之诺斯替教派的创始人,也是占星家、哲学家和诗人。他的教派被基督教"正统"教会视作异端;其教派的名称则以他的名字命名(Bardaisanite)。
② 在此的阿拉伯语 Bistāsf 当即 Hystaspes 或 Vistasp、Gustasp 等的异名,是古波斯著名国王大流士一世(Darius I)的父亲。据说,琐亚斯德(Zoroaster)曾说服这位国王皈依了琐罗亚斯德教,时在琐罗亚斯德三十岁时,以及 Vistasp 在位第三十年时;果然,则时在公元前六世纪上半叶。
③ 原稿在"某人"处为空白,故不知他的具体名字;至于 Ya'qūb 为何许人,则也不得而知。
④ 阿拉伯语 Yahūdhā,很有可能指的是 Judea(犹地亚),即古代以色列南部山区的统称(参见 Dodge [trans.], 1970, p. 798, note 270)。
⑤ 在此所谓的"七神灵",有可能是指太阳、月亮以及众所周知的五大行星;但是,也更可能是指奉大明尊之命,前去拯救被暗魔所困的初人的大建筑师、生命神及其五个儿子(参见 Dodge [trans.], 1970, p. 798, note 272)。
⑥ 这"四神灵"可能是指上文提到的,善人去世之际,前来接引他的神灵"贤明向导"和相随的另外三位神灵。
⑦ 阿拉伯语 daḥkah 义为笑、笑声、大笑等,在此可能是指摩尼憎厌的轻浮举止(参见 Dodge [trans.], 1970, p. 798, note 274)。
⑧ 此书即是圣奥古斯丁所记载的 *Thesaures vitae*,亦即汉语文书《摩尼光佛教法仪略》所列摩尼著述中的《寻获贺部》或《净命宝藏经》(第59行)。
⑨ 此书的希腊文名称为 *Pragmateia*,义为论述、论文等,圣奥古斯丁称之为 *The Great Epistle to Patticius*。这应相当于汉语文书《摩尼光佛教法仪略》所列摩尼著述中的《钵迦摩帝夜部》或《证明过去教经》(第62行)。

（Kaskar）之信》；《福图克（Futtuq）之长信》；《亚美尼亚来信》；《致不信神者阿穆里亚①之函》；《见于文献中的泰西封》；《十句话》②；《导师有关社会交往之信》；《瓦赫曼（Waḥman）有关口印之信》；《卡巴尔哈特（Khabarhāt）有关慰藉之信》；《卡巴尔哈特有关……之信》；《乌姆·哈桑（Umm Hushaym）有关泰西封之信》；《亚赫亚（Yaḥyā）有关中断斋戒之信》；《卡巴尔哈特有关……之信》；《泰西封致听者之信》；《法蒂（Fātī）之信》；《有关引导的短信》；《西斯（Sīs）有关二元论者之信》；《来自巴比尔（Bābil）之长信》；《西斯与福图克有关形貌之信》；《有关天堂乐园》；《西斯有关时间之信》；《萨尤斯（Saʿyūs）有关十一税之信》；《西斯有关抵押之信》；《有关组织管理》；《学生阿巴（Abā）之信》；《摩尼致阿尔鲁哈（al-Rūhā）之信》；《阿巴有关慈爱之信》；《梅珊（Maysān）有关白日之信》；《阿巴有关……之信》；《巴赫拉那（Baḥrānā）有关恐怖之信》；《阿巴谈论善良之信》；《阿布德·雅苏（ʿAbd Yasū）③有关七重天④之信》；《巴赫拉那有关社会交往之信》；《沙蒂尔（Shāthil）与萨尔那（Salnā）之信》；《阿巴有关施舍之信》；《哈达那（Ḥadānā）有关鸽子之信》；《阿夫库里亚（Afqūrīyā）有关时间之信》；《扎库（Zakū）有关时间之信》；《苏赫拉布（Suhrāb）有关十一税之信》；《卡尔克（Karkh）与古拉布（Ghurāb）之信》；《苏赫拉布有关波斯之信》；《致阿布·阿赫亚（Abū Aḥyā）之信》；《阿布·雅萨姆（Abū Yasām）有关几何学家之信》；《致不信教者阿布·阿赫亚之信》；《有关洗礼》；《亚赫亚（Yaḥyā）有关钱财之信》；《阿克菲德（Aqfīd）有关四种十一税之信》。

除这些信函外，尚有：

---

① 在此所言的 Amūlīyā 可能即是指 Aemilius / Aemilianus。此人曾在公元253年宣布为罗马帝国的皇帝，但是却在他开始执政前去世了。
② 可能是指摩尼教信徒的十条戒律。
③ 阿拉伯语 ʿAbd Yasū 意为"耶稣之奴仆"（Slave of Jesus），是为基督教的常用名；不过，既作为人名，则汉文还是以音译为宜。
④ 本文所据的《群书类述》英译版将相应的阿拉伯原文识辨为 al-haft bunyān，则英译为 the seven heavens。但是，其他译者有不同的识辨法，相应的词或作 prejudices（偏见），或作 relations（关系），或作 groups of men（人群），或作 tribes（部落）（参见 Dodge [trans.], 1970, p. 800, note 297 以及 Gardner & Lieu, 2004, p. 165）。

《阿克菲德有关最初人类之信》;《雅奴（Yanū）谈述启示之信》;《尤汗那（Yuḥnnā）有关慈善基金管理之信》;《听者有关斋戒和教令之信》;《阿尔阿瓦兹（al-Ahwāz）谈述王国①之信》;《听者关于雅兹旦巴克特（Yazdānbakht）②言论之信》;《致梅那克（Maynaq）③的第一封波斯语信》;《致梅那克的第二封信》;《十一税与施舍》;《阿尔达希尔（Ardashīr）与梅那克④》;《萨拉姆（Salam）与安西拉（'Anṣīrā）之信》;《哈塔（Ḥaṭṭā）之信》;《卡巴尔哈特（Khabarhāt）有关王国⑤之信》;《致阿布·阿赫亚之信》，谈论关于康健与疾病的问题;《阿尔达德（Ardad）有关野兽之信》;《阿加有关鞋子之信》;《两艘光耀之船》;《玛那（Mānā）有关十字架死刑之信》;《米赫尔有关听者之信》;《菲鲁兹（Fīrūz）和拉辛（Rāsīn）之信》;《阿布德·雅尔（'Abd Yāl）有关〈秘密经〉之信》⑥;《西蒙（Simeon）和拉敏（Ramayn）之信》;《阿布德·雅尔有关外衣之信》。

有关摩尼教教徒的部分记载，他们在各国的活动以及他们之领袖的情况

摩尼教是除了萨马尼亚（Samanīyah）教派之外进入河外地区的第一个教派。⑦其原因是：科斯洛埃斯（Chosroes，即 Bahrām I）将摩尼处死并示众之后，便禁止本国民众再讨论摩尼教的问题，并开始在各地屠杀被发现的摩尼的追随者。于是，他们纷纷逃离本国，直至越过巴里

---

① 阿拉伯语 al-mulk 义为王国、领土等；但是此词也被有的学者释读为 al-malak，则义为天使（如 Gardner & Lieu, 2004, p. 166）。
② 此人是摩尼教分裂教派的领袖之一，上文已经提及。
③ Maynaq，很可能是指距巴格达不远处的一个繁荣的村落；它更正确的写法当是 Mīnaq（参见 Dodge [trans.], 1970, p. 801, note 312）。但是，或以为此即拉丁名 Menoch 的变异，亦即本书第二章所引摩尼致信的对象梅诺契（Menoch）。
④ Ardashīr 是萨珊王朝的第一任国王（226—240 年）；而在此又一次提到 Maynaq 之地，则可以推测，Maynaq 必定与摩尼的早期生涯有着十分密切的关系（参见 Dodge [trans.], 1970, p. 801, note 313）。
⑤ 这一"王国"（al-mulk）也有可能是"天使"（al-malak），参见上文注释。
⑥ 'Abd Yāl 是人名，意为"苍穹的奴仆"（Yāl 义为苍穹）。至于《秘密经》，则前文注释已经提到，是为摩尼的主要著述之一，阿拉伯语名作 Safar al-Asrār。
⑦ 阿拉伯语 Samanīyah，是指古代中亚地区的一个偶像崇拜教派，略受佛教的影响，据说其教派名号便是源自梵文 Śramaṇa（义为佛教僧侣，汉译作"沙门"）。至于"河外地区"（阿拉伯语 Mā Warā' al-Nahr）一名，则是阿拉伯人指称阿姆河以北/东之中亚地区的地名。

黑河（River Balkh，即阿姆河），进入可汗之地，得以幸存下来。用他们的话来说，"可汗"（Khan）是突厥人的国王所拥有的称衔。

摩尼教徒留在河外地区，直到波斯政权崩溃，阿拉伯政权日渐强大之时。此后，他们回到了本国境内，特别是在波斯人反抗的那段时期内，即倭马亚王朝（Umayyad）诸王的统治期间。卡利德·伊本·阿卜杜拉·阿尔卡斯里（Khālid ibn 'Abd Allāh al-Qasrī）对他们颇为关照，但是教派的领导权却不在这些地区，而只在巴比尔（Bābil）。

但是，嗣后，教派的领袖便寻找可以获得安全保障的任何地方。他们出现的最后一次是在阿尔穆克塔蒂尔（al-Muqtadir）①的统治时期，因为在此之后，他们担心生命的威胁，从而依附于呼罗珊（Khurāsān）了。留在国内的任何摩尼教徒在各处活动时，都保持着其身份的秘密。他们约有五百名教徒聚集在撒马尔罕，但是当他们的活动变得公开时，呼罗珊的君主便意欲处死他们了。②此后，中国的国王——我认为这即是图古兹古兹（Tughuzghuz）③的首领——派人前赴呼罗珊，对其君主说道："在我国境内的穆斯林要比在你们境内的我们宗教的信徒多。"他并发誓道，如果呼罗珊的君主杀害了一个摩尼教信徒，那么他将杀尽自己境内的整个穆斯林教团，还将摧毁各个清真寺，让埋伏在敌国的间谍杀死全部穆斯林。于是，呼罗珊的君主除了向他们征收一些贡品外，不敢再打扰他们。虽然他们在伊斯兰各地的人数很少，但是我知道，在穆伊兹·阿尔道拉（Mu'izz al-Dawlah）④的统治时期，他们约有三百人居住在和平城（巴格达）。但是时至今日，他们在我们境内的已经不足

---

① al-Muqtadir，全名是 Abu'l-Fadl Ja'far ibn Ahmad al-Mu'tadid，其君王称号则是 al-Muqtadir bi-Allah，意为"强大的尊神"。他的在位期从公元908年至932年。
② 当时的历史真相大致是这样的：阿拉伯人在侵入波斯的初期，穆斯林们对待琐罗亚斯德教和摩尼教的教徒还是比较宽容的，犹如对待基督教教徒和犹太人一样。但是，随着他们嗣后越来越不安于阿拉伯人的统治，阿拔斯朝的哈里发们便对之进行了镇压，称之为 zanādiqah（意即异端），这便迫使他们迁入了中亚。
③ Tughuzghuz 是阿拉伯人对中亚某些部落的通用称呼，因此，这里将它等同于"中国人"，是不确切的。按如今所了解的摩尼教在东方的传播进程，这 Tughuzghuz 最可能指的是回纥人；至于掌控中原王朝的真正的"中国国王"是绝无可能为了中亚的摩尼教教徒而与呼罗珊的统治者严厉交涉的。
④ Mu'izz al-Dawlah 统治巴格达的时间是公元946年到967年。

五人了。被称为阿贾拉（Ajārā）①的这些摩尼教信徒如今居于鲁斯塔克（Rustāq）、撒马尔罕（Samarqand）、粟特（Sughd）等地，尤其是通卡特（Tūnkath）②。

阿拔斯王朝诸君统治期间及较早时期的摩尼教首领的名字和记载

有个阿尔贾德·伊本·迪尔汗（al-Ja'd ibn Dirham），名为马尔旺·伊本·穆罕默德（Marwān ibn Muḥammad），被人称为马尔旺·阿尔贾迪（Marwān al-Ja'dī）。他是马尔旺哈里发及其儿子的导师，引领他信奉了"阿尔赞达卡"（al-Zandaqah，异教）。希沙姆·伊本·阿布德·阿尔马立克（Hishām ibn 'Abd al-Malik）③在其担任哈里发期间处死了阿尔贾德；他是在被卡利德·伊本·阿布德·阿拉·阿尔卡斯里长期监禁以后再被处死的。据说，阿尔贾德的家族向希沙姆提交了一份申诉状，抱怨自己的悲惨遭遇，以及阿尔贾德的长期监禁。但是希沙姆却说道："哦？他还活着么？"随后，他就写信给卡利德，谈及处决［摩尼］之事。于是，卡利德遂在献祭日④处决了他，在布道坛上宣读了希沙姆的诏令之后，把他作为献祭的牺牲而处死了。他——我是指卡利德——被指控为阿尔赞达卡（异端），因为他的母亲是个基督教徒。马尔旺·阿尔贾迪则也是异端。⑤

---

① Ajārā 一名可能是意为"布哈拉人"（al-Bukhārī），因为呼罗珊地区的一些摩尼教信徒多来自于布哈拉。
② Tūnkath 可能位于 Shāsh 地区，亦即如今的塔什干（Tashqand），名叫 Binkath。
③ Hishām ibn 'Abd al-Malik，阿拉伯倭马亚王朝的第十任哈里发，从公元723年到743年在位。他对于文化、艺术、教学等事业都给予了相当大的支持，并还将大量文学和科技书籍译成了阿拉伯文，对于文明的推进颇有贡献。
④ 所谓的"献祭日"（the Day of the Sacrifices），阿拉伯语称为 'Id al-Aḍḥā，或者突厥语 Qurbān Bayrām，是麦加朝圣期之末，以宰羊、牛等作为献祭的一个伊斯兰教节日。它始自伊斯兰历的十二月（即阿拉伯语所称的 Dhu al-Hijjah）的第十日，历时四天，结束于第十三日。它每年的日期与今世界通行的公历日期并不固定地对应，如其起始日相当于2013年的10月15日、2014年的10月4日、2015年的9月23日，如此等等。
⑤ 阿尔贾德曾是王子的导师，后者后来成为哈里发马尔旺二世（Marwān II），从公元744年到750年在位。阿尔贾德对其学生施加了摩尼教的影响。而当马尔旺尚是阿尔贾德的学生期间，担任哈里发的希沙姆便命令伊拉克的总督卡利德处死了阿尔贾德。但是，当时作为伊拉克总督的卡利德是比较同情摩尼教的，所以他一直拖延着，直到哈里发下达了最后通令，他才处决了阿尔贾德。

貌似穆斯林，但是秘密地持异端观念的神学家领袖人物

他们是：伊本·塔卢特（Ibn Ṭālūt）、阿布·沙基尔（Abū Shākir）、伊本·阿基·阿比·沙基尔（Ibn Akhī Abī Shākir）、伊本·阿尔阿玛·阿尔哈里济（Ibn al-A'mā al-Ḥarīzī）、奴曼（Nu'mān）、伊本·阿比·阿尔奥贾（Ibn Abī al-'Awjā'），以及萨利赫·伊本·阿布德·阿尔库都斯（Ṣāliḥ ibn 'Abd al-Quddūs）。这些人都编撰过支持二元论者及其信徒之学说的著述，但是他们已经毁坏了神学家们所编的有关这类事情的许多书籍。

诗人中的这类人物

他们是：巴什沙尔·伊本·布尔德（Bashshār ibn Burd）、伊沙克·伊本·卡拉夫（Isḥāq ibn Khalaf）、伊本·沙巴巴赫（Ibn Shabābah）、萨尔姆·伊本·阿姆尔·阿尔卡西尔（Salm ibn 'Amr al-Khāsir）、阿里·伊本·阿尔卡利尔（'Alī ibn al-Khalīl），以及阿里·伊本·塔比特（'Alī ibn Thābit）。

最近著名人物中的这类角色

他们是：阿布·艾沙·阿尔瓦拉克（Abū 'Īsā al-Warrāq）、阿布·阿尔阿拔斯·阿尔纳希（Abū al-'Abbās al-Nāshī），以及阿尔杰哈尼·穆罕默德·伊本·阿赫马德（al-Jayhānī Muḥammad ibn Aḥmad）。

被指控为异端的国王和领袖人物

据说，除了穆罕默德·伊本·卡利德·伊本·巴尔马克（Muḥammad ibn Khālid ibn Barmak）①之外，巴尔马克家族的所有成员都是异端。据说阿尔法德尔（al-Faḍl）及其兄弟阿尔哈桑（al-Ḥasan）也是的。阿尔马蒂（al-Madhī）的秘书，穆罕默德·伊本·乌贝德·阿拉（Muḥammad ibn 'Ubayd Allāh）也是一个异端，当他忏悔之后，阿尔马蒂处决了他。我在

---

① Muḥammad ibn Khālid ibn Barmak，亦称 Khālid ibn Barmak，他是波斯强大家族 Barmak 的成员之一，生卒时间为705—782年。巴里黑（Balkh）是巴尔马克家族的据地，当巴里黑于663年被阿拉伯人攻占后，卡利德便与他的弟兄们迁往伊拉克的巴士拉（Basra）要塞，并在此皈依了伊斯兰教。卡利德在创建阿拔斯王朝的过程中发挥了重要的作用，他支持 As-Saffah 的叛乱，而后者则成为阿拔斯王朝的第一任哈里发。

摩尼教一个成员所写的手稿中得知，阿尔马蒙（al-Ma'mūn）是他们的信徒之一，但是他隐瞒了这一事实。据说穆罕默德·伊本·阿布德·阿尔马立克·阿尔赞亚特（Muḥammad ibn 'Abd al-Malik al-Zayyāt）也是一个异端。

阿拔斯王朝时期教派领袖中的这类人物

他们是：阿布·亚赫亚·阿尔拉伊斯（Abū Yaḥyā al-Ra'īs）、阿布·阿里·拉贾·伊本·雅兹旦巴克特（Abū 'Alī Rajā' ibn Yazdānbakht），阿尔马蒙在给予他安全承诺之后，将他从阿尔赖伊（al-Rayy）召来。但是，由于神学家们批驳他，阿尔马蒙便对他说道："伊本·雅兹旦巴克特啊，成为穆斯林吧！因为如果我不给予你安全保障，你和我们之间便会发生事故的。"

随后，雅兹旦巴克特对他说道："信徒们的指挥官啊，您的劝告我都听见了，您的说法我也接受的，但是，您显然不是强迫人们放弃其信仰的那种人吧？"于是，阿尔马蒙大声说道："是这样的！"此后，他把他安置在穆卡林区（Mukharrim Quarter）①，并派遣卫兵照看他，以免有人对他进行骚扰。他是个善言能辩的人。

我们这个时代的该教派领袖人物

在此期间，领导权已经转移至撒马尔罕，他们在此确立了该教派。在他们的领袖只被允许设立在巴比尔之后，……此后，在我们这个时代，……

阿尔纳丁虽然也是作为摩尼教的"异教徒"在《群书类述》中谈述摩尼教，但是他所述的内容与此前诸多基督教"异教徒"有关摩尼教的著述颇不相同，即，他非但并未恶毒地攻击或有意识地歪曲摩尼教教义，倒是在相当程度上按照摩尼教本教的说法，转述了该教的教义和若干史实。例如，与拉丁文或希腊文的《阿基来行传》相比，《群书类述》并没有像前者那样对摩

---

① Mukharrim Quarter，按雅库特之说，是巴格达的一个区，位于底格里斯河的东岸，与圆城（Round City）隔岸相望。

尼进行人身攻击，也没有恶意地虚构摩尼的经历。又，与叙利亚文的《注疏集》相比，它所描绘的不是像前者那样主要限于宇宙创生说，而是相当详细地谈到了摩尼的学说、摩尼的生平、摩尼的著述，以及摩尼教教徒在伊斯兰政权下的遭遇等。

《群书类述》在罗列摩尼的亲撰著述时，曾两度提到《沙卜拉干》；而一般的有关摩尼亲撰著述的记载没有《沙卜拉干》一书，即使汉语文书《摩尼光佛教法仪略》也是如此。这表明阿尔纳丁见到过《沙卜拉干》；甚至，他的记述的相当一部分可能源自《沙卜拉干》。更为难能可贵的是，阿尔纳丁用亲身经历的事实，以几乎是"科学统计"的方法，介绍了摩尼教教徒在伊斯兰政权中的急剧消亡："我知道，在穆伊兹·阿尔道拉（Muʻizz al-Dawlah）的统治时期（946—967年），他们约有三百人居住在和平城（巴格达）。但是时至今日（约987年），他们在我们境内的已经不足五人了。"因此，《群书类述》被学界认为是有关摩尼及其学说的题材最广泛，内容最可信的非摩尼教著述，即使目前已经发现了大量的摩尼教本教文书，《群书类述》也依然是研究摩尼教的最有价值的资料之一。①

---

① 参见 Sundermann, "The Representation of Manicheism in the *Fehrest*", in Sundermann, 2001, pp. 557-565。

第六章　耶稣颂诗及耶稣形象、角色辨

"耶稣"（Jesus）是摩尼教借自基督教的一个名号，它同样用来指称一位神灵，并且是一位十分重要的神灵。布尔基特（Burkitt）曾这样评价摩尼教的"耶稣"道：

> 耶稣在摩尼的体系中占据着特殊的地位。他是摩尼之前一系列先知中的最后一位，但是他却胜过所有这些人。对于摩尼而言，耶稣是位神人，他出现于人世，但是并非由女人所生；基督教徒认为耶稣被钉十字架，只是世俗误解。此外，耶稣不仅仅是摩尼之前的最后一位先知以及最接近摩尼的先驱者，摩尼还把自己视作耶稣的使徒。……"耶稣"象征着神对人类的拯救，神对人类的孕育，多少还伴随着几乎不可思议的神为了人类而受难的观念，以及"犹地阿之耶稣"说产生的所有观念。①

尽管摩尼教"耶稣"的主要概念借自基督教，但是，摩尼教的"耶稣"除了在名称以及与之相关联的若干人（神）物、故事和基督教相同或相仿外，其含义有了更大的扩展或变易，他所扮演的角色也更为复杂。摩尼教与基督教之"耶稣"观念的根本性区别在于：基督教认为耶稣是公元一世纪犹地阿（Judea）的一位犹太教祭司，是真实存在的历史人物。施洗者约翰为他作了洗礼；犹太总督彼拉多下令将他钉死在十字架上；他于三天后复活。而摩尼教则认为，耶稣并非肉身之人，公元一世纪现身于犹地阿的，只是耶稣的神灵，旨在救赎人类；耶稣并直接教导摩尼，其学说便是"光明宗教"，

---

① Burkitt, 1925, pp. 38, 42.

亦即摩尼教。

本章将译释见于不同语种文书中的耶稣颂诗,以展现"耶稣"这一角色在摩尼教教徒心目中的形象;同时,对耶稣扮演的不同角色间的相互关系作初步的辨析。

一、见于中古伊朗诸语文书的耶稣赞美诗

在此译释的诸文书,主要为克林凯特《丝绸之路上的诺斯替信仰》一书第五章的译文,凡属他书所载者,则会相应指出。

称扬王者耶稣的赞歌:我们将实现愿望①

1. 我们的口中充满赞美,我们祝福您,
称颂和致敬于伟大的明月,
生命的赋予者,楚尔凡②神的爱子,
仁慈的全世界之主!
我们大声地向您祈求,
愿您将光明照入我们的内心,
把您的威力聚集于我们的肢体。
2. 您已降临,前来拯救,
您已降临,前来拯救,
您已降临,前来拯救,
拯救这整个世界的光明!

---

① 是为本赞歌的标题。此赞歌最初用阿拉美语(Aramaic)撰写,后在中亚译成帕提亚语和粟特语;而迄今所见的颂诗的开头部分却只有粟特语的版本,即文书 So 14411,亦即 T II D II 169。瓦尔特施密特和楞茨在其《耶稣在摩尼教中的地位》长文中则有该文书的希伯来字母转写和德译文(见 Waldschmidt & Lentz, 1926, p. 94)。

② 粟特语 zrw' 相当于中古波斯语和帕提亚语 zrw'n,读作 zarwā、zarvān、zurvān 等,它们都源自古伊朗的阿维斯陀语 zurvan,原义为时间,或久远年代。当然,此名主要体现为古伊朗的神灵,特别是琐罗亚斯德教的分支楚尔凡教(Zurvanism)更将此奉为最高神灵,视为无穷之时间和空间的独一无二之神;他无性别,无感情,也无善、恶之区分,却是最高善神 Ahura Mazda 和最大恶神 Angra Mainyu 的父母。摩尼教借用了这一神名,却并未完全借用其含义,以此作为摩尼教的最高善神"大明尊"的称号之一。

3. 您已降临，前来拯救全部灵魂，

您已降临，前来拯救我们心中的光明，

您已降临，前来拯救，仁慈的神啊，

您比一切诸神更为和蔼可亲。

("我们将实现愿望"赞歌续，帕提亚语文书①)

1. 您已降临，前来拯救，伟大的一切生命赋予者的生命赋予者。

您已降临，前来拯救，第三伟大者，您是我们与明尊之间的斡旋者②。

您已降临，前来拯救，您是将我们的灵魂从死亡中拯救出来的救赎者。

您已降临，前来拯救，您是我们向上仰望的眼睛，您是我们倾听[圣语]的耳朵。

您已降临，前来拯救，您是我们最初的右手③，您是我们生命的呼吸。

您已降临，前来拯救，您是我们结成整体的辉煌④，您是我们真正的心智⑤。

您已降临，前来拯救，您是我们完美的觉悟⑥，您是我们热烈的思

---

① 如上文所言，"我们将实现愿望"赞美诗的接续见于帕提亚语文书，即 M 680 和 M 189。其希伯来字母的转写和德译文见 Waldschmidt & Lentz, 1926, pp. 95-97；其拉丁字母转写则见 Boyce, 1975, text br, p. 122.

② 帕提亚语 'ndrbyd (andarbed) 义为中介者、斡旋者、调解人、中保、中人等（英文作 mediator）。颂歌在此称摩尼教神灵耶稣为凡人与明尊之间的 mediator，是完全借用了基督教的惯常用法，因为基督教即是将耶稣称为上帝与子民之间的 mediator 的。汉译《圣经》往往将 mediator 译作"中保"或"中人"，如《新约·迦拉达（加拉太）书》第 3 章 19—20 节："那么，为什么还有法律呢？它是为显露过犯而添设的，等他所恩许的后裔来到，它原是藉着天使，经过中人的手而立定的。可是如果出于单方，就不需要中人了，而天主是由单方赐与了恩许。"（思高，1968 年，第 1812 页上）尽管汉译《圣经》将 mediator 译作"中人"，但是我认为，此名的通常含义与"耶稣"的这一角色并不确切吻合，故在正文中译作"斡旋者"。

③ 帕提亚语 dšn (dašn) 义为右手或者右侧。在摩尼教的神学中，"右手"有着特殊的意义，盖因当初净风（生命之神）奉大明尊之命，前赴暗狱拯救被暗魔所困的先意（初人）时，是伸出右手将他拉出暗狱的。出于这一原因，摩尼教教徒们相遇时，都各自伸出右手致意，以表示他们已经从黑暗中被拯救出来。

④ 帕提亚语 b'm (bām) 本义为光辉、显赫等，但在摩尼教文书中，往往用它指称心智体"五妙身"之五要素"相、心、念、思、意"中的第一个要素"相"。尽管学界对此有所异议，但是从下文连续使用的四词来看，此词相当于五妙身的"相"，当不成问题。

⑤ 帕提亚语 mnwhmyd (manohmed) 义为心智、智力、观念、坚信等，它也是摩尼教"五妙身"的五个构词之一，故在此当可相应于"相、心、念、思、意"中的"心"。

⑥ 帕提亚语 'wš (oš) 义为意识、觉悟、认识等。若按"相、心、念、思、意"的顺序，它应该相当于"念"；但就含义而言，似乎更应是第五要素"意"，姑存疑。

维①，您是我们免于忧伤的慎思②。

（此下若干诗节已缺失）

2. 您已降临，前来拯救，您是我们伟大的门户③，我们灵魂的舟船④。

您已降临，前来拯救，您是我们新的领地，我们高贵的信众，亲爱的神子。

您已降临，前来拯救，您是我们仁慈的父尊，我们真正的希望。

您已降临，犹如一位父亲，您是我们的仁慈医师⑤。

您显现在我们面前，犹如一位母亲，您如弟兄那样有益于我们。

您像儿子一样被派遣而来。⑥

---

① 帕提亚语 'ndyšyšn (*andēšišn*) 义为思维、智力、情感等，在此相当于"相、心、念、思、意"中的"思"。
② 帕提亚语 prm'ng (*parmānag*) 义为思虑、反省、慎思等。若按"相、心、念、思、意"的顺序，它应相当于"意"；但是就含义而言，似乎更接近于第三要素"念"，姑存疑。
③ 帕提亚语 br (*bar*) 义为门，它作为摩尼教的象征符号，有多种含义。不过，在此的"门"应该是特指通往天界的"门"，实际上也就是象征了导致获救的"灵知"。摩尼教的突厥语文书 T II D 173 b¹ 描述道：呼唤神（Khrōshtag）为初人（Khūrmuzta）打开了从暗界通往天界的门；呼唤神和应答神（Padvākhtag）把初人从地狱中救出来，送他向上，前赴神圣的天堂（参见 Jackson, 1932, pp. 262-263）。初人获救的模式，也就是嗣后诸"灵魂"获救的模式，因此，在本赞歌中，祈求"获救"的灵魂将耶稣譬喻为"伟大的门"。
④ 帕提亚语 n'w (*nāw*) 义为船，是为摩尼教重要的象征符号之一，在此是喻指日月。盖按摩尼教教义，灵魂（光明分子）获得拯救而回归明界的过程中，都要先经月亮、太阳的中转，在那里作进一步的"净化"，最后才抵达明界。而日月作为将获救灵魂从黑暗地界转载至光明天界的运载器具，通常也就称为"舟船"。如汉文《摩尼教残经》第48—49行云："又复净风造二明船，于生死海过渡善子，达于本界，令光明心究竟安乐。"科普特语的《赞美诗》云："灵魂啊，抬起你的眼睛，注视高空，对于你的羁缚仔细考虑……你已经抵达；你的父尊正在召唤你。如今，登上光明之船，接受荣耀花冠吧，回到你的故园，与永世（Aeons）共享欢乐。"（Allberry, 1938, 55⁹⁻¹⁴）
⑤ 帕提亚语 bzyšk (*bizešk*) 义为医师、医生，也是摩尼教的重要象征符号之一。在摩尼教的文书中，这一名号主要用以指称耶稣和摩尼。例如，汉语文书《下部赞》在"赞夷数文"一节中称赞耶稣道："一切病者大医王"（第36行）、"美业具智大医王"（第51行），以及"最上无比妙医王"（第72行）等。科普特语《赞美诗》："耶稣，受伤者的医师，活灵的救赎者，迷路者寻觅的通道，生命宝藏的门户。"（Allberry, 1938, 2²⁴⁻²⁶）此外，以此指称摩尼者，例见《下部赞》："忙你法王，明尊许智，诸圣惠，从三界外，来生死中，苏我等性，为大医王。"（第373—374行）马小鹤曾撰专文，论及摩尼教等宗教中的"大医王"称号，可参见马小鹤，2008年，第101—120页。
⑥ 在摩尼教的神学中，经常将耶稣说成是最高神大明尊的"儿子"，虽然按其创世神话，耶稣并非由大明尊直接"召唤"或"发射"出来。所以，"耶稣为明尊之子"的说法或许是受了基督教"圣父—圣子—圣灵"之说的影响。摩尼教科普特语文献《克弗来亚》载云："光明使者再次对坐在他面前的听众们说道：耶稣，伟大者之子来到这个世界时，他揭示了其伟大，他登上了十个载具，他驾驭它们，在宇宙中遨游。"（Gardner, 1995, Chapter 8, 36³⁰⁻³³, p. 41）而汉语文书《下部赞》也称耶稣（夷数）为"自是明尊怜愍子"（第44行）。所以，本文书谓耶稣"像儿子一样被派遣而来"，其中的"儿子"即是指大明尊之子。

您像仆人一样认真服务。

快来吧，仁慈的父尊，把我们的灵魂安排得秩序井然……

赞颂生命赋予者耶稣①

1. ……一切存于一心。

我们伸出双手祈求，

我们张眼仰望您的［美妙］身形，

我们开口向您吁请，

我们播舌，随时准备赞美［您］；

我们向充满生命力的您吁请，

我们赞美您，光辉者耶稣，新的天堂②。

2. 您啊，您是正义之神，高贵的医师，

最敬爱的儿子③，最受福佑的灵魂。

欢迎④您，解放我们的君主！

前来救助吧，善良的神灵，和平的使者，

温顺良民的帮助者，镇服侵略者的胜利者！

欢迎您，新的君主！

欢迎您，囚徒的救赎者，

以及受伤者的医师！

欢迎您，唤醒沉睡者的神，

---

① 本文书用中古波斯语撰写，其文书为 M 28 II R i-V i；内容主要是向耶稣的祈求。它最初的版本由摩尼亲自创作，用的是阿拉美语。本文书亦见 Andreas & Henning, 1933, pp. 312-316，有希伯来字母的原文转写以及德语译文。原文的拉丁字母转写则见 Boyce, 1975, text bt, pp. 123-124。

② 中古波斯语 šhr (šahr) 义为土地、国土、地区、世界、来世的世界，以及天堂、永世（aeon）等，故在此的 šhr 'y nwg 词组本应译作"新［的］天堂"。但是，克林凯特的英译文引申为 the New Dispensation，即"新的管理［者］"（Klimkeit, 1993, p. 65）。不过，依我之见，按摩尼教教义，凡被"拯救"的"灵魂"（光明分子）都是前赴天界新的乐园，故诗文若有"新天堂"之说，并无不妥。另一方面，在摩尼教文书中，往往兼用神名和地域名来指称同一事物，所以，在此用"新天堂"喻指耶稣，似乎也合情理。

③ 犹如前文注释指出的那样，这一"儿子"，指的便是最高神大明尊之子，亦即耶稣。

④ 中古波斯语 dryst (drīst) 义为好的、正确的、适宜的，'wr (awar) 义为这里、向此处等；则 dryst 'wr 构成的词组意为"欢迎"（welcome）。在本颂诗中反复出现 dryst'wr 的语式，则可以理解为"前来这里拯救"（come to save）之意。说见 Klimkeit, 1993, p. 65。

您使得昏睡的人起身，

您使得死亡的人复活！

欢迎您，强大的神灵，神圣的唤声①！

欢迎您，真正的圣语②，伟大的明灯和充足的光明！

欢迎您，新的君主和新的白天③！

欢迎您，众世界的基础和丰盛的饮食④！

欢迎您，美好的礼物，文雅的祝福，

您获得净化者的崇拜！

欢迎您，敬爱的父尊，您是您所庇护的那些人的

---

① 中古波斯语 w'ng (wāng) 义为声音、呼唤、喊叫、喧闹等，故文书在此的 w'ng ywjdhr 词组，其字面意义应该是"神圣的声音"或"神圣的唤声"。克林凯特因此认为（Klimkeit, 1993, p. 68, note 14），耶稣在这里被视同于呼唤神（Khrōshtag，即汉语文书所称的呼嚧瑟德，英文所称的 God Call），也就是最初净风、善母拯救被陷于暗狱中的初人（先意）时，与之一唤一答而创造出来的两位神灵之一。但是，我认为，这一"神圣的唤声"未必就是指具体的"呼嚧瑟德"神（呼唤神），因为在此即将耶稣譬喻为足以救度世人，使之幡然觉醒的"神圣唤声"（即真理之声），也是完全说得通的，故从一般意义上理解这一词组为"神圣的唤声"，也未尝不可。

② 中古波斯语或帕提亚语 sxwn (saxwan) 义为言辞、话语，亦指散文或韵诗形式的文书；而在摩尼教中，则往往指本教的经典作品，即摩尼的教导；但是最有象征意义的，是指尊神的最神圣的话语，其意相当于"光明"，只是前者表现为听觉形式，后者表现为视觉形式而已，都是喻指"灵知"。鉴于此，在此的汉译作"圣语"。然而，克林凯特的英译则作 Logos（Klimkeit, 1993, p. 65）。尽管借自希腊语的 Logos 是基督教神学中的常用词，从原义的"言"、"理"而引申为"上帝的言辞"，以及用以指称作为造物主之化身救赎者耶稣，从而与本文书在此的意思相吻合，但是，我认为，摩尼教文书中经常使用的 sxwn 一词自有其专门的象征意义（有关这点，可参见拙文《摩尼教"话语"考释》，载《传统中国研究集刊》第 8 辑，2011 年，上海人民出版社），在此不宜被希腊词 Logos 直接取代，故汉译如正文。

③ 中古波斯语 rwc (rōz)，作为名词时义为白天、白日，作为动词时则义为照耀、产生光明等。显然，此词与"光明"的关系十分密切。事实上，在摩尼教的中古伊朗语文书中，经常见到"白天"（rwc）与"黑夜"（šb）相对应的句式，而这通常都是用以譬喻光明（象征正义与善良）与黑暗（象征邪恶）的关系。例如，帕提亚语文书称："白天与黑夜是相敌对的。白天获得胜利，而黑夜则被征服，就如初人的模式那样。"（帕提亚语的拉丁字母转写见 Sundermann, 1992, p. 52；德译文则见 p. 69）所以，本文书在此所言的"新的白天"，也就是赞誉耶稣的美称了。

④ 中古波斯语 zyyšn 或 zyšn (zīyišn) 义为生命、膳食、宴会等；ws (was) 则义为许多、充足等。故文书在此的词组 zyyšn 'yg ws'n 即是"众多的膳食"或"丰盛的饮食 / 宴席"等意思。摩尼教的这一表述形式，有其特殊的含义——指称耶稣。盖因摩尼教借用和引申了基督教有关圣餐即耶稣之血肉的观念，把选民的饮食说成是耶稣的肉和血，如《下部赞》第 253—254 行："法称所受诸妙供，庄严清净还本主。夷数肉血此即是，堪有受者随意取。"或许正是因为此语有这样的出典，故尽管中古波斯语的原文在此并无"神圣的"一词，克林凯特的英译文却仍然补充为"(sacred) meal of many"（Klimkeit, 1993, p. 65），显然意指"圣餐"。有关摩尼教之"夷数肉血"说与基督教之"耶稣圣餐"的关系，马小鹤有专文研究，可参见其《摩尼教与古代西域史研究》，第 121—135 页。

慷慨大方的捐助者!

欢迎您,我们的父尊,您是我们的强大庇护者,

我们坚定地信任您!

(此下6行或者缺失,或者严重损坏)

3. 请您大发慈悲,向我们展示您的慈爱,

啊,为一切人所爱的仁慈者!

不要把我们视作为恶者!

拯救已经得到您庇护的人,

请对我们发发慈悲吧。

4. 啊,最被敬爱的和最具爱心的您,

我们已经看见了您,新的天堂,

我们一直渴望见到为一切人所爱的您。

我们见到您,敬爱的主后,欢乐异常,

我们注意到,您的名字是弥赛亚①。

请把我们从罪人群中分离出来,

主啊,我们是属于您的,请向我们发发慈悲吧!

快来吧,快来击败罪人们,

因为他们桀骜不驯,并且这样说道:

"我们就是我们,没人与我们相像。"

展示强大力量,战胜入侵者!

(以下3行严重损坏)

5. 我们赞美您的名字,它是真正值得赞美的,

您的高贵的伟大,是纯粹的欢乐。

赞美您的名字,父尊啊,

对您的伟大表示敬意!

我们将永远永远地这样做!

---

① 中古波斯语 m'm wsyn 一词,本来是个难题,因为此词仅此一见。后来,亨宁推测道,这或许是叙利亚词 mšīḥā 的错误的缩略写法,意即弥赛亚(Messiah);嗣后,其他学者似乎也从此说。参见 Boyce, 1975, p. 124, note 4; Durkin-Meisterernst, 2004, pp. 224-225。

(中古波斯语的"耶稣赞歌"①)

1. 我们的眼睛里充满赞美之意,
我们张开嘴,祈求您。
我们带给您……尊敬和伟大,
向您,光辉者耶稣,被解放了的君主,以及新的天堂。
2. 您啊,您是福佑之衣袍②。
您是最亲爱的弟兄。
您前来拯救,您是完全的拯救。
您前来施予慈悲,您是完全的慈悲。
您前来赐予关爱,您是完全的关爱。
您作为医师而来,您是完全的康复。
您带来了和平,您是完全的和平。
您作为胜利者而来,您是完全的胜利。
您作为君主而来,您是完全的权威。
您前来救赎灵魂③,您是完全的灵魂物品④。
3. 欢迎您,新的君主和新的医师。

---

① 在此所载者,只是某耶稣赞歌中的一部分,见于中古波斯语文书 M 28 II V i-V ii,以及 M 612 V。原文的希伯来字母转写和德译文见 Andreas & Henning, 1933, pp. 316-318; 原文的拉丁字母转写,则见 Boyce, 1975, text bu, p. 125。
② 中古波斯语 j'mg (jāmag) 义为衣服、外衣等,是为摩尼教的重要象征符号之一,在很多情况下,它是用来指称耶稣的。其思想主要来源于基督教,当然,摩尼教作了进一步的演绎。按马小鹤之见,摩尼教的"衣服神学"可分为五幕:"1. 灵魂本身是光明耶稣的'新妙衣',但是被魔尘所污染。2. 通过类似洗礼的用水的净化仪式,使灵魂重新恢复纯洁。3. 光明耶稣的'妙衣'能够使灵魂飞升,永远离开污秽的尘世。4. 灵魂上升天界,与众神一起,众神都以耶稣为衣。5. 在天界,灵魂得到妙衣、花冠、璎珞三种胜利的奖励。"见马小鹤,2008 年,第 5—6 页;有关妙衣的专文讨论,则见同书第 4—25 页。
③ 中古波斯语 rw'ncyn (ruwānčīn) 本义为"灵魂收集的[工作]"、"慈善的[事情]"(见 Durkin-Meisterernst, 2004, p. 297 该条)。而按摩尼教教义,将失陷于暗魔的灵魂(光明分子)收集起来,使之最终回归明界,即是摩尼教的根本任务,亦即最大的"慈善事业";所以,在此的"收集灵魂",也就是"救赎灵魂",遂译如正文。
④ 中古波斯语或帕提亚语 rw'ng'n (ruwānagān) 义为灵魂的物品,尤其是指听者为选民提供的食品(里面富含光明分子,以便选民采集吸收后,使之回归明界),亦即"施舍品"。文书在此之所以这样称呼耶稣,很可能还是基于"耶稣圣餐"或"耶稣肉血"的理念,即是以耶稣的身体为餐食,从而达到"拯救"的目的——收集光明分子,使之回归明界。

> 欢迎您，新的救赎者和新的被救赎者①。
>
> 欢迎您，新的尊神，高贵的荣耀和伟大的光明。
>
> 欢迎您，时的头生者和新的时。②
>
> 欢迎您，完全欢乐的日③。
>
> 欢迎您，带来大丰收的年④。
>
> 欢迎您，原始者和最初的头生者。
>
> 欢迎您，善良的斡旋者……斡旋于我们与父尊之间。

以上译释者，尽管只是有关摩尼教"耶稣"的大量文书中的一小部分，而其赞美的主体，基本上只是耶稣扮演的诸多角色中的主要者——所谓的"光辉耶稣"。从中可以得知这一耶稣角色的基本形象：体现为天界的神灵，地位很高——是大明尊的"儿子"；身份显赫——代表着光明；现世很早——奉大明尊之命启示人类先祖亚当；作用很大——是"生命赋予者"。他特别庇护陷于死亡痛苦中的虔诚信徒，引导他们走向通往光明的正确道

---

① 中古波斯语或帕提亚语 bwxt'r (bōxtār) 义为救世主、拯救者；而 'wmšt 或 'wmwšt (ōmušt) 则义为被解放的、被拯救的，故本句译如正文，都是用以称呼耶稣。但是，需要解释的是：为何耶稣兼具这两种形式上看来是相反的称号？称他为"救世主"或"救赎者"，自无疑问，因为他确是奉明尊之命，降临凡世，来拯救被困的光明分子（灵魂）的。至于为何又有"被救赎者"之称，则恐怕与摩尼教中耶稣的另一个角色"受难耶稣"有关：光明分子（灵魂）被暗魔囚禁，其情况类似于耶稣曾经饱受邪恶势力的禁锢与折磨，因此，"受难耶稣"（Jesus Patibilis）便往往成了被困灵魂的代称。既然被困灵魂最终会被救赎出来，那么，"[受难的]耶稣"也就有了被救赎的经历和角色，于是，称之为"被救赎者"也就顺理成章了。本文书的第一节最后一句称耶稣为"被解放了的君主"（šhry'r 'wmwšt）也使用了同样的表达法。

② 本句，中古波斯语作 dryst 'wr, nxwryg 'y zm'n 'wd zm'n 'y nwg。英译文（Klimkeit, 1993, p. 66）漏译；德译文（Andreas & Henning, 1933, pp. 317-318）则译出。在此，nxwryg（naxwarīg）义为头生者，zm'n（zamān）义为时间、小时、时刻，故词组 nxwryg 'y zm'n，似应意为"时之初"。至于"头生者"（nxwryg）则是摩尼教文书中经常使用的耶稣称号，源于他是大明尊之"子"。例如，科普特语《赞美诗》在"耶稣颂歌"中称："啊，头生者，耶稣，我始终敬爱您，请不要把我抛弃于苦难之中。"（Allberry, 1938, 91[20-21]）又，"耶稣啊，我真正的护卫，请您保护我；光明父尊的头生者，请您保护我"（Allberry, 1938, 151[4-5]）。此外，类似说法也见于汉语文书中，如《下部赞》"赞夷数文"称夷数（耶稣）"自是明尊怜愍子"（第 44 行），虽未称"头生子"，但称他为最高神之"子"则是确凿无疑的。

③ 中古波斯语 rwc (rōz) 义为白天、一日，尽管上文提到的"新的白天"中的 rwc 当作"白天"解，但在此，由于上句提到了时间单位"时"，故本句似乎也当解作时间单位了，即更大的时间单位"日"。

④ 中古波斯语或帕提亚语 s'r (sār) 义为年。鉴于赞歌的接连三句，相继提到了自小至大的三个时间单位，故 s'r 在此按其字面意义释作"年"，应该是没有问题的。至于为何赞歌连续三个不同的时间单位来喻称耶稣，则不得而知。

路。他还是宇宙斗士，为了给人类带来启示而与宇宙内的一切邪恶敌人作斗争。如此等等的辉煌业绩，使得他的基本形象为神圣、崇高、不同凡响，给人以"仰望"之感的天界神灵。

二、见于科普特语文书的耶稣赞美诗

通常认为，摩尼教的科普特语文书《赞美诗集》撰成于公元四世纪中叶或下半叶，这些资料对于摩尼教的研究有着非常重要的作用。在阿尔伯里（Allbery）编辑和翻译的英文版《摩尼教赞美诗集（二）》(*The Manichaean Psalm-Book*, Part II)中，篇幅较大的包括庇麻节赞美诗、耶稣赞美诗、赫拉克雷德斯（Heracleides，摩尼的十二门徒之一）赞美诗，以及托马斯赞美诗等。其中以耶稣赞美诗的篇幅为最大，在此，则根据阿尔伯里的英译本进行汉译和注释。为便于内容的标记和检索，尽可能保留英译版的格式，故除了保持其"章"的设置外，还保留了原文每页上对各行的序数标记（每隔5行标出；每页重新标记），从而也有利于和国外著述对此书的特殊标志方式保持一致，特此说明。

第242章

（第1行为带有花纹装饰的标题，模糊不清；第2、第3行的文字则无法辨认）

……向您呼吁。(5)我本身遭受的痛苦……我不曾发现……我在最需要的时候找到了您。这是有着巨大困扰的日子，……进行自卫，……(10)……他感到困惑；他们……他们的日子过得飞快，每天光辉照耀，用不到考虑他们将被问责的那一日。在肉体之外还有一个审判官，(15)任何人都不能向他隐瞒事实，他能了解到每个人所干之事，按照他们的功过进行赏罚。我在此时向您忏悔，我容忍了所有人的嘲弄；我知道，凡是拒绝相信您的人，您也不会忘记让他陷于痛苦之中。(20)啊，我的信仰是始终坚定的；啊，我以您的名义履行我的施舍；啊，我祈祷，我热望，恳请您的恩泽能够惠赐予我。一个盗贼在十字架面前得救了，因为他向您忏悔了。您忽略了他（25）所犯的一切罪过，而记住了他所做的善事。我恳求您，在我周围的一切俗世黑疠①都在今天焚烧掉。净化我，让我脱离一切罪过，因为我也持之以恒地对您寄予希望。荣耀和凯旋属于父尊，真理之神，以及他亲爱的儿子基督，还有圣灵。凯旋和声誉归于玛丽的灵魂。（以上诸行，见 Allberry, 1938, p. 49）

第243章

（开首数行已部分损毁）

……黑夜与白昼……对我……（5）……给予我，我走……向右方，向左方……我不允许敌人们把我的灯熄灭。我参与了强有力的跑步竞赛，这种竞赛并不是人人都能完美结束的。我则跑完了全程，因此高兴万分，欢乐歌唱，……（10）去向生命乐土。看哪，我脱离死亡之躯而来了。……净化了我，敌人……他们起而对付我……不可摧毁的。（15）如今，我向您呼吁，救星啊，请在我需要之时前来吧。啊，我祈祷，我斋戒，这是我的死亡之时，我需要您。他用甜蜜的声音回答我道："福佑者和正直者，来吧，不要害怕。（20）我是你在任何地方的向导。"当我听到我的救世主的喊声后，一股巨大的力量便充斥了我的肢体；我摧毁了他们的痛苦之墙，我击毁了他们的门，我奔向我的审判官。他将荣耀之冠戴到我的头上，把胜利的奖品（25）放到我的手中，他为我穿上光明之袍，他把我提升到我一切敌人的上方。当我上天见到父尊时，我高兴万分，由于他，我才在黑暗之地战而胜之。啊，我的伟大国王，把我渡运到诸神亦即天使之城吧。（30）我的兄弟们，愿伟大父尊的安宁降于你们所有人的身上。（以上诸行，见 Allberry, 1938, p. 50）（1）将……的每个人……在您的国度里，以及福佑玛丽的灵魂。

---

① 在摩尼教的科普特语文献中，频繁使用的一个术语 ΰλη 的拉丁字母转写为 Hylè。原义为木材、物质等；在古希腊的哲学用语中，则为原始物质、原质、本原、实质等义；又，按照二元论的思想，则又是与心灵、精神等相对应的"物质"。但是，按摩尼教教义，它通常是暗界的魔党魁首的称号，属于最为"反面"的角色。显然，摩尼教使用 ΰλη（Hylè）这一专称，是有意识地强调"物质世界"之恶，凸现精神世界之善。鉴于此，在此按音译方式（亦兼顾含义）译作"黑疠"，以免与如今通常意义上的"物质"（matter）相混淆。

第 244 章

……来吧，我的救星耶稣，不要抛弃我。(5)耶稣，您一直爱我，我始终把我的灵魂……甲胄；而不是把它给予这俗世的邪恶贪欲。耶稣啊，不要抛弃我。看哪，在这光荣的甲胄中您包裹了您的……神圣的戒律，我把它穿在我的肢体上。(10)我始终在与敌人战斗。耶稣啊，我不要再在这个世界游荡，我已目击了其中的一切事物，我看到所有的人都在徒劳地往返奔走。耶稣啊，其中的邪恶的人物和黑暗的疯狂(15)要多久后才能被禁锢？他们已经忘却了为了他们而牺牲自己的尊神。耶稣，我的主啊，当我见到这些事物后，我就对您充满了期待，使得我自己更为强大。我的主啊，对于您施加给我的束缚，我丝毫不予拒绝。(20)耶稣啊，我的救星，您给我制订的杰出的戒律，我都完全执行。对于您的光明之灯，我始终不让敌人把它们熄灭。耶稣啊，我现在以痛苦的灵魂向您呼吁，请您怜悯我，(25)因为天、地的威势想把我淹没。耶稣啊，我完全以您的名义祈祷、斋戒，以及保留着贞洁。现在是我担惊受怕的时刻，我需要您。我始终注意着我的审判官，我的一切行事都没有丝毫的困惑。(以上诸行，见 Allbery, 1938, p. 51)

(1)他用凯旋的方式把我交到天使们的手中，他们护送我前赴天国。耶稣啊，我的教友们夜以继日地从事善举，从不懈怠，他们懂得种什么因，(5)收什么果。耶稣啊，光明武装者在战斗中为了失去的花冠而消灭一个又一个敌人；他们将被剥夺其……将因他们所干的事而获得报应，耶稣啊，他……在你们之后的伟大者；你们已经征服了天与地、(10)邪恶的力量和权威，你们将在新的世界获得安宁。荣耀和胜利归于我们的主，我们的光明，摩尼，以及他的神圣选民，还有福佑玛丽、塞奥娜（Theona）① 的灵魂。

---

① Theona 本是希腊神话中的人物，是 Dymas 的女儿，Hecuba 的姊妹，Amycus 的妻子，以及 Mimas 的母亲。但是，在摩尼教的科普特语文书中，Theona 以及其他一些名字（如 Jmnout、Pshai 等）则都是摩尼教著名殉道者或信徒的名字，与希腊神话人物无关。至于这类名字的传播情况，则应该是这样的：早期的摩尼教为了便于在希腊人中布教，便流行叙利亚语和希腊语的宗教文书；而早期在埃及的摩尼教教团多为叙利亚移民，他们懂得科普特文。摩尼教的希腊语文书遂译成了科普特语，古希腊的一些文化因素也就保留在了埃及科普特语的摩尼教文献中。

第245章

（15）我的救星，我信仰的庇护者，请来吧。在长期束缚中观望的灵魂啊，快振作起来，记住登升上天的欢乐。致命的诱惑即是肉体的芳香。但愿这第一……（20）说服你的心灵，为你自己去战斗，将陈旧老迈的你抛在后面，成为一个新人。耶稣啊，新的尊神，我对他满怀希望。我使自己变得强大，以期待他的来临。他并非诞生于腐朽的子宫里，甚至强大的君主也不配让他居住在他的屋檐下，（25）遑论把他禁锢在一个低级妇女的子宫里了。[①] 啊，我信仰的荣耀将帮助我走向终点，我已经净化了你，我的神灵。灵魂啊，你的同族是你身上可靠的印，因此任何邪魔都不能触碰。（30）你正确地崇拜了他，他挫败了谬误的唆使；你把你在诸天的宝库置于……（以上诸行，见 Allberry, 1938, p. 52）

（第 1 行已损毁，第 2 行不可辨认）

……看见尊神之药的甜美……我是……是躯体，充满了黑暗。（5）它不曾每天关心……在它的眼前，它并未从其所干的事中有任何收获，……和悲伤，以及它的愚蠢的报应……直到坟墓。每一个……灵魂啊，我能够察觉到他的二十个（10）充满诡计的陷阱。为了他，它把他们……对于将要拯救他的救世主和救赎者。……如今你本人对我……。如果你让自己尊爱我，那么我将为你穿上荣耀之袍，戴上胜利桂冠，因为你相信真理。（15）啊，他要改悔的事是很多的，其肉体……以及懒惰于从事善举和履行尊神赐予他的七种恩典（这可使他避离野蛮人的七灵），并且反对七船主[②]……（20）最初的父尊，黑暗的征服者。啊，亲爱的，抚慰你自己，不要再流泪。善良是你宝藏的赢利，

---

① 在此所说的"子宫"云云，当是体现了摩尼教的一个重要教义：神灵或神圣者的诞生，都应该是绝对"纯洁"的，即不应该出自肉体（暗魔的体现者）中，故在其创世神学中，一切神灵虽然号称是其上级神灵的"儿子"，但形式上都是由上级神灵"发射"或"召唤"出来，而不是由肉体"诞生"出来的。

② 在摩尼教文书中，"船主"或"舵手"（英文作 helmsman）有着特殊的含义，即是指灵魂（光明分子）回归明界的过程中，帮助他们逐步净化的诸多神灵。除了日月上的主神第三使和耶稣具有"船主"的称号外，其他许多次级神灵也多有此称；这些称号中，并有"十二船主"或"七船主"等专门术语，不过有关其比定，并无确定的共识，故"七船主"的具体内涵也不甚清楚。我曾推测这是净风（生命神）"七域之主"称号的异名，聊备一说。可参见拙文《摩尼教文献所见"船"与"船主"考释》，《欧亚学刊》第 1 辑，1999 年。

你已经将你宝塔的基础建立在基督的岩石之上；你点亮了你的灯。……在信仰的油中，你曾关心寡妇，（25）你曾给孤儿衣服，你曾因尊神，报应的施予者，荣耀的赐予者的名字而遭受过宗教迫害。我的主啊，您甜蜜的呼唤所带来的欢乐使我忘记了生命；你甜美的声音使我想起了我的城市。谁能不宽恕罪过而获得拯救？啊，荣耀的心①，耶稣的果实，帮助我吧。我一直期待着您，您的胜利的十字架令死亡感到恐惧。（以上诸行，见 Allberry, 1938, p. 53）

（1）……的甜美……我的行为……你的祈祷和你的斋戒变成了你头上的桂冠……你的宝藏离你而至你的欢乐……（5）因此在新世界的新房中，充满了光明，与玛丽的灵魂在一起。

第 246 章

请来吧，我的亲人，光明，我的向导。……我的灵魂，鼓起勇气，你有你的救星，（10）你的护卫者是基督，他将接纳你进入他的天国。由于我曾进入黑暗之中，我获赠一种饮用水，这是……给我的。我承受着一个并不属于我自己的重负；我处在敌人的包围之中，野兽们环绕着我，我承受的重负即是邪恶的力量和权威。（15）他们燃烧起怒火，他们起而对付我，他们奔向……我，犹如没有牧人的绵羊一般。黑疠及其诸子将我裹在他们之间，他们用火焚烧我，他们给予我痛苦的外表②。我与并不知晓我的陌生者混杂起来；（20）他们品尝我的甜美，他们渴望与我待在一起。我成了他们的生命，但是他们却是我的死亡。我承受着他们的重负，他们将我当作外衣一样穿在身上。（25）我存在于万物之中，我负载着诸天，我是基础，支撑着诸地，我是照耀四方，给予灵魂欢乐的光明。我是世界的生命，我是一切树木中的乳汁；我是（30）黑疠诸子下面的甜水。

（以上诸行，见 Allberry, 1938, p. 54）

---

① 在此所谓的"心"，希腊语作 νοῦς，英语作 nous。这并非指物理状态的"心脏"，而是指源自古希腊的一个哲学术语，意谓理解真理的智力、智慧、领悟能力等。放在摩尼教中，大致可以相当于"灵知"。
② 在此所谓"痛苦的外表"，当是指人类的肉体，亦即用以束缚"灵魂 / 光明分子"的黑暗物质。

（1）……我曾前赴……诸永世……他们派我前往……我负载着这些东西，直到我实现父尊的意愿。初人是我的父尊，我已实现了他的愿望。（5）啊，我已击败了黑暗；我已扑灭了喷泉之火。随着天体的快速运转，太阳接纳着生命的精炼部分。灵魂啊，抬起你的眼睛，向着高空，凝视你的锁链……（10）你已抵达……啊，你的父尊们在召唤你。如今，登上光明之舟，接受你的荣耀桂冠，并且回到你的故国，与诸永世一起欢庆。荣耀和光荣归于我们的主摩尼，（15）以及他的神圣选民和福佑玛丽的灵魂。

第 247 章

啊，生气勃勃的基督，请来吧；啊，光明之日，请来吧。我已抛弃了敌人的邪恶躯体；（20）那充满恐惧的黑暗居所。满怀怨恨的陌生者起而攻击我，仿佛狮子扑牛。啊，慈悲的圣灵，我向您吁请，请您在我死亡之时降临我。（25）我已摆脱无时不刻禁锢我灵魂的种种羁缚。贪欲的甜蜜即是苦味，我从不品尝……吃、饮之火，我从不让他们主宰我。（30）我将黑疠的礼物抛弃；但是我却完全接受您可爱的约束。

（以上诸行，见 Allberry, 1938, p. 55）

（1）……我。我将设法走向您。……把您的三件礼物给我……您的选民和信徒始终……（5）真理的审判官，因为我已接受了胜利，我已……尊神的光明照耀着我；以及……我已摆脱黑暗的……。（10）啊，纯善人（科普特语ⲡⲣⲱⲙⲉ ⲉⲧⲭⲏⲕ）[①]，你的品格是美德；你把我带上你的光明永世。荣耀和胜利归于我们的主圣灵，以及他的神圣选民和福佑玛丽的灵魂。

[①] 其英译文作 Perfect Man，汉译则据其意，作"纯善人"。而这一名号见于汉语文书《摩尼光佛教法仪略》（第 74 行），用以指称摩尼教的专职修道者"选民"。但是，有的学者认为 Perfect Man 即是 Colomn of Glory（光耀柱）。不过，按本文书 59[17]（译文见后文），则有"耶稣是光耀柱中的纯善人"之语，那么，"纯善人"与"光耀柱"并非同一。当然，由于纯净的光明分子最终是通过光耀柱而回归明界的，且"光耀柱"本身即是由"光明"原质构成，故所谓的"纯善人"（亦即纯净的光明分子——灵魂）与"光耀柱"本来属于源自"大明尊"的同一原质，则从这个意义上看，声称二者本为同一，也未尝不可。

第 248 章

(15) 请来吧,我的主耶稣,灵魂的拯救者,您把我从俗世的酣醉和谬误中解救出来。您是我从年轻时期以来就始终热爱的圣灵;您的光耀像明灯一样照耀着我;您为我驱除了无知无觉的谬误;(20) 您教导我如何祝福尊神及其光明。我已经分辨出了这两个国度中的两种树木①,……那苦味的泉水和尊神的神圣本原。我能分辨出光明与黑暗,生命与死亡,还能分辨出何为基督、教会,(25) 何为俗世的欺诈。我懂得,我的灵魂与包裹其上的肉体在创世之前就互为仇敌,神圣的……与敌对的邪恶力量始终是泾渭分明的。死亡的肉体和灵魂永远是(30) 不一致的。凡世的邪灵封闭了不信教者的心灵,将他们沉溺于他的令人酣醉的谬误与欺骗之中。他使得他们亵渎

(以上诸行,见 Allberry, 1938, p. 56)

(1) 真理之神及其……他的威力和智慧。如果是尊神创造了邪恶与善良,基督与撒旦……(5) 那么是谁派遣了耶稣,使之可以……以及工作在犹太人中,直到被他们杀害?当亚当与夏娃被创造,置于天堂之后,是谁命令他们"不要吃这树[上的果实]",否则就会分不清善与恶?(10) 另一方与他搏斗,让他们吃了此树[之果]。他在《律》中呼喊道:我是尊神……若无天主尊神,树上就无成群果实落下;……落入陷阱,也不……在城中;那么,是谁引导亚当走入歧途,并将救世主钉死在十字架上?(15) 救世主及其使徒们,还有属于生命一族的那些人揭示了黑暗和敌人的本质;他们为死亡的躯体悲泣,伟大的……之子……狮面的怪兽②,还有他的母亲黑疠。光明照耀着你们,照耀着在地狱中沉睡的人。圣灵的知识,(20) 光明的射线。喝下记忆之水,不再遗忘。受伤者渴望康复,让他前赴大医王处。我已抛弃了俗世以及它的

---

① 在此所谓的"两种国度"、"两种树"云云,乃是指光明、黑暗两界,以及作为明、暗本质象征的"光明宝树"(活树)、"毒恶死树"(死树)。有关完全对立的明暗/善恶/活死两种树的描述,汉语文书《摩尼教残经》(第 147—185 行等处)有相当详细的描述,可供参见。
② 在此所言的"狮面怪兽"即是指黑暗魔王。有关他的描绘,可以参见阿拉伯语文书《群书类述》的相应文字,如:"黑暗之地有个撒旦(al-Shaytān),……他的头颅状若狮子的头,躯体状若巨蟒怪兽之体。他的翼翅就像鸟的翅膀,他的尾巴犹如大鱼之尾,他的四足则似巨兽之足。这个撒旦被称为古魔,是由黑暗原质构成。"(Dodge [trans.], 1970, p. 778)

谬误,我热爱我的救星,我从年轻之时就祈祷、斋戒、施舍……(25)为了需要之际[耶稣的降临]。请来吧,我主耶稣,帮助我吧。大家都欢呼吧,忙碌的灵魂,你们结束了搏斗,战胜了魔王、肉体及其病患。从审判官的手中接受了桂冠和光明的礼物,(30)并登上了天国,获得了安宁。荣耀和光荣归于我们的父尊,真理之神。凯旋和福佑归于他亲爱的儿子耶稣,以及他的圣灵,我们的主,还有他所有的神圣选民。

(以上诸行,见 Allberry, 1938, p. 57)

(1)荣耀归于福佑的玛丽、塞奥娜的灵魂。

第249章

耶稣啊,我的新郎,请带我前去您的居所。您……你的永世,救星啊,给予我胜利……(5)我变得神圣,我将始终令您欢悦,直到最后。在这世界上有着种种的缺陷,唯独尊神毫无瑕疵,他以其神性委任于我。……当我在令人愉悦的教会之树上繁荣生长时采摘我。(10)我是繁荣的果实,从我年轻时就纯净无瑕。无论我去何处,我的教友们都会给予我……啊,你可以看见我的亲人们的欢乐!我快速地穿越一切地方,我发现除了基督之外,别无庇护之所。(15)我的教友们,光明之子,他们会帮助我向上天登升。我的教友们互相支持,没有丝毫畏惧。尊神关心我们,他用他的怜悯协助我们。耶稣始终在帮助我,他也将帮助你们,我所爱的人。(20)……他们也将帮助他们所爱的人。搜索者的……即是我所走过的道路,……使得我们脱离障碍,并预见到我们可以获得桂冠。光明之子啊,战斗吧,你们很快就会取得胜利了。(25)那些逃避其重任的人则将丧失他的新房。……接受花冠的人将举行神圣的洗礼,从此以后再无辛劳。我已变得像以前一样神圣。荣耀归于您,耶稣,神圣天国之王,(30)以及您的神圣选民。胜利归于帕奈(Panai)、尤斯特菲俄斯(Eustephios)、塞奥娜,以及福佑的玛丽。

(以上诸行,见 Allberry, 1938, p. 58)

第 250 章

（1）耶稣，独生者，拯救我。我将脱去这俗世的肉身①，这……陈旧的……我将抛弃它，……之火，（5）……诡计的……敌人的营帐……我将穿上圣灵的甲胄击败他们。邪魔啊，我已摒弃你。……的众天使……诸魔的……。我将脱离俗世以及五星之类②，我将粉碎诸魔的诡计，（10）我曾受其欺骗，如今则将用圣灵的记忆照耀之。征服黑疠的灵心啊，将您的仁慈遍布我的精神吧。我将停泊在您的圣会中。我是新人，接受了您允诺给我的一切礼物，这即是您之永恒天国的胜利。（15）耶稣是我获得的第一份礼物；耶稣是父尊的神圣花朵；耶稣是最早坐在发光体中的神灵；耶稣是光耀柱中的纯善人；耶稣是死于教会之人的复活者。您是在创世之初的战斗中拯救我的人；（20）您是向我伸出右手的第二个人；您也是用你的光明照耀我的第三个人；您又是在第四次战争中获得胜利的人。拯救我吧，恳求您，我的主啊。我向您吁请，永恒的胜利者，请倾听我的呼喊，（25）慈悲者啊，让您的肢体净化我，用您的圣水清洗我，使我像以前一样白璧无瑕。啊，时间已经临近，但愿我能回归我的居所。您是大道，您是永恒生命的门户，（30）是真正的尊神之子，我的救星，您教导我按照神圣的戒律行事。我将敌人的武器扔到地上，您的……

（以上诸行，见 Allberry, 1938, p. 59）

（1）是我的登陆处。……永远；您是……向您屈膝。诸天的军队在看着您，您也是世世代代人吁请的对象。（5）您是一切奇迹的印，您也是将胜利给予玛丽之灵魂的人。

第 251 章

耶稣，独生者，高处天庭的尊神之子，我……在您的新房中。……

---

① 此词的科普特语使用了希腊语 πλάσμα 的借词，而英译文则直接照录了 πλάσμα，未作英文的意译。这一希腊词的原义是：任何事物的模仿品，犹如蜡制品一般；又，某真实体的虚妄的对应物；或者，是造物主所创造的躯体。据此看来，原文意欲指称的，当是与精神体"灵魂/光明分子"相对应的物质性的肉体，而这正是被摩尼教视作黑暗原质的邪恶事物。鉴于此，汉文意译作"肉身"，当与原义大致相同。

② 在此所谓的"五星"即是在古伊朗文化中被指为邪恶一方的五大行星——水星、火星、木星、金星、土星，如前引《创世记》（*Bundahishn*）所言。

（10）神圣的……他们……少女，……少女……她的辛劳的报酬。……我的花冠，我的舟船充满了油……熄灭，他们因为沉睡而未去……我……我用其对付……（15）……死亡，直到我把他击败。有一个正直的……我已完成了……信仰，高处天庭的尊神之子啊。凶残的蛇，纯洁的敌人，我并未听从他的律令和他的欺诈言辞。（20）基督的……是完美的纯洁，祈祷和斋戒，我们精灵的甲胄。神圣的……，高处天庭的尊神之灯，他拔出了罪恶之树的根。神圣的……，生命的停泊港口。（25）停泊在此的人被您拯救，逃离了敌人。我是您的绵羊，您是我的善良牧人。您来到这里，将我救离那毁灭性的狼群。我听从您的教导，我按照您的戒律行事，我由于您的名义，我的尊神，成为了这俗世的陌生人。（30）荣耀归于光明之王，一切永世的父尊，以及他的神圣天使们，他们之中没有任何人犯戒。

（以上诸行，见 Allbery, 1938, p. 60）

（1）……确实地，耶稣，白日……诸天的耶路撒冷，教会……尊神的力量，……的十字架……宇宙的……充满了宇宙，并守护它。（5）圣灵的神圣性，……的智慧……揭示初创时代之真理的……懂得……的每个人都获得福佑……光明……以及他的智慧，因为他将得到永生。荣耀和光荣归于耶稣，神圣者之王，以及他的（10）神圣选民，还有福佑玛丽、塞奥娜的灵魂。

第 252 章

耶稣，信徒的光明，我向您祈求，不要抛弃我。美妙的形貌，我的父尊，向我展示……（15）以及您清白的光明，我灵魂的确信。让它升起，赶快来吧，还有您的天使军队。我将获得花冠和胜利，还有荣耀的奖品。当我面临着黑疠诸子时，请不要抛弃我，我是您的奴仆。（20）当我向您行进时，请不要让任何邪魔击败我。我看见一群无情的贪婪者包围着我。耶稣啊，请在我需要之日向我现身。破开恐惧之网，以及……这群（25）愚蠢之人。请您护卫您的光明绵羊，免遭野狼的灭顶之灾。神圣和清白无瑕的光明啊，请向我显露您的脸庞；您是我的善良牧人，我真正的慈悲医生。（30）我看见一股巨大的恐惧从地面上升诸天,因此十分悲痛。若不是您,我的主把我渡运,我能逃往何方?

(以上诸行,见 Allberry, 1938, p. 61)

(1)……福佑,他被钉死在十字架上……我自己向他宣称,说道:"……光明。"……您是净化他们的人;您是您的(5)诸子的护卫者;您是死人的复活者,是信徒的真正光明。当您显现在我面前时,我的罪孽创伤就会痊愈。我的主啊,您照耀着我,使我能够……死亡的警告。(10)我经历了施之于我的审判。帮助我吧,救星,我的尊神。让我看到您的化身,以及您的天使们的礼物。使得我有资格进入您的新房,因为我始终热爱您的神圣诸子,就像热爱您本身一样,(15)我的救星啊。您见证了我的(修道)进程,福佑的光明啊,我始终照看着寡妇、孤儿和正直者①。我的灵魂一直承受着肉体重负的巨大压制,但是我始终没有放弃对您的信仰。(20)我的主啊,请不要抛弃我。驱散我眼前的黑暗云层,我就能够欢乐地渡越天空,来到您那光荣的居地。我被允准看到您的光明,因此我对于黑暗毫不注意。(25)所以任何人不必为我悲泣。看哪,光明之门已经在我面前打开。感谢您,我的救星,您是保卫他们的守护者,由于您,我的整个(修道)进程绝非徒劳无功。(30)真理的尊神啊,荣耀归于您,以及您所热爱的儿子耶稣,还有您的圣灵。胜利归于

(以上诸行,见 Allberry, 1938, p. 62)

(1)普洛西亚尼(Prosiane)、塞奥娜(Theona)、玛丽(Mary)、普沙伊(Pshai)、杰姆诺特(Jmnoute)的灵魂。

第 253 章

基督,我的新郎,把我带到他的新房。我与他一起宁静地生活在永恒之乡。我的教友们啊,(5)我已经获得我的花冠。我已看到我的乡土,我已发现我的父尊们,敬神者与我一起欢庆,诸永世都来欢迎我。

---

① 在此使用了希腊文借词 δίκαιος,原义为遵奉规则之人,从而有奉公守法者、好公民、正直者、正义者,以及严格伺奉神(或人)者等释义。在早期的摩尼教中,往往将专职的修道者(即"选民")称为"正直者";因此,文书在此的"正直者"一名也就是指选民。摩尼教十分严格地要求世俗修道者("听者")为专职修道者提供日常生活所需,把这作为世俗修道者能否"得道"的重要考核标准,所以文书有照看寡妇、孤儿、正直者的说法。

我的教友们啊，我已经获得我的花冠。我的教友们啊，有一种得益，是任何人都不能从我那里把它夺走的，(10) 这即是不朽的宝藏，盗贼无法发现它。我的教友们啊，我已经获得我的花冠。[①] 我就像寻找牧羊人的一只绵羊；看哪，我已经找到了真正的牧人，他把我带回到我的羊圈。我的教友们啊，我已经获得我的花冠。看哪，我已结束战斗；看哪，我的舟船已经靠岸，没有风暴能够掀翻它，没有波涛能够淹没它。(15) 我曾祈求发生奇迹，就如被掳作俘虏的穷人一样，崇拜父尊的仁慈。我的教友们啊，我已经获得我的花冠。我在找到真理之舟前，曾遭遇海难的风险，是耶稣帮助我进行神圣的抢风航行。然后，是谁告诉我将要获得的礼物？(20) 无法用言辞表达的恩典降临于我。我的教友们从您那里获得真理的话语，热爱尊神的人啊，俗世毫无价值，在此没有任何得益。我的教友们啊，我已经获得我的花冠。人们在考虑着安静休息，(25) 却对正在袭来的麻烦一无所知。我的教友们啊，我已经获得我的花冠。他们奔走、冲突，直到被击倒的时刻来临。他们曾被召唤，却不能理解其意；他们来来去去，却徒劳无益。我的教友们啊，我已经获得我的花冠。我轻视这俗世，以致把生命给予灵魂，我将肉体之物抛弃，而与精神之物一致。我的教友们啊，我已经获得我的花冠。(30) 自从我找到了我的救星，我就沿着他的足迹前进。我毫不犹豫

（以上诸行，见 Allbery, 1938, p. 63）

(1) 地去获得花冠。我的教友们哪，纯（善人）将会获得的是多么大的欢乐呀……你们所有人，我的教友们，我们继承了它。我的教友们啊，我已经获得我的花冠。……对付这不诚实的朋友；……的冲刺 (5) ……打败了他们。我的教友们啊，我已经获得我的花冠。荣耀和光荣归于耶稣，神圣者之王，以及他的神圣选民。胜利归于福佑的玛丽、克利奥佩特拉（Cleopatra）之灵魂。

第 254 章

(10) 你已经摆脱了肉体的严重束缚；你因证明对一切敌人之斗争

[①] 在此的"我的教友们啊，我已经获得我的花冠"一语，科普特语原文和英译文都只标了一个缩略语；同页的嗣后数处也都采用了这一表达方式。但是汉译文则照录全句，不再略写。

皆为正当而戴上了花冠。你如今将充分拥有基督的欢乐化身；因此，凯旋地前赴光明之城吧。你非常快乐，因为你已与神圣的天使们混合在一起；在你身上（15）盖有你的荣耀纯洁的印。你快乐异常，因为你看见了神圣的教友，你将和他们一起永远地居住在光明之中。你迅速地摒弃了肉体的权威，你像敏捷的飞鸟一样，升入诸神的空中。（20）你……死亡地狱的灵魂罗网，因此，他们将无法强迫你伺候……你将疾患的外衣扔到地上，你抛弃了虚伪和残暴的过度骄傲。（25）那强烈的贪欲刺激，灵魂的谋杀者，你都没有去尝试，啊，神圣的纯洁者之子。你羞辱了诸魔与火魔，如今，恐惧之河对你感到惊奇。（30）他们今天召唤你前去会合天使们，因为你离开了……之地……地狱之人。救星耶稣，啊，他……但愿他把……给予

（以上诸行，见 Allberry, 1938, p. 64）

（1）你，你始终仁慈地……军队注视着……因此你信心十足，啊，神圣的正直者……需要……（5）……阅读诸书……审判官，他看见宇宙……光明的……他给予……因此你如今获得了荣誉勋章……你发现……（10）港口；舟船……你与……的光辉……死亡。……我的儿子，你结束了你的战斗，你登上了高处的天庭，你留下了……（15）因此我现在将赞美……的力量，我将制止自己的眼泪，因为见到了你完美的神性。你迅速地脱离了可怕的……；你……在生命的天堂中安宁地休息。（20）你抵达了既不炎热也不寒冷的地方，那里既无饥饿也无干渴，以及……躯体。你是有资格进入诸神之天堂的……不能阻止你欢乐庆祝和歌颂尊神。（25）你是凯旋者，啊，摩尼，你将胜利给予热情崇拜尊神的人，给予你的选民以及你的信徒，还有福佑玛丽的灵魂。

第 255 章

在需要的时刻与我站在一起。（30）快来吧，来吧，耶稣，请来吧，我的强大尊神。我崇拜您，我在纯真的呼吁中向您祈求；我知道您是灵魂的救赎者。

（以上诸行，见 Allberry, 1938, p. 65）

（1）……永无休止的战争……整个军队……创世之初诸地的救

世主……（5）他们全都……并不节制，他们升上……剑和他们的武器，他们可以……我肉体的……因此，我现在……邪恶者……您……我期望见到的救世主，（10）……是港口和……的标志……我光荣的光明……可怕的。您是我的信赖者，也是我的力量；您……我灵魂的……没有任何其他尊神……（15）……只除了我所侍奉的您。……张开我的眼睛，观望各处，向您祈祷……耶稣，位于高处的光明，黑暗之夜十分害怕他……耶稣，我的光明，我向您呼吁，我的光明啊，在即将到来的时刻，（20）请不要把我抛弃在野兽之间。让我也具备资格看到您的少女，我曾为她辛苦劳作，她带来了给予信徒的所有礼物，还有与她在一起的三位天使。（25）我知道并且理解，现在如何以及将来如何；什么是道德的，什么是不道德的；以及谁是作为生命树的光明之王，谁是作为死亡树的黑暗之魔。我从不踏上（30）罪孽山羊所走的陌生者之小路，也不将我的宝藏放在……和盗贼……的地方。我辛勤劳作的全部目标和……

（以上诸行，见 Allberry, 1938, p. 66）

（1）……我的主，我已揭示了它……经受了……用我的眼睛……包围着我，甚至……以及这俗世……（5）……唉，唉，我该怎么办哪？谁能拯救我？基督呀，我对您绝无二心，也不……您的真理，也不……我……由于我在其中的需要。……枣椰树，像我一样摇动……（10）……真理。我带来了……他的心……犹如我通过他们而评估自己……那里从来没有……您，基督啊，也没有任何拖延……有益于他们。向我伸出了（15）您的右手；请来吧，我恳求您，把我拉出这死亡之狱。在您的光明显现在我身上的那一时刻……黑暗就将被驱散……在……来（20）光明的……您，少女啊，……天使们的……之子……黑疠之下。请来吧，基督啊，看见……眼睛看见了……（25）……我的父尊，我的……我所热爱的……还有您……您……胜利的……啊，……还有光明的……我穿上它……天使们。看哪，这……一切……（30）……归于福佑的玛丽的灵魂。

（以上诸行，见 Allberry, 1938, p. 67）

第256章

（1）尊神啊，……哲人、圣灵……摩尼。给予我……您的胜利，父尊啊，赐予我您的（5）威力，并帮助我，我恳求您，请来吧，神圣者。我已经……我全心全意地献出所有的爱……我的全部力量……我相信真理。（10）您见证了我忙碌的修道进程中的一切行为，您看见了我的极大努力，以及我的无法形诸言表的……我把黑暗的律令弃之不顾，但是始终遵奉光明的戒律，我使自己成为单独的……（15）为了您的无穷无尽的宝藏。我亲眼看见了您不屈不挠的护卫，我的父尊啊，我见证了您的仁慈把我保护在您的守望塔中。（20）……我……当我看见这恩典……他将生活在……（第25—27行无法辨认）您是我伟大的荣耀，我坚定的理智……不正当行为……（30）……您获得了胜利……我自己……您的胜利……胜利归于福佑玛丽、塞奥娜的灵魂。

（以上诸行，见 Allberry, 1938, p. 68）

第257章

（1）……光明的……在……的……（5）……您向我很快地现身，并向我伸出右手，以使我得以把肉体之物抛弃在身后。你们也来吧，天使们啊，……救世主带给我他曾允诺的礼物。（10）黑暗的……乃是诸魔；如果你渴望……包围我。你的污秽根本无法沾染我，我不惧怕你。……尊神的……即是审判官，我向您屈膝。（15）请赶快向我现身，使我可以度过……我把这……俗世丢弃于身后，我向你们致敬，众神啊，居住在光明之乡的荣耀的天使们啊。（20）这头狮子被我扼杀于体内，我把他从我的灵魂中清除出去，他自始至终在污染我，他苦涩的……。我在海洋的上方越过……死亡的陷阱，看哪，……（25）我在敌人的手中。荣耀和胜利归于圣灵，我们的主摩尼，以及他所有的神圣选民。胜利归于福佑玛丽的灵魂。

第258章

（30）热烈地祝福你，灵魂啊，你已结束了战斗，欢乐地庆祝，并……基督的……

（以上诸行，见 Allberry, 1938, p. 69）

（1）在……的洞穿中，盗贼的居所，那是每个人都为之哭泣的死亡之躯。你用你的信仰摧毁了大海及其滔天波浪；可能会淹没你的……的海中野兽……（5）你在航程中制服了他们，他们既不知道你，也不理解你。你突然避免了罪孽，你没有追随他的谬误以及他的……之火……你击败了他，并聚集你的美德来折磨他。（10）你羞辱了想把你诱入陷阱的罗网编织者，你撕毁了他们的罗网。他们惊奇于……的美丽……你的翅膀，你与你的众鹰飞升于你的自由的鸽棚。如你所知，热爱尊神的灵魂啊，（15）你所居者仍是一座脆弱的房子，你得点亮你的灯笼，并在灯中加油，在他们前来召唤你之前，不要让它们熄灭。注意啊，你所制造的物品最终都会有效果，一部分会追随着你，另一部分（20）则会袭击你。因此，当你前去觐见审判之前欢乐地庆贺吧。你抛弃了死亡的饥饿与干渴，你抵达了光明之城，那里既无饥饿也无干渴。祈求你的父尊降慈悲于我们，不要丢下我们……（25）既甜蜜又苦涩的习俗是这肉身的交流，……它的……它的笑声即是哭泣，它的甜蜜即是苦涩。因此，你没有烦恼，你已将烦恼之屋抛在身后，（30）还有这死亡的躯体，你把它丢在敌人的面前。如今，他们惊奇于……的……

（以上诸行，见 Allberry, 1938, p. 70）

（第1—7行已损毁）（8）……光明的……你的儿子……以及他的选民……（第11行已损毁）

第259章

（第13—14行已损毁）（15）……我始终护卫着……尊神的……这俗世的任何事物都是毫无益处的，敌人……为了……从……奔跑……信仰……在他的污秽中。（20）……他们坐在……他们……高高的天庭……他们犹如他们……（25）……他们注意着我。造就我的诸父尊啊，我……我，不要像……悲伤……力量……（30）……凡世，当时救世主本身……你将把它弃于身后……没有一样事物是凡世所能……人类……

（以上诸行，见 Allberry, 1938, p. 71）

（第1—3行已损毁）（4）……她……惯于……（第5—6行已损毁）……将取得它；让他……（9）……这俗世，它的……（第10行已损毁）我们一无所有……黑暗的……即是这躯体……（第13—14行已损毁）（15）……增加，我的……向前……在……之前被取走……我们抓住了……来自于他……（20）……在这……笑声……以及他的哭泣……这躯体……（25）……突然……这些不正当行为的……星球，创世之初暴行的施行者……真理，他可走……（30）……我，因为我自己的时刻已经到来；他们召唤我，我将离你们而去，回到我真正的故乡。

（以上诸行，见 Allberry, 1938, p. 72）

（第1—6行已损毁）（7）看哪，我已安全地结束了我的航程，看哪，……的化身……看见了它。啊，我的光明父尊们已经来到我的面前，久久地看着我。（10）荣耀和胜利归于我们的主，我们的光明，耶稣，以及他的选民，（第11—12行已损毁）

第260章

……新娘……（15）真正的新娘……是俗世，它的……（第17—19行已损毁）（20）他，为了……护卫……不正当的行为，它……人类道德……也……他们的欲望，他们堕入生命波涛的地狱中，就如他们的……死亡……（25）……徘徊；人类啊，永恒的凡世并不……尊神……（第27行已损毁）他们用甜言蜜语勾引你，甚至……你秘密地……（30）……今天，他们……他们为自己感到骄傲……他们的躯体，让他们……尸身，……

（以上诸行，见 Allberry, 1938, p. 73）

（第1—4行已损毁）（5）……灵魂……辛勤劳作。……尊神啊，不要……把我带往……首先，……诸天的……他们一直……他们满怀……时间，我的教友们啊；他的人也……（10）过着他们的生活……整个凡世也……返回……毫无价值。遗忘……的……降临于我，他们呼吁……他们在你们中间祈祷。（15）我所遭遇的并非暴力，而是……那里没有……在他的手中……每个人的朋友……（20）……审判者……

每个……我……他们把他们带到……有关我的遭遇。你们赶快地忙于……你们自身……(25)……在我们的手中……到处……光明的……他们杀死……他寻求……神圣者。(30)诸神啊，光明的儿子们，……给予我荣耀的花冠和……的外衣，并为我穿上……

（以上诸行，见 Allberry, 1938, p. 74）

（1）……啊，我的房屋，它们是救世主的光明，它们不……除了光明和……不……我……我父尊的舟船，太阳和月亮……(5)……我是神灵和尊神的仆从，……把我送到诸神之乡。荣耀归于您，父尊啊，真理之神，以及您所热爱的儿子基督，还有真理之灵，即圣灵；胜利归于福佑的玛丽和塞奥娜的灵魂。

第261章

(10) 拯救我吧，福佑的耶稣啊，神圣灵魂的救星。我将飞上诸天，把这躯体丢在凡世。我听到号角吹响，它们在召唤(15)我登升永恒之地。我将把我的躯体扔在凡俗之地，它正是从那里聚合成形的。我从孩提时代开始，就懂得行走在尊神之路上。任何人都不要为我哭泣，无论是我的教友还是(20)生育我的双亲。我的真正的父尊们，他们来自高处的天庭，他们热爱我的灵魂，他们在搜寻它。我灵魂的敌人即是俗世，它的财富和谎言。一切俗世的生活都憎恨虔信，那我在敌人的地方还能干什么？(25)……在焚烧……的死亡肉身中……我的救星没有抛弃我，他让我充分地享受其充满生命力的泉水。我知道神圣者们的道路，他们是教会里的尊神仆从，(30)圣灵在此种植知识之树。我的眼睛里已经摒除了充满谬误的死亡

（以上诸行，见 Allberry, 1938, p. 75）

（1）睡眠，……

（第2—4行已损毁）(5)……尊神的……葡萄树即是教会，我们即是……累累果实；又，制酒压榨机即是智慧，尊神的选民即是踩酒者。不朽的净化，我始终用(10)神圣者的手在净化。他们召唤我前赴高空的新房，我将穿着外衣登升。我不怕邪恶的形貌，这种灵魂的吞食者充满了谬误；只有不信神者才惧怕它，(15)尊神的仆从则踩蹦它。教给

我智慧的神,还将把花冠戴在我的头上。使我成为神圣者的神,也将把我带往光明天堂。……与我……宴会……(20)……善良……我将登升善良本原之处。……以及胜利归于圣灵;我恳求您,请帮助我。我向你们祈祷,神圣者啊,请降慈悲于我以及我的灵魂,啊,玛丽、塞奥娜、(25)普沙伊、杰姆诺特!

第262章

请拯救我,我的救星啊,怜悯、善良,以及一切……赶快前来,登上神圣者之舟,(30)它不会置你于不顾而出航。神圣的尊神召唤我们,我们愉快地追随……

(以上诸行,见 Allberry, 1938, p. 76)

(第1—4行已损毁)(5)……你,他们……(第6—7行已损毁)……贪欲。尊神……懂得善良,他将给予……(10)……他的果实。让他把它带往……提升它向上的神灵,不要……他的舟船进入港口……(15)高空的舵手,他的……制作它,你可以进行神圣者的航行……(第17—20行已损毁)(21)在港口……你……建立……希望……的眼睛……(25)……那里有……注视着你,人啊……他们在你面前,因为他们……舟船,……顺利地航行。(30)他……发现……宣称……(第32行已损毁)

(以上诸行,见 Allberry, 1938, p. 77)

(第1—11行已损毁)(12)……海洋……在其中;他们始终……你,我的……(16)……邪恶者,它惯于……你……邪恶的……你。(20)……被打扰的神灵……惧怕……我们。……他将把你带往(24)安宁的港口……风,它不会攻击……诸山,他……他们即是贪欲……灵魂……它,它们不会……(28)……对于这……它远离岩石。它的船主……生命,新的……(第31行已损毁)

(以上诸行,见 Allberry, 1938, p. 78)

(第1行已损毁)……看到光明……你的灵魂,不要……小路。他想着天庭的事物……(5)……空中产生风暴……波涛之国本身……邪恶的……你压制了它的波涛……渴望停泊在……的港口……声称对俗世的拥有……（10）贫穷的宁静，他可以……基督的……发现无穷无尽的欢乐、恩典……有益于身心的智慧，它没有……荣耀永远归于您，我们的主摩尼，以及（15）福佑玛丽的灵魂。

第263章

让我具备进入您那充满光明之新房的资格。耶稣基督啊，接纳我进入您的新房吧，您是我的（20）救星。死亡之躯……我杀死了它，我使它远离我的肢体……确实令我羞愧。我是纯洁和神圣的少女。我神圣的父尊啊，让我看到您的化身吧，我以前看到您，（25）还是在这个世界初创之前，是在黑暗对您的永世激起忌妒之意之前。正是由于它，我变成了我的王国的陌生人，我割断了它的根，我胜利地登升天庭。请净化我吧，我的新郎，救星啊，用您的水（30）……充满了恩典。我逃离了大量的……

（以上诸行，见 Allberry, 1938, p. 79）

（第1—3行已损毁）……给予我们欢乐的神灵首先……（5）……您的……赞歌……福佑的……的恐惧……贤明，他居住在……（10）……我从凡尘前来，回到……毁灭，它将摧毁……这个俗世。……犹如太阳般地照耀，新郎啊，我用上佳的纯净的油点亮了它……（15）……少女，我为您演奏音乐，我的救星，……黑夜沉重地压在我身上。没有人能发现我的财富藏在哪里。……基督啊，把我带到您的新房里去吧……恩典与胜利的花冠。看哪，（20）……欢乐，他们用其演奏音乐；让我在所有的新房中欢乐庆祝，您并把神圣者的宝冠给予了我。荣耀和胜利归于圣灵，我们的主，我们的光明，摩尼，长满了鲜美果实的生命之树，（25）以及他的神圣选民，还有普洛西亚尼（Plousiane）的灵魂、福佑玛丽的灵魂。

第264章

头生者啊，请把我带往您处。看哪，光明的道路在我面前展开，直通我的初城，该地……

（以上诸行，见 Allberry, 1938, p. 80）

（1）……我看到他……消亡……救世主的化身来到我的面前。看哪，少女的光明照耀着我，真理的荣耀肖像，带着她的三位天使，（5）恩典的施予者。啊，头生者。由于我的救星的光芒和他荣耀的光明化身，诸天的大门已在我面前打开。我将充满衰老与疾病的外衣丢弃在凡尘，而穿上了永世不朽的新袍。（10）您运渡我越过太阳和月亮，啊，光明的渡船十分安宁，它位于三层大地的上方。头生者啊，我已成了神圣的新娘，安处在光明的新房中，我已获得了胜利的礼物。（15）我进行了多么辛勤的劳作啊，因此获得了令人怜悯的结果。啊，我不朽的拥有物。头生者啊，荣耀和胜利归于我们的主，摩尼，以及他的神圣选民和福佑玛丽的灵魂。

第265章

（20）今天，获得了躯体和灵魂分离的报偿。今天，……在尊神面前向他显现。正直者的灵魂被戴上光明的花冠，与天使们一起，荣耀地登升高空的天庭。（25）但是，如果他是个罪人，则就会充满恐惧，并被投入火中，就如一个邪恶的和毫无价值的奴仆一样。在这一天，他们等待的并非被告的抗辩，而是有善举的人使之相信其善恶俱有报应。（30）他们度过了他们的一生，消耗在吃喝

（以上诸行，见 Allberry, 1938, p. 81）

（1）和贪欲上……当他们想到审判官的审判时，……陷于混乱中。他们为了已经消逝的拥有而互相争吵，为了一个重要的宝藏而（5）互相搏杀。我的灵魂啊，为什么浪费了你的生命……唯恐他们以……和贪欲的理由把你送上审判台？你的生命时日飞快地流逝，为什么你（10）把热情徒劳地浪费在凡尘的事务上，而将天堂的一切事务都抛却？你把你的生命消耗在对俗世事物的烦恼和考虑上，因痛苦和忧伤而走向堕落。（15）你是一个异乡客，寓居在污浊凡尘的躯体中，因此，你毫不留意于你无知地干下的蠢事，这要维持多久呀？可怜的家伙呀，你耗费了所有的时间去滋养你的躯体，却不为你获救的道路而烦心。（20）你为了濒死的儿子或朋友哭泣和流泪，然而当你自己去世时，你内心却没有想想自己的未来。因此，从今以后多关心一下隐藏在内心

的东西吧,(25)看哪,旅行的大道就在你的面前,不要忘记你的去世之事。不要选择这肉身的生活,而无视不朽的生活,把对尊神的畏惧置于内心,你就能生活得轻松愉快。(30)生气勃勃的父尊啊,胜利归于您,荣耀归于耶稣基督,您的儿子,以及您的圣灵。胜利归于普洛西亚尼、福佑玛丽的灵魂,以及塞奥娜、普沙伊、杰姆诺特。

(以上诸行,见 Allberry, 1938, p. 82)

第 266 章

(1)万岁,正直的审判官,领悟宇宙的基督之子。如今,当我带着我善举的凭证,向您走来时,(5)请用您的威力和权势把我向上提升,请赶快来吧,使我能够站在您的面前,全心全意地热爱您。看哪,我履行了您的戒律,欢乐地行进着。这个躯体的青年并不……(10)当我在里面时,其肉体的新奇也不……其时日的完成。凡尘的……我用您的力量征服了他们,啊,我的救星;加诸我身的最后的死亡遗迹……它曾被钉在您的十字架上……(15)在它的居所中……在实现您的戒律的地方。如今,我向您呼吁,啊,我善举的凭证,选民的同情者,信神者们的希望。请前来,与我一起站在(20)审判官之前,直到我获得花冠。万岁,正直的审判官,强大的威力,真理的道路,区分胜利者和遭谴责者的明镜,为我穿上您的外衣,赠予我花冠和奖品。(25)万岁,纯善人,通往天庭的神圣道路,清纯的天空,一切信神者的安全港,向我公开您的秘密,把我带离苦难,前赴您处吧。今天,我正向您走来,光明诸王,(30)各位船主啊,请为我打开你们的门,把我带到你们面前。让我有资格获得三件礼物,化身、热爱和圣灵。通过光明舟船的航行,我来到……

(以上诸行,见 Allberry, 1938, p. 83)

(第1—2行已损毁)……我向您祈祷和赞颂……我的父尊,真理之神。(5)荣耀和胜利归于我们的主,摩尼,来自父尊的真正神圣者,以及他所有的神圣选民,还有福佑玛丽的灵魂。

第 267 章

请来吧，我主耶稣，在我需要的时刻与我（10）站在一起。……欢乐的……我主的……来与我相会……诸魔以及他们的……也……我所深信的您的希望……我恳求您，我主摩尼，赶快给予我（15）虔诚信仰的奖赏吧，因为我始终以您的名义祈祷、斋戒和施舍。让三位天使来到我的面前，给予我花冠、外衣和奖品，这是您确实允诺给予（20）信仰您的人的礼物。不要让诸魔恐吓我，也不要有着可怕面容的伊里涅丝（Erinys）[①]；因为我始终并无谬见，而是耗费了我的终生滋养您的真理。我崇拜您，我主的化身，在见到您之前，（25）我就敬爱您，因为我早就听说您的名声。我一直使自己保持圣洁，使自己被认为配得上见您。为了您，我的主啊，我憎恨整个俗世；它的罗网遍布各处，我却并未受其羁缚。我在此没有留下哭泣的原因，因此，我的父尊们啊，不要为我悲泣。（30）如今，请掀开您那神秘的面纱，让我看见我的母亲，神圣少女之欢乐化身的美丽面貌，她将渡运我，把我带进我的城市。

（以上诸行，见 Allberry, 1938, p. 84）

（第 1 行已损毁）……您的恩典，您给予……完美的真理，它……请来吧，我的父尊，初人啊，您（5）为了戒律而牺牲自己。但是，请注意，我……因您的真言而……解释，……如今，您的光明礼物……从舟船到舟船，直赴使者……他将运渡我，越过……（10）现在，请听我说，我正直的父尊，我始终信奉您，我一直向您祈祷，由于我……的日子……他运渡我，前赴我的光明之城。我崇拜您，啊，光明之父；我祝福您，欢乐的永世，以及我教友和我的姊妹们，（15）我已远离他们，我会再次见到他们。向你们所有的人致敬，已戴上花冠的灵魂们啊，你们已实现了父尊的心愿。因此，请来吧，安宁地生活在光明之地，尊神所爱灵魂的地方。荣耀归于您，我主耶稣，我的救星，圣灵。胜利

---

① Erinys，亦作 Erinyes，本是希腊神话中的角色（希腊文 Ερινυς），通常称为复仇三女神。她们是天神 Uranus 的血落到地神 Gaea 身上后诞生的。其形象为三个身材高大的女子，头上长蛇发，眼中流血泪，双肩生翅膀，手执火把与蝮蛇鞭，形貌相当恐怖。其主要职能是追猎杀人凶手，尤其是血亲凶手，使之良心受到谴责，乃至发狂。此外，她们也对有罪的亡灵执行惩罚。有鉴于此，伊里涅丝成为希腊人最惧怕的神灵。科普特语文书在此作如是说，显然是主要借鉴了这一希腊神话角色对罪人执行惩罚的说法。

（20）归于您，我主摩尼，其话真实无虚者，还有玛丽、塞奥娜。

第 268 章

耶稣，我的光明，我所敬爱的神灵，请把我带到您那里去吧。（25）我深信您希望我了解的知识，它召唤我奔向您。我已抛弃这邪恶的凡尘，它引诱……有……之心的……我遵奉您的戒律……神圣。肉体的诸事……我憎恨它们……（30）……灵魂的……您……向您……

（以上诸行，见 Allberry, 1938, p. 85）

（1）……在……之间……我并未接受它们，因此它们也不能控制我，其他异端教派则侍奉他，不知道真理之神的名字，是您使我脱离（5）它们的奴役，我的主啊，人类之子。我成为了肉体之双亲、我的弟兄们、我的亲戚们的异乡客，因为我找到了你们这样的父尊、母亲和弟兄，永世不朽的神灵，我与黑暗混杂之前，曾与你们一起居住在光明之中。（10）我的心灵丝毫没有被束缚于对……的烦恼……异端教派徘徊于生命的……之中……徒劳地辛勤劳作；我自始至终地全身心地信奉您的杰出信仰。我从来不与谬见的教派混迹一起，（15）因为您……从我年轻时代起就……我。我从来不亵渎神灵而污染我的舌头，因为您给予我的知识使得我能够分清光明与黑暗。您让我崇拜那些光明之体，以及其中的（20）诸多父尊，他们将渡运其信徒前赴不朽之地；而谬见诸子则出于对敌人的恐惧而憎恨他们。我持续地实践您的神圣智慧，它们打开了我灵魂的眼睛，使我看到了（25）您的荣耀的光明，并且使我看见隐蔽的和显露的种种事物，以及地狱中和天庭中的种种事物。对于赋予宇宙生命的光明的十字架，我已了解它和相信它，因为它是我亲爱的灵魂，它滋养着每一个人；但是它使得（30）瞎子很不舒服，因为他们对它一无所知。我已不与肉体混杂在一起，因为肉体是要毁灭的东西。对于您的美妙的战斗，我已使自己……

（以上诸行，见 Allberry, 1938, p. 86）

（第1—2行已损毁）……我抛弃了我的毁灭性躯体，死亡力量的居所，并登上（5）我曾经与之分离的您的永世，于是，我便能获得您的礼物，我仁慈的尊神，救星，我的救赎者啊。……我的主啊，我在……

的时刻向您呼吁，……您吓跑了……他们不能捕捉我的灵魂，因为我（10）自始至终只敬爱您。荣耀归于您，在诸永世称王的真理之神；胜利归于您的儿子耶稣，其信徒们的救星；光荣归于您的圣灵，以及福佑玛丽的灵魂和塞奥娜。

第 269 章

（15）耶稣，我的光明，……的儿子，不要把我抛弃在这凡尘的荒漠中。我已把您从肉与血中净化出来，我的尊神；不要把我抛弃在这凡尘的荒漠中。（20）父尊，戴着宝冠的王，我已使您脱离……而变得纯净，不要抛弃我。①这些光明高悬天上，我使得它们渡运我。不要抛弃我。这股大力支撑着宇宙，我护卫着它的货物。不要抛弃我。（25）我和耶稣啊，您是我依赖的神灵。不要抛弃我。我始终依赖于您的护卫，我摒弃了整个俗世。我曾经差一点落入深渊，但是后来再次转往彼岸。不要抛弃我。我丢弃了我肉身的双亲，因为我已拥有真正的父母。不要抛弃我。（30）我丢弃了我肉身的弟兄们，因为我已拥有精神的弟兄。……看哪，我已远离他们。不要抛弃我。……我鄙视他们。不要抛弃我。

（以上诸行，见 Allbery, 1938, p. 87）

（第1行已损毁）……新人的业绩，看哪，我已不再念及他们。不要抛弃我。由于您无穷尽的支持，我已忍受住了饥饿。……以您的名义，我的尊神，……俗世。（5）不要抛弃我，您完全了解我的内心。……他们被我束缚，……我兴高采烈地庆祝我所完成的赛跑。……请把我辛勤劳作而获得的花冠给我。（10）……光明，我忠告者的化身。……真理的……，他了解我的力量。纯善人啊，我所依赖的安全港，不要抛弃我。您是初人，我真正的……，不要抛弃我。……（15），啊，……我城市的……不要抛弃我。我的教友们，我肉身的双亲，不要为我哭泣，因为我已因自己的辛勤劳作而被赠予了花冠。不要抛弃我。啊，……精神的……你们全都与我一起参加欢宴，……我的花冠，它们永不褪色。（20）荣耀和胜利归于我们的主摩尼，以及他的神圣选民，还有福佑玛

---

① 这里以及下文，多次出现"不要抛弃我"的句末祈求，科普特语和英译文均作缩略形式，汉译文则照录整句。

丽的灵魂。

第270章

啊，耶稣，真正的希望，您为我提供知识，帮助我，我的主啊，并且拯救我。（25）我憎恨这邪恶的俗世，因此更热爱您，救星啊。帮助我吧，我的主，拯救我。我初期曾被击败，后来接受您的美德，啊，基督。帮助我吧，我的主，拯救我。我摒弃了与污秽的交合；我穿上了您所喜爱的洁净。帮助我吧，我的主，拯救我。我履行了仁慈之主的戒律。

（以上诸行，见 Allberry, 1938, p. 88）

（第1—3行已损毁）……您的神圣者们也……（5）帮助我，我的主啊，拯救我。您打开了我心灵的眼睛，您关闭了……的眼睛……帮助我，我的主啊，拯救我。……我相信……帮助我，我的主啊，拯救我。（10）我的祈祷，我的圣歌，我的赞美诗……帮助我，我的主啊，拯救我。您是使我值得……的神灵……帮助我，我的主啊，拯救我。我取悦于您……（15）帮助我，我的主啊，拯救我。（第16—17行已损毁）……花冠、衣服……向您。帮助我，我的主啊，拯救我。（20）荣耀归于……胜利归于福佑玛丽的灵魂。

第271章

耶稣，神圣的王，请把我……啊，基督，我始终敬爱您，归属于您，我曾落入死亡之躯的陷阱。（25）为我设置圈套的阴谋者把我置于他们的罗网中，他们把我逐出美丽飞鸟的自由空间。看哪，随后您就来了，耶稣，我的光明，被束缚之人的解放者。我用对您的真理的信仰摧毁了他们的陷阱，焚烧了他们的罗网。（30）我利用自己的威力使自己变得纯净，啊，神圣之王；我还以您的名义净化了污秽……

（以上诸行，见 Allberry, 1938, p. 89）

（第1—3行已损毁）（4）……束缚在躯体中。……诸地，您没有坐在……您显示出……地狱之门……但是……是灵魂……（10）……审判官，他们……吹拂……在您的航行中……返回……热爱灵魂……（15）……的风……海洋……用您的……呼喊……这躯体的……（20）……躯体的罪过……它，您本身见证了……埋藏在内部的死亡……说道：除了……智慧，或许……我们为了自己而护卫的美德，以此……（25）我听到了您充满威力的生气勃勃的呼喊，我追随您，贬斥了谬见的罗网，我把罗网撤离活人，我让死者埋葬死者，我带着您的十字架跨步前进，我依靠了您的正义，我获得了福佑，因此，请带领我与您一起前赴神圣诸神的天堂。

（以上诸行，见 Allberry, 1938, p. 90）

（1）……神圣的……您的戒律的……（第2行已损毁）神圣的充满生机的葡萄树，它……"我是葡萄树，您是……（5）我的父尊是农夫。每根枝干将结出恶果，它们被连根铲除，并被扔入火中……因为它出的并非善果。"这些树萌芽，开花，结满了果实，我把它们送给您，我的农夫。它们是祈祷，是斋戒，（10）是施舍，是对于……的敬爱，……因此，您作为礼物送给他们……真理的……我也是一个……声望的花冠、衣服……并给予我奖品……（15）……玛丽的灵魂。

第272章

我信奉的耶稣基督，请赶快向我现身，拯救我吧。慈悲和善良的神，对于……满怀仁慈……（20）啊，头生者，耶稣，我始终敬爱您，请不要把我抛弃于苦难之中。从一开始，我就对您感恩，我抛弃了世俗的世界，我坚信您，我以您的名字为荣，啊，独生者。请不要抛弃我。（25）我所穿的罩袍十分沉重，所有的人都憎恶它，迫害它，除了我为之献出灵魂的你。请不要抛弃我。啊，那些在天上的以及在地下的，都给我增添苦难，与我混杂在一起的，也充满愤怒地攻击我的灵魂。

（以上诸行，见 Allberry, 1938, p. 91）

（1）……是我的灵魂……（第2—3行已损毁）……我的弱点。（5）……我受到您的制约，我限制自己……您的十字架，我将我的肢体给予……请不要抛弃我。……我的灵魂将能够经受它的考验；但是，（10）……您，因为您是它的救星。（第11行已损毁）……还有……的成长……荒漠，您是……请不要抛弃我。（第14行已损毁）（15）……从一开始就……他们……他回来了，他管理着他们。让我与您一起管理，让我不要成为您的羞辱。……在祈祷中……您，我的审判官。我恳求您，您是（20）你的孩子们的神秘的欢乐。我向您呼吁，不要离我而去，而是……请赶快倾听我的祈求，用您的仁慈克服我的弱点。请倾听我，救援我，使我（25）脱离苦难，我的灵魂也能获得欢乐，它曾向您呼吁，您也曾回答它。荣耀和胜利归于我们的主，摩尼，来自父尊的真理之灵，还有他的神圣纯善选民，以及福佑玛丽的灵魂、塞奥娜、（30）普沙伊、杰姆诺特。

（以上诸行，见 Allberry, 1938, p. 92）

第273章

（1）我始终信奉的耶稣基督，在我需要的时刻与我站在一起。我也是您成百绵羊中的一只，（5）您的父尊把它们交到您的手中，您便可以喂养它们。贪婪的狼，荒漠之子，听到了我甜蜜的呼喊，于是前来劫掠。您的签落在了所有亲人中的我的身上，……直到我结束战斗。（10）我曾将自己放弃给依赖于……的死亡，……神圣的话语："死亡者将会复活，卑贱者将会尊贵。"我荣耀地得到您给予我的智慧……异端教派；再也无人能够战胜我。看哪，我已把您的戒律制成了甲胄，我用它武装了自己，（15）进入了俗世，我呼吁……当我听到您的……的呼喊，神圣的号角响彻夏天和冬天……我追随着您。我致力于远离凡尘，我离开了我的双亲，我前赴（20）主那里，他比天和地更加伟大。我不向您，我的尊神隐瞒，我不按躯体的意愿办事，在……时刻，您可以不让我……生命之物消逝，它们并不符合……人的一生也就如灯一般地熄灭。（25）当我流着眼泪谈到这些事情时，救世主召唤了我："来吧，繁忙的优胜者。"他并把光明的花冠赠给了我。我的教友们哪，谁能见证了此事，并再度返回俗世，把我今天的收获告诉所有的荣耀者？我请求你们所有的人，我的教友，我的亲人，（30）不要为我哭泣，因为我已获得辛勤劳作的奖赏。荣耀和胜利归于我们的主，摩尼，以及他所有的选民。胜利归于福佑玛丽的灵魂。

（以上诸行，见 Allberry, 1938, p. 93）

第274章

（1）耶稣，我的求助者，请把您的右手给我……向您。不要……我重击这虚假的朋友……（5）……我用……的剑杀死了他……把我带到您的居所。……被关在监狱中……因您的赦免……众星的……她获得了花冠……（第10—11行已损毁）……三印，给予我……花冠和奖品。……当我……您允诺我……（15）……以及那裸露的……您真正的面包……给我……酒。……在您甜蜜话语前的审判……我，超出肉体的诸父……（20）……夏天和冬天，……停止……我抛弃了凡尘的事务，欢乐地庆祝……您在发光天体上的神圣宝库的名声……，按照您所说之话（25）"你的灵心在哪里……"而繁荣昌盛。荣耀和胜利归于我的主，我的光明，摩尼，把我从凡尘谬见中解救出来的真正救星，还有他的神圣选民。胜利归于福佑玛丽的灵魂。

（以上诸行，见 Allberry, 1938, p. 94）

第275章

（1）耶稣，救星啊，我恳求您，请来到……向您。（第4行已损毁）（5）我是徘徊在……的一只绵羊……我的美貌……少女的罩袍。……光明的安全港，我停泊在其中，让我……欢迎我进去，您的天使们给予……（10）……的……凡尘的……我一直监视着它，我不曾突破……如今诸魔被羞辱……我一直走在……的路上……诸印……（15）……死亡的躯体……（第17行已损毁）……自此以后……我发现了她，这是一艘船，它……（20）犹如罗网里的一只鸟，我在死亡之躯中时，也是如此。我不是……的奴仆，……拔掉我的羽毛，羞耻的……邪恶，我赶快前往发光天体的鸽舍。看哪，我如今穿上了少女的衣服。（25）我恳求您，敬爱的，请让我的施舍物来与我相会，请让我登上神圣之舟，让我的灵魂赶快进入安全之港。我随后发现了光明之界，并且启程前往诸神之城，（30）通过我充满赞美言辞的口，与正直者交往。如今，请按照我的救世主的允诺，把对于我的善举的奖励给我吧。荣耀，胜利和光荣归于我们的主，我们的光明，摩尼。

（以上诸行，见 Allberry, 1938, p. 95）

（1）……我，现在给我……因为我是一个禁欲者①，……愿福佑玛丽的灵魂安宁。

第 276 章

（5）你们全都集结起来，心灵的诸子啊，你们……我的神灵之主，我的救星……我的主啊，我需要您的帮助，（10）……您曾说过，您将派遣……（第11—12行已损毁）……黑暗之地，它是……（15）……当我听见您，我的牧人的声音时，……您的牧场。美好的……您把它给了我，这是知识和信仰，我使得它们成倍增加，荣耀的尊神，……以及智慧。（20）……在我的城内，害怕致命的……爆发，我全心全意地忏悔，认识到黑暗并非出于光明。我战斗，我被认为配得上如此丰富的礼品，我不会在大火中焚烧，因为我拥有（25）光明天体的护卫。我向无生者忏悔，我崇拜他的话语，我接受他完美的祝福，因为我蔑视格黑那。② 我逗留到将近安息日，我……我的灵魂。

（以上诸行，见 Allberry, 1938, p. 96）

（第1行已损毁）……你们全都集结起来，灵魂啊，……我的施舍物，你们报答我……（5）礼物，我使得你们……诸神的……散布开……诸光明的伟大者，她……在死者复活之日。然后前来安宁之地……啊，……灵魂……（10）……善举的证明。荣耀和胜利归于我们的主，摩尼，以及他所有的神圣选民。胜利归于福佑玛丽的灵魂。

这篇科普特语的《耶稣赞美诗》篇幅颇大，对耶稣充满了各种赞美之辞；虽然未像前引伊朗诸语的《赞美诗》那样，明确称呼"光辉者耶稣"，

---

① 科普特语文书在此使用了一个希腊语借词：ἐγκρατής，亦即英文 Encratites 或者 member of the Encratite sect。它的原义是"节制欲望"、"自我控制"等，是公元二世纪基督教的一个清修教派，由叙利亚的神学家和修辞学家 Tatian 创建；其教徒禁止结婚，并且尽量不吃肉。摩尼教的某些教义受其影响。这里的汉文只是大致的意译。

② 科普特语原词作 Γεϵεννⲁ，为希腊文借词（γέεννα），英文作 Gehenna。本是《圣经》术语，原指古耶路撒冷界外的两个主要谷地之一，称为"希诺姆之子谷"（Valley of the Son of Hinnom），最初，其居民用焚烧自己的孩童来献祭，故被视为诅咒之地，也就具有了与"地狱"（hell）、"炼狱"（purgatory）相仿的含义。在此，摩尼教徒心目中的 Gehenna，似乎即是喻指暗魔的居地。

但是就其反复描述的内容来看,耶稣在此扮演的角色,与前者也大同小异。例如,作为第一人称的被囚的光明分子(即灵魂)向耶稣提出的迫切恳求,都是希望他"前来拯救",前来"救赎灵魂",亦即将耶稣视作"救星"或"救世主"。在两种文书中,或称耶稣"使得昏睡的人起身,使得死亡的人复活",或称他是"死人的复活者"、"被束缚之人的解放者",显然都是用象征手法指耶稣为被囚灵魂的解救者。又,伊朗语文书声称耶稣的"名字是弥赛亚,把我们从罪人群中分离出来",科普特语文书称耶稣"真理的审判官"、"正直的审判官",则都将耶稣视为"末日审判"时奖善罚恶的最高裁判者。所以,科普特语《耶稣赞美诗》也可以看作是对"光辉者耶稣"的赞美诗。

由于摩尼教中的"耶稣"以好几种名号出现,似乎扮演着不同的角色,具有不同的职能,故学界对此有所关注,曾有一定的探讨。在此则对这个问题略作解释和辨析。

三、"耶稣"诸角色的异同辨

摩尼教中的"耶稣"角色不止一个,前人通常将他分成三种到六种的不同类型。例如,布尔基特将耶稣分成三种角色:一是作为救赎者(redeemer)的耶稣,二是作为受难者(sufferer)的耶稣,三是作为养育者(nourisher)的耶稣。[①] 其后有不少学者响应这一说法,如博伊丝、克林凯特、刘南强等。

波洛茨基将耶稣划分成两类:一为"光辉者耶稣"(Jesus the Splendour),二为"耶稣基督"(Jesus Christ),亦即是指历史上真实存在的耶稣。但是他认为,所谓的"受难耶稣"(Jesus Patibilis)当是处于神学耶稣和历史耶稣之间的一个折中调和角色。[②]

鲁道尔夫认为,摩尼教中耶稣是一种三重性的救赎者,即光辉耶稣、历史耶稣、受难耶稣三者结合在一起。不过,他还提到过四个不同的耶稣角

---

① Burkitt, 1925, p. 42.
② Hans Jacob Polotsky, "Manichäismus", in *Collected Papers by H. J. Polotsky*, ed. Kutscher, 1971, pp. 699-714.

色,即上面所言的三种耶稣,再加上"少年耶稣"(Boy Jesus)。① 他并未谈到"少年耶稣"与其他三者到底有什么关系,尽管在其早期的著述中,他将这"少年"视作"光辉者耶稣"的另一个"神我"。

罗斯一方面划分出耶稣的三种角色——受难耶稣、历史耶稣和宇宙的基督(Cosmic Christ),另一方面还进一步推测耶稣作为"光明使者"(Apostle of Light)和"世界判官"(Judge of the World)的角色。他还认为,有必要从不同的视角来区分耶稣的角色,例如,"被救赎的救赎者"(Saved Saviour)、光辉者耶稣、先知耶稣、判官耶稣,还有拯救亚当的救赎法理中的耶稣,以及为摩尼教信徒之现实生活服务的神圣仪式中的耶稣。②

宋德曼则提出了"六种耶稣"说:光辉者耶稣、受难耶稣、历史耶稣(即光明使者)、末世耶稣(即审判官)、少年耶稣(Jesus the Child),以及月神(月亮)耶稣(Jesus the Moon)。他并指出,摩尼教中耶稣的大部分角色可以被更为实在的其他神话存在所取代,如光辉者耶稣可被伟大明心(Great Nous)取代,受难耶稣可被"世界灵魂"(World Soul)取代,少年耶稣可以被"生命思维"(Enthymesis of Life)取代,以及"月神耶稣"可以被月亮取代。③

近年,弗朗茨曼结合东、西方资料,对摩尼教文献中展现的耶稣形象作了全面的归纳和分析,又有新的看法。他把宋德曼罗列的六种耶稣分成两大类,进行比照、分析:第一类为光辉者耶稣、光明使者耶稣、审判官耶稣;第二类为受难者耶稣、青年耶稣(Jesus the Youth)、月神耶稣。他的最终结论是,这六种耶稣实际上是同一个耶稣:"在上文的'中期归纳1'中,我已经指出,光辉者耶稣、使者耶稣和审判官耶稣是相同的;在'中期归纳2'中,则指出了受难耶稣稍欠明确地等同于青年耶稣;而在本节'最终归纳'中,则将指出这两大类耶稣的同一性。此外,在'中期归纳2'中,我并未将月神耶稣考虑在内,但是认为这源自于光辉者耶稣的完全演变。""来自摩尼教文书的充分证据可以确切地表明,摩尼——至少是摩尼之后的早期摩尼教社团——相信和崇拜在许多不同情形下具备诸多形象的单一耶稣。我业

---

① Kurt Rudolph (ed.), *Gnosis und Gnostizismus*, Wissenschaftliche Buchgesellschaft, Darmstadt, 1975, pp. 156-157, 339.
② Eugen Rose, *Die Manichäische Christologie*, Otto Harrassowitz, Wiesbaden, 1979, pp. 58-59, 63-64.
③ Werner Sundermann, "Christ in Manicheism", in *Encyclopaedia Iranica*, Vol. 5, Routledge & Kegan Paul, London, 1992, pp. 536-538.

已展示，这个多角色耶稣的统一体在东方和西方文书中都可以有所体现。尽管这个'统一体'看法可能因为有关青年耶稣的资料较少而稍受妨碍，但我相信肯定有足够的资料充分证明这一主张。奥古斯丁曾责问福斯图斯：'还有，你们到底制造了多少个基督？'如今，随着我完全地分析了耶稣的每个角色，并确认了他们之间的同一性，我就可以相当肯定地回答道：'只有一个。'"①

弗朗茨曼的此书是迄今为止最全面和详细探讨摩尼教之"耶稣"角色的专著，他的"同一耶稣"说是基本上可以接受的，因为即如本章前文译释的伊朗语文书和科普特语文书所展示的那样，即使明确具有"光辉者耶稣"称号的神灵，其各种职能实际上也涵盖了其他耶稣角色的职能。下面，则具体地比照一下耶稣诸角色间的异同关系。

第一，所谓的"光明使者耶稣"（Jesus the Apostle of Light），也简称"使徒耶稣"（Jesus the Apostle），这大致上也相当于"历史耶稣"（the Historical Jesus），亦即出生于以色列的拿撒勒（Nazareth），以人类形貌出现的"光明使者"，在人间传播真理和施行"奇迹"的耶稣。毫无疑问，他是由最高神"大明尊"派往人间，以"拯救"众生的。有关他的使命，摩尼教科普特语文献《克弗来亚》有所描绘：

> 当他（指摩尼）讲完这些后，站在他面前的众人中立刻有一位门徒对他说道："大师啊，请告诉我们，就这个问题指导我们。按你所言，人类偶像并不属于尊神，那么，为什么生命尊神的儿子耶稣来到这个世界？他并在此启示。他遭受折磨和迫害。他们将他吊在十字架上，他的敌人折磨他和以其恶行羞辱他。"
>
> 使徒对他们说道："耶稣并不仅仅是为了人类而来此拯救世界，而是……他来到凡世启示……外界是强大的……当他在外界的大宇宙中完成这一任务后，他来到……他还与亚当、夏娃一起来，启示他们。尽管如此，他还派遣使徒们前赴善人处，一代复一代，向他们启示五件大事。"②

---

① Franzmann, 2003, pp. 133, 138-139.
② Gardner, 1995, 267^{18}-268^4, pp. 272-273.

由此可知,"光明使者耶稣"的遭遇,以及他在人世所行的善事,与"历史上的"耶稣几无不同。他除了"启示"世人外,还治病救人,施展"奇迹",如《赞美诗》罗列了耶稣所做的许多事,其中有:"他使得因其原罪而死亡的人复活。他使得出生时就瞎眼的人重见了光明。他使得聋子的耳朵听到了声音。"[1] 所以,摩尼教中的"光明使者耶稣"的作用与形象,和基督教经典所描绘的其教主"真实的耶稣"相差无几。

可以认为,"光明使者耶稣"(历史耶稣)的基本形象是凡世的普通人类,他尽管布福音,行善事,施"奇迹",但是并未高高在上,而是与凡人无异,甚至还会遭受被钉十字架的苦难。就这点看来,他与基本上是"明界神灵"形象的光辉者耶稣相比,似乎是完全不同的两种角色。但是,不乏资料表明,光辉者耶稣也曾下凡,化作人形,以拯救人类;而这便使得两种耶稣角色"合而为一"。如科普特语《克弗来亚》所载:

> 第四次拯救是光辉者耶稣的拯救。自从他出世之后,他在苍穹中展示了他的形相,从而净化了上界的光明分子。他建立了最早的宗教组织……一切教会。他显现了……的相貌……他使得自己貌似天使……直到他周游各地,降临凡界而呈现肉身。他使得众大地和一切束缚物井然有序。他还松开了……整个结构中的无量光明。他给予选民呼唤与应答,他创造了青年耶稣。他升天后,安居于明界。[2]

不难看出,光辉者耶稣在"下凡"后所做的事,与"历史耶稣"(光明使者耶稣)从事者几无二致。所以,若据此而谓"光辉者耶稣"与"光明使者耶稣"实为同一,并非没有道理。

第二个角色是"审判官耶稣"(Jesus the Judge)。由于他的主要职责是在"末日"进行"审判",故有时也称"末世耶稣"(the Eschatological Jesus)。他的主要形象是天神,其居地位于人世的上方;他在完成凡间的一切审判和更新之后,便会回归明界。不过,他在完成最终审判之前,以及用大火净化剩余的可救赎光明分子之前,将治理人类一百二十年。有关"审判官耶稣"

---

[1] Allberry, 1938, 194[24-26].
[2] Gardner, 1995, 61[17-28], pp. 64-65.

的描绘,见于许多摩尼教文书,即如前文所译科普特语《耶稣赞美诗》描绘的那样:

> 当我听到我的救世主的喊声后,一股巨大的力量便充斥了我的肢体;我摧毁了他们的痛苦之墙,我击毁了他们的门,我奔向我的审判官。他将荣耀之冠戴到我的头上,把胜利的奖品放到我的手中,他为我穿上光明之袍,他把我提升到我一切敌人的上方。当我上天见到父尊时,我高兴万分,由于他,我才在黑暗之地战而胜之。啊,我的伟大国王,把我渡运到诸神亦即天使之城吧。①

在此,耶稣被称为"审判官",则颂诗所描绘的,不是所谓"个别审判"时的情景,便是所谓"普遍审判"即"末世审判"时的情景,它们都展现了耶稣以"审判官"形象解救被囚光明分子的摩尼教神学。本书第一章所载《沙卜拉干》中描绘的赫拉德沙(Xradešahr,即耶稣的异称)将善人置于其右侧,恶人置于其左侧,让前者升天堂,后者入地狱的大段文字,便是耶稣"末世审判"的典型场景。由于文字冗长,在此不再重复,读者自可参见前文。

颇有意思的是,《沙卜拉干》在描绘同一位"赫拉德沙"(耶稣)时,紧邻其"末世审判官"事迹的前一段文字,却是谈述"光辉者耶稣"的典型业绩:"然后,赫拉德沙,这位最初给予男性创造物,原始的第一位男人以智慧和知识的人,嗣后将不时地,世代相续地给予人类以智慧和知识。在最后的时代,接近更新时代时,主赫拉德沙还会与一切诸神以及虔诚的……站在诸天之上,一个伟大的召唤将回荡不绝,闻名于整个宇宙。"② 由于耶稣向第一个人类亚当传播智慧和知识之事,通常都归之于光辉者耶稣,所以,《沙卜拉干》的这段话十分清楚地将其他文书分别归于光辉者耶稣和判官耶稣二者的事迹都归之于"赫拉德沙"即耶稣一个角色身上了。那么,至少可以认为,在某些场合,"光辉者耶稣"与"审判官耶稣"是被视作同一神灵的。

第三个角色是"受难耶稣"(Suffering Jesus,或者拉丁语 Jesus Patibilis)。

---

① Allberry, 1938, 50[21-29].
② MacKenzie, 1979, p. 505.

实际上，这一名号在许多场合是作为"灵魂"（光明分子）的人格化喻称。盖按摩尼教教义，光明分子是无所不在的，它们被混杂在人类、动物、植物，乃至矿物之中；而"耶稣"也是无所不在的，于是就成了光明分子（灵魂）的象征。又，光明分子/灵魂因与暗魔（物质）搏斗失败而被禁锢在万物之中，备受折磨；而耶稣则也是为了普救众生而被钉在十字架上，遭受苦难，所以，这一相似之处也使得"受难耶稣"成为光明分子/灵魂的象征符号。需要指出的是，"受难耶稣"只是在某些场合作为光明分子/灵魂的譬喻称呼，而不是完全等同，故在其他许多情况下，光明分子/灵魂与"耶稣"完全可能是指截然不同的两个对象。

有关耶稣与"光明"的关系，以及他的无所不在性，《托马斯福音》描写得很生动："耶稣说道：'万物之上的光明即是我。世间万物即是我。万物自我而生，万物遍及于我。劈裂一块木片，我就存在其中。拾起一块石头，你将发现那里有我。'"① 他如科普特语《赞美诗》也有类似的表达法："我的主啊！光明的天体即是孕育你的神圣子宫。其中的树木和果实即是你的神圣身体。我主耶稣啊！"② 这些描述虽然寥寥数句，但是简明扼要地展示了"耶稣即光明"以及耶稣之无所不在性的两大特点，而这也就是"受难耶稣"往往成为"灵魂"之喻称的主要原因。

很少见到将耶稣直接与光明分子或被囚、被拯救的灵魂等同视之的记载。帕提亚语文书 M 6650 当是少见的例子之一："你啊，灵魂啊，我们将赞美你，光辉的生命！/ 我们将赞美你，耶稣弥赛亚（Jesus Messiah）！/ 仁慈的生命赋予者，看着我们！/ 值得向你致敬，被救赎的光明的灵魂！"③ 就其辞意来看，诗文在此似乎是把耶稣和被救赎的灵魂视作同一的。而科普特语《赞美诗》"耶稣颂歌"以灵魂口吻自述的一段叙述，则非常类似上引《托马斯福音》等所描写的耶稣自述的"受难"景况：

> 黑疠及其诸子将我裹在他们之间，他们用火焚烧我，他们给予我痛苦的外表。我与并不知晓我的陌生者混杂起来；他们品尝我的甜美，他

---

① *The Gospel of Thomas*, logion 77, in Robinson (ed.), 1988, p. 135.
② Allberry, 1938, 121$^{30\text{-}33}$.
③ Klimkeit, 1993, p. 51.

们渴望与我待在一起。我成了他们的生命，但是他们却是我的死亡。我承受着他们的重负，他们将我当作外衣一样穿在身上。我存在于万物之中，我负载着诸天，我是基础，支撑着诸地，我是照耀四方，给予灵魂欢乐的光明。我是世界的生命，我是一切树木中的乳汁；我是黑疠诸子下面的甜水。①

就其"我存在于万物之中"一语而言，几乎完全符合耶稣"无所不在"的特点；不过，若就万物皆由光明分子（灵魂）构成的摩尼教特殊教义而言，说上面引文所言者仍为被囚的光明分子（灵魂），则也未尝不可。总之，"受难耶稣"与被囚灵魂同一的文献根据，目前还是比较缺乏的。

此外，有关光辉者耶稣与受难耶稣的"同一关系"，从道理上说，也确实不太容易解释。盖因一般说来，"光辉者耶稣"是神圣、崇高的，是纯粹的光明。而"受难耶稣"则是指被暗魔所困，与邪恶的"物质"混合在一起的光明分子，显然是并不洁净的。那么，要说二者等同，就于理欠通了。但是，摩尼曾教导弟子们说，光辉者耶稣犹如人体之舌头，将或内或外，或显或隐的事物都展示出来，而受难灵魂的情况也被包括在内。如《克弗来亚》所述：

舌头是外在的，它将一切展现出来。它也宣示肉体的荣誉和耻辱。它讲话，揭示出肉体因疮患而导致的痛楚。光辉者耶稣亦然如此，他受明尊的调遣。他展现和揭示一切事物，既有外在的，也有内在的；既有上方的，也有下方的。展示出隐藏和不可见的外部世界，或者看得见的光明之舟。他即是展示它们的人。他也是展示那里的居住者之荣耀和伟大的人。有关活灵（living soul）遭受敲打和伤害的事，耶稣也是其展示者。他还宣示灵魂及其和睦。他示现它的净化与康复。②

按这段引文所言，则光辉者耶稣是将可见和不可见的一切事物都示现出来，那么，当他示现遭受肉体（暗魔）折磨的灵魂的情况时，也就等同于

---

① Allberry, 1938, 54[17-30].
② Gardner, 1995, 152[4-17], pp. 159-160.

"受难耶稣"了。这一说法,也正是弗朗茨曼"摩尼教之耶稣只有一个"说的理论根据之一。①

第四个角色是"青年耶稣"(Jesus the Youth)或"少年耶稣"(Jesus the Child)。所谓"青年"或"少年"的名号,源自科普特语ⲁⲗⲟⲩ,它在《克弗来亚》中出现得很多;而加德纳的《克弗来亚》英译本则作 Youth。当然,无论作"青年(Youth)"还是"少年(Child / Boy)",都无所谓正确或错误,甚至也无适宜和不适宜之分。

在摩尼教文书中,"青年耶稣"的名号固然存在,却是个并不"发达"的角色:有的地方提到了这一名号,有的地方则仅仅提到了"青年"或"少年",并且不能很清楚地比定为"青年/少年耶稣";此外,似乎并未见到独立的大段文字谈及"青年耶稣"。因此,这一角色并不清晰,也不重要,他很可能只是在某些场合作为"受难耶稣"的代称,或者作为遭受折磨而企求获救的"活灵"的喻称。

前文所引《克弗来亚》第 19 章,有"[光辉者耶稣]给予选民呼唤与应答,他创造了青年耶稣"之语,则知"青年耶稣"源自光辉者耶稣的创造。同书的另一处也谈到了"青年耶稣",不过,他似乎是由第三使所创造:"此外,使者(即第三使)还从他们提炼出生命五智,并有呼唤与应答,一起置于那里。如今,他们构成了生命之神的六子,还有初人的六子。使者还在他们之间置入伟大明心,他即是光耀柱,纯善人。此外,青年耶稣也被置于那里,他是生命话语,即呼唤与应答的形象表征。"② 这两段文字表明,所谓的"青年耶稣",似乎即是生命之神(净风)拯救初人(先意)时所创造的唤、应二神的人格化象征。

但是,如果科普特语《赞美诗》所引"托马斯赞歌"中提到的"青年"(Youth)是指青年耶稣的话,那么,他应该是受难活灵(光明分子)或"受难耶稣"的另一代称了:

> 青年在地狱底部的坑洼里呻吟,悲泣,
> 青年呻吟,悲泣,他的叫喊声……

---

① Franzmann, 2003, pp. 133-136.
② Gardner, 1995, 92$^{1\text{-}8}$, pp. 96-97.

"您听到没有，伟大的光明？

您没有……地狱已经骚动

和叛反，深狱中的暗魔已经披上甲胄？

反叛的伪神已经穿上其甲胄来对付我们；

那些雌魔，羞耻的女儿们，已穿上她们的甲胄

来对付我；那些雌魔，羞耻的女儿们，已经准备好

她们的长矛；那恶臭和腐烂的诸魔

已准备好向我开战。"当

强大者听见，当他们告诉他这些话后，他

就召唤出一名使者，光明阿达马斯，

……之子。他召来光明阿达马斯，

反叛者的无情征服者，说道："到

下边去，阿达马斯，去救助青年，

去救助那陷于地狱底部坑洼中的青年。

对于暗魔，缚住他们的双脚；对于雌魔，铐住

她们的双手；对于恶臭和腐烂的诸魔，让其头颈折在领口下面；对于反叛

的伪神，则弄瞎他们，关在暗山的下面。

对于身处地狱底部坑洼中的青年，则要给予力量，并鼓励他。并

将他带上天界，来见父尊。"阿达马斯便武装自己，

迅速下凡。他解救了青年，他

解救了位于下方地狱坑洼下的青年；他

给暗魔上了脚镣；他给雌魔

上了手铐；他将恶臭和腐烂诸魔的头颈折在领口下面；而反叛的伪神

则被他囚禁在暗山之下。

他把力量给予曾在下方地狱坑洼下

的青年，鼓励他，他给予青年力量并鼓励他；

他（指青年）登上天界，来见父尊。父尊

说道："非常欢迎你！"光明富裕者

说道："祝贺你，赞美（？）你，你确实获得了祝贺与赞美（？），

啊，青年！"

因为你已得到了安息，啊，小家伙！①

与以上赞歌所表达的主题和场景类似者，也见于其他的许多文书之中，而其中"青年"角色往往被清楚的"灵魂"或"活灵"所取代。所以，"青年耶稣"很有可能主要是希冀获救之灵魂（光明分子）的人格化符号或象征符号，只是并不十分明显而已。

第五个角色则是"月亮耶稣"。按摩尼教创世神学之说，月亮是生命神（净风）创造的天体之一，如中古波斯语文书 M 98 所言：

此外，他（指生命神/净风）又引导光明分子来到明暗交界处，接着再送入光明之巅。他净化了暗质混合物，从中分离出风、光、水、火，并以此创造了两种光明之车。其一是由火与光构成的太阳，有以太、风、光、水、火五重围墙，并有十二道门、五邸宅、三宝座，以及五位收集灵魂的天使，所有这一切都位于烈火围墙之内。他还从风与水创造了月亮，有以太、风、光、水、火五重围墙，并有十四道门、五邸宅、三宝座，以及五位收集灵魂的天使，所有这一切都位于水墙之内。②

由于月亮与太阳一起，被视作获救的光明分子（灵魂）回归明界途中的中转站和精炼站（进一步净化），因此，它也如太阳一样，受到摩尼教信徒们的经常性崇拜。摩尼教的特色之一，所谓的"朝拜日，夕拜月"便鲜明地展示了这个特点。既然如此，月神也就成为摩尼教较为重要的神灵之一。

耶稣的身份之一便是"月神"（当然，具有"月神"地位的神灵，也不止耶稣一位），一份粟特语文书对此说得很清楚："然后，加布里亚布（Gabryab）在当月的第十四天，与其弟子们一起站着祈祷和赞颂，黄昏左右，当耶稣（月亮）升起之时，加布里亚布继续赞美耶稣道：'您是真正的神灵，您是灵魂的生命赋予者；如今请帮助我，仁慈的主！'"③

---

① Allberry, 1938, 209[13]-210[17].
② 见本书第一章 M 98 I 的译释文。
③ 文书 So 18224 (=TM 389d)。英译文见 Klimkeit, 1993, p. 210.

这里直接将月亮称为"耶稣";类似的例子也见于他处,如中古波斯语文书 M 176 云:"啊,新月从新的天堂升起!新的欢乐降临于整个教会。啊,美誉的耶稣,诸神之首!您是新月,神啊,您是高贵的父尊!啊,满月,耶稣,美誉之主!啊,满月,耶稣,美誉之主!"① 不过,尽管在此将"耶稣"之名直接比同了月亮,但是有些学者却认为这一"耶稣"指的"光辉者耶稣";亦即是说,这段文字未必能表明另有独立的"月亮/月神耶稣"角色。

事实也确是如此:一是直接将"耶稣"作为月亮名号的资料并不多见;二是不少资料确是将"光辉者耶稣"与月亮联系了起来,例如,《克弗来亚》第 29 章在谈及一切父尊的十八个宝座时描绘道:"白日之舟上的三个宝座是:第一个是使者(即第三使)的,第二个是伟大神灵(the Great Spirit)的,第三个是生命神的。此外,黑夜之舟上也有三个宝座:第一个是光辉者耶稣的,第二个是初人的,第三个是光明少女的。这六个宝座设置在这两只船上。"②

又如,《克弗来亚》第 20 章在谈及诸"父尊"(the Father of Greatness)的名字时,说道:"此外,他们还称第三使为'父尊'。他的伟大即是他所居住的活火光明舟,他被安置在那里。又,光辉者耶稣也被称为'父尊'。他的伟大即是他所居住的活水之舟,他被安置在那里。"③ 而所谓的"活火之舟"是指太阳,"活水之舟"则是指月亮;所以,月亮在此再一次与"光辉者耶稣"联系在一起,而非异于他的另一个"月亮/月神耶稣"。

不管是否存在完全独立的"月亮/月神耶稣"角色,在摩尼教文书中,"耶稣"与月亮的关系始终是十分密切的。如科普特语《赞美诗》所载,或称耶稣为"航船"、或称耶稣为"船主",而二者都是指月亮或月神:"啊,这是我们的救世主,我们对他敬崇万分。耶稣即是航船,我们若能乘上此船,便幸运异常。""耶稣的航船来到港口,装载着花冠和华美的棕榈枝。驾船的是耶稣,他将船靠着码头,直到我们登船。圣徒们是他所携带者,贞洁女是他所……让我们也令自己纯洁,以使我们的旅程……耶稣的航船将一直驶向高空。"④

---

① 原文的拉丁字母转写见 Boyce, 1975, text dv, pp. 192-193;英译文见 Klimkeit, 1993, p. 161。
② Gardner, 1995, 82^{29}-83^1, pp. 84-85。
③ *Kephalaia*, Chapter 20, 63^{34}-64^4, p. 66。
④ 分别见 Allberry, 1938, $166^{10\text{-}11}$ 和 151^{31}-152^4。

综合诸多资料来看,耶稣被称为月亮或月神的场合很多;而这样的"耶稣",或者同时明确地称为"光辉者耶稣",或者笼统地冠以"耶稣"之称。前引粟特语文书 So 14411 的耶稣赞歌称"我们的口中充满赞美,我们祝福您,称颂和致敬于伟大的明月,生命的赋予者,楚尔凡神的爱子,仁慈的全世界之主",显然是属于后一种情况。所以,"月亮/月神耶稣"的名号,恐怕不过是耶稣的各色美称之一,未必真有那么一位具备独立神格的存在。

正是鉴于这样的思考,当我们在同意弗朗茨曼有关耶稣诸角色之"同一性"的结论的同时,实际上或许可以进一步认为,这六个——甚至更多的——耶稣角色,很可能根本不是互有区别的独立存在,而只是同一神灵在不同场合体现的不同身份和职能,犹如佛教的"化身"一般。考虑到摩尼教的创建不仅融合了基督教、琐罗亚斯德教因素,也采纳了不少佛教因素这一事实,则它潜移默化地受到了若干"化身"说影响而没有自知,也不是绝无可能的事情。另外,同样可能的是,在初创的摩尼教中,尚未形成有"体系"的耶稣角色,所谓的"光辉者耶稣"、"审判官耶稣"云云,不过是"耶稣"神灵的某个称号而已;降及后世,才有了更多更完备的说法,从而似乎也形成了几个各具独立"神格"的耶稣角色。从摩尼亲撰的《沙卜拉干》中的"赫拉德沙"(耶稣)综合了多个"耶稣角色"之职能的事实来看,似乎摩尼本人并未有意识地构建不同的耶稣角色,至少在摩尼教的初期是如此。所以,我更倾向于认为,耶稣的"多角色"现象,主要源自其不同的名号,而非独立神格的分别。

第七章　摩尼赞美诗及其特色

在摩尼教的发展进程中，作为创教者的摩尼的形象和地位在逐渐演变，亦即越来越被神化。按照摩尼本人的自我定位，他乃是"耶稣基督的使者"。摩尼似乎把自己理解为"光明的使者"，亦即由大明尊（光明之父，The Father of Light）派往凡尘，旨在教导和拯救人类的一系列神圣使者中的最后一位。而摩尼的信徒们则在不久之后就把他称颂为"教会之主"、"伟大的救赎者"、"灵魂的救星"等等。另一方面，原本属于耶稣，特别是"光辉者耶稣"（Jesus the Splendor）的一些神圣品性也多归之于摩尼了。例如，他也具有像耶稣一样的"医师/痛苦解除者"（Physician）、"心灵照耀者"（Illuminator of Hearts）、"死人的真正复活者"（the true Resurrector of the dead）以及"灵魂收集者"（the Collector of souls）等称号；于是摩尼也就成了实际上的救世主。摩尼在凡世的首次出现，像耶稣降世一样地被欢呼；至于他在殉道后的再度回归人间，也如耶稣复活一般，成为末世预言。

摩尼教有不少宗教节日，其中最重要的一个节日即是所谓的"庇麻节"。此词源出希腊词 βημα（bēma），原义为"讲坛"、"舞台"、"审判官之座"，或者指升高的宝座。庇麻节是为纪念摩尼的殉道而设，同时也为了颂扬和突出摩尼的救世主身份。它在摩尼教斋月的月底举行，即始于巴比伦历 Ādār 月的第七天，亦即公历 2 月的最后数天。斋期持续四天，故 2 月 27、28 日肯定包括在内，并将延及 3 月初。所以，有的记载称庇麻节在公历 3 月举行。正因为庇麻节是为了纪念摩尼而设，故庇麻节的颂诗中包括许多对摩尼的赞美片断，摩尼往往被誉为光明世界所创造的最美妙的神灵。

见于中亚的摩尼颂诗由于颇受佛教的影响，故其中不乏借用的佛教术语，乃至将摩尼颂诗称为"般涅槃颂诗"。般涅槃，为梵文 Parnirvāṇa 的音译，原义为"圆满诸德，寂灭诸恶"，但在摩尼教文书中则引申为光明分子（灵魂）获得真知而最终摆脱暗魔的束缚，以纯净之身回归明界；当然，这些颂诗谓摩尼"般涅槃"，显然是指他的殉道即是"得道"或"神化"。

下文将选译出自不同语种的摩尼颂诗，以展示不同地区和不同时段中，摩尼形象的差别。

一、科普特语文书中的摩尼赞美诗

由于庇麻节是为纪念摩尼而设，故庇麻颂诗中包含了许多赞颂摩尼的诗句。科普特语文书《赞美诗》的第 219 章至 241 章均为庇麻赞美诗，篇幅很大。今则选录其中直接称颂摩尼的数段辞句如次，以展示具有"西方摩尼教"风格的摩尼赞美诗。①

第 219 章

荣耀和胜利归于真理之灵，我们的尊神，我们的主，摩尼，以及他所有的神圣纯善选民，还有福佑玛丽的灵魂。（Allberry, 1938, p. 3, lines 12-14）

第 221 章

您所获得的是每一场胜利，啊，神圣者，美善潮汐的施予者，摩尼。您的父尊已将最初的胜利、中期的胜利，以及最终的胜利赐予了您，这是每个人都期盼的赐予。确实也只有您能够在初际、中际和末际宣告胜利。胜利归于玛丽的灵魂。（Allberry, 1938, p. 7, lines 5-10）

第 222 章

荣耀之灵的充满欢乐的宝库，作为礼物送给我们，延及我们所有的人，以欢乐和……清洗我们……他的露滴还将洗涤……荣耀归于您，

---

① 有关这些文字，可主要参见 Allberry, 1938, pp. 1-47。

我们的父尊摩尼，荣耀者，伟大的神，救世主。您赦免罪过，宣扬生命，您是天庭诸神的使者。荣耀归于您的庇麻，您的宝座……愿玛丽的灵魂也获得您的恩典。（Allberry, 1938, p. 8, lines 26-33; p. 9, line 1）

第 224 章

我们赞美您的天国，您在那里会见我们；我们赞美您的父尊，是他派遣您来拯救我们；我们赞美您向我们揭示的审判。荣耀归于始终举行您的节日的每一个人。荣耀归于我们的父尊，真理之灵，圣灵；胜利和光荣归于我们的主，我们的光明，摩尼，……赋予其诸子及其神圣选民以生命。胜利归于福佑玛丽的灵魂、塞奥娜、普沙伊、杰姆诺特。（Allberry, 1938, p. 14, lines 10-18）

第 226 章

您已经完成了一切圣迹，我们的父尊，……我们的主，摩尼！……在十字架之日，他得到官方的庇护；在该星期的第二天，他……在法梅诺思（Phamenoth）月①的第四天的十一时，他弃世而去。……福佑者，我们的主，摩尼。他屈膝向尊神呼吁，请求施予仁慈，说道："请为我打开大门，请解除我的苦难。……"（Allberry, 1938, p. 18, lines 3-12）

第 227 章

我们崇拜您，审判官，圣灵，我们祝福您所安坐的庇麻。您宁静地降临，啊，真理之灵，耶稣派来的圣灵。您宁静地来临，人类灵魂的新太阳。您宁静地降临，我们的主，摩尼。我们崇拜您的庇麻和您的新契约。请怜悯您的子民，啊，圣灵，仁慈的父尊，请宽恕我们所犯的所有罪过。请不要因这些罪过而追究我们，因为今天是您赐予我们的会见之日，我们可以恳求您，我们的主，宽恕我们的罪过。（Allberry, 1938, p. 20, lines 19-30）

---

① 拉丁语 Phamenoth，相当于希腊语 Φαμενώθ，科普特语 Paremhat，埃及阿拉伯语 Baramhat，是为古代埃及历法中的第七个月。埃及历法将每年分成十二个月，每个月分成三十天，再在年终时加上五天，每年遂成总共 365 天。

荣耀和胜利归于圣灵，硕果累累的生命树。胜利归于我们的使徒，我们的主摩尼，以及十二［导师］①、七十二使者，……归于歌颂和赞美……的每个人……智慧和玛丽之灵魂。（Allberry, 1938, p. 22, lines 22-26）

第 229 章

万岁，我们的主，圣灵；万岁，真理之灵。我们全都欢乐庆贺，因为我们看到了您的庇麻，还有神圣的修道士和新的信徒。万岁，辉煌的庇麻；万岁，审判官的标志，全世界大审判的给予者，人类灵魂的拯救者。万岁，父尊的灵心；永世声望的花冠，审视宇宙的圣灵，父尊的完美之爱。万岁，诸神的欢乐，天使们的安宁，光明威力的整个心愿，天国诸子的信任。万岁，父尊的礼物，诸永世的赠予，……诸神即天使们的……；充满生气的信托……万岁，面包……神圣的不朽之水；（Allberry, 1938, p. 24, lines 16-32）

深奥的生命希望；充满神秘的智慧。万岁，光明的大门，笔直的生命大道，善良的牧羊人，人类灵魂的生命希望。万岁，群树之中的知识之树，而我们吃了群树的果实，就曾从明目者变为盲人。万岁，真理之灵，羞辱了所有的异端教派，异端即是吃了群树的果实而变得失明和裸露。万岁，死人的复活者，人类灵魂的新永世，为我们脱去了旧人之躯，穿上了新人之衣。万岁，欢乐之日，福佑的新郎；看哪，我们的灯已准备好；看哪，我们的舟船已加满了油。我们崇拜您，圣灵，我们恳求您，在您的庇麻前，宽恕我们在这一年中犯下的罪过。在这个肉身中的内心，不可能丝毫没有罪过。只有您是内心的检查者，宽恕我们所做的一切吧。您是荣耀的和福佑的庇麻，将一直治理着，直到世界末日，直到耶稣降临，坐在上面，审判所有的善恶之人。参加今天的节日，进行斋戒、祈祷和施舍的选民及新信徒们会得到祝福，他们能在新的永世获得一席之地。荣耀和胜利归于圣灵，来自父尊和主的真理之灵；我们赞美摩尼及其神圣的选民，还有福佑玛丽的灵魂。（Allberry, 1938, p. 25,

---

① 科普特语原文在此只作"十二"，而未标明数字后的具体对象。但是，下文第 241 章中却有"您任命了十二位导师和七十二位主教"之语（第 44 页，第 8—9 行），则二者所指似乎相同，故疑这里的"十二"之后亦当为"导师"（Teachers）。

lines 1-32）

第 230 章

辉煌的光明，庇麻，您降临了；我们向您呼吁，圣灵之子，我们的主摩尼。我今天将举行您的节庆；我已净化了我的内心，啊，庇麻，令接近之人心生敬畏的神圣象征。我祝福您，啊，荣耀的宝座，智慧的标志；我们崇拜无法形诸言表的您的伟大和您的神奇。您是福佑的根源，您是发光天体的证明。您是天空的礼物。您是光明的胜利体现。我们如今见到您了，福佑者，单独位于内心的话语；我们注视着您，神圣的神，……确实是新的……您在等待基督，他通过您来审判罪人；今天，也是通过您，灵心使谬见的异端蒙受耻辱。感谢您，感谢平安、花冠和棕榈叶。您是新年中的欢乐之日。您是快乐的时刻。您是治愈我们创伤的良药，……以及无法康复的虔信者的伤口……拯救和安宁。您是摧毁邪恶，为虔敬戴上花冠的人；您是将光明从黑暗中净化出来的人；您是给予人类灵魂以安宁的人。您是在所有使徒前被授予荣誉的人；您是分离二宗之神圣审判的宝座。您是……宽恕；您是完全的慈悲；您是新信徒们的依赖；您是神圣的……（Allberry, 1938, p. 26, lines 1-32）

第 240 章

我们歌颂和祝福您，我们的父尊摩尼，我们的救星，啊，荣耀者。您是我们呼吁的人，父尊，大王，不朽之神，请倾听您的信徒们的祈祷，啊，荣耀者。……父尊从天庭派遣您来，您将解除灵魂的束缚，啊，荣耀者。因此，我们现在用这个节日来庆贺您的神圣之日，度过您欢乐的不眠之夜，啊，荣耀者。您是第三日的不朽者，您是尊神派给我们的使者，啊，荣耀者。因此，让欢乐的露滴来清洗我们吧，我们被委任来服务于神圣的庇麻，啊，荣耀者。为我们打开通往诸天苍穹的通道，引导我们走向您天国的欢乐吧，啊，荣耀者。当您在满月之日展开您的宝座时，我们礼拜它的标志，啊，荣耀者。荣耀归于您，摩尼，荣耀者；胜利归于您福佑的庇麻，啊，荣耀者，以及归于福佑玛丽的灵魂。（Allberry, 1938, p. 41, lines 9-29）

二、伊朗语文书中的摩尼赞美诗[①]

（一）见于 M 194 的摩尼赞美诗

该赞美诗用中古波斯语撰写，是所谓的"字母顺序诗"（abecedarian），即各个诗节之首词的第一个字母是按字母顺序排列的；汉译文则也按此方式标志。本文书残存的内容只是原诗的一部分；其结构和见于 M 680、M 189 帕提亚语文书的耶稣赞美诗类似。

您前来拯救我们，啊，灵魂的救星[②]，我们的主，摩尼，光明的使者！
（'）您前来拯救我们，啊，我们灵魂的救赎者！
（b）您前来拯救我们，啊，伟大的救世主！
（g）您前来拯救我们，啊，伟大的牧羊者……
（在此缺失 14 个诗节）
（c）您前来拯救我们，啊，明亮的灵魂收集者！
（q）您前来拯救我们，啊，强势有力者！
（r）您前来拯救我们，啊，最可爱的光明！
（š）您前来拯救我们，啊，教会之主！
（t）您前来拯救我们，啊，美丽的树干！[③]
（n）您前来拯救我们，啊，……
（d）您前来拯救我们，啊，最亲爱的和最可爱的神！向与您同来的神我[④]致敬，向您的荣耀致敬！
（h）您前来拯救我们，啊，诸神的神我！向造就您的光亮诸神致敬！

---

① 本节所列的几件文书，主要参考 Klimkeit, 1993, pp. 84-86 的英译文。
② 中古波斯语 zyndkr (zīndakkar)，如果严格按照词义，则当作"生命赋予者"；但是通常都译作"救世主"、"救赎者"等。
③ 中古波斯语 tnw'r (tanwār)，义为躯干、躯体，或树的主干等，在此显然是用最后一义。盖因"树"是摩尼教的一个重要象征符号，有时象征明、暗二宗，有时象征善神与恶魔，有时则象征真知或谬见，其名称则为活树、死树、善树、恶树等。有关摩尼教中"树"符号的研究，可参见 Arnold-Döben, 1978 以及拙文《摩尼教"树"符号在东方的演变》（《史林》2002 年第 3 期）等。
④ 中古波斯语 jmyg (jamīg) 或帕提亚语 ymg (yamag)，原义为孪生者，在摩尼教中，则通常是指位于天界的，与凡世之肉身相对应的精神体，尤其是指摩尼在天上的神体。摩尼早期来自神界的第一次和第二次"启示"，都是其 Twin 即"神我"发出的。

（在此缺失 7 个诗节）

（m）您前来拯救我们，啊，欢乐的使者！请拯救聆听您的启示的听者们！

（n）您前来拯救我们，啊，美丽的救星和最敬爱的名字！向使您荣耀的福佑者致敬！

（二）见于 M 6232 V (T II D 178) 的摩尼赞美诗

这也是字母顺序诗，但是十分紧凑，每隔半行就换一个新的叙利亚文字母。该文书用帕提亚语撰写；其内容有残缺，最后缺少了六个半行。

（'）我们祝福您，父尊啊，

（b）光明的尊神，

（g）众灵魂思念着您，

（d）美丽的形相和一切事物的希望！

您是福佑的，尊神啊，您发布妙善的命令！①

（h）我们信仰您，

（v）啊，曾用话语创造世界的美丽形相！

（z）啊，忍耐的力量，

（j）充满活力的智慧，

（h）第八个头生者②，

（t）强大的领悟③，尊神主，末摩尼，我们敬爱的主，

（k）您出于仁慈，

（l）呈现了世俗的貌相，

（g）给予人们可见的标识。

---

① "您是福佑的……"一句，是插在 d 诗节和 h 诗节之间的交互轮唱。
② 帕提亚语 hštwmyg (*haštomīg*) 义为第八的；nxwz'd (*naxwzād*) 义为最初诞生的。则"第八个头生者"在此是指位居第八的高级宇宙神灵，即摩尼。博伊丝说，在摩尼之前的七位宇宙神相继是：光明之友、大建筑师（大般）、生命神（净风）、第三使、光明少女、耶稣、诺斯（惠明）。见 Boyce, 1975, p. 143, note 2.
③ 帕提亚语 prm'ng (*parmānag*) 义为理解，是为灵魂的五要素之一，也是汉语文书所谓的"五妙身"（相、心、念、思、意）之一。

（s）充满活力的话语，

（'）完美的戒律，

（p）我们穿上……

（三）见于M5的摩尼纪念诗

这是所谓"般涅槃颂诗"的字母顺序文字，但是，它显然体现为散文形式，而非诗歌形式。它撰成于摩尼去世110年之后，即公元387年。其中不乏佛教的借词。

般涅槃颂诗

（k）……他离开……埃及之地①。

（1）永远强大的那位（指摩尼）向神祈祷。他向父尊恳求道："我已夷平了大地，撒布了种子，把充满生命力的果实带到您的面前。"

（m）"我为您的灵心②建造了一座宫殿，以及一个非常安宁的住所。我并在花园中，在绿色的公园里播下了精选的精灵，我把美丽的花环放在您的面前。"

（n）"我已使得光明的树上结满果实，我已向儿子们展示通往高处天庭之路。我已完美地执行了您的神圣戒律，正是为了它，我才被派往这个世界。"

（s）"如今，请接纳我进入获救的安宁中吧，这样，我便可以不再看到仇敌的身形，听到他们强势的声音。如今，请把伟大胜利的花冠给我吧。"

（'）正直的尊神听见了这祈祷，于是他便派遣天使们带着重大的礼物前来，说道："向这精选的教团发出指令，然后让他们登升到永久平安的居所。"

（p）在沙雷瓦尔（šahrewar）月③的第四天，星期一，十一点，当

---

① 帕提亚语 mycrym (*mičrēm*) 即是指称埃及，是其名的希伯来语形式。而摩尼教所谓的"埃及"往往并非实指此地，而是凡俗世界的譬喻称呼。

② 帕提亚语 mnwhnyd (*manohmed*)，义为心灵、智力、心智等，亦即诺斯（Nous，理性、真知）。

③ 帕提亚语或中古波斯语 shrywr (*šahrewar*)，是琐罗亚斯德教的仁慈诸神（中古波斯语 Amešāspand，琐罗亚斯德教的巴拉维方言称 Amahraspand 或 mahraspand）之一；汉语《摩尼教残经》遂将此名

时他向神祈祷,脱下了躯体上没有价值的外衣。

(c) 随后,光芒照耀,就如一道闪电一样,他就登升上天了。载着他的双轮马车所发出的光芒比太阳之光还要明亮,而天使们则也应答,向着正直的尊神欢呼致敬。

(q) 诸天的房屋突然爆发而垮塌,诸地震颤,巨大的声音响彻远近,看到这一现象的人都大感不解,乃至跌仆于地。

(r) 当光明使者入般涅槃时,人们悲痛了一个小时,哀悼了一天。他留下首领们管理教团,他向全体人员告别。

(š) 尊贵的主实现了他曾经向我们许下的诺言:"我将在上方的水质马车①里等候你们;我将无时不刻地给予你们帮助。"

(t) 啊,自从尊神您登升安宁集会以来,已经过去了一百十年。如今,您提升正直者,在天庭设立宝座的时刻已经到来了。

(n) 我们将勇敢地和耐心地等待真正的牧者,以及虔诚的选民和听者。我们将把诸神的戒律牢记于心……

三、突厥语的摩尼赞美诗

《摩尼大颂》②见于吐鲁番出土的摩尼教文书中,可能撰成于公元十世纪

(接上页)音译为"摩诃罗萨本"。摩诃罗萨本的数量甚多,后来,他们的名号便成为琐罗亚斯德教历法中的月份名称和每月的日期名称;沙雷瓦尔(šahrewar)则是该历法中第六个月的名称,同时也是每月第四天的名称。阿维斯陀语名为 Xšaθra Vairya,现代波斯语名为 Šahrīvar。

① 摩尼教崇拜光明,太阳和月亮是其神学中的重要因素,既是凡尘中摆脱暗魔之束缚的灵魂(光明分子)回归明界的中转站,也是这些尚不完全纯净的光明要素进行最终净化的场所。而对太阳和月亮的喻称,除了频繁使用的"舟船"外,还有"马车"以及"宫殿"等称。在此所谓的"水质马车"即是指月亮,因为按摩尼教神学,月亮是由风和水构成的。

② 本文书最初是由德国的第三次吐鲁番考察团(1905年12月—1907年6月)发现的。1906年6月,Le Coq 因健康原因返回德国休养,其他成员则继续在吐鲁番及其周近的六个遗址中发掘。1906年11月,Bartus 在写给 Le Coq 的一封信中说,他在 Murtuq 发现了一本绘图书中的数十页。然而,当时他们未为这些文书标上识别号就送往了国内,从而导致 Le Coq 误认为这些文书出自 Daqianus 遗址,以致标上了 D(即 Daqianus 之缩写)的识辨编码,使之成了 T III D 258、T III D 259 和 T III D 260 等文书。但是,实际上,它们是在 Murtuq 遗址被发现的。此书原来有 50 叶(对折纸),但今残存的只有 38 叶了。文书上突厥语的拉丁字母转写和德译文,见 Bang & von Gabain,1930a, pp. 184-205;英译文则见 Klimkeit, 1993, pp. 280-284。该赞美诗标题的德译名作 *Der große Hymnus auf Mani*,英译名则作 *Great Hymn to Mani*。

初期。它显然是用突厥语直接书写,而并非译自伊朗语。全诗共计一百二十颂,当是迄今所见的最长的摩尼教突厥语赞美诗。从该诗采用的措辞来看,佛教色彩十分浓重,许多术语都是直接借自佛经梵语,故是东传摩尼教深受佛教文化影响的明显佐证。然而,在大量使用佛教术语的表象之下,它仍隐含了清楚的摩尼教教义,这是摩尼教传播方式的一大特色。

(一)《摩尼大颂》译释[①]

1. 啊,高贵耶稣之原始教义的导师!/我们将以虔诚的心灵崇拜你。/啊,我尊敬而名声卓著的父尊,/我的摩尼佛[②]!

2. 我们已经准备好/以谦卑之心崇拜你。/我们的希望和信赖者[③],请接受/我们每个人的一切崇拜吧。

3. 我们向你鞠躬,/发自内心深处的信仰。/但愿我们每次崇拜时都洁净异常。/……

4—13.(严重残缺,只剩零星辞句)你解释了恶业的后果……你阻挡了通往地狱之路……传播妙法[④]……你拯救……遭受八难[⑤]的众

---

① 本译文主要根据克林凯特的英译文(Klimkeit, 1993, pp. 280-284)转译,并亦参见邦格与葛玛丽之德译文(Bang & von Gabain, 1930a, pp. 184-205)以及克拉克的英译文(Clark, 1982, pp. 180-189)。
② 此名的拉丁转写为 mani burxan,邦格与葛玛丽的德译文取音译名 Mani Burchan (p. 185),克林凯特的英译文则意译作"佛"——Buddha Mani (p. 280),克拉克虽亦意译,但取"先知"之义——Prophet Mani (p. 180)。盖按公元七至八世纪的古突厥语,习惯于将汉语"佛"字读作 bur 音,再与具有"王者"之义的 xan(汗)构成组合词 burxan,以翻译佛经中相当于"佛"一类的高级神灵;后来便被摩尼教借用,用以指称如摩尼之类的"先知"(Clauson, 1972, p. 360)。既然 burxan 一名源出突厥语佛经,那么,在此取"摩尼佛"的汉译名,则更利于彰显东方摩尼教文献的佛教影响。
③ 古突厥语 umuɣ ïnaɣ,义为众生寄托希望和信赖的对象,频见于突厥语佛经中,即是指佛陀。这一专名被摩尼教借用,在此显然成为摩尼的尊称。
④ 突厥词 edgü 为善、好、仁慈等义;nom 则是外来词,借自希腊 nomos,义为法,作为摩尼教的专用术语,则有法、教义等更广泛的含义,而在突厥语佛经中,则几乎专译梵语 dharma。所以,突厥语 edgü nom 所对译的,当是佛经中的常用梵文术语 sad-dharma,亦即妙法、净法、正法等,也就是佛陀所说之教法。
⑤ 从字面解释,突厥语 sekiz tülüg emkek 的意思为八种苦难、痛苦,为佛经梵语 aṣṭāv akṣaṇāḥ 的对应译语,汉译佛经简称"八难",指不得遇法、不闻正法的八种障难,通常为在地狱难、在饿鬼难、在畜生难、在长寿天难、在边地难、盲聋瘖哑难、世智辩聪难、在佛前佛后难。当然,摩尼教文书在此显然只是借用了佛经术语的形式,而非其具体内容;至于摩尼教本身对"八难"的理解,却不得而知。

生……疯狂、野蛮和有毒的兽类。

14. 处于野蛮状态的兽类，/ 不断地沉没在 / 重复转生的失忆尘埃中，/ 他们永久地疯狂。

15. 当他们被贪欲①毒害，/ 正在死亡和毁灭时，/ 你为他们制备了 / 禅定②的药方。

16. 瞋怒③而咆哮，/ 他们毫无知觉或思想，/ 你聚合起他们的思想，/ 使得他们理解了自己的出身。

17. 对于五趣④众生，/ 你使之脱离愚痴⑤。/ 你赐予他们智慧，/ 引导他们趋向般涅槃⑥。

18. 形形色色的情感，/ 诸如仇恨与怨望 / 全都见于这些有情身上，/ 导致他们产生邪见。

19. 但是当你，我们的神圣父尊，/ 从天而降，/ 一切有情之族 / 全获安宁涅槃⑦。

20—25.（严重残缺）

26. ……/ 没有希望的我辈受苦众生，/ 只能继续遭受轮回⑧的折磨，/

---

① 突厥词 az 直接借自中古波斯语 ″z，义为贪婪。这在突厥语古文书中用得相当普遍，往往对译佛经中的梵语 lobha（贪求名声、财物等而无厌足之意，汉译作"贪"）或 tṛṣṇā（贪恋执着于一切事物之意，汉译作"爱"）。是为佛教的"三毒"之一。

② 突厥词 amwrdšn 直接借自帕提亚语 'mwrdyšn (amwardišn)，通常义为聚合、聚集（释见 Boyce, 1977, p. 11）。但是葛玛丽则持异说，认为 amwrdšn 与 čxšapt、bošgut 一起，分别对应于佛经中的梵语词 dhyāna、šīla 和 prajñā，即禅、戒、慧（Clark, 1982, p. 193）。其说有理。

③ 突厥语 ot 原义为"火"，有时则引申为"恼怒"、"愤怒"，在此显然是对译佛教术语 dveṣa，即"三毒"之二的"瞋"。

④ 突厥语 biš 义为五；ažun 源自帕提亚语 ʾjwn (āžōn)，原义为诞生、再生。故词组 biš ažun 便义为五种生存形态，用以对应于佛教术语"五趣"（梵语 pañca gatayaḥ）——轮回的五种去处：地狱、饿鬼、畜生、人、天。不过，摩尼教"五趣"（biš ažun）的内涵与佛教的并不一样，因为它通常指的是双腿类（如人）、四腿类（如兽）、飞行类（如鸟）、水生类（如鱼）和爬行类（如蛇）这样五种生物。

⑤ 突厥词 biligsiz 义为无知、缺少智慧，在此显然是对译佛教术语 moha，即"三毒"之三的"痴"。

⑥ 突厥词 frnibran 借自帕提亚语 prnybr'n (parniβrān)，源出梵语 parinirvāṇa，即佛教术语"般涅槃"（圆满诸德，寂灭诸恶）之意。当然，"般涅槃"用在摩尼教文书中，其实际含义显然有别于佛经中的此词，它指的是诸多"灵魂"（光明分子）因获得真知而最终摆脱暗魔肉体的束缚，以最"清净"的形式，回归到其"故乡"明界。

⑦ 突厥词 nirvan 是梵语 nirvāṇa 的直接借词，本为佛教术语，与"般涅槃"之意相若，指燃烧烦恼之火灭尽，完成悟智的境地。摩尼教文书也是借用了此词来指称"光明分子"的回归明界。

⑧ 突厥词 sansarta 直接借用了梵语 saṃsāra，即佛教的常用术语"轮回"——在六道迷界（天、人、

找不到你的大道终端。

27. 你设置了智慧之梯，/ 你允许我们超然于五趣之上，/ 拯救了我们。/……

28. 我们……/ 遭囚禁而受难的众生 / 被救而脱离轮回。/ 为了见到如佛般的日神①，/……类似于你。

29. 对于沉湎于无常②之乐的众生，/ 你传播了无上正法③；/ 你引导他们渡过苦海④，/ 带领他们达到完美涅槃。

30. 对于受制于贪爱之源的众生，/ 你指示了通往诸佛之界的道路。/ 你建造了功德的须弥山⑤，/ 你允许他们找到这……永恒欢乐。

31. 对于陷入慢见⑥之水的众生，/ 你指示了正法之桥。/ 你使其内心理解了妙法；/ 你把他们托付给……神圣集会。

32. 对于六根⑦感知惑乱的众生，/ 你展示了上下诸种生存状态。/ 你

［接上页］阿修罗、饿鬼、畜生、地狱）中生死相续，与"涅槃"恰成对照。但是，摩尼教的"轮回"观异于佛教的观念，即摩尼教将转生于俗世的"轮回"视作最可容忍、最为痛苦和绝对的"惩罚"、"折磨"，但佛教却并不如此极端，甚至隐含着鼓励人们轮回于较好形态（如人、天）的意思。有关论述，可参见拙文《摩尼教"平等王"与"轮回"考》，《史林》2003 年第 6 期。

① 突厥语 burxanlıy kün tngrig，克拉克译作"日神先知（the Sun-God of Prophets）"（Clark, 1982, p. 182），不似"如佛般的日神"切贴。克林凯特认为，此"日神"是指摩尼教主神之一的"光辉者耶稣（Jesus the Splendour）"（Klimkeit, 1993, p. 287, note 14）但是，摩尼教通常是以第三使为日神的。

② 突厥语词 ertimlig 源自 ertim，义为短暂的、瞬间的（见 Clauson, 1972, pp. 207,212），当即佛教"无常"（梵语 anitya）的相应词汇，即是指世间万物都不会恒久不变，生灭不时转换的现象。所以，摩尼教超脱"无常"的意思，亦与佛教相仿，即是脱离生死轮回，获得永生之意。

③ 突厥语 eššsiz 有"无比的"之义（Clark, 1982, p. 194）；köni: 义为正直的、真正的（Clauson, 1972, pp. 726-727）；nom 则义为法、教义。故 eššiz könii nomuɣ 一语，当即佛教术语"无上正法"（也就是最高智慧"佛智"）的对译。

④ 突厥词 emkek 义为苦难，taluy 义为海，二者构成的词组经常用来对译佛教术语"苦海"，故此语显然借自佛经。

⑤ 突厥词 Sumir 系借自伊朗诸语的外来词：帕提亚语、粟特语均作 *smyr*；梵语则作 sumeru。汉译佛经通常作须弥山、苏迷卢山等，或者意译为妙高山，为印度神话及佛教中的神山。

⑥ 突厥词 küfenč 义为傲慢，常用以对译佛教术语 māna，为轻蔑他人、自负之义，汉译佛经作"慢"，有诸多讲究。

⑦ 突厥词 altı 义为六，qačıɣ 义为感官，故词组 altı qačıɣ 意为"六种感官"，而它作为专用术语，则是对译佛教术语 ṣaḍ indriyāṇi 或 ṣaḍ āyatana。前者的汉译作六根、六情，指六种感觉器官（眼、耳、鼻、舌、身、意）或认识能力（视、听、嗅、味、触、思）；后者的汉译作六处、六入，指心所依止处，或者识之所入。

告知他们阿鼻地狱①的受苦情况；/你允诺他们再生于幸福的五重天②。

33. 为了寻找拯救众生的种种途径，/你走遍四面八方的地域。/当你见到需要获救的众生，/你就毫无例外地拯救他们每一个。

34. 对于我们这种曾经虚度光阴的众生，/你详细地宣讲《福音书》之宝③。/我们懂得了自由与获救的种种途径，/我们从那书中了解了一切。

35. 如果你未曾以如此彻底的方式/传播这种净法④，/世界及诸有情岂非/就会走到尽头？

36. 你在四佛之后降世⑤，/获得无上正等觉⑥。/你拯救了亿万生灵，/将他们救离暗狱。

37. 你净化他们，使之不再狡诈、欺骗，/并使他们从事利他之业。/你成为迷途者的向导。/你救助他们脱离行恶之魔⑦的利爪。

38. 你营救了那些曾是邪恶的人，/你治愈了那些双目失明的人。/你使他们从事光荣之业，/你为他们指明了通往神界的正确道路。

---

① 突厥词 awiš 是源自梵语 avici 的借词，指佛教所谓的无间地狱（也音译作"阿鼻"），也就是"八热地狱"中的第八个地狱，刑罚、痛苦、生、死无间断。当然，摩尼教文书只不过是借用了佛教的术语，其实际含义则不相同——通常只是指禁锢"灵魂"（光明分子）的肉体和物质，而没有佛教描绘的种种活灵活现的刑罚。

② 突厥语词组 biš qat tngrii yirinteh 意为"五重天"，其所指有些模糊不清，因为按摩尼教的宇宙学说，只有"十天"，故或许这五重只是指"十天"的上半部分（说见 Clark, 1982, p. 195）。

③ 突厥词 awngliwn 系源自伊朗诸语的借词：帕提亚语、中古波斯语等均为 'wnglywn (*ewangelyōn*)，义为福音、福音书（Evangel, Gospel）；而后者又是源于希腊语的借词。此名在这里是特指摩尼所撰的七本书中的第一本《生命福音》（*Living Gospel*，汉语典籍《仪略》作《彻尽万法根源智经》）。

④ 突厥语 arıγ 义为清洁的、纯净的，引申为精神方面的形容词，则含有宗教性"洁净"的意思，如摩尼教称其专职修道者"选民"为 arıγ。这里的"净法"是佛教"妙法"的对译。

⑤ 突厥词 tört 义为四，burxan 义为佛，故词组 tört burxan 意为"四佛"。尽管形式上借用佛教术语"佛"，但所指者则是摩尼教神学中位于摩尼之前的四个"先知"或光明使者，可能是塞思（Seth）、琐罗亚斯德（Zarathustra）、佛陀（Buddha）、耶稣（Jesus）（说见 Clark, 1982, pp. 196-197）。

⑥ 突厥语词组 tözkerinčsiz burxan qutın 的意思是"无与伦比的完善之觉悟"，在突厥语文书中，几乎专门用以对译佛经的梵语词组 anuttara-samyak-saṃbodhi，亦即汉译"阿耨多罗三藐三菩提"，意为无上正等觉、无上正真道、无上正遍知等，是佛陀所觉悟的智慧，最为圆满、至高。该词组用在摩尼教文书中，则显然是指本教的最高智慧"诺斯"（gnosis）。

⑦ 突厥语 šmnu 源自伊朗语（粟特语作 šmnw），并与中古波斯语、帕提亚语 'hrymn (*ahrēman*) 为同源词，都义为敌对和邪恶的精灵。在摩尼教文书中，šmnu 几乎总是指称伊朗语的 Ahriman（即 'hrymn 等），亦即"暗魔"的专称；在佛教文书中，此词则对应于印度梵语中的 Māra（"魔"）。所以，突厥语词组 ayıγ qılınčlıγ šmnu 便意为"从事恶业之魔"。

39. 你作为世界的希望和信赖者而诞生，/ 你教导众生理解七种宝藏① 的含义。/ 此外，你还阻止了 / 那些本来会与邪魔结盟的人。

40—49.（严重残缺）

50. 人们边走边呼唤着你的名字，/ 他们赞扬你，称颂你，/ 他们全都敬爱你，/ 犹如孩子们敬爱其母亲和父亲。

51. 你以大慈悲之心，/ 拥抱他们所有的人，/ 你赐予他们大利益。/……

52. 无分亲疏，/ 你对待他们全都如同亲生。/ 你将自己的忠告给予 / 无数的生灵。

53. 你以……之心 / 于一切众生为善。/ 你所施之善的结果是，/ 所有受折磨者都消除了忧伤。

54. 你持续不断，永久地以这种方式，/ 赐予我们巨大的利益和幸运。/ 由于你的功德，/ 你获得了正遍知。

55.（严重残缺）

56. 你以其无上圣言，/ 慷慨地赐予 / 我辈可怜的众生 / 以"善"之法宝。

57—58.（严重残缺）

59. 众生诸族 / 曾经因其黑暗情感，/ 而完全丧失心智，/ 但是他们此后再生……

60—77.（缺失或严重残缺）

78. 你以大慈悲之心，/ 拥抱一切众生；/ 你营救他们脱离转生循环，/ 拯救他们跳出轮回。

79. 具有清净心的有福者 / 不断地逐步获得洞察力，/ 克服了邪恶之念，/ 取得阿罗汉果②。

80. 六尘③之妄想④，/ 导致狡诈和欺骗；/ 对于那些……/ 你带给他们

---

① 突厥词 yitih 义为七；aɣılıq 义为宝藏，在佛经翻译中，是为专译梵语 garbha（汉译"藏"）的术语。故词组 yitih aɣılıq（七种宝藏）实际上是指教主摩尼亲撰的七部经典。

② 突厥词 arxant 系借自粟特词 rhnd，但其真正的来源却是梵语 arhat，亦即汉译的佛教术语"罗汉"或"阿罗汉"。意断尽三界见、思之惑，证得尽智，而堪受世间大供养的圣者。摩尼教文书在此借用佛教术语"阿罗汉"，应该用以指称本教已经修道成功的"选民"（即专业修道者）。

③ 突厥词 fišay 直接借自梵语 viṣaya，后者为佛教术语，汉译作"尘"、"境"，为引起六根之感觉思维作用的对象，即色、声、香、味、触、法。

④ 突厥词 atqaɣ 被用来对译梵语 vikalpa，也是佛教术语，汉译作"妄想"，意指由于心之执着，而无法如实知见事物，从而产生谬误的认识。

利益与幸运。

81. ……/ 对于忘却出身来源的那些人，/ 你露现自己的本相，/ 改变你的状貌……

82. 当一切众生 / 见到你的示现时，/ 他们都被激发了 / 逃离轮回之苦的愿望。

83. 对于人类的孩子们，/ 你显示慈祥之相，/ 使他们不再从事恶业，/ 使他们脱离受其奴役的俗世的欲爱。

84. ……/ ……/ 在全界①的蓝天的视野下，/ 你作为神圣的佛师②而诞生。

85. 一见到你，众生就高兴万分，/ 就不再有任何疑虑。/ 他们怀着勤勉之心，/ 遵奉你所制定的戒律。

86. 随着他们的持戒……/ 他们心灵中的善念 / 与日俱增，/ 犹如日神那样光辉照耀。

87. 他们的光亮知识发射照耀，/ 怜悯之心愈益增长；/ 他们遵奉无罪的戒律③，/ 从而逃离了烧炙地狱④。

88. ……/ 他们努力持奉正法，/ 他们遵守真实戒律，/ 不犯不净之罪⑤。

89. 领悟了躯体的无常，/ 于是他们出家⑥。/ 奉行善法，/ 他们遵守使

---

① 突厥词原作 ililig，但显然是 illig (=éllig) 的错误拼写，义为王国、界域（Clauson, 1972, pp. 141, 145），在此则当指明界，故汉译作"界"。
② 克劳森将此句译作 "you were born as a divine teacher-burxan"，则汉文当意为"你作为神圣的佛师而诞生"（Clauson, 1972, p. 321）。但克拉克则译作 "you were born as the Prophet-God of teachers"，意即"你作为诸师之先知神而诞生"（Clark, 1982, p. 185）。当以前者更为确当。
③ 突厥词 čxšapt 是佛教梵语词 śikṣāpada 的借词，后者意为"所学之处"，通常即是指比丘、比丘尼学习戒律时所遵循的戒条。摩尼教或佛教的突厥语文书，多以此词指戒律；在此列数摩尼教对于选民的"五戒"，第一即是"不犯罪过之戒"。
④ 突厥词 tamu 乃是粟特语 tmw 的借词，并可溯源至其他伊朗语。但是，在突厥语佛经中，此名则相当普遍地对译梵语 naraka（地狱），故将本文书"永燃之狱"(ever-burning Hell 或 the hell which is ever aflame) 译成佛教术语"烧炙地狱"，即"八热地狱"之六，铁城中大火永燃，烧炙罪人，皮肉焦烂，痛苦不堪。
⑤ 不犯不净之罪，是摩尼教选民"五戒"中的第二条。
⑥ 突厥语词组 evtin barqtın untiler 为典型的佛教术语，即"出家"（ev 义为家、住所；barq 义为家庭财物）。其对应的佛教梵语是 pravrajyā，专指出离家庭生活，潜心修沙门净行。本文书使用这一术语，显然是摩尼教对佛教因素的借鉴。

躯体净化的戒条①。

90.他们努力使自己实施净法，/以免陷入危险之地。/为了再生于无生界②，/他们遵奉使口清净的戒律③。

91.他们全都祈求福祉，/行走在幸福之路上……/为了逃避可怕的轮回，/他们遵奉清贫之福的戒条④。

92.他们认识到伪法的无常，/并且惧怕堕入三恶趣⑤，/他们遵奉三印之戒⑥，/以再生于最高之所⑦。

93—113.（缺失或者严重残缺）

114.你亲自命令他们，/要念赞语，唱颂歌，/要为其恶业忏悔，/要聚合起来，从事禅定。

115.一直迷惑不清的众生，/一旦闻听你的命令，/便会导致功德如海⑧，从而再生于佛土。

116.其他天真质朴之人，/行走于清净道上，/从事禅定，/并再生于无生界。

117.向着你，我们的最高神灵，/我们鞠躬，我们崇拜，/但愿世上的众生/自今以后再生涅槃！

---

① 净化身体，是摩尼教选民"五戒"的第三条。
② 突厥词 ạnwšagan 当是借自帕提亚语或中古波斯语 'nwšg (anōšag)，义为不朽的，永恒的；orṭu 则义为营帐、宫殿。故词组 ạnwšagan orṭu 意为永生之宫，显然是指称摩尼神学中的明界。由于文书在此并未直接称"明界"，而是借用了佛教"永断生死"的描述方式，故汉译作"无生界"，以佛教之永离生灭的极乐净土喻指摩尼教的明界。
③ 使口洁净，是摩尼教选民"五戒"的第四条。
④ 摩尼教选民"五戒"的第五条，是生活清贫，但是快乐而有幸福感。
⑤ 突厥语词组 üč yavlaq yolqa 意为三种邪恶的生存形态，即是佛教术语梵文 trīni durgati 的对译，汉译作三恶趣（或作三途、三恶道），通常指地狱、饿鬼、畜生三种生存形态，是众生造作恶业所感得的世界。但是，由于摩尼教将俗世生存的任何形态都视作是对灵魂（光明分子）的最可怕折磨，而无分优劣（如佛教那样），故这里的"三恶趣"恐怕只是借用佛教术语，泛指生死轮回，而并未特指某些生存形态。
⑥ 突厥词组 üč tmqalar 是摩尼教的专用术语，意为三种印记。所谓"印记"（seal），是喻指摩尼教信条的象征符号，总数共有七种。在此所言的"三印"属于日常生活的道德范畴，即口、手、胸三者；另有"四印"则属于精神或教义范畴，即爱、信、惧（神）、智。关于"七印"的详说，可参见 Jackson, 1932, pp. 331-337。
⑦ "最高处"即是指摩尼教的永生乐土"明界"。
⑧ 突厥语词组 buyanlıɣ taluy ögüzüg 为佛教术语梵文 guṇasāgarar 的对译，即"功德海"，譬喻功德之深广似海。

118. 我们以虔诚之心崇拜；/ 但愿世上的一切众生 / 全都脱离灾难；/ 但愿他们获得安静涅槃。

119. 我们赞美与崇拜之功德 / 但愿上下诸神 / 和各类精灵 / 的神圣力量得以增强。①

120—121.（残缺）

（二）《摩尼大颂》展现的佛教因素

就《摩尼大颂》全文的表现形式而言，佛教术语的使用之多，是毫无疑问的。即使概要地观察一下，也可发现众多明显的佛教词汇。

首先，频繁地将摩尼教神灵称为"佛"。例如，"摩尼佛"（第1颂）、"如佛般的日神"（第28颂）、"通往诸佛之界"（第30颂）、"四佛"（第36颂）、"神圣的佛师"（第84颂）、"佛土"（第115颂）等。其中，"摩尼佛"当然是指摩尼教的创建者摩尼。"日神"，或许是指摩尼教的主神之一耶稣（Jesus），因为在摩尼教神学中，Jesus虽然通常被说成是月神（第三使为日神），但是有时也被指为太阳神。由于"诸佛之界"指的是摩尼教的光明乐土"明界"，故所谓"诸佛"，也就是泛指明界的一切神灵。至于"四佛"，如前文注释所言，当是指摩尼降世之前，由大明尊派遣的四位使者或先知，即塞思、琐罗亚斯德、佛陀、基督。② 塞思（Seth）原是见于基督教《圣经》的神话人物，为亚当与夏娃的儿子，生于该隐杀死埃布尔之后；琐罗亚斯德原为琐罗亚斯德教的创建者；佛陀原为佛教之缔造者；基督即耶稣，原为基督教的创建者；显然，这些异教神灵都被摩尼教所借鉴，并在此成了"佛"。"神圣的佛师"也是指称摩尼；在东传的摩尼教中，教主摩尼被称为"佛"，显然已成惯例（如"摩尼光佛"）。此外，不难发现，凡是级别较高的神灵几乎都被冠以"佛"号；这进一步体现了东方摩尼教的"佛教化"。

---

① 这是见于丝绸之路上突厥语佛教文书中的典型结语。说见 Klimkeit, 1993, p. 287, note 38。

② 这一说法只见于中古波斯语的《巨人书》中："但是，神（楚尔凡？）在每个时代都派遣使者：塞思、琐罗亚斯德、佛陀、基督，……"（But God [Zrwān?], in each epoch, sends apostles: Šītīl, Zarathushtra, Buddha, Christ, ...）见 Henning, 1977, p. 63。但是在较早时期的文献中，却声称在摩尼之前只有三位使者或先知，例如，摩尼在其《沙卜拉干》（Shābuhragān）中称，明尊不时派遣使者降世，某一时期是佛陀降世印度，某一时期是琐罗亚斯德降世波斯，某一时期是耶稣降世西方，"而这一时代的先知便是我摩尼，真诚之神的使者，降临于巴比伦之地"（见 Ort, 1967, pp. 117-118）。故摩尼教的"四佛"之说或许起源较晚。

其次，可以归纳一下本文书清楚借用佛教术语的词汇和词组。

"妙法"见于第 4—13 颂、31 颂；"净法"见于第 35 颂、90 颂；"正法"见于第 29 颂、31 颂、88 颂。前文已经谈及，突厥词 könii 义为正直的、合乎正道的、真正的等，故词组 könii nom 便用以对译佛教的梵文术语 sad-dharma。在佛经中，佛陀所说之教法被认为是真正之法，故称正法；此外，凡是相当于佛法正理之法，均称正法。鉴于佛法妙不可言，且决非所有其他之法可以比拟，故又称妙法，突厥语便以 edgü nom 对译之（edgü 为善、好之义）；盖因梵语 sad 为不可思议、不能比较等意思，遂称无法比较而不可思议之法为妙法。至于"净法"（突厥语词组 arıγ nom）则也是对应了佛教术语：指称佛陀所说之正法，因其法能令众生超三界，得解脱，身心清净，故名。由此可知，在这份摩尼教文书中，无论是 könii nom，还是 edgü nom，抑或 arıγ nom，实际上都是确切地各自对译了佛教术语"正法"、"妙法"和"净法"，也就是佛教对于佛陀所说之教法的诸异称，而这是十分典型和普及的佛教术语。不过，必须指出的是，本文书只是借用了这一佛教术语，而并非真的是指佛陀的教法。

"般涅槃"见于第 17 颂；"涅槃"见于第 19 颂、29 颂、117 颂、118 颂。突厥词 frnibran 为外来借词，清楚地对译梵语 parinirvāṇa，亦即佛教术语"般涅槃"。而此词则意为灭尽诸恶、圆满诸德，本来专指佛陀之死，即灭尽烦恼而进入大彻大悟的境地，也就是脱离生死之苦，全静妙之乐，穷至极的果德。因此，汉译佛经除译此词为"般涅槃"外，还常译作圆寂、灭度、入灭、入寂等。至于突厥词 nirvan 则是梵语 nirvāṇa 的直接借词，其意与 parnirvāṇa（般涅槃）相仿，也就是指超越生死迷界，到达悟智境界（菩提），为佛教的终极实践目标。汉名涅槃也是音译，与般涅槃的区别，是后者多一前缀 pari，为完全、圆满之意。当然，本摩尼教文书多次出现的"涅槃"，同样只是借用佛教术语，其所指的实际含义，毕竟不同于佛教，而是指修道者获得摩尼教的"真知"或"灵知"。

"轮回"见于第 26 颂、28 颂、78 颂、82 颂、91 颂。突厥词 sansarta 是佛教梵语 saṃsāra 的直接转写，故是完全的外来词，汉译佛经作"轮回"。佛教认为，一切众生由于"业因"的缘故，往往始终在天、人、阿修罗、饿鬼、畜生、地狱这样六种生存形态中循环转生，永无穷尽，饱受生死之苦，所以称轮回。

本文书中，与"轮回"关系密切的佛教术语是"五趣"（见第 17 颂、27 颂）和"三恶趣"（第 92 颂）。突厥语词组 biš ažun 意为"五种生存形态"，用以对译佛教术语 pañca gatayaḥ，汉译佛经作五趣、五道，或五恶趣等；"趣"为所住之义。大乘经多持"六趣"说，小乘则持"五趣"说，即不列阿修罗一道。但无论是六趣说还是五趣说，都将地狱、饿鬼、畜生列为"三恶道"（三恶趣），本摩尼教文书中的突厥词组 üč yavlaq yolqa（意为三种邪恶的生存形态）便是用以对译佛教术语 trīni durgati（三恶趣）。不过，如前文注释业已指出的那样，尽管本摩尼教文书借用了佛教术语"五趣"、"三恶趣"等，但是并未照搬其具体的内涵，亦即是说，摩尼教只是用这些术语泛指"灵魂"（光明分子）在俗世的诸般生存形态（如两腿的人、四腿的兽、飞行的鸟等），而并非特指是为人还是为鬼，抑或为畜生。

与"轮回"关系密切的另一术语便是"地狱"，如第 4—13 颂、32 颂、87 颂等均见此名。实际上，本摩尼教文书不仅仅用泛指的突厥词 tamu 对译佛教术语 naraka（汉译作"地狱"），并且更具体地借用了佛教的地狱专名"阿鼻"（突厥词 awiš 借自梵语 avici）。阿鼻地狱为"八热地狱"中的第八个地狱，也称无间地狱，意谓堕此地狱者，所受之苦无有间断，一劫之中，始终受苦而不间断，身形遍满地狱而无间隙，如此等等的"无间"。总而言之，苦不堪言。第 87 颂所言之地狱显然也是某个特定地狱：其"永远燃烧"的特征与八热地狱中的第六地狱"烧炙"、第七地狱"大烧炙"，或者第八地狱"无间"吻合①，虽然其确切所指尚不得而知，但是借用了佛教的地狱说，却没有疑问。

本文书中还有一些专用词组，尽管只出现过一次或两次，但从形式上

---

① 八热地狱之第六地狱"何故名为烧炙大地狱？尔时，狱卒将诸罪人置铁城中，其城火然，内外俱赤，烧炙罪人，皮肉燋烂。苦痛辛酸，万毒并至，余罪未毕，故使不死。是故名为烧炙地狱"；第七地狱"云何名大烧炙地狱？其诸狱卒将诸罪人置铁城中，其城火然，内外俱赤，烧炙罪人，重大烧炙，皮肉燋烂。苦痛辛酸，万毒并至，余罪未毕，故使不死。是故名为大烧炙地狱"；位列第八的无间地狱则"有大铁城，其城四面有大火起，东焰至西，西焰至东，南焰至北，北焰至南，上焰至下，下焰至上，焰炽回邅，无间空处。罪人在中，东西驰走，烧炙其身，皮肉燋烂，苦痛辛酸，万毒并至"。诸语并见（后秦）佛陀耶舍共竺佛念译《佛说长阿含经》卷十九《第四分世记经·地狱品第四》，《大正藏》第 1 册，第 1 号，第 124 页中、124 页下、125 页上，大正十三年。

看，都是十分明显的佛教术语。其中主要者有：

见于第 4—13 颂的"八难"。突厥词组 sekiz tülüg emkek（八种苦难）对应于佛教术语 aṣṭāv akṣaṇāh，但后者指的是众生无缘见佛闻法的八种障难：堕于地狱、陷于饿鬼道、沦于畜生道、在心想不行的长寿天、在不受教化的边地、盲聋瘖哑、耽习外道经书、生在佛降世之前或其后。所以，摩尼教文书虽然也用了"八难"这一专名，但是它的内涵显然不同于佛教所言者。不过，摩尼教"八难"的具体内容却未见数据记载，似乎只是含糊地泛指灵魂（光明分子）被肉体囚禁时所遭受的磨难。

见于第 15 颂和 114 颂的"禅定"、第 17 颂的"智慧"及第 87 颂的"戒律"。突厥词 amwrdšn 对译佛教术语 dhyāna，汉译佛经作"禅那"，亦即"禅定"或"定"，意为专注于某一对象，心不散乱的精神境界。突厥词 bilig 对译梵语 prajñā，汉译佛经作"慧"或"般若"，即最高智慧。突厥词 čxšapt 则对译梵语 śikṣāpada，汉译佛经作"戒"或"戒律"。戒、定、慧三者合称佛教的"三学"或"三胜学"，是佛教的实践纲领（由戒生定，由定发慧）。显然，摩尼教文书很巧妙地借鉴了这些重要的佛教术语，以表述摩尼教本身的教义。

分别见于第 14 颂、16 颂、17 颂的"贪欲"、"嗔怒"和"愚痴"。本摩尼教文书使用了突厥词 az、ot 和 biligsiz 分别对译佛教梵语 lobha、dvesa 和 moha，也就是汉译佛经所称的贪、嗔、痴，是为毒害众生出世善心中的最甚者，故合称"三毒"、"三垢"或"三不善根"等。贪、嗔、痴在连续三颂中分别叙说，显然是有意识地借用佛教术语来阐发摩尼教的教义。需要指出的是，尽管摩尼教也反对类似佛教"贪、嗔、痴"的不良思想行为，但是既然借用了现成的佛教术语，就难免令信徒混淆了二教的观念，从而潜移默化地淡化了本教的教义。

见于第 30 颂的"须弥山"。突厥词 Sumir 虽然并非直接借自梵语 Sumeru，但是源自佛教的这一重要宇宙观，却毫无疑问。此名在汉译佛经中作须弥、须弥卢、苏迷卢等，意译则作妙高山、好光山、善高山、善积山、妙光山等，最初是印度神话中的山名，后则被佛教沿用，以其为世界中央的高山，周围绕有八山、八海，从而形成一个"须弥世界"，亦即"三千大千世界"（一佛之化境）之一。须弥山高出水面八万四千由旬（梵语 yojana，其长度诸说，为十余里至数十里不等），山顶有三十三天宫，乃帝释天所居之处。本文书以须弥山譬喻功德，则是借用了佛教须弥山极高的特色。

见于第 79 颂的"阿罗汉"。突厥词 arxant 是间接借自梵语 arhat 的外来词，汉译佛经作阿罗汉、阿罗诃、阿卢汉等，简称罗汉，意译则作应供、杀贼、无生、无学、真人等，是指断尽三界见、思之惑，证得尽智，堪受世间大供养之圣者。狭义而言，阿罗汉只指小乘佛教中所获之最高果位；广义而言，则泛指大、小乘中的最高果位。同时，由于或称阿罗汉通摄三乘的无学果位，因此这也是佛陀的异名，亦即如来的十号之一。摩尼教文书以取得佛教的阿罗汉果来譬喻摩尼教修道者的成功，足见其佛教色彩的浓烈。

见于第 32 颂的"六根"。突厥词组 altı qačıγ 对译的佛教术语是梵语 ṣaḍ indriyāṇi，汉译佛经作六根或六情，是指六种感觉器官或六种认识能力：眼（视觉器官）、耳（听觉器官）、鼻（嗅觉器官）、舌（味觉器官）、身（触觉器官）、意（思维器官）这样六根，具有视、听、嗅、味、触、思这样六种认识能力。佛教要求修道者达到身心充满种种功德而清净，故有"六根清净"之说。

与"六根"关系密切的另一佛教术语是"六尘"，本摩尼教文书第 80 颂则以突厥词 fišay 对译梵语 viṣaya，这显然是直接移用了佛教梵语。汉译佛经将 viṣaya 译作尘、境或境界，此指分别引起"六根"之感觉思维作用的六种对象、境界，即色、声、香、味、触、法。由于这六种境界具有染污情识的作用，因此或以带有贬义的"尘"译称之。与"六尘"同时使用的还有另一个源自佛教的术语：突厥词 atqaγ，它对译梵语 vikalpa，汉译作妄想、妄想颠倒、虚妄分别，其义与妄念、妄执同，意谓以虚妄之心念去认识和理解诸法之相，于是产生错误的思想，遂远离一切法的真实义，远离觉悟境界。

以上所列，只是见于本文书的佛教术语的主要者，其他尚有不少常用佛教术语也见于此，如无常、有情、恶业、苦海、魔、功德海、慈悲、出家、无上正等觉、正遍知等等，以及佛教突厥语文书的习惯用语，由于大多在注释中加以简释，故在此不再重复。总的说来，这一摩尼教文书的佛教色彩之浓厚，是显而易见的。

（三）《摩尼大颂》的摩尼教内涵

尽管本文书中有许多佛教术语，使之显得相当"佛教化"，但是，细加辨析，便不难发现，文书基本上只是借用了佛教术语这一"躯壳"，而其内涵则换成了摩尼教自身的"灵魂"。今略举数例如下。

首先，尽管通篇有诸多的"佛"称，但读者很容易知道，"摩尼佛"清楚地是指其教主摩尼；"四佛"所指，乃是摩尼教神学中提及的琐罗亚斯德、耶稣等摩尼教神灵，并在其他文献中被称为先知，而非"佛"；至于"佛土"，则显然指的是摩尼教神学中的光明天堂"明界"，这不会真被理解为佛教的"西方佛国"。

本文书中的"轮回"（突厥语 sansarta）虽然是梵语 saṃsāra 的直接移植，但是其细微含义实际上与佛教的"轮回"颇有区别；与之关系密切的"地狱"、"苦海"亦然。

在佛教看来，凡是在人世间犯错、犯罪的（包括不孝敬父母、不信教、杀生等等），都会因过错和罪行的大小而堕入各种地狱。所以，它的"地狱"，主要是用来恐吓和惩罚现实世界中不好自为之的"恶人"的。此外，堕入三恶道之其他二道"鬼道"（饿鬼道）和"畜道"（畜生道）的人，也是因其人世间的罪、过而致；而在"三善道"（天、阿修罗、人）轮回的，则颇多生生世世积了"福德"的人。因此，佛教的轮回说实际上主要对俗世居民进行"劝善罚恶"，旨在改善现实的社会环境。相应地，其"冥府"和"地狱"也主要是惩罚"坏人"；易言之，并不反对在俗世为人，相反倒颇为鼓励。

然而，摩尼教最为厌恶和力图避免的"轮回"却是在现实世界转世为人或其他生物；它所谓的"地狱"、"苦海"等等，指的也就是这个物质世界，并主要包括人类本身的躯体。例如，《群书类述》引证摩尼的教谕道："当死亡降临于受欲望与贪婪控制的恶人时，便有邪魔前来，他们抓住他，惩罚他，向他展示恐怖的事物。恶人以为他们也像善神为善人穿上光明外衣一样，是来拯救自己的。但是，他们却是来责骂他的，他们使他想起自己的种种恶行，证实他忽视了对选民的帮助。于是，他就始终游荡于凡世间，备受折磨，直到大惩罚来临，他被投入深狱之中。"显然，对已死恶人的惩罚便是让他"始终游荡于凡世间，备受折磨"。则摩尼教是把灵魂的再世为人——即"轮回"——视作最大痛苦的；而"轮回"之所即是人间！这是与佛教的轮回观、地狱观截然不同之处。所以，不能因摩尼教文书借用了佛教的"轮回"术语，就混淆了二者的实际内涵。

又，本文书中的"戒律"虽然借用了佛教的术语（突厥词 čxšapt 是梵语 śikṣāpada 的音译），但是其戒条的内容则完全属于摩尼教本身。如本文书逐一描述的那样，对于选民（摩尼教的专职修道者）的五条戒律分别是：不犯罪过、不犯不洁、身体净化、口净化，以及生活清贫，但快乐而幸福。此外，尚有针对听众（摩尼教的世俗修道者）的十项戒条：禁止崇拜偶像、不准撒谎、戒绝贪婪、不得杀生、禁绝淫欲、不得偷盗、不行邪道和巫术、不能对宗教信仰有异见、办事不得怠惰，以及每天祈祷四次或七次（见《群书类述》和《注疏集》）。其中，三条针对口，三条针对心，三条针对手，一条针对身。

本文书多次使用佛教术语涅槃（nirvan）或般涅槃（frnibran），但是它们的含义毕竟有其摩尼教的特殊性。例如，见于吐鲁番的一份摩尼教帕提亚文书说道："醒悟吧，弟兄们，尊神的选民，在精神获救之日，即密尔（Mihr）月的第十四天，是为尊神之子耶稣进入涅槃之时。"① 显然，耶稣在此的"涅槃"，是借用了基督教主神耶稣的"复活"，而这一"涅槃"的意义也就是摩尼教徒所理解的"精神获救"，亦即光明分子回归明界。又如，见于中亚的摩尼教帕提亚语文书中，还有一整套礼仪文书，称为《般涅槃颂诗》（parnißbrānig bāšāhān），专为纪念摩尼的去世，亦即前赴明界，在每年一度的庇麻节（Bema Festival）上唱颂，其中有"光明使者进入般涅槃，是痛苦之日和悲伤之时。他留下了领袖们，以庇护本教。他告别了大众。这位高贵神灵始终在履行着他亲口答应我们的诺言"②。所以，摩尼教文书中的"涅槃"通常是指俗世之神或信徒最终"回归明界"或"得救"，其内涵自有本教的特色。

以上所述，是本文书使用的佛教术语之形式后面隐藏的摩尼教教义。文书中还有不少名称和术语，本身的形式就是摩尼教或非佛教的，如五重天（可能是摩尼教"十天"中的上面五层天）、福音书（摩尼所撰七书中的《生命福音》）、三印（摩尼教信条的象征符号）等，它们都展示了典型的摩尼教

---

① 文书号 M 104，原文转写见 Boyce, 1975, text, bx, p. 127. 英译文见 Klimkeit, "Jesus Entry into Parinirvāna: Manichaean Identity in Buddhist Central Asia", *Numen*, Vol. 33, 1986, p. 225.

② 文书号 M 5，英译文见 Ort, 1967, p. 240.

含义。其他还有一些句式，初看之下并无特异之处，但实际上是摩尼教神学内涵的体现。诸如此类，在此不再赘述。

通过以上辨析，可对《摩尼大颂》文书作如下数点简单归纳：

第一，摩尼教自创立之始，就融入了不少佛教因素，但在传播至中亚以及更东地区之后，其佛教色彩更为浓重。这与佛教在当地流行的时间更早、更普及有着密切的关系。

第二，摩尼教突厥语文书《摩尼大颂》约成于公元十世纪初期，亦即契丹政权太祖（907—926）执政的那段时期内[①]，而当时距离佛教初传中国内地也已经八九百年了，佛教在中亚地区之传播则时间更为久远。所以，成于吐鲁番盆地的《摩尼大颂》受到佛教的巨大影响是必然的；该文书的许多佛教术语都移植自突厥语佛经，便是极好的证明。

第三，尽管突厥语《摩尼大颂》在形式上有意无意地借用了大量佛教术语乃至佛教概念，但是其内藏的含义仍然可以辨别出摩尼教神学；另一方面，也确实还保持了不少摩尼教本身的术语和句式。所以，总的说来，这类文书的"佛教化"并未从根本上改变其文化要素。

---

① 此说源出葛玛丽（Clark, 1982, p. 160）；但是克林凯特则归之于十三或十四世纪的蒙古人时期（Klimkeit, 1993, p. 280）。似以前说为是。

第八章　摩尼教忏悔书与戒律综论

摩尼教的教义比较独特，持严格的二元论，认为明、暗二宗完全对立，永远敌对。它以光明喻指智慧、善良和美好，以黑暗喻指愚昧、邪恶和丑陋。不过，由于在"创世"之初交战中，光明神灵曾经败给黑暗邪魔，故光明元素被暗魔吞食，大量的"光明分子"被体现为物质形式（如人类、动物的肉体及植物等）的黑暗要素禁锢起来。因此，摩尼教信徒们终生追求的目标，便是设法使得这些被暗魔囚禁的光明分子（主要是人类的"灵魂"）尽早脱离牢笼，回归故乡明界。为了达到这一目的，信徒们就必须遵守许多戒条，禁止许多不当的言行和思想，并为这些不当举止和思想频繁地忏悔。于是，信徒们在举行仪式时使用的忏悔词便成为摩尼教的必备文书之一。

摩尼教的忏悔词分成两大类型，即是分别供"选民"和"听者"使用的两种忏悔词；前者得守戒律五条，后者得守戒律十条。所谓"选民"，是摩尼教的专职修道者，他们不能婚嫁，必须遵守的戒条十分严格，因此，距离"得道"亦即"被拯救"的目标更近，其宗教地位也更高。在摩尼教汉语文书中，这类专职修道者通常被称为"电那勿"（源自帕提亚语 dēnāβar 等）。至于"听者"，则是指称一般的世俗修道者，他们可以婚嫁和繁育后代，以及从事他们感兴趣或者有利可图的任何职业；不过，他们除了自己认真修道外，最重要的职责是为"选民"提供饮食与日常需求品。摩尼教的"选民"和"听者"制度，有点类似于佛教的"出家僧人"和"在家居士"制度，以至某些学者认为,摩尼教在这方面是借鉴了佛教的体制。①

本章的主要内容为两份摩尼教忏悔词的汉译和诠释,一份供选民使用,原文为粟特语;另一份供听者使用,原文为突厥语。除了在注释内对文书的若干细节做出解释和辨析外,最后还稍作归纳,简谈这两份文书的某些特色。

一、选民使用的忏悔词

迄今所见最重要,篇幅最大的选民忏悔词见于摩尼教文书 M 801,它由两部分构成,前者为一本小书,后者为三份很小的残片。小书的内容分为两部分:前者是由中古波斯语和帕提亚语撰写的有关庇麻仪式的一部分;后者则是选民的忏悔词,用粟特语撰写主体内容,用中古波斯语或帕提亚语撰写摩尼的直接引语。此前的国外学者对于这份选民忏悔词有过一些翻译和研究,可以作为本文的参考;主要参考者为亨宁的《摩尼教祈祷与忏悔书》②以及克林凯特的《丝绸之路上的诺斯替信仰》③。亨宁的《祈祷与忏悔书》提供了该文书原文的拉丁字母转写,并有与之对应的德译文;克林凯特的《诺斯替信仰》则仅提供了英译文和少量注释。

粟特语的"选民忏悔词"前半部分主要谈及了选民必须遵守的五条戒律,但是由于文件残破,第一条戒律的内容完全未见,第四、第五条戒律的内容也不太清楚,只有第二、第三条戒律表述得比较完整。后半部分则主要涉及选民在宗教仪式方面的忏悔内容。兹译释如下:

---

① 但是也有学者并不认同此说,例如:"因此,摩尼教系统在这方面几乎与见于佛教者相反:佛教为专业僧人设立十戒,而为世俗信徒则设五戒。没有理由推测这两种制度之间存在任何历史传承。"(Nicholas Sims-Williams, "The Manichean Commandants: A Survey of the Sources", in *Papers in Honour of Professor Mary Boyce*, Brill, Leiden, 1985, p. 573, note 2)

② W. B. Henning, "Ein manichäisches Bet- und Beichtbuch", *APAW*, 1936, 10, Berlin, 1937. 收载于 *W. B. Henning Selected Papers I*, E. J. Brill, Leiden, 1977, pp. 417-558.

③ Klimkeit, 1993, pp. 139-144.

I[①]. 戒条：[诚实][②]

II. 戒条：不伤害[光明分子]

（粟特语）……就如他（指摩尼）在经典中教导的那样：（中古波斯语）"无论何人要想前赴和平之界，都得从现在开始就像天堂诸神那样，将其灵魂的肢体聚集起来。"[③]（粟特语）而我却每每伤害和折磨五明子[④]，即那些在干、湿之地被[暗魔]囚禁的光明。

如果我在步行或骑乘时，攀登或下行时，快走或缓步时，让我这笨重的身躯，这残忍的躯体击打或伤害了光明；[如果]我在干地上建造一座墙，挖土或铲土、击碎、伤害、挤压、践踏了泥土；或者进入水中，在泥浆、雪、雨或露水中行走，践踏、毁坏或切割、伤害或撕碎了水中或陆地上的五种植物或五种肉体生物；[⑤] 如果我自己亲手干了这些

---

① 文书译文中使用的罗马数字的分节标号，见 Klimkeit, 1993；亨宁的德译文无此标识（Henning, 1936）。今从克林凯特，以清眉目。
② 原文书上，本条戒律的内容全部残缺，只剩下标题 cxš'pδ 一词。而该梵特词乃是梵语 śikṣāpada 的借词，意谓"所学之处"；佛教通常用来指"戒律"，亦即男女修道者所应遵守的戒条。在此，之所以补作"戒律：诚实"字样，是因为按照其他资料，得知摩尼教选民之五条戒律的全部内容，例如，科普特语《赞美诗》谈及的五大戒条相继是：不说谎、不杀伐、口洁净（指戒荤等）、纯洁（主要指免除一切肉欲）、神圣的贫穷（指物质享受方面降到最低限度，以专心修道）。见 Allberry, 1938, 33[19-23]。然而，不同的资料所言的"五戒"主题和次序略有出入，故不能绝对拘泥于此。
③ 如上文所言，摩尼教的根本教义之一，即是尽最大努力让"灵魂"脱离肉体的羁缚，回归其原生地明界，因为"灵魂"即是最初被暗魔吞食和掠夺的"光明分子"。
④ 粟特语 pnc 义为五，mrδ'spndṯ 义为要素、元素，故词组 pnc mrδ'spndṯ 的字面意义为"五种要素"。而按摩尼教的创世神学，最初，明界的主神大明尊派遣他所创造的神灵"初人"（即汉语文书所称的"先意"）去抗击入侵的暗魔；初人便相继创造了他的五个"儿子"，一起去参战。这"五子"便是五种形态的要素——气（ether，汉译或作"以太"）、风、光、水、火。不幸的是，他们在随后与暗魔的交战中失败，"五子"被暗魔吞食，嗣后就被囚禁在暗魔占统治地位的陆地、海洋中的各种生物（包括人类、动植物乃至万物）中。明界的一切神灵都由明尊直接或间接创造，都是"光明"的一部分，亦即"光明分子"，因此，初人的五个"儿子"既是"五要素"，也是五光明分子；而摩尼教汉语文书则多称之为"五明"或"五明子"，故本译文沿用此名。
⑤ 按照摩尼教的创世神学，光明神灵初人（先意）与暗魔交战而失败后，光明分子（"五明子"）被暗魔吞食；大明尊便再创造出第三使等神灵，以夺回被吞食的光明分子。后来，第三使与明女化身为赤裸的俊男美女形象，雌雄暗魔们全都性欲大炽，故诱得雄魔射出精液，雌魔堕胎。雄魔的精液中包含更多的光明分子，落到地上后便生成了五类植物；雌魔的胎儿中包含较少的光明分子，落地后便生成五类动物。五类植物中分别禁锢了气、风、光、水、火，亦即光明五元素；五类动物即两腿动物（指人类）、四腿动物、飞行动物（飞禽）、水生动物（鱼类）和爬行动物。有关这方面的细节，不同的记载稍有出入，不过，大致说法类似，参见前文第四章所载的叙利亚语文书《注疏集》。

事，或者使得他人干了这些事；

如果是我导致了有人被打或者被囚禁，或者，他们被迫承受了凌辱；如果我在上上下下时伤害了四足动物，或者击打和踢刺了它们；① 如果我打算伤害野生动物、飞鸟、水生动物或陆上的爬行动物，想杀害它们的生命；

此外，如果我……张嘴吃它，把它想象成无花果或药品；如果我傲慢地从两军交战或罪人死伤，甚至他人的不幸中获得欢愉；

如果我懒于书写，不喜欢或者忽视它，手中拿着毛笔、石板（？）、一片丝绢或纸，却对它们大加损毁；

如果我让一小滴水从水壶中溅出来，使之浪费掉。那么，为了以上所做的一切，我祈求［神灵］赦罪！

［戒条"不伤害"］的第二部分是针对具备"宗教荣耀"的充满生机之人②，以及正直者（指选民）中充满生机的瓦赫曼③。

如果我因贪婪欲念而伤害了他们，如果我不努力把他们变得强大……

如果因为我的考虑欠周，与我生活在一起的一位兄弟遭受了心智的纷扰，所说的话刺激了同伴们相互争斗，从而导致许多人的灵魂被毁，精神力量弱小，犹如他（指摩尼）所言：（中古波斯语）"一个人只从表面而非内心深处看自己，就会导致自己和他人变得弱小。"

（粟特语）那么，为了以上所做的一切，我祈求［神灵］赦罪！

---

① 此语疑指骑马之举。
② 粟特语 jw'ndyy 义为有生命的、生气勃勃的等，在此特用来修饰"人"，虽然貌似多此一举（因为一切活动着的人都是有生命的，不必特别说明其"有生命"），但是实际上却不然。盖因按摩尼教的教义，"灵知"是生命力的标志，亦即是说，越具备"灵知"，就越具备"生命力"；相反，那些没有"智慧"的人，与"死人"无异。所以，在此所言"充满生机的人"，当是指在宗教修行方面极有成果，很有希望使其"灵魂"回归明界的那些修道士。
③ 粟特语 whmn，源自中古波斯语，本是琐罗亚斯德教的一位高级神灵。中古波斯语中的这一名称 Vahman 或 Bahman 在阿维斯塔语作 Vohu Manah，为"善良的思维"之意。他通常是最高善神阿胡拉马兹达（Ahura Mazdah）的化身，并是作用于人类的神圣智慧的象征。当 Vahman 一词被摩尼教借用之后，常与另两位重要神灵耶稣和光明少女一起构成"三位一体"的神灵组，其职司似是拯救和接收灵魂（光明分子）回归明界；其名因有"善思"之义而也被称作"伟大心"或者"光明瓦赫曼"。不过，本文书在此所谓的瓦赫曼，似乎并非实指摩尼教的神灵，而是喻指已具丰富"智慧"的高级修道者。

III. 戒条：举止不悖宗教

……对照戒条"举止不悖宗教"，我尤其负有罪过。这个夜叉①，专干恶事的敌人，从这边游荡到那边，不断地迫害我。他以其精神和肉体的肢体，混入我的体内，覆上外衣；他把他的狡猾伎俩移入所有的植物中和肉体中；他到处寻找可以刺激其贪婪欲望的东西。

如果我在一个春天的早晨，仅仅触摸了少量的……树木的花朵或萌芽的……那种子颗粒……玫瑰的……或者……想要在土中种植或播下收获果实的种子，并在适当的时间给开垦的田地浇灌必需的水，[但是]在花园和庄园中的行为却极为下流不洁。

如果我触摸雪、雨或露水；

如果我踩踏发芽或成长植物的大地的子宫，那我就造成了伤害；此外，如果我……不洁净，卑劣的意图……

（缺失1页30行）

这些形形色色的欲望，……诸多情欲导致了精神和肉体的弱小，不洁净和伤害……

（14行缺失或严重损毁）

如果……与食物混和……以及令人沉醉的饮料将进入我的胃肠……

（至少有1页缺失）

IV. 戒条：……命令

……（中古波斯语）"……他应仁慈地对待自己的灵魂，他应哭泣和哀叹，祈求[尊神]赦免他的罪过。"

（粟特语）同样地，

如果我信任……进入被损伤的肢体……

如果我因为漠不关心、遗忘、邪恶的心智、软弱而不进行完全的忏悔，或者因为这样做似乎贬低了我，或者因为惧怕羞耻，或者惧怕指责和非难而不这样干。

如果我的长辈要求我干某事，而我随后并不真心实意地忏悔，却隐

---

① 粟特语 ykš 借自梵语 yakṣa，汉语音译作"夜叉"，亦作药叉、悦叉、野叉等，意译作轻捷、勇健、祠祭鬼等。本指住于地上或空中，以威势恼害人，或守护正法的鬼类，故按佛教之说，半人半神的夜叉有善、恶之分。但是，摩尼教文书借用之后，将它完全作为邪恶暗魔的代称了。

瞒了此事，被罪孽的情欲控制着。那么，为了以上所做的一切，我祈求[神灵]赦罪！

V. 五施①

我还犯有罪过……[违背了]作为宗教之灵魂的五施：

如果我不让我的五体，即相、心、念、思、意②中容纳五施，[我就是犯了罪过。]首先，培育一切善举的"爱"，即如他（指摩尼）所教导的那样：（中古波斯语）"一旦爱变得纤弱，一切善举就不完美。"

（粟特语）如果我缺少爱，如果以恨来取代它，如果以怀疑取代信仰，以瑕疵取代完美，以暴行取代忍耐，以愚昧取代智慧，如果我不能去除这五种邪恶的情感，那么它们将导致我在各个方面陷入倒退。

如果圣灵因我而伤悲，那么，为了以上所做的一切，我是一个应该处以死亡惩罚的罪人。

VI. "五门的关闭"

我在关闭五门方面也不够完善。③正如他（指摩尼）在经典中教导

---

① 粟特语 prβyn 义为礼物、赠品、天赋、才能等，摩尼教汉语文书《摩尼教残经》译之为"施"，故有"五施"之说："（惠明）于己五体，化出五施，资益明性。先从明相，化出怜愍，加彼净气；次从明心，化出诚信，加彼净风；又从明念，化出具足，加彼明力；又于明思，化出忍辱，加彼净水；又于明意，化出智惠，加彼净火。"（第72—74行）是知所谓的"五施"即是怜愍、诚信、具足、忍辱、智慧这样五种高尚品德。

② 摩尼教神学中有一组很早就存在，与主神大明尊关系非常密切的五位神灵，称之为五荣耀、五居所、五品性等；汉语文书则称之为五妙身、五净体、五体，其各自名号便是相、心、念、思、意。虽然总体而言，这五者是摩尼教特别强调的智慧和思想认识方面的五种美好品性，但是在不同语种的文书中，其名号及次序多有不同，尤其是对于第一种名号（"相"）的含义解释更有争议。本文书对此五名所使用的粟特语依次为：frn（义为荣耀、威严、幸运等）、šy'（义为记忆力）、m'n（义为心智、良心等）、šm'r'（义为思想）、ptβyδyh（义为领悟力、理解力等），其含义及次序与汉语文书不是完全对应。但是本文的汉译则采取了汉语文书的用法——相、心、念、思、意，特此说明。另外，有关"五妙身"或"五体"的研究和辨析，可参见拙文《摩尼教"五妙身"考》（《史林》2004年第6期）、马小鹤《"相、心、念、思、意"考》（载《中华文史论丛》2006年第4期）、张广达《唐代汉译摩尼教残卷——心王、相、三常、四处、种子等词语试释》（原载日本《东方学报》京都第77册，2004年；修订版载《张广达文集——文本、图像与文化流传》，广西师范大学出版社，2008年）等。

③ 粟特语 δβr 本义为门、入口等，在此则作"感官"解；粟特语 'nwyj 本义为集合、聚集，但在此则引申为结束、关闭之意。故文书中的词组 pnc δβrty'h 'nwyj'mndyy 便意为"关闭五门"，亦即禁绝五种感官的不良举止。

的那样：（中古波斯语）"假如声称'我的肢体充满了威力'的一位正直者毁坏了其眼睛、耳朵和其他感官，他还有什么善良可言？"（粟特语）因此，如果我任凭眼睛去看，耳朵去听，鼻子去闻，手去触摸，内心去想不适宜的东西，[那我就是有罪的。] 因为阿缁[贪魔]① 制作了这个躯体，经由这五门而不时地将激怒的情感包藏在内。通过它们，它（指阿缁）将体内之魔与体外之魔凑合在一起，在此过程中，[灵魂的] 一小部分被逐日地毁灭。如果我就这样地让我的诸"门"洞开，从而引发心魔的情欲，并煽动它们，以至我体内的神圣光明宝库被劫夺。那么，为了以上所做的一切，我祈求[神灵] 赦罪！

VII. 祈祷与赞美

我在七次祈祷、七次赞美、七次忏悔和七次"服务"方面也是有罪过的。② 如果我的躯体不安宁、不可靠、任性胡为、怯懦、衰弱、无动于衷或者严重歪斜，如果我出于邪恶的思想而忽视祈祷和赞美，或者怀着伤害别人的目的，或者由于瞌睡或灾祸，在早晨或傍晚，黑夜或白天，在旅途或城市，因病患或伤痛，在三十日斋戒③ 方面犯了过错，……那么，为了以上所做的一切，我祈求[神灵] 赦罪。

（缺失1页）

---

① 粟特语 "z 即是中古波斯语、帕提亚语等的 'z，义为"贪婪"。最初为琐罗亚斯德教神学中的一个邪灵，是威力巨大的毁灭者，其邪恶特别体现在贪欲上。摩尼教借用这个角色，使之成为与光明主神大明尊针锋相对的暗魔之首；由于它以贪婪为特色，故往往也意译为"贪魔"。本译文为尽量体现文书的原貌，故音译作"阿缁"。
② 在此所言的四种"七次"中，迄今所见的具体内容唯有"七次祈祷"一项，即见于阿尔纳丁《群书类述》中有关摩尼教的情况记载，系指选民在每天的七个不同时段跪拜日月和念诵祈祷词的规定。详见本书第五章。
③ 摩尼教信众的斋戒次数很多，并有选民（专业修道者）与听者（世俗修道者）之不同斋戒规定的区别。不过，也有全体信众共同持行的斋戒仪式，其中包括每年七次，每次为期两天的集体斋戒；而集体斋戒中的最重要者，即是"三十日斋戒"。这一斋戒期开始于春分日的前一个月，结束于最高潮的庇麻节（Bēma，为纪念摩尼的殉教，在春分日举行）。这个"三十日斋戒"中还包含了两个"两天期斋戒"，即：这"三十日斋期"的第一、第二天为每年七次斋戒中的第四次；"三十日斋期"的第二十七、第二十八天则为"七次斋戒"中的第五次。有关说法，可参见 W. B. Henning, "The Manichaean Fasts", *JRAS*, No. 2 (Oct. 1945), pp. 146-164; Dodge (trans.) 1970, p. 791; Boyce, 1975, p. 12。

VIII. 热情

……（中古波斯语）"诸贼不①……"（粟特语）如果我……[不]警惕……如果这情欲导致了伤害，那么，我祈求[神灵]赦罪！

（3行以上破损严重）

……如果由于我的衰弱和邪恶愿望，我忽视了……；如果有一天，我让[某人在夜间]出门而不带灯，行事荒唐，藐视、奚落他人，迷乱惶惑或者心不在焉，……

体内就会每天失落一小部分神圣光明，犹如水……

（3行损毁）

[那么，为了以上所做的一切，我祈求神灵赦罪！]

IX. 四次"星期一祈祷"

还有，在[星期一的]仪式方面，我若未遵从尊神所要求的四条戒律，也未以[正确的]热情对待四种禁忌。如果我[未能努力于]：

以我的整个心灵投入忏悔；

以纯洁的心智诵祈祷词，唱赞美诗；

把我的一切思维集中于布道；

要求和给予心智的转变和赦罪，犹如他（指摩尼）教导的那样：（中古波斯语）"你们应该一直聚集起来，进行忏悔和要求赦免罪过；相互要求宽恕，相互给予宽恕。任何人若不给予宽恕，就将得不到宽恕。"

（粟特语）如果我自己忽视了这规定的星期一仪式；

那么，为了以上所做的一切，我[祈求神灵]赦罪。

X. 神桌

此外，在从神桌获取每日的施予时②，如果我不以感恩之心坐下，不

---

① 中古波斯语 t'y 义为贼。但是由于原文在此残缺严重，故克林凯特未予英译（Klimkeit, 1993），而只在注释中谓本句中古波斯语引文可能出于摩尼撰写的经典（见 p. 142 及 p. 144, note 42）。至于亨宁德译文则将残存的两词"t'y'n ny..."译作"Diebe nicht..."（p. 39）；故在此汉译作"诸贼不……"。鉴于 t'y (tāy) 与梵语 steya 读音相近，且都义为贼，故疑 t'y 源自 steya；此外，"贼"在佛教经典中经常相当于不正当的言、行、思想，故在本摩尼教文书中或许也作此义。

② 粟特语 xw'n 义为桌子，yazd'n 为"神"的复数，故二者构成的专名 xw'nyazd'n 便有"诸神之

思念着圣佛①和人。[如果我]心中也不想着最初的战斗。②又,[如果]我不反复思考这些问题:我如今是代表着谁的标记?被吃下去的是什么?经常被吃下去的是什么类型的暗魔?被吃下去的是谁的血和肉?③我获得的是哪一种恩情,哪一种值得信赖的施予?此外,我为何没有[转生于]猪、狗、夜叉之类?④……

二、听者使用的忏悔词

迄今所见,供"听者"使用的最完备的忏悔文,是突厥语文书 *Xuāstuānift*⑤,由见于吐鲁番的文书残片缀合而成。三十年前,李经纬曾经汉译该文书⑥,所据者主要为季米特里耶娃刊布的俄文译本⑦。1965 年,丹麦学

(接上页)桌"之意,这在摩尼教中有着独特的含义。盖因摩尼教的根本教义之一,是将被暗魔囚禁的"光明分子"拯救出来,使之回归明界;而"拯救"被困光明分子的最常用和最有效的方式,便是把含有光明分子的食品(一切食品都含光明分子,但是水果、蔬菜中包含得更多)吃下去。所以,作为专业修道者的选民的每餐饮食,也就成了解救光明分子的仪式;其餐桌相应地成为"诸神"(光明分子的别称)的聚集之所,则称之为"神桌"是名副其实的。

① 粟特语 βy 义为神灵,bwt 义为佛,故亨宁将词组 βyyy bwtyy 译作 des Gottes Buddha, 即把二者视作同位语——"尊神佛陀",意指摩尼 (Henning, 1936, p. 41, note 1);克林凯特也从之,作 God, the Buddha (Klimkeit, 1993, p. 142)。但是,同样的使用模式也见于供听者使用的突厥语忏悔词中,即在庇麻节上祈求 täŋrii burxan(指摩尼;见下文所引《忏悔词》第 XIV A 节);而 täŋrii 兼具神与神圣之义,则 täŋrii burxan 更宜释作"神圣之佛"(圣佛)。有鉴于此,在此的粟特语词组 βyyy bwtyy 恐怕也以理解为"圣佛"更为妥帖。
② 这即是指摩尼教创世神学所言,大明尊派遣初人(先意)与入侵明界的暗魔交战,初人失败后被困,其五个"儿子"即五明子被暗魔吞食,从而开始了光明神界长期"解救"光明分子之事业的诸般事情。文书在此是意指选民的餐饮即是解救光明分子。
③ 摩尼教借鉴了基督教的诸多因素,用"受难的耶稣"来譬喻被暗魔囚禁的光明分子,从而,光明分子往往被称为"耶稣的血与肉"。文书在此所要思考"谁的血和肉"的问题,显然是要信徒多思考光明分子被暗魔囚禁的事情。
④ 尽管摩尼教的轮回观与佛教有着很大的不同(有关摩尼教的轮回观,可参见本书第十章,以及拙文《摩尼教"平等王"与"轮回"考》,《史林》2003 年第 6 期),但是文书的此语显然是颇为"佛教化"的,因为:第一,"夜叉"本是佛教的常用术语;第二,文书此语的含义也与佛教一样,将猪、狗之类视作比人更低一等的生物。
⑤ 突厥语 Xuāstuānift 义为忏悔,源自帕提亚语 wx'stw'nyft。亨宁认为,该文书是从粟特语译出;他曾对相当于突厥文书第十、十一和十五节的粟特语残片作了译释(参见 W. B. Henning, Sogdica, in *JRAS* 11, 1940, pp. 63-67)。
⑥ 见李经纬《古代维吾尔文献〈摩尼教徒忏悔词〉译释》,《世界宗教研究》1982 年第 3 期。
⑦ L. V. Dmitrieva, *Xuastuanift*. (Vvedenije, tekst, perevod), *Tjurkologičeskije issledovanija*, Red. A. K. Borovkov, Moskva-Leningrad: Izdatel'stvo Akademii Nauk SSSR, 1963, pp. 214-232.

者阿斯姆森出版《摩尼教忏悔词研究》一书①，所辑集的突厥文书总量超过俄文本，在研究的深度和广度上也远胜前者。在此则主要依据阿斯姆森的英译本，再参考较新的研究成果，以期做出新的，更为完善的汉译和更为深入的诠释。

突厥语《忏悔词》的总体结构为十五节，分述摩尼教俗家信徒所需忏悔的十五个方面。构成它的多个文书残片主要为 T Ⅱ D 178 Ⅲ、T Ⅱ D Ⅳ，以及不列颠博物馆所藏斯坦因文书 Ch. 0015。本文将按照英译文的方式标志各节的序号。兹译释如下：

ⅠB 霍尔木兹特神偕五明神一起降临②，以率领一切诸神与魔斗战。他和具有恶业的兴奴③以及五类魔作战。当时，神与魔，明与暗混合起来。霍尔木兹特神之子五明神，即我们的灵魂④，与魔争斗了一段时间，受了伤；并与诸魔之首，贪得无厌的无耻贪魔⑤的邪知⑥以及一百四十万

---

① Jes P. Asmussen, *X^uāstvānīft, Studies in Manichaeism*, Copenhagen: Prostant apud Munksgaard, 1965.
② 突厥语 Xormuztah，借自伊朗上古宗教的神灵名 Ahura Mazda 或 Ormizd、Ormazd，阿维斯陀语义为贤明之主，曾被公元前五世纪的波斯国王大流士奉为诸神之首；琐罗亚斯德教尊之为世界创造者。在摩尼教中，Xormuzta 是由最高神大明尊创造的次级神"生命之母"（Mother of Life，汉语文献称"善母"）创造出的"儿子"，称"初人"（Primal Man，汉语文献称"先意"）。突厥语 biš 义为五，täŋri 义为神灵，故词组 biš täŋri 当意为"五神"。但是，由于这五者实际上是五种光明，且在汉语文献中有"五明子"、"五明性"、"五明身"、"五明佛"等称号，在此译作"五明神"。
③ 突厥语 Šïmnu 借自粟特词 šmnw，但其渊源则可追溯到阿维斯陀语 aŋro mainyū（意为"邪恶精灵"），亦即帕提亚语和中古波斯语 'hrmyn（英文通常作 Ahriman）。它原为琐罗亚斯德教中的黑暗主神，贪婪、妒忌、愤怒，为了攻击光明，创造了大量与之同样品格的邪魔。摩尼教借用此名，指称与光明对立的邪恶之魔。
④ 突厥语 özüt 义为灵魂，且特别强调人类的灵魂。按摩尼教神学，人类灵魂即是被肉体囚禁的"光明分子"，亦即被暗魔吞食的五明神。因此，这里的"五明神"是"灵魂"的异称，二者同一，故译如正文。而李经纬则将此语译作"五神和我们的灵魂"（李经纬，1982年，第59页），当是误解。
⑤ "贪得无厌的无耻贪魔"一语，突厥语词组作 todunčsuz uwutsuz suq yäkniŋ，盖因 todunčsuz (todunçsuz) 义为不满足的、贪得无厌的，uwutsuz (uvutsuz) 义为不谦虚的、无羞耻心的，suq (su:k) 义为贪婪的，yäk (ye:k) 则义为魔鬼、邪魔。但是，阿斯姆森的英译文则作"the insatiable and shameless Āz devil"，显然用专名 Āz（前文汉译作"阿缁"）取代了一般性的形容词 greedy。而 Āz 之名虽然见于摩尼教的中古波斯语和帕提亚语文书，扮演着"诸魔之母"的重要角色，且其源流来自琐罗亚斯德教，但是本突厥语文书 *Xuastvanift* 实际上并未借用 Āz 一词。英译者在此及下文三处都改作了 Āz，未免失之草率，故今仍取突厥语原义"贪婪之魔"而译作"贪魔"。
⑥ 突厥语词组 yawlaq bilig 有着特殊的含义：yawlaq (yavla:k) 义为坏的、邪恶的；bilig 义为知识、智能、觉悟等。摩尼教特别强调"知"的问题，其教义即是以"灵知"（gnosis）著称。由于摩尼教持绝对的二元论，故"知"也有善、恶之分，反映在突厥语文书中，便是 ädgü bilig（善良

魔混合起来，他变得不明事理和意志薄弱。他全然忘却了自己所诞生和被创造的不朽神灵之境，从而脱离了光明诸神。

ⅠC 我的明尊啊①，从此之后，如果由于具有恶业的兴奴用邪恶行为诱惑我们的智力和思想，使得我们最终无知、无智；如果我们无意中得罪了圣洁和光明的楚尔凡神②，一切明性③的本原，称他兼为明与暗、神与魔之宗；如果我们曾说"若有人赋予生命，即是明尊赋予生命；若有人杀害生灵，即是明尊杀害生灵"；如果我们曾说"明尊创造了一切善良与邪恶"；如果我们曾说"他（指楚尔凡）是创造了不朽诸神的人"；或者我们曾说"霍尔木兹特神和兴奴是弟兄"；我的明尊啊，如果我们无意中欺骗了明尊，曾经使用了极度亵渎神灵的言辞，从而犯下了导致毁灭的罪过，那么，明尊啊，我，赖玛斯特·弗莱曾德（Rāimast Frazend），就忏悔，祈求解脱罪孽。宽恕我的罪过吧！福佑之始！

ⅡA 第二，是对于日月神，是对居于二光明宫中的神灵所犯的罪过。

ⅡB 如若前赴诸神之境，本原之处，一切诸佛④、清净法、拥有善业

[接上页] 的知识）和 yawlaq bilig（邪恶的知识）。作为"善知"和"邪知"的专名，在摩尼教文献中有着明显的象征意义，例如，突厥语文书 T. M. 423c 有这样的字句："他的诸体……是：才思、理解力、情感、思想、洞察力……博爱知识、信仰知识；他们将来肯定会去你的居所，这是你的善知……""他的十二时是：看得见的肉身的五体，即骨、筋、脉、肉、皮……以及五种看不见、摸不着的邪知，而这即是毁灭性知识、仇恨性知识、无耻的知识、争吵的知识、愚蠢的知识，以及嫉妒恶魔和无耻恶魔……"（见 T. M. 423c，正面 1—5 行、正面 11—16 行以及背面 1—3 行，A. von Le Coq, 1922, Nr. 2, pp. 18-19）

① 突厥语 täŋri (teŋri:) 最初只指自然界的"天"，后来逐步引申，兼具上天、神、天的、神圣的等义；当然也可以作为一般性的"神灵"。但在本文书中显然特指摩尼教的最高神大明尊，故为了区别于基督教的 God，在此不取"神"、"主"、"上帝"的译法，而沿用摩尼教汉语文书的习惯译法，作"明尊"。

② 突厥语 Äzrua，相当于中古波斯语 zrw'n。Zurvan 是伊朗宗教中的时间和命运之神，可能是由于琐罗亚斯德教与希腊—巴比伦占星术思考的接触交流，后世作品中的 Zurvan 被说成是 Ormazd (Ahura Mazda) 和 Ahriman 的父亲，亦即将善神霍尔木兹特与恶神阿赫里曼说成是亲弟兄。摩尼教借鉴了 Zurvan 神名后，它便成了最高神大明尊的名号。

③ 突厥语 yaruq 义为光明的、明亮的，故词组 yaruq özüt 意为"光明的灵魂"。而在汉语文献中，与"光明分子/五明子"同义的"灵魂"则被称作明性、佛性等。鉴于此，在此将 yaruq özüt 译作"明性"。

④ 阿斯姆森的英译文将突厥语 burxan 译作先知（prophet）(Asmussen, 1965, p. 194)；李经纬汉译文亦然（李经纬，1982 年，第 61 页）。而在公元七至八世纪的古突厥语中，习惯于将汉语"佛"字读作 bur 音，并与具有"王者"之义的 xan（汗）构成组合词 burxan，以此翻译佛经中相当于"佛"一类的高级神灵；后来被摩尼教借来指称本教的大小神灵（说见 Clauson, 1972, p. 360）。因此，既然 burxan 一名源出突厥语佛经，且在摩尼教的汉语文献（特别是《下部赞》）中，称摩尼教各种神灵为"佛"者比比皆是，那么，本译文将 burxan 译作"佛"，应该更加贴切。

和地界光明之灵魂的聚集处，那么日、月之神便是其前门。① 为了解救五明神，将光明和黑暗分离开来，他们作圆状旋转，照耀［天界的］四方。

Ⅱ C 我的明尊啊，如果我们曾经无意中以某种方式得罪了日月神，居于二光明宫中的神灵；如果我们曾经不相信"［日月］神是真诚、强大、有力的"；如果我们曾经使用了极度邪恶的亵渎神灵的言辞；如果我们说过"日月将会毁灭"；如果我们说过"他们未靠自力升落；如果存在自力，就会不再升起"；如果我们说过"我们自身异于日月"②，那么，当我们无意中犯下了这样或那样罪过时，我们祈求宽恕。宽恕我的罪过吧！

Ⅲ A 第三，同样，还有对五明神，即霍尔木兹特之子所犯的罪过。

Ⅲ B 一为气神，二为风神，三为明神，四为水神，五为火神。③ 他（指五明神）往时与魔斗战，因受伤而与黑暗相混，未能回归诸神之界，从而留在俗世。上方十重天、下方八重地都因五明神而存在。世上一切事物的福祉与幸运、色彩与景象、本性与灵魂、大力与光明、起源与根本，全部都是五明神。

Ⅲ C 我的明尊啊，如果我们曾在无意中因邪知而毁坏了五明神；如果我们曾使之遭受十四重伤害的折磨；如果我们曾用蛇头十指和三十二牙折磨生灵④，即神圣的食物和饮料；如果我们曾经对干湿之地、五类生

---

① 按照摩尼教教义，当获救的灵魂脱离肉体的束缚（即是光明分子与黑暗分离），前赴明界新乐园时，必须经过太阳和月亮这两个"中间站"，作进一步的提炼和净化，所以，本文书在此称日月之神是"前门"。
② 突厥语 öŋii (öŋi:) 义为不同于、独立于等，故本句 käntü özümüznii küntä ayda öŋii biz 当是"我们自己不同于太阳和月亮"之意。克劳森亦作了类似的理解："we ourselves are independent(?) of the sun and moon"（Clauson, 1972, p. 170）。因此，李经纬作"我们自己比日月更高"（李经纬，1962 年，第 61 页）是错误的。
③ 这五明神的排序，在摩尼教的东、西方的文献中，颇有不同：例如，在科普特语典籍《赞美诗》（Psalm-Book）和《克弗来亚》（Kephalaia）中，其排序多为火、风、水、光、气，以火为第一，气为最后；而在见于中亚等地的东方文书中，其序则为气、风、光、水、火，以气为第一，火为最后。排序的不同可能反映了观点的不同。
④ 突厥语 tirig 义为活的、有生命力的；öz (ö:z) 基本上即是指人类个人无形的"精灵"部分，与有形的"肉体"相对应。鉴于此，tirig öz 一词，固然可以译为"活物"，但实际上当是指"有生命力的灵魂"，特别是在摩尼教教义中，显然是指被肉体因禁的"灵魂"或光明分子，亦即五明神；而他们被食用，即相当于"神圣的食物和饮料"了。为尽可能展示 tirig öz 一名在教义方面的特色，故在此译作"生灵"。

物①、五类草木犯下罪过，那么，我的明尊啊，我们祈求解脱罪孽。宽恕我的罪过吧！

IV A 第四，是对于始终存在的明尊使者，即诸佛所犯的罪过。

IV B 如果我们曾经无意中得罪了积有功德，导致获救的神圣选民；如果我们尽管口称他们为"明尊之真正使者"和"佛"，却又不信"神圣选民以善业为特征"；如果我们曾在他们宣讲明尊之法时，出于无知而反对之；如果我们非但未曾传播这些教法，却反而阻挠它们，那么，我的明尊啊，我们忏悔，祈求解脱罪孽。宽恕我的罪过吧！

V A 第五，是对于五类生物所犯的罪过。

V B 一是对于两腿人类所犯的罪过；二是对于四腿生物所犯的罪过；三是对于飞行生物所犯的罪过；四是对于水中生物所犯的罪过；五是对于腹部着地爬行之生物所犯的罪过。

V C 我的明尊啊，如果我们曾以某种方式引发了这五类生物——无论最大还是最小——的恐惧，或者惊吓了他们；如果我们曾经殴打或砍割他们，使之痛苦和折磨他们，乃至杀死了他们，也就是在某种程度上欠了这些生物的命，那么，我的明尊啊，我们正在祈求，希望解脱罪孽。宽恕我的罪过吧！

VI A 第六，我的明尊啊，我们还可能以自己的思想、言辞和行为犯下十种罪过②：

VI B 如果我们曾经虚伪欺诈，以某种方式犯下了伪证罪，如果我们曾为某个奸诈者作证；如果我们曾经告发过某个无辜者；如果我们曾经散布谣言，以我们的言辞伤了一个人的心；如果我们曾经施行了黑色

---

① 突厥语词组 biš türlüg tïnlïγqa 意为"五个种类的生物"，是为突厥语文献中标准的佛教术语（有时也作 biš ažun，亦即"五种生存形态"），对应于梵语 pañca gatayaḥ，即"五趣"、"五道"，也就是轮回的五种去处：地狱、饿鬼、畜生、人、天。不过，在此所指却非佛教的"五道"或"五趣"，而是指人类、走兽、飞禽、水属、爬行类。见下文第 V B 节。

② 听者所犯的十种罪过，就是违反了专门针对听者的十戒；而各文献对于这十戒的记载并不完全一致，但大体上说来，则包括如下十个方面：第一，不信伪神，也不信有关神的不实之辞；第二，保持言词的洁净；第三，保持食品的洁净，不吃荤，不饮酒；第四，不说对先知不敬的话；第五，在斋戒之日禁止性行为；第六，帮助遭受贪魔折磨者脱离苦难；第七，禁止假先知的冒名顶替；第八，禁止任何毫无必要的伤害生灵的行为；第九，禁止偷盗和欺骗；第十，禁止施行巫术和制作巫术药品。

巫术；如果我们曾经杀死了许多生物；如果我们曾经欺诈行骗；如果我们曾经使用了陌生人［托付我们保管］的物品；如果我们曾经做了日月神所不容许的事情；如果我们在自己变成"穿长衣［者］"①之后，曾经得罪了第一本性；如果我们曾经导致许多生物的毁灭，那么，我的明尊啊，我们正在祈求解脱这十种罪过。宽恕我的罪过吧！

VII A 第七，如果有人问：谁会走上通往二毒路之端和地狱之门的道路？那么，信奉伪法的人会去第一个地方，崇拜魔王并奉之为神的人会去第二个地方。

VII B 我的明尊啊，如果我们因为未曾认识和理解真正的明尊及清净之法，从而当诸佛和清净选民布教时，受假称"我是明尊之使和布道师"的人之骗，相信其语，错误斋戒，错误崇拜，错误施舍；如果我们曾经错误地从事邪恶活动，并说"是为积功德，故而能获救"；如果我们曾经祀奉邪魔为"明尊"，并宰杀生灵来供养；如果我们曾说"他是个佛"，珍爱伪法而崇奉之，因此事魔而得罪了明尊，那么，我的明尊啊，我们正在忏悔，祈求解脱罪孽。宽恕我的罪过吧！

VIII A 第八，自从我们认清真正明尊和清净之法以后，我们懂得了"二宗"和"三际"②的教法；我们懂得了明宗即明尊之境，以及暗宗即地狱之境。我们知道了，此前无地无天之时到底有些什么存在；我们知道了，神、魔为何相斗，明、暗如何混合，以及何人创造了大地、苍天；最后，我们还知道了，大地和苍天为什么将不再存在，光明与黑暗将怎样分离，届时将会发生什么。

---

① 突厥语 uzun tonluɣ，字面含义为"穿长衣［者］"，按克劳森之说，早期义为妇女，后则引申为"修道士"之意（Clauson, 1972, p. 288）。
② 突厥语 äkii (ékki:) 义为数字"二"，yïltïz (yıltız) 义为根本、根源，故在摩尼教的根本教义中，术语 äkii yïltïz 便是指其两种相对立的基本要素——光明与暗狱、善良与邪恶等，英文往往表达为 Two Principles，在摩尼教汉语文献中，便译作"二宗"。突厥词 üč (üç) 义为数字"三"，öd (ö:d) 则义为时间，或指某一点时间，或指某一段时间。此亦摩尼教的根本教义：指过去、现在、未来三个时段，而明、暗二宗在这三个时段中有着不同的体现，故摩尼教汉语文献将 üč öd 译作"三际"。"二宗"、"三际"往往相提并论，以展示摩尼教的根本教义的特色。李经纬将这两个专门术语译作"二根"、"三时"（李经纬，1982年，第65页），似有未妥。

ⅧB 我们信奉楚尔凡神、日月神、大力神，以及一切诸佛①，我们信赖他们，从而成为听者。我们已将四光明印印在心中：一是爱，为楚尔凡神之印；二是信，为日月神之印；三是[对神之]惧，为五明神之印；四是智，为诸佛之印②。

ⅧC 我的明尊啊，如果我们曾让自己的心、智脱离了这四类神灵；如果我们曾经偏离了他们的正确方位，因此导致明尊之印被湮灭，那么，我的明尊啊，我们正在祈求解脱罪孽。宽恕我的罪过吧！

ⅨA 第九，自从我们遵奉了十戒③，就必须严格遵守口的三戒、心的三戒、手的三戒，以及全身的一戒。④

---

① 这里提到的 äzrua täŋrikä、kün ay täŋrikä、küčlüg täŋrikä、burxanlar 是摩尼教——尤其是东方摩尼教——的基本教义之一，即"四重神"的说法：本文书的表达方式是楚尔凡神（即摩尼教主神大明尊）、日月神、大力神、诸佛（或众神），但在其他语种的文书中则有不同的表达形式。例如，在汉语典籍《下部赞》中，称"清净、光明、大力、惠"或"清净、光明、力、智惠"；福建晋江摩尼教草庵摩崖上的石刻以及福建莆田发现的石碑则作"清净、光明、大力、智慧"。学界对于这四类神灵的比定，大体上已有共识："楚尔凡"即主神大明尊，亦即汉语文书或石刻所称的"清净"（即神圣）；"日月神"在汉语文书中称"光明"；"大力神"或"大力"则是指五明神（但杰克逊认为是指先意，即霍尔木兹特神。见 Jackson, 1932, p. 332）。"诸佛"之所指，似乎还有些歧见，或以为是指不同时期受明尊所遣，前来人世传授灵知，拯救灵魂的各神圣使者，或认为是指具有五种含义的神圣教会。《群书类述》便体现了后一种说法："这些守则象征了对四种伟大事物的信仰，它们是：尊神、他的光明、他的威力、他的智慧。尊神——赞美他的名字——乃是光明乐园的君王。他的光明是太阳和月亮；他的威力是五个天使，即以太（气）、风、光、水与火。他的智慧是神圣的宗教，具有五种含义：导师们，是忍辱的诸子；执事们，是知识的诸子；祭师们，是智能的诸子；选民们，是深不可测的诸子；听者们，则是洞察力的诸子。"由此看来，第四个"伟大"所指的"神"为数众多，似乎并不仅仅是有限的几个"先知"（prophets），故李经纬将 burxanlar 译作"先知们"（李经纬，1982年，第65页），似有未妥。
② 突厥语 tamγa (tamğa:) 的本义只是盖在马或其他家畜身上的印记，标明所有权，后则引申于摩尼教中，具有了神秘的含义，如在此所示，大致为必须记住和遵从的标志性教规之意，或者是基本信条的象征符号。这里所谓的"四印"，当是"七印"之中的前半部分：前四条是信条性的，后三条则是道德伦理性的。前"四印"是：一、敬爱明尊；二、相信日月是伟大的光明天体；三、崇敬初人所包含的神圣要素，即光明分子；四、确认本教的伟大启示者的神圣职责。显然，突厥文书在此所述的，正是"七印"中前"四印"。至于余下的"三印"，即是"口印"、"手印"和"心印"，亦即在言语、行为和思想方面所必须遵奉的教规。关于"七印"的详说，可参见 Jackson, 1932, pp. 331-337。
③ 突厥语 čaxšapat (caxṣa:pat) 是佛教梵语词 śikṣāpada 的借词，后者意为"所学之处"，通常即是指比丘、比丘尼学习戒律时所遵循的戒条。摩尼教或佛教的突厥语文书，多以此词指戒律。
④ 文书在此将听者的"十戒"分为口、心、手各三戒及身一戒这样四类，但所见典籍记载者似乎与此说并不完全一致。如阿拉伯语的《群书类述》列数的十戒是这样的：一、戒偶像崇拜；二、戒撒谎；三、戒贪财；四、戒杀生；五、戒通奸；六、戒偷盗；七、戒教唆；八、戒巫术；九、戒信仰不一致；十、戒惰息。

IX B 我的明尊啊，如果我们曾经有意无意地自私地生活；听信坏朋友之言，以其心思观察；或者为了牲畜和财产而烦恼；或者被忧伤悲痛所打击，从而违背了这十戒；如果我们在履行十戒时有什么缺点、错误，那么，我的明尊啊，我们正在祈求解脱罪孽。宽恕我的罪过！

X A 第十，有一条规定：每日必须四次真诚、净心地向楚尔凡神、日月神、大力神、诸佛，赞美、祈祷①。

X B 如果我们曾因粗心大意而不惧明尊，没有正确和完全地祈祷；祈祷时没有集中全部心思于神，从而这些赞美和祈祷不能纯净地抵达明尊；或者，如果祈祷的某些地方曾被阻断，那么，我的明尊啊，我们正在祈求解脱罪孽。宽恕我的罪过吧！

XI A 第十一，还有一条规定：必须给予清净法以七重布施②。如果天使们收集了五明神的光明，呼嚧瑟德与呦嘍囔德神③就会把上升天界和被解放的五明神之光给予我们，那么，规定要求我们极好地有序整理这些光明，把它贡献给教会④。

XI B 如果我们或因忧伤，或因吝于布施，而未能最充分地将七重布施给予教会；如果我们曾经将本应上升天界和被解放的五明神之光束缚在房屋和家产中，或者将其给予恶行人或邪恶物；或者，我们曾将其散发和丢弃；或者，我们曾将明尊之光送往邪恶之所，那么，我的明尊啊，我们正在祈求解脱罪孽。宽恕我的罪过吧！

---

① 摩尼教的祈祷仪式每天四次，分别于黎明、正午、傍晚和深夜作常规的祈祷。白天祈祷时得面向太阳，夜晚面向月亮；若逢不见日月的时候，就面向北方或北极星。
② 突厥语 pušï (buşı) 义为施舍、捐助，源出汉语 "布施"，起初为佛教突厥语文献中的借字，后则再借用至摩尼教突厥语文书中。汉语文献《下部赞》中的 "七施"，亦即相应于突厥语 yiti türlüg pušï 的术语。按教规，听者必须供奉选民，其中主要是提供其日常饮食；而 "七施" 或许即是含有较丰富 "光明分子" 的水果等七类食品。
③ 突厥语文书在此提到的两个神名，完全照录了帕提亚语：Xroštag 和 Padvaxtag，是为先意（即初人）被暗魔所困后，善母与净风前去拯救时，呼唤先意以及先意应答时产生的两位神灵。故前者义为召唤（英译作 the God Call，汉语文书意译作 "说听"），后者义为应答（英译作 the God Answer，汉语文书意译 "唤应"）。但是，汉语文书也有作音译者，即是 "呼嚧瑟德" 和 "呦嘍囔德"，故译如正文。李经纬作 "贺鲁斯吐合" 和 "帕杜阿贺塔" 的音译（李经纬，1982年，第66页），则并不适宜。
④ 突厥语 nom 通常义为 "法律"、"教法"，但亦有指称有形的教会及其成员之意。在此当取后一义，恐怕主要是指听者将布施给予教会中的选民。

XII A 第十二，还有一条规定：犹如神圣的选民每年应持邬珊提斋①五十天一样，[听者]必须持圣斋，以赞美明尊。

XII B 如果我们为了维护房屋和家产，为牲畜和器物操心，或者因为自己的需求和相继的危难，或者还因为贪得无厌的无耻贪魔以及我们内心缺乏对明尊的敬畏，或者由于我们的懒惰与疏忽，从而自觉和不自觉地违背了斋戒；或者，我们的斋戒并未正确遵循教法，那么，我的明尊啊，我们正在祈求解脱罪孽。宽恕我的罪过！

XIII A 第十三，每星期一②必须向明尊、宗教以及圣洁选民③祈祷，以求宽恕我们的错误与罪过。

XIII B 如果我们由于懒惰与疏忽，或者因为商谈事务或作为借口的其他事务，而自愿或不自愿地未曾请求宽恕罪过，那么，我的明尊啊，我们正在祈求解脱罪孽。宽恕我的罪过吧！

XIV A 第十四，有个规定是，每年要举行七次禋祭④，我们必须持斋

---

① 突厥语 wusantï 借自粟特语 βwsndyy，源出梵语 poṣadha。后者的原义为长净、长养、共住、斋、说戒等，指佛教中同住之比丘每半月集会一处，请精熟律法者说律之举，众人在此活动中反省过去半月中的行为是否符合戒条，若有违戒者，则必须忏悔；此词音译作布萨、布洒他、逋沙陀等。为区别于佛教的 poṣadha，在此不取已有的梵语汉译名，而是另作新译名"邬珊提"。按科普特语《克弗来亚》之说，听者之所以每年要持五十天的邬珊提斋，是出于对初人（即霍尔木兹特）神迹的纪念：初人降世时，带领其五个儿子一起与暗魔作战，五子各有五肢，则共计二十五之数；后来初人及其五子（即五明神）获救，上返明界，则五子之五肢总数也为二十五。所以，前后两个"二十五"相加，便成五十之数。(Gardner, 1995, pp. 268-269)
② 突厥语词组 ay täŋrii künin sayu，克劳森译作"该月的每天（every day in the month）"(Clauson, 1972, p. 858)。但阿斯姆森在解释其译文"每星期一（every Monday）"时说道，星期一是听者和选民的特定忏悔日，十分重要，故有关星期一的颂诗已成为摩尼教宗教性诗歌中的一个特色(Asmussen, 1965, p. 198, 227)。当阿斯姆森之说为是。故李经纬作"每月每天"（李经纬，1982年，第67页）是错误的。
③ 在此，相应于"明尊—宗教—选民"的突厥词组结构为 täŋri-nom-dintarlar，十分明显地是模仿了佛经中的梵文术语 Buddha-Dharma-Saṅgha 的结构，即"佛—法—僧"。
④ 突厥语 yimki 是源出帕提亚语 yamag 的外来语，而后者的原义为孪生者、成双等。或以为，由于摩尼教的这类祭典和斋戒仪式都是以两天为期，故采用了这一名称。但是，我认为，由于 yamag 尚有指称两个"自我"（一为天界自我即灵身，一为俗世自我即肉身）中之"神我"，特别是用以指"精神摩尼"的含义（相关释义可参见 Durkin-Meisterernst, 2004, pp. 199, 374），故可能引申为用 yimki 一词来表达以不同"神我"为对象的斋戒仪式的特色。本文使用"禋祭"一名，只是借用音、义皆近的汉字对 yimki 作了音译，而非现成的汉语词汇，敬请读者注意。

"禋祭"通常是用来纪念为本教献身的主要神、人的，每次禋祭为期两天，信徒们在此期间得连续斋戒，并举行相应的仪式典礼。根据现有的东、西方摩尼教资料，可以确定的禋祭对象和日期如下：一为霍尔木兹特（即初人）禋祭，在人马宫（Sagittarius，黄道第九宫）当值期间（约11

一个月。我们还得在禋祭、斋戒之后，在庇麻节①上真诚和全心全意地祈求圣佛宽恕我们整个一年里的罪过。

XIV B 我的明尊啊，如果我们完全未曾举行七禋祭，或者未曾正确和完美地遵循一月斋期的戒条；如果我们在庇麻节上未能按照教法持奉禋祭斋戒；或者未能真诚和全心全意地祈求［圣佛］宽恕我们整年的罪过；如果我们有了这样或那样的错误与过失，那么，我的明尊啊，我们正在祈求解脱罪孽。宽恕我的罪过吧！

XV A 第十五，我们每天都会在不知不觉中产生邪恶之念，在不知不觉中说了本不该说的罪过之言，以及在不知不觉中干了本不该做的事情。

XV B 我们由于邪恶的行为而招致了自己的苦恼，我们在日常生活中吃下的五明神的光明分子到了邪恶之处，因为我们的灵魂陷在了贪得无厌的无耻贪魔的贪爱中。正是鉴于此，我的明尊啊，我们祈求解脱罪孽。宽恕我的罪过吧！为了宗教的神圣预兆！

XV C 我的明尊啊，我们被过失与罪孽所牵累，我们是大大的负债者。因为我们是按贪得无厌的无耻贪魔的思想、言辞和行为而做的；我们用它的眼睛看，用它的耳朵听，用它的舌头说，用它的双手拿，用它的双脚走，从而为干、湿之地，五类生物及五类草木中的五明神的光明分子招致了持久的痛苦。我们就这样被过失与罪孽所牵累。我们因十

[接上页］月22日至12月21日）的望日举行。初人（先意）曾为拯救光明而陷身魔境。二为末西辛（Mâr Sîsin）禋祭，在摩羯宫（黄道第十宫）当值期间（约12月22日至1月19日）的朔日举行。他是继摩尼之后的教会领袖，于波斯国王巴拉姆二世时期（276—293年）殉难。三为耶稣禋祭，在摩羯宫当值期间的望日举行。四为三长老禋祭，在宝瓶宫（黄道第十一宫）当值期间（约1月20日至2月18日）的朔日之后八天举行。三长老是继末西辛之后殉难的。五为摩尼禋祭，在三长老禋祭的二十六天之后举行。

由于迄今所见资料中只载有五次禋祭，而这与本文书所言的"七次禋祭"不符，所以，学界的解释是：由于"三长老"（Three Presbyters）的人数为三，故五次禋祭所纪念的对象实际上还是七位，则称之为"七禋祭"未尝不可（说见 W. B. Henning, *The Manichaean Fasts*, JRAS 2, 1945, p. 147）。

① 按摩尼教教规，庇麻节（bēma）是十分隆重的祭典，是每年的诸宗教节日中的最高规格者，因为他们相信摩尼的精神之身将于此节降临于为他设置的专门宝座上，拯救大家的"灵魂"，故 bēma 也就是"［宝］座"之义。它在摩尼禋祭的两天后举行，亦即三十天斋月的最后日期。在本文书中，相应于"庇麻"的突厥词便是 čaidan（ça:dan），其本义是指黄道第八宫天蝎座，但用于摩尼教中，便引申为"王座"、"宝座"之义，并成为相应于 bēma 的专名了。有关此词及其他语言中的同义词，亨宁有所论说（Henning, 1936, pp. 9-10）。《忏悔词》汉文旧译未将"庇麻节"的内容表述出来，欠妥。

戒、七施、三印而获"听者"①之名，但是我们却未能做应做之事。

如果我们曾经在无意间得罪了光明诸神、清净教法，以及明尊之人和布道师——清净选民；如果我们不曾按照明尊传播的法、智行事；如果我们曾经令诸神心碎，以及未能禋祭、持斋、祈祷和按教法遵循戒律；如果我们无意间犯了过失与错误，……每天，每月，我们犯有罪过……那么，我们祈求光明诸神、尊贵之法②，以及清净选民，以解脱罪孽。宽恕我的罪过！

十一月二十五日

三、小结

综观以上两份忏悔词，至少有如下几个特色，可提供学界关注：

第一，本文译释的选民用忏悔词出自粟特语文书，而听者用忏悔词出自突厥语文书。这一现象实际上绝非偶然，而是历史真实的一个反映。即，迄今所见的有关东方摩尼教的宗教文书中，很少例外的一个情况是：供选民使用的宗教礼仪文书，多用伊朗诸语（中古波斯语、帕提亚语、粟特语等）撰写，而供听者使用的宗教礼仪文书却多用突厥语（回纥语）撰写。之所以发生这一现象，恐怕只能用如下的史实来解释：

源于西亚的摩尼教在东传的过程中，先是在中亚博得当地居民粟特人的大量皈依；此后，以周游各地，善于经商而闻名天下的粟特人又在更东的游牧政权回纥境内争取到许多土著的摩尼教信徒，他们多为操突厥语的普通民

---

① 突厥语 niyošak 是借自帕提亚语 ngwš'g (niyōšāg) 的外来词，乃是专用于指称摩尼教信徒"听者"的术语，故李经纬将此句译作"我们［徒］具听信十种警戒、七种施舍、三种印信之名"（李经纬，1982年，第69页）云云，未能反映文书的原意。
② 突厥语词组 Nom qutï，是摩尼教文书中专用术语。Nom (no:m) 借自粟特词 nwm，粟特词借自叙利亚语，叙利亚语又借自希腊词 nomos（本义为法律）；粟特语多用 nwm 翻译佛经中的梵语 dharma，突厥语则以 nom 兼用于佛教和摩尼教，且含义颇广，总的说来，有法律、教法、宗教等义。qut (kut) 本有比较神秘的"上天宠爱"之义，后遂专有"好运"、"幸福"之类的意思；在佛经中，qut 的使用很广泛，既义为上天眷顾，还义为高贵［者］、威严、尊贵等。所以，Nom qutï 在此当是"尊贵之法"或"法之尊贵者"的意思。这里的结构亦如上文，是模仿了佛经的"佛—法—僧"形式。

众。先行信教，且文明程度较高的粟特人的宗教地位也相应更高，遂多充任了人数相对较少的专业修道者"选民"；而文化落后的游牧族的普通大众则往往只能充任宗教地位较低的世俗信徒，即"听者"。听者多为突厥语族的民众，通常不懂粟特语或其他伊朗语，故他们使用的宗教文书便由粟特人翻译或者直接撰写成突厥语文书。

所以，东方摩尼教的选民用的宗教文书多以粟特语撰写，听者用的宗教文书多以突厥语撰写的这一现象，不仅展示了粟特人在回纥汗国之摩尼教传播中的主动和积极作用，也显示了从粟特人向突厥人逐步普及摩尼教，以及粟特人的宗教地位高于突厥语族人民（主要为回纥人）的史实。① 粟特人的这一历史作用值得注意。

第二，尽管按上文所引的亨宁之见，突厥语的听者忏悔词 *Xuāstuānift* 乃是译自粟特语文书，甚至有些部分是"逐字逐句"翻译的，但是，若将突厥语的听者忏悔词与粟特语的选民忏悔词相比，至少就遣词造句的风格而言，二者有明显的不同。即，突厥语文书似乎更具有"佛教化"色彩。

例如，粟特语文书中直接借用佛教梵语词汇的例子不多，似乎只有三个：一为诸标题的 *cxš'pδ* 一词，为梵语 śikṣāpada 的借词，亦即戒律、戒条之意。二为粟特语 *ykš*（凡二见），借自梵语 yakṣa，即汉译名夜叉、药叉等，本是佛教的低级鬼神（善恶兼有），被摩尼教借来专指邪恶的暗魔。三为粟特语 *bwt*，乃佛教梵语 buddha 的借词，即汉译的佛、佛陀；文书用以指称明界的最高神灵或者摩尼。

相比之下，突厥语文书所包含的佛教文化因素就多得多了，例如，文书中多次出现 burxan 之称，用以指摩尼教的神灵，是为突厥语佛经中用以指"佛"的专用术语，其构词要素 bur 便可溯源至梵语 buddha。又，文书还使用了常见于佛教文书中的标准佛教术语 biš türlüg tïnlïγqa，其意为"五个种类的生物"，有时也作 biš ažun（即"五种生存形态"），对应于梵语 pañca gatayaḥ，即汉译名五趣、五道。虽然该词组在本文书中的实际含义与佛教的"五趣"不同，但是它借用佛教词汇，却是毫无疑问的事实。再如，文书

---

① 有关这一说法，可参见 Larry Clark, "The Turkic Manichaean Literature", in Paul Mirecki and Jason BeDuhned, *Emerging from Darkness – Studies in the Recovery of Manichaean Sources*, Leiden: Brill, 1997, pp. 94-96。

"每星期一必须向明尊、宗教以及圣洁选民祈祷"（XIII A）以及"我们祈求光明诸神、尊贵之法以及清净选民"（XV C）两句中的结构，都为täŋri-nom-dintarlar（明尊—宗教—选民），亦即十分明显地模仿了佛经中的梵文术语 Buddha-Dharma-Saṅgha（佛—法—僧）结构。除此之外，文书中的 čaxšapat 为佛教梵语 śikṣāpada（戒律，戒条）的借词；pušiï（施舍、捐助）为突厥语佛教文书中的借词，源出汉文佛教术语"布施"；wusantï 借自佛教梵语 poṣadha，原为修道者聚会，论说戒律之活动等意。如此等等，突厥语忏悔词的"佛教色彩"显然要比粟特语忏悔词浓厚多了。

当然，不仅此例，其他突厥语文书也同样，甚至更多地展示了浓厚的佛教色彩。例如，本书第七章的《摩尼大颂》中，频繁出现 burxan（佛）的称呼；并有 könii nom、edgü nom、arıγ nom 等词组，确切地对译了佛教术语妙法、净法和正法；又，突厥语 frnibran 源自佛教梵语 parinirvāṇa（般涅槃），突厥语 nirvan 借自梵语 nirvāṇa（涅槃）；再如，突厥词 sansarta 是佛教梵语 saṃsāra 的直接转写，义即轮回；最后，突厥语 Sumir 源自梵语 Sumeru（须弥山），arxant 间接借自梵语 arhat（阿罗汉），fišay 对译梵语 viṣaya（尘）。诸如此类，无不表明该摩尼教文书包含了众多的佛教因素。

通过以上的比照，似乎可以推测，粟特人在向东方的突厥族人进一步"普及"摩尼教时，为了使得这些文化层次较低，且又颇受佛教文化影响的民众①易于接受新的宗教观念，曾经有意无意地借用了佛教经典的形式，以"方便"即"因人制宜"地布教。从而导致主要供听者使用的突厥语文献较诸作为蓝本的、主要供选民使用的粟特语文书更具佛教色彩。这一微妙的变化似乎也得主要归因于粟特人。

第三，从以上译释的两份忏悔词看，不难发现，无论是选民还是听者，其忏悔的内容既包括了他所违犯的戒条内容，还涉及其他本应遵循的规定、条例和要求。而比照二者之后，似乎可以得到一个颇有意思的印象：听者的"修道"较诸选民更为困难。

---

① 早在六世纪中叶以降的突厥汗国时代，中原王朝的政府及私人就不时地向北方的"夷狄"传播佛教了，乃至用他们的语言撰写佛经；此外，来自南亚的佛教影响也早就波及游牧人活动的内陆欧亚地区。所以，当八世纪中叶，粟特人积极地向回纥人传播摩尼教时，回纥境内的游牧人已经对佛教有了相当的认识，应该是不争的事实。具体论证，在此不赘。

就选民而言，其明文规定的戒条为五条，或者五个方面，大致是不说谎、不杀伐、口洁净（戒荤）、纯洁（免除肉欲）、神圣的贫穷（物质享受降低到最低限度）。不过，在这份残缺的粟特语忏悔词所谈及的选民戒条和其他要求中，避免"伤害光明分子"的内容占了很大的比例。而这些规定一旦体现在实际生活中，便是要求选民不得亲自饲养家畜、种植庄稼，甚至连煮饭烧菜等事务也不能亲自动手。另一些规定，或者涉及宗教仪式上的礼仪，或者是对道德质量的更高要求。不过，平心而论，这类"美德"只是对选民精神素质的"锦上添花"的要求，而不是"善"与"恶"的原则区别；如所谓的"五施"，即怜悯、诚信、具足、忍辱、智慧，不过是"更善"的要求而已。

相比之下，世俗信徒"听者"在言、行、思方面的各种规定和要求却似乎非但不逊于选民，反而有超越的迹象。首先，正式规定的听者的戒律是十条，显然在数量上已经是选民戒条的一倍。至于其内容，虽然有不同的说法，但是二者的基本要求却都相同，如听者也应戒撒谎，戒杀生，禁信异端，以及一定程度上的戒荤酒和戒色欲。其次，听者的戒条中更有戒偷盗、戒通奸、戒巫术、戒怠惰等十分易于界定的条款，则其言、行、思较诸选民更不容易达到"完美"之境。

最后，也是对听者来说最困难和最不公平的一点：他们一方面也被要求"不能伤害光明分子"，另一方面却又被要求必须饲养家畜，种植庄稼，以及为选民烹制食品等。亦即是说，选民为了最佳地"修道"而不可以干的事情却必须由听者来承担；更直白地说，本该由选民所"犯"的"罪过"（种植和制作食品，即"伤害光明分子"）却通过宗教戒律的形式来强迫听者实施！于是，听者既要在理论上遵从"不伤害光明分子"的训诫，又不得不在实践中违犯这一戒条，等于是牺牲了自己的"修道"进程而保障了选民的"修道"。

由此可见，摩尼教的选民和听者似乎并非在公平的条件下修道，听者"得道"的机会远少于选民也就势所必然了。之所以存在这一现象，恐怕正是因为一切"戒律"都是由"精英阶层"的选民制订的缘故。

第九章　TM 276 文书及回纥改宗摩尼教之史实辨析

摩尼教东传中央欧亚和中国，是摩尼教历史上的重大事件，特别是它一度成为草原霸主回纥汗国的"国教"，更对整个东方的政治、经济和文化产生了巨大的影响。然而，有关回纥信奉摩尼教的文献资料却为数不多，尤其是篇幅较大的原始资料更是少见，迄今所见者，似乎只有两件。一是所谓的《九姓回鹘可汗碑》，由突厥语、汉语、粟特语三种语言撰写而成；另一件则是见于吐鲁番的摩尼教文书残片 TM 276 a、TM 276 b（U 72、U 73），用粟特文字母拼写突厥语（回纥语），今汉文学界通常称之为《牟羽可汗入教记》。

该文书的内容分布在两大张对折纸上，见于每张纸的右面和左面，相当于欧式装订书籍中的四页。这两张对折属于某本书的一部分，故《入教记》的开头和结尾都位于该书的其他对折纸上。从文书的内容看，是叙述回纥牟羽可汗在"选民"劝说之后最终皈依摩尼教，并且要求本国民众全都信奉此教的过程。所以，其作者无疑为摩尼教教徒。至于有关该文书的撰写形式，则早由德文译本的编者指出，应该是摩尼教选民的一封信，在向某人报告回纥发生的这一事件。① 当然，这更可能是回纥的摩尼教传教师在向其东方教会的领袖汇报此事，所以亦可认为它是一份传教情况报告。

按照汉文资料（包括"正史"及《九姓回鹘可汗碑》）记载，回纥牟羽可汗是在 763 年的三月返回回纥，四位摩尼教的高级教士（睿息等"四僧"）显然也是在此时进入回纥。既然突厥语文书 TM 276 提及"四神圣选民"，则其所述事件就当在 763 年或稍后；那么，该文书的撰写日期应在此事的同时

---

① Bang & von Gabain, 1929b, p. 411.

或稍后，不太可能滞后很久。

至于该文书是否为"报告"的原文，则答案显然应该是"否"。原因在于：首先，早期在回纥传播摩尼教的多为粟特人或伊朗族人，这已是明白无误的事实。那么，粟特人写给伊朗族教会领袖的报告，绝不可能使用突厥语的，而很可能使用粟特语。邦格（Bang）等认为文书的原件或为汉语，但这几乎全无可能，因为汉语对于伊朗族的摩尼教教会领袖来说，是比突厥语更难懂的"天书"，故绝无可能被用在这种场合。其次，从语言学的角度看，本文书不像是用突厥语书写的原件，而更像是译自其他的语种。有关这点，邦格等也早已指出。最后，也是相当可靠的一个证据是：本文书发现于吐鲁番，而那里显然并非摩尼教东方教会的据地，亦即是说，这份突厥语文书不应该是摩尼教东方教会收到的"报告"原件，而很可能只是回纥境内的摩尼教教徒为了供突厥语族民众了解情况而用突厥语翻译的本子。

《入教记》描述的是回纥汗国第三任酋帅牟羽可汗（759—779年在位）信奉摩尼教，并用行政命令使之成为"国教"的经过，虽然颇有夸张之处和传奇色彩，但是仍然包含了不少史实，很有学术价值。所以，此前的国内外学术界对该文书的研究甚多，中国学界也早在二十余年前就有汉语译文，并研究与之相关的问题。[①]

本章重译《入教记》，除了汲取新的研究成果，使译文的内容更完善，表达的意思更确切外，还将就涉及回纥摩尼教的若干问题作一些辨析。汉译所据的主要外译文本，一见于邦格与冯加班（Von Gabain）的《吐鲁番突厥文书二》，其中包括了突厥文书原文的拉丁转写和德译文[②]；一见于克林凯特的《丝绸之路上的诺斯替信仰》[③]，是为英译文，包括若干注释。

---

① 见杨富学、牛汝极《牟羽可汗与摩尼教》，《敦煌学辑刊》1987年第2期；后收载于杨富学《西域敦煌宗教论稿》，甘肃文化出版社，1998年。
② Bang & von Gabain, 1929b, pp. 411-422.
③ Klimkeit, 1993, pp. 364-370.

一、TM 276 文书译释

［可汗说道：］"……我是神圣的①，我将与你们一起前赴诸神之境。"

选民②则答道："我们是神圣的，我们是选民。我们完全执行尊神的命令。我们抛弃肉身后③，就将前赴诸神之境，因为我们逐字逐句地执行了神的指令。……由于我们一直遭受着巨大的压制和严重的危害，因此我们要去诸神之境。陛下呀，如果你违反了永恒之神④的法令，那么您的整个国家就将陷入混乱，所有的突厥人会对神犯下罪过，他们在无论何处发现选民，都会镇压和杀戮之。如果来自汉人之地⑤的怀有四

---

① 突厥语 tngri 起源极早，可能早于突厥时代，至少可以追溯到公元前三世纪的匈奴时代。此词最初实指客观存在的"天"、"天空"，后来则多指带有宗教性意味的"天神"，不过，有时也可作形容词，义为天神般的、神圣的等。说见 Clauson, 1972, pp. 523-524, teŋri: 条。由于可汗虽然尊贵，但是自称为"神灵"的可能性不大，应该只是自诩为"如神一般的"，故正文译作"神圣的"。

② 突厥语 dïndar（亦作 dïntar）乃是粟特语 δēndār 的借词，而后者与帕提亚语 dyn'br (dēnāβar) 等同义，义为宗教的、虔诚的、正直的，或者信徒、真信者、纯洁者。在中亚的摩尼教中，多用作专业修道士"选民"的称呼，有时也作为整个教会的总称。公元六世纪，粟特地区的摩尼教教徒在萨德·奥尔密兹德（Sād-Ōhrmizd）的率领下所组成的新教派正式自称 Dēnāwar；但是很可能早在摩尼教东传中亚的早期（公元三世纪）就已使用这个称呼。后世通常都用以指称摩尼教的专职修道者。汉语典籍中的"提那跋"、"电那勿"等即是其音译名；在此则意译作"选民"（英文通常作 Elect）。

③ 突厥文书的 qaltï ät'üz qodsar 一语，邦格的德译文作 "Wenn wir den Körper ablegen (sterben)"（当我们抛弃了肉身）（p. 415）；克林凯特的英译则改作 "When we die"（当我们死后）（p. 366）。虽然从通常的含义上看，英译文更简洁明了，但是，考虑到摩尼教的特殊教义，当以德译文更确切。原因有二：首先，摩尼教视一切肉体，尤其是人类肉体为暗魔禁锢灵魂（即光明分子）的牢笼，摩尼教信徒们终生奋斗的目标，即是脱离这一牢笼，回归故乡明界。所以，"抛弃肉身"的措辞具有主动、积极的含义，完全符合摩尼教的教义和文书在此的口吻。其次，突厥词 ät'üz（亦可转写作 etöz 和 et öz）在佛教文书或摩尼教文书中的确切含义应该是指"活生生的肉体"，以相对于"死尸"或"灵魂"。说见 Clauson, 1972, p. 74。因此，在此将该语译作"我们抛弃肉身后"，更能体现摩尼教鄙视肉体、主动追求脱离肉体，灵魂（光明分子）回归明界的教义。

④ 突厥语 öd 义为时间，ödsüz 义为无时间限制的、永久的。而在摩尼教文书中，ödsüz 则往往成为一个专用名词，用以专指摩尼教的最高尊神"明尊"（或"明父"、"明王"等）。其原因是，摩尼教借用了琐罗亚斯德教的主神楚尔凡（Zurwan 或 Zarwan）之名作为本教最高神的一个异名，而 Zurwan 的原义也就是"时间"。因此，摩尼教文书中的"无时间限制者"、"永恒者"就多指大明尊了。汉文旧译此语作"如果你毫无法规，不时地犯罪"，恐怕有失原义。

⑤ 突厥语 tawγač (tabγač) 早就见于八世纪的古突厥语碑铭中，总的说来，是北方游牧部族或其他域外民族指称中原地区以汉人为主体的诸多强大政权的名号。至于为何如此称呼，则诸说各异。我曾撰写《Tabγač 语原新考》（载《学术集林》卷 10，1997 年 8 月），认为这是"大汉"的译音，最初因汉朝的强盛而致外族对中原政权有此称呼。所以，本文在此也不过沿用这一称呼而已。但是，由于径直作"大汉"会令含义模糊，故正文译作"汉人之地"，既尊重 tawγač 的语源，也不至于在概念方面有大的误解。

求①的四……神圣选民②……那么对本教便会造成极大危害和压制。他们不论在何处发现听者和商人③，都会全部杀死，不留一个活口。

"在您这国度里，人们始终按照您的指令在完成伟大和有价值的事业，直到……达干④的出现。陛下呀，如果您弃离这达干，那些善法和善举就会持续下去；但是如果……这达干就会给本国带来巨大麻烦，恶行将会盛行，您的国度将会毁灭……您从此要走的道路将会是另一条路。神圣的慕阇⑤……将会听闻这些所作所为，他绝不会允许它们发生。"

① 突厥语 kösüš 义为追求、要求、希望、欲望等，tört 则义为四；至于在此到底是指哪四种"追求"，则不甚了了。不过，摩尼教的东方文书（尤其是突厥文书）借用佛教术语的现象十分常见，所以，文书在此相当可能是借用了佛教的"四求"术语来表达摩尼教的教义。按汉译佛经，所谓的"四求"通常有两种说法。第一种是指四种欲求：欲爱（贪爱欲界之五境）、色爱（贪爱色界之禅定）、无色爱（贪爱无色界之禅定）、无有爱（贪爱涅槃真空之法）。第二种是指菩萨的四种乐求：求平等而止观双修、求无分别而使身口意三轮清净、求持戒以成就六度等之法义、求未来成就当度之缘。说见慈怡（编），1989 年，第 1698 页。显然，摩尼教根本没有佛教这样具体的概念和说法，恐怕至多只是泛指"神圣选民"的基本修道追求而已。

② 文书在此所谓的来自中原汉人地区的"四……神圣选民"，显然即是指 763 年回纥牟羽可汗归国时所带回的四名摩尼布道师，盖因记录牟羽可汗事迹的《九姓回鹘毗伽可汗碑》的汉文部分有"将睿息等四僧入国，阐扬二祀，洞彻三际"等语，与本文书描述牟羽可汗改宗摩尼教的背景完全吻合。

③ 突厥语 nïγošak 为粟特语 nγ'wšn'k 的借词，意为"听者"、"听众"等，是摩尼教的专用术语，用以指称世俗修道者，相对于专业修道者"选民"而言。听者可以结婚、生育，他们除了根据教规而实施一定的宗教生活外，另一个重要的职责是为选民提供饮食，不让选民亲手种植和制备食品，否则就是犯罪。在摩尼教汉文典籍中，此名译作"耨沙喭"（见《摩尼光佛教法仪略》），不过，那应当是帕提亚语 n(i)γōšāgān 的音译。突厥语 sart 也是一个外来词，借自梵语 sarṭha，义为商人，恐怕是经由粟特语传播的。不过，自十一世纪以降，此词开始具有"城镇居民"之义，以相对于"游牧人"；特别指"伊朗族人"，相对于"突厥族人"（说见 Clauson, 1972, p. 846）。鉴于此词这样的源流，再考虑到粟特人在回纥汗国中的重要作用，故文书在此的"商人"，很可能指的是亦属伊朗族的粟特商人。

④ 突厥语 tarχan 是个很古的高官称衔，有的学者（如蒲立本）认为，其源流可以追溯到匈奴人的最高领袖称呼"单于"。而在早期的突厥语中，它虽然不像"特勤"、"设"那样，是特别具有王族成员色彩的高官称衔，但也是另一种高级官员的称号，恐怕主要是负责行政事务的官员。至于蒙古语中的早期借词 darxan 则含义大变，不过是指免税之人，甚至只指工匠、手艺人而已。（说见 Clauson, 1972, pp. 539-540, tarxa:n 条）文书在此所言的"达干"之前的修饰词残缺，或许是该达干的名字，但也可能是某个形容词。不管怎样，这一"达干"应是指反对回纥人信奉摩尼教的上层势力的代表人物或集团。所以，汉文旧译此语作"直到……达干到来［之前］，你的善令善行才可以在你的汗国里推行"，似是误解其义，表达了相反的意思。

⑤ 突厥语 možaγ 是个外来词，相当于粟特语 mwj'q、帕提亚语 'mwc'g (ammōžāg) 以及中古波斯语 hmwc'g (hammōžāg) 等。原义为导师，但在摩尼教中，是教主摩尼以下的最高教职名号，汉语典籍译作"慕阇"。文书在此的 tngri možaγ 当义为"神圣的慕阇"（如前文所释，tngri 兼有"神灵"和"神圣的"等义），而非"慕阇神"，指的应该是摩尼教东方教长区的首领。所以，汉文旧译作"慕阇神"，不妥；整句作"慕阇神听了是不会不赞同，也不会不喜欢的"，更是误解了文书的原义。

然后，神圣国王①与选民们一起讨论了两天两夜，第三天，登里汗②作了充分的反思……神圣国王的心神十分困扰，因为他得知了，他将由于那些恶行而导致灵魂永不解脱。因此，他害怕了，战栗了，他的心[不再宁静]。随后，神圣国王牟羽汗③便亲自来到选民们的聚会之处，他在选民之前双膝跪下，请求宽恕他的罪过，恭敬地说道："自从……以来，我一直造成你们的不幸……我想……饥饿与干渴。通过这样的反省，我已经[作出了决定]。希望你们怜悯我，支持我信教，成为选民。直到现在，我的心神还是没有平静下来。我完全不愿意留在这个世界上，或者我的家里。④我的汗位、肉体的欢愉，以及我的……和我的……在我眼中已经变得毫无价值。我的勇气正在丧失，我惧怕……因为你们曾告诉我：'由于这类行为，你的灵魂将永远得不到拯救。但是，如果你经由选民而信仰本教，如果你不断地有善举……'假如你们选民有这样的要求，我将按照你们的指令和忠告行事，因为你们曾对我说：'试着再度鼓起勇气，陛下，抛弃罪过！'"

那时候，当神圣国王牟羽汗这样说了之后，我们选民及本国的所有民众都欣喜异常，以至无法充分表达出我们的喜悦。随后，他们相互转告此事，一遍又一遍，快乐万分。成千上万的人聚集成群，来到……从事各种各样的娱乐活动。他们热烈庆祝，直到天明，许多人依然沉浸在欢乐之中……新的一天的黎明时分是小斋⑤[开始]的时间。神圣国王牟羽汗和作为他随员的所有选民都骑在马上，还有所有的王子、公主、高

---

① 突厥语 ilig 有"王国"、"国王"之义，故在此的词组 tngri ilig 译作"神圣国王"，指的仍是牟羽可汗。
② 突厥语 kän（汗）的含义在早期相当于最高领袖称号 qayan（可汗），后来则主要指次一级的政权领袖；文书在其前加修饰词 tngri，则义为神圣汗，与上文的 tngri ilig 一样，也是指牟羽可汗。由于在汉文史料中，牟羽可汗之号为"登里"，本是 tngri 的汉译，故在此不将 tngri kän 译作泛称的"神圣汗"，而是译作特指牟羽可汗的"登里汗"。下文亦然。
③ 突厥语 bögü 的原义为贤明的、圣明的、具有神秘精神力量的等，往往作为政权之最高领袖的称号，在此即是一例：bögü χan 即是指回纥牟羽可汗。
④ 按摩尼教的教义，人类生活的俗世即是"暗魔"禁锢"光明分子"即灵魂的地方，故努力争取脱离俗世，及早回归明界，是每个摩尼教信徒的终生追求目标。因此，文书在此有"不愿意留在这个世界上"之说。
⑤ 突厥语 kičig 义为小的，bačay 义为斋戒，故将词组 kičig bačay 译作"小斋"，但是其详细内容则不太清楚。待考。

官、酋帅，以及全体老少民众，都欢天喜地地前赴城门①。然后，神圣国王进了［城②］，头上戴着冠冕，身上穿着红色长袍，坐在镀金的王座之上③。然后，他向百官④和民众发布了诏令："如今，你们全都……辉煌的……十分欢乐，尤其是你们选民……我的心神已经平静，我再次把自己托付给你们。我已重新开始，坐在了这王座上。我命令你们：当选民训诫你们，敦促你们分享灵魂之餐⑤，以及当他们敦促你们……和训诫

① 突厥语 toi qapγ，邦格和亨宁译作"Tor der Stadt"（城门）（Bang & von Gabain, 1929b），并有一个较长的注释探讨此"城"究竟是回纥的哪一座城（p. 417 和 p. 421, note 65）。克林凯特的英译文作"gate of the city"（p. 367），显然也视 toi 之义为城。这样的译法似乎都会给人如此的印象：此"城"与中原传统所见的"城"一样，有城墙，有城门，有"城内"、"城外"之分等。但是，实际情况到底如何，却令人有所质疑，盖因按克劳森，to:y (toi) 最初义为聚集许多帐篷的"营地"（Clauson, 1972, p. 566）；嗣后引申为居住在这类营地的人群，即"社区"；后又指聚集着的大批人，则意为"宴会"，尤其是婚宴。但是，似乎并无"城市"之意。所以，克劳森将文书的此语译作"went as far as the gate of the (royal) camp"，则是将突厥语 toi qapγ 理解为可汗营地（"牙帐"）的大门，可能更近似于游牧人在当时的生活真实。
② 突厥文书的此词残缺，虽然德译版作者根据文意将此词补成 toi，亦即作"城"解，但是仍然怀疑这也可能是寺庙之类的宗教场所（p. 422, note 67）；英译版则也疑其为寺庙或可汗的宫殿（p. 370, note 36）。
③ 回纥牟羽可汗的这种装束、礼仪，与他的前辈突厥可汗们的情况类似，可资比照。拜占庭使臣蔡马库斯在六世纪六十年代晋见西突厥可汗室点密时，见他"坐于两轮金椅上，金椅在必要时可由一匹马拉动"；第二天则见他"坐于黄金制造的床上，中央有金制瓶、壶、罐"；第三天，"又换一帐聚会，内有饰金木柱，一金床以四孔雀负载"。（见〔英〕裕尔撰，张绪山译《东域纪程录丛——古代中国闻见录》，中华书局，2008 年，第 172、173 页）又，玄奘在七世纪三十年代末拜会西突厥的可汗统叶护时，见他"身着绿绫袍，露发，以一丈许帛练裹额后垂"；三日后，见"可汗居一大帐，帐以金华装之，烂眩人目。诸达官于前列长筵两行侍坐，皆锦衣赫然，余仗卫立于后"。（见〔唐〕慧立、彦悰著，孙毓棠、谢方点校《大慈恩寺三藏法师传》，中华书局，1983 年，第 27、28 页）
④ 突厥语 bäg 是个官号，其含义随时间和地域的不同而有所改变，但是总的意思差不多，即基本上是指称一个氏族或部落的首领；或者，作为政权中低于最高首领的所有高级官员的泛称，在此即是一例。当它作为具体官号时，早期的汉译名作"匐"，后来随着越来越广泛的使用，特别是至蒙元时代，更有"别"、"伯"、"卑"、"毕"、"辈"、"孛阔"、"孛可"、"别乞"、"别吉"、"伯克"等名。
⑤ 在突厥语词组 üzüt ašï 中，前一词义为灵魂，特别是人类灵魂，相对于"肉体"而言；后一词则义为食品、餐食。所以，本文书的德译本将该词组直译作"Seelen Mahle"（灵魂餐）（p. 419）；但是，英译本则意译作"sacred meal"（圣餐），显然是借用了基督教的概念和术语（p. 368）。依我之见，这一词组当以直译为宜，原因是：按照摩尼教的特殊教义，"灵魂"即是"光明分子"，而一切有形物质却都是禁锢光明分子的黑暗要素；摩尼教信徒唯一的和最大的奋斗目标，就是把被黑暗囚禁的光明分子最大限度地解救出来，使之回归明界。所以，信徒们，尤其是专职修道者"选民"，更要尽多地"回收"光明分子或灵魂，其最有效的方式就是食用光明分子（灵魂）含量最为丰富的水果、蔬菜。有鉴于此，某些被认为"含量丰富"的食品就成了修道者的"最有效"食品，其含义与基督教的"圣餐"类似。不过，为了确切地体现摩尼教在"灵魂观"方面的特殊教义，文书中的这一词组仍以直译为"灵魂之餐"为宜。

你们时，你们必须按照他们的命令和训诫行动，并且用爱来展示……你们的尊敬。"

当牟羽汗即登里汗①发布了这一诏令之后，大批聚集的民众向这位神圣国王致敬效忠，在他面前欢乐庆贺。此外，他们也对我们选民致敬效忠，并表达其喜悦。每个人……充满了欢乐。他们再度热爱尊神②……信仰他。随后，他们持续地从事"灵魂工作"③，以及做善事。幸运的国王不断地规劝所有民众行善，他敦促他们始终这样做。此外，神圣国王还发布了这样的法令：每十个人中，任命一人为长，作为他们的激励者④，使之努力行善和从事"灵魂工作"。如果有人懈怠于宗教事务，犯下罪孽，他就会给予他……良好的指导……

二、文书揭示的历史真相

中外学界对于本文书早有程度不等的研究和分析，有关主要问题的看法也大体类似，在此则作一归纳，稍加辨析，并在某些方面更作强调。

首先，文书所反映的实际上是摩尼教教会与回纥可汗的"谈判"过程，摩尼教一方的代言者是所谓的"选民"。例如，全文主要是"选民"与可汗

---

① 突厥文书原语作 bögü χan tngri kän，德译文将它译作整个名号——Bögü Qan Täñrikän（牟羽汗登里汗）（p. 419）；英译文则将 tngri kän 释作"神圣的"，从而作 the divine (tängrikän) Bögü Qayan（神圣的牟羽可汗）（p. 368）。我认为，德译将两个"汗"名连成一体，似乎不妥；英译将 tngri kän 释为"神圣的"，更与词义不合，故疑这两个"汗"名在此当为同位语，遂作正文之汉译。

② 上文已经指出，突厥语 tngri 有多义：或指物理存在的"天"或"天空"，或为形容词"神圣的"、"如神一般的"，或者泛指一般神灵，或者特指最高尊神。文书在此的 tngri 则显然用最后一义，即是指摩尼教的最高神大明尊，故清楚地译作特指性的"尊神"。

③ 突厥语词组 üzüt iš 中，前一词义为灵魂，后一词义为工作、事业、事务等。此亦摩尼教的专用术语：按摩尼教的教义和教规，专职的"选民"是收集光明分子（灵魂），使之回归明界的直接负责者，但是他不能亲手种植和制备食品，以免损伤了其中包含的光明分子，故这一工作只能由世俗信徒听者来完成。因此，广大听者为本教所做的最重要之事，便是为选民提供饮食，亦即是提供"回收灵魂（光明分子）"的原料；他们的这种服务被称作"灵魂工作"也就顺理成章了。为尽量体现本文书的摩尼教特色，遂作此汉译。

④ 突厥语 tawrat 是动词，为 tawra 的使役形式，原有"使得[某人、某物]快速[干某事]"之意，稍加引申，即有"激励……"、"敦促……"之意。所以，文书在此的 tawratyuči 一词便当为"激励者"、"敦促者"。由于这一专名不太常见，故文书的英译文照录此词，并在括号中注明这是"激励他们之人"（p. 368）。

的对话，是经过他们的"规劝"后，回纥可汗才向"选民"表态，愿意信奉摩尼教的。而"选民"则十分强势，他们对可汗的"规劝"实际上是警告，甚至威胁。例如，"如果您违反了永恒之神的法令，那么您的整个国家就将陷入混乱"；"［如果不抛弃反对摩尼教的达干，］您的国度将会毁灭"；"神圣的慕阇（即摩尼教东方教长区的首领）""绝不会允许它们（即不利于摩尼教的事情）发生"；如此等等。显而易见，对于刚刚用真刀实枪帮助唐廷"平叛"而凯旋的世俗政权领袖牟羽可汗来说，是绝无可能用虚无缥缈的"神罚"之类的说辞来说服他庇护与信奉摩尼教的，只有摩尼教背后的强大"实力"才可以产生如此巨大的影响力。亦即是说，牟羽可汗若不同意"选民"的要求，很可能会立即遭受军事、政治、经济等方面的重大打击；这才是可汗进行"充分反思"后作出"信教"决定的真正原因。

其次，鉴于上述分析，则可以推测，回纥之流行摩尼教绝非真的如本文书所言，在"选民"规劝可汗数天之后突然实现的，而是该教早就传播于回纥的民间，并且已经形成强大的势力，从而与若干回纥高层发生了利益冲突，甚至一度出现流血事件。最终，是回纥境内、境外之摩尼教的强大实力造成的巨大压力，才迫使牟羽可汗非但个人信奉了摩尼教（至少在形式上是如此），并且行使行政命令，将摩尼教推广到汗国各地。以粟特人为主的摩尼教高级修道士在这个具有深远历史影响的事件中起到了关键性的作用。从可汗最后"在选民之前双膝跪下"，以及所有选民都骑马扈从国王游行的描述中，可以清楚地看到摩尼教信徒在回纥政权中之地位的尊崇和力量的强大。

最后，牟羽接着颁发的"每十个人中，任命一人为长"的诏令，显然沿用了游牧人以"十"为基本组合的军事组织机制。但是，它并非施之于军事人员，而是针对摩尼教信徒，亦即是说，这是回纥汗国中的摩尼教教会组织形式。那么，这就意味着：一、回纥境内的摩尼教信徒已经达到相当大的数量，显然由来已久；二、回纥汗国建立了得到官方允准的摩尼教的正式教会，可以说，此时的摩尼教已成回纥的"国教"。

三、牟羽可汗改宗摩尼教的时间和过程

有关回纥牟羽可汗皈依摩尼教的时间,早在百年之前就由法国的著名汉学家沙畹、伯希和作了考证,认为当在762年到763年的冬天的那几个月里,故或可谓762年,亦可谓763年。① 嗣后,多有采纳、附和此说者,如克林凯特、刘南强等摩尼教研究学者都认可之。② 所以,"牟羽可汗在762/763年皈依摩尼教"的说法,几乎成了学界的共同看法。但是,克拉克对此说持有异议,他认为牟羽可汗之信奉摩尼教要早于这个时间节点,即在761年或者更早的数年前。③ 在此则据其文,简述他的说法如次。

首先,突厥语文书 T II D 180(U 111a、U 111b)虽然残破得很厉害,但是仍透露了相当重要的信息。其可以辨认的内容为:"摩尼以居高临下的口吻说道:'我将获得般涅槃的时日现在越来越临近。'(帕提亚语)孩子们相像于伟大父尊。(回纥语)孩子们相像于伟大父尊。……向……并非……拯救……'成为有道德的人',他说道。'十二位慕阇④……',他说道。来自……的最初的光明……他的教义和宗教在上元年号的第二年传播开来。……从汉人之地⑤回来……(帕提亚语)……戒律……慕阇……(回纥语)……"

U 111 文书能被识辨的内容虽然残缺不全,但是它揭示的一个时间节点

---

① Chavannes & Pelliot, 1913a, p. 199.
② 例如,克林凯特说:"762年,回纥占据洛阳。正是在那里,回纥可汗信奉了明教(摩尼教),并随后使之成为其辽阔的草原帝国的官方宗教。"(Hans J. Klimkeit, *Manichaean Kingship: Gnosis at Home in the World*, Numen, Vol. 29, Fasc. 1, Jul. 1982, p. 21)又如,刘南强说道:"762年,一支回纥军队收复了东都洛阳,而在欢迎者中则有摩尼教的粟特传教士。牟羽可汗正是在洛阳改宗了摩尼教,从而使得该教获得了此前在中土一直得不到的政治支持。"(Lieu, 1985, p. 193)
③ 有关牟羽可汗皈依摩尼教,并出现波折的过程和时段,克拉克除了使用 TM 276 文书外,还引证了好几种其他突厥语资料,如 T II D 180 文书、Shine-usu 碑铭与 Terkh 碑铭等。见 Larry Clark, "The Conversion of Bügü Khan to Manichaeism", *Studia Manichaica – IV. Internationaler Kongress zum Manichäismus*, Berlin, 14. - 18. Juli 1997, Herausgegeben von Ronald E. Emmerick, Werner Sundermann und Pieter Ziemer, Berlin: Akademie Verlag, 2000, pp. 83-123. 此文有杨富学、陈瑞莲的汉译版,载杨富学《回鹘学译文集》,甘肃人民出版社,2012年。
④ 突厥语 možak 当即帕提亚语 'mwcg (āmōžag) 的借词,亦即汉文"慕阇",系摩尼教高级教职的称衔之一。
⑤ 本文书的拉丁转写 t'vx'č (tavgač),即是前文 TM 276 文书之 tawγač (tabγač),亦即中古时期汉文"桃花石"的语源。前文注释已经指出,在此宜译"汉人之地"。

却十分重要：*ulug bašlag atlıg yılnıŋ ekinti yılı* 的意思即是"名为'上元'之年的第二年"。① 突厥语 ulug 义为抽象和具体的"大的"、"伟大的"，乃至"上等的"、"高贵的"等。Bašlag 则义为开始、元初等，故 ulug bašlag 的年号译作汉文"上元"，并无不妥。只是，与摩尼教在中原及其周边地区初期传播相关的唐代，却有两个"上元"年号：一为高宗时代的 674—676 年；一为肃宗时代的 760—762 年。二者比较，当以"肃宗上元说"更为合理。因为对于中原地区而言，最迟在武则天的延载元年（694），已经有摩尼教的高级传教士来献《二宗经》，开始布教；嗣后并有玄宗开元二十年（732）之禁止汉人信奉摩尼教的诏令。所以，突厥语文书所谓的"开始布教"一事，应该是指回纥人地区的摩尼教传播，故在第二个"上元"时期，即 760—762 年。

另外一个重要佐证是，中古波斯语文书《赞美诗集》（*Hymn-Book*）② 的题记谈及了该书编纂的日期："在光明使者（指摩尼）诞生 546 年之后，亦即在他功德圆满地登天……年之后，以及在贤明的末·萨德·奥尔密兹德（Mar Shad Ormizd）升天 162 年之后，这一充满生气之言辞和动人赞歌的《赞美诗集》开始编撰。奉精神领袖之命而开始撰写此书的书写者未能完成此事。……这未竟之书多年来一直保存在焉耆的一座寺院中。因此，我，传教士雅兹达梅德（Yazdamad），看到这本《赞美诗集》如此半途而废，徒劳无益地放在那里后，便命令我的孩子，我可爱的儿子尼克瓦里格·禄山（Nikhwarig Roshan）来完成此事。"

这一小段文字提供了中古波斯语《赞美诗集》开始撰写的三个时间点；由于第二处的年数未曾填入，故实际上有两个时间节点是有用的：摩尼诞生后的 546 年；末·萨德·奥尔密兹德去世后的 162 年。如今，学界公认的摩尼的诞生年份是公元 216 年，则此后 546 年，当为 762 年。至于末·萨德·奥尔密兹德，则是六世纪时摩尼教东方教会的领袖，他曾领导东方的教

---

① 克拉克对此语的英译文为 "second year of the year named Great Beginning"，显然意为 "称为上元（Great Beginning）之年的第二年"，亦即上元二年（761）；则明指摩尼教教义之传播在 761 年。但是，杨富学的译文作 "那年的第二年被称为上元"，则其意变成摩尼教传播的 "那年" 是在肃宗改称 "上元" 年号的前一年，即 759 年了，显然与作者（克拉克）的原意不符。在此特予改正。
② 文书编号 M 1，其内容为《赞美诗集》的导言；书名为中古波斯语 mhrn'mg（*mahrnāmag*），主要用中古波斯语撰写，但包括少量帕提亚语词汇以及若干粟特语和突厥语的专名。此书可能是科普特语《赞美诗》的东方对应本。

徒挑战位于巴比伦的主教的权威，从而导致了摩尼教的分裂；通常认为，其去世的时间是公元 600 年。鉴于此，则中古波斯语《赞美诗集》的编撰开始时间，应是 600+162 = 762 年。由于这只是很呆板的数学计算，故二者所指向的"762 年"只能视作《赞美诗集》开始撰写的大致时间，亦即是说，若谓始于 761 年，也未尝不可。这样，U 111 和 M 1 两个文书都倾向于把回纥接受和传播摩尼教的时间置于 763 年之前的一两年。

其次，唐武宗的大臣李德裕所撰《赐回鹘可汗书意》中的一句话，也从侧面暗示了回纥之信奉摩尼教，绝不是始于牟羽可汗（759—779）时，而是在肃宗时期就开始了："摩尼教天宝以前，中国禁断。自累朝缘回鹘敬信，始许兴行；江淮数镇，皆令阐教。"则谓中国内地之所以开禁摩尼教，是因为"回鹘敬信"的缘故；那么，其开禁的时段，却是以玄宗的"天宝"年间（742—755）为限，而未延及肃宗时代（756—762）。这岂不是暗示回鹘之信摩尼教，可能早在八世纪五十年代中下期就开始了？就目前掌握的资料看，并非没有可能。

从 TM 276 突厥语文书以及汉文的《九姓回鹘可汗碑》中都可以看出，牟羽可汗对于摩尼教的信奉并不是一帆风顺的，而是有一个从不信到改宗，又退回到不信，最终则迫于压力或通过反省，再度皈依摩尼教，并断然使之成为回纥"国教"的过程。而他在出任可汗以前，确实有可能曾经接受过摩尼教。

这种可能性由几块突厥语的碑铭以及汉文史料的记载可得到一定程度的证实。牟羽可汗的父亲葛勒可汗曾经率领回纥大军，扩张领土，而在八世纪五十年代中期还对准噶尔盆地的拔悉密和葛罗禄部进行过征讨，他的儿子们，包括次子移地健（即未来的牟羽可汗）也参与了这些征战。《磨延啜碑》（也称《葛勒可汗碑》）、《台斯碑》（亦称《牟羽可汗碑》）、《铁尔浑碑》等都表明，移地健（未来的牟羽可汗）肯定参与了 755—756 年对塔里木盆地的征战。这一经历使得他有机会接触到当地为数众多的摩尼教信徒和神职人员。例如，突厥语文书 U 1（T II D 173）记载道："虔诚的回纥 Pwxwx 汗来到高昌，并在羊年会见了旨在安排三位慕阇之就职事宜的（摩尼教）领袖。"这里的 Pwxwx 当即 Bügü Xan（牟羽汗）；而 755 年即是"羊年"（乙未）。

于是，有关回纥牟羽可汗信奉摩尼教的过程，似乎可以作这样的归纳：

他在出任可汗之前，便以葛勒可汗之子的身份，于755—756年，作为回纥远征军统帅，在天山—塔里木盆地的焉耆或高昌地区接触到了摩尼教传教士和信徒，并接受了摩尼教。当他在759年就任可汗后，遂在761年正式允准摩尼教在回纥境内传播。不过，其后出现了反复，乃至有迫害摩尼教徒之举，直到763年他偕同摩尼教高级神职人员从中原返回回纥之后，才再次肯定了官方对摩尼教的支持和庇护。

四、余论

尽管从目前拥有的文字资料来看，似乎摩尼教是首先传入中国的内地，历经数十年乃至百年之后，才由中原传入回纥，从而蓬勃发展起来的。但是，实际的情况恐怕并不尽然，至少，就推动摩尼教发展的积极性和热情而言，回纥的统治者和民众远胜于中原的朝廷。

首先，有关摩尼教开始出现于中国的少数几条汉文记载，都表明了中原王朝的统治阶层对于摩尼教并无热忱，似乎态度冷漠，甚至敌视。例如，被普遍视作摩尼教初入中原之记载的《佛祖统纪》称："延载元年（694）……波斯国人拂多诞（西海大秦国人）持二宗经伪教来朝。"（卷三九）在此，既然用蔑视的口吻称《二宗经》（论述摩尼教明暗两宗之根本教义的经典）为"伪教"（虚假和不正统的教义），那么对摩尼教之怀疑和不友善的态度可想而知。当然，此语出自后世的佛家典籍，难免故意诋毁宗教对手之嫌，故未必是唐代朝廷当时的态度。但是，自此以后数十年内的其他众多资料均未见直接或间接地谈及中土的摩尼教，则似可推测，当时的唐廷对于这类"伪教"确实几乎未予理睬，更谈不上热情推行了。

直到将近三十年之后，我们才又见到开元七年（719）中亚摩尼教要求唐廷允许他们在中土布教的记载："六月，大食国、吐火罗国、康国、南天竺国遣使朝贡。其吐火罗国支汗那王帝赊上表献解天文人大慕阇：'其人智慧幽深，问无不知。伏乞天恩，唤取慕阇，亲问臣等事意及诸教法，知其人有如此之艺能。望请令其供奉，并置一法堂，依本教供奉。'"（《册府元龟》卷九七一《外臣部·朝贡四》）

"慕阇"（帕提亚语 'mwc'g）是摩尼教的高级教职称衔，在此是指一位摩尼教高级教士，奉中亚支汗那（即石汗那，位于阿姆河北）国王之命前来，带着国王的推荐书，显然地位颇为尊贵。但是即使如此，他也不敢直截了当地宣称自己的宗教，公开阐述摩尼教教义，却还得以"天文学家"为第一身份，首先以其渊博的科技知识来取悦唐廷。这暗示了在延载元年（694）以降的二三十年中，摩尼教在中土几无发展，不仅不为大众所知，甚至不太见容于统治阶层。

事实表明，十余年后，唐廷终于正式颁诏，明令禁止本国百姓信奉摩尼教了。玄宗开元二十年（732）的诏书称："开元二十年七月敕：末摩尼法，本是邪见，妄称佛法，诳惑黎元，宜严加禁断。以其西胡等既是乡法，当身自行，不须科罪者。"（《通典》卷四十《职官二十二》）诏令的语气相当严厉：指责摩尼教为"邪见"，谎称佛教来欺骗民众，所以要"严加禁断"。至于之所以对"西胡"（主要为来自中亚的粟特人或波斯人）网开一面，恐怕主要是因为这些外国"商胡"为数甚多，且控制着不小的社会财富，故不得不从宽发落，而绝不意味着对摩尼教尚存好感。

其次，摩尼教在中原地区的兴盛，是在回纥将摩尼教奉为"国教"之后，亦即是说，恰恰是回纥人推动了摩尼教在中国内地的流行。《通鉴》胡三省注释归纳摩尼教（明教）在唐朝内地的发展情况道："按《唐会要》十九卷：回鹘可汗王令明教僧进法入唐。大历三年六月二十九日，敕赐回鹘摩尼，为之置寺，赐额为大云光明。六年正月，敕赐荆、洪、越等州各置大云光明寺一所。"（《通鉴》卷二三七《唐纪五十三·宪宗元和元年》胡注）《佛祖统纪》的记载与之类似："回纥请于荆、扬、洪、越等州置大云光明寺。"（卷四十一）荆、扬、洪、越诸州分别位于今湖北、江苏、江西、浙江等省，可见在回纥人的促动下，摩尼教快速地推进到江南的广大地区。当然，北方地区同样建立了不少摩尼寺，如："宪宗元和二年（807）正月庚子，回鹘使者请于河南府、太原府置摩尼寺三所，许之。"（《册府元龟》卷九九九《外臣部·请求》）

最能体现唐代中原地区之摩尼教被动地随着回纥政权之盛衰而盛衰之现象的一段文字，见于李德裕的《赐回鹘可汗书意》（《会昌一品集》卷五）："摩尼教，天宝以前，中国禁断。自累朝缘回鹘敬信，始许兴行。江淮数镇，皆令阐教。近各得本道申奏，缘自闻回鹘破亡，奉法者因兹懈怠，蕃僧在彼，稍似无依。吴楚水乡，人心嚣薄，信心既去，袭习至难。且佛是大师，尚随缘行教，与苍生缘尽，终不力为。朕深念异国远僧，欲其安堵，且令于两都及太原信响处行教。其江淮诸寺权停，待回鹘本土安宁，即却令如旧。"

尽管唐皇的诏书说得颇为冠冕堂皇，仿佛是为了替回纥摩尼教信徒着想，才关闭江淮地区之摩尼教寺院的。但是实际上，它却明显地揭示出，唐廷以前只是迫于回纥的威压，才允许摩尼教在中国内地流传的，而一旦压力随着回纥国力的削弱而稍减，唐廷就立即乘机限制摩尼教了。因此，摩尼教在中原的所谓"黄金时代"，只是回纥人的强大武力"逼"出来的，对于中原政府而言，不过是无可奈何的消极之举而已。

最后，从迄今所见摩尼教文书的情况来看，也可以推测摩尼教在中原汉人中的流行程度，远不及在回纥人中那么普及；同时，汉人似乎只是接受了一点来自域外的摩尼教，却几乎未对回纥人的摩尼教造成积极影响。

第一方面是有关不同语种之摩尼教文书的数量问题：用汉语撰写的摩尼教文书，除了见于敦煌的《摩尼教残经》、《下部赞》、《摩尼光佛教法仪略》三篇为较大篇幅的文书外，其他小篇幅的文字或片言只语的残片也颇为少见。① 但是，百年前发现于吐鲁番地区的摩尼教非汉语文书，数量则达数千，并且其中不乏篇幅较大者。其语种包括中古波斯语、帕提亚语、粟特语、突厥语等。通常说来，回纥政权中的摩尼教专职修道士（"选民"）多为粟特人，而世俗信徒（"听者"）则多为回纥人。故粟特语和其他伊朗语文书主要供粟特信徒使用，而直接撰写或翻译的突厥语文书则主要供回纥世俗信徒使用。从迄今发现的伊朗语（包括粟特语）文书和突厥语文书数量大大超过汉语文书这一现象来看，就足见摩尼教在回纥民众中的流行程度远盛于在汉人中的流行程度。②

第二方面是文书中术语的语源问题：三份汉语文书中有许多术语，甚至大段句子，都是伊朗语的音译，这表明它们颇受摩尼教产生地伊朗文化的影

---

① 近年发现敦煌文书中的 BD 9401 号《佛性经》残片可列为摩尼教文书，篇幅为两张纸，共 28 行。相关的辑录与考释，可参见曹凌《敦煌遗书〈佛性经〉残片考》，《中华文史论丛》2012 年第 2 期。
② 二十一世纪初以来，在福建霞浦等地虽然相继发现了不少含有摩尼教要素的汉文宗教文书，但是基本上只是摩尼教在中土的"兴盛时期"之后残存或异化的体现，很难作为中国人积极推动摩尼教传播的证据。

响。此外，汉语文书也借用了许多佛教词汇，这些词汇显然是"华化"的特征，如"魔"（本是梵文 Māra 的音译）和"魔"的组合词：魔、魔军、魔窟、魔宫、魔男、魔女、魔党、魔族、魔子、魔王、贪魔等等。又如"佛"的称号：善母佛、先意佛、五明佛、乐明佛、造相佛、净风佛、日光佛、夷数佛、电光佛、惠明佛等。

那么，如果中原的摩尼教对回纥之摩尼教有所影响的话，则上述"华化"的特征也应当在突厥语文书中体现出来。但是，在摩尼教的突厥语文书中，表达与"魔"含义类似的"邪恶"或"邪恶精灵"之类的词汇，却几乎不用"Māra"或源自"Māra"的词，而是大量借用中古伊朗语词汇。例如，用 yäk 表达一般意义上的"魔"（如 tünärig yäklärkä 义为暗魔；tümänlig yäklär 义为成千上万魔众），它可能源自梵文 yakṣa（汉文译名为"药叉"、"夜叉"等）的粟特文转写。又如，šimnu 几乎是波斯语 Ahriman（琐罗亚斯德教的邪恶主神）的同义称号，它是粟特语 šimnu 的借词，在摩尼教的词汇中，实际上始终用来指称 Ahriman。还有一个频繁使用的义为邪恶精灵的名词是 Az。这是个阴性恶魔，经常与 Ahriman 和其他恶魔相提并论。Az 也是个借词，源自中古波斯语 "Z，有奢侈、贪婪之义，如 az ofutsuz suq yäk（无耻贪婪魔 Az），有时则简称为 az yäk。此名的汉译名作"贪魔"，频见于《摩尼教残经》和《下部赞》中。

至于汉语文献中的"佛"，则在突厥语文书中往往不是使用"佛"的谐音，而是频繁使用义为神灵的突厥族固有词汇 täŋri。此词经常用来指称自然界的"天"和神学意义上的"天"，以及几乎所有的神灵。如相当于摩尼教神"电光佛"的神名为 yar'uq qïzïï，相当于"净风佛"的神名为 aṛïq yil，相当于"众神之主"的神名为 tngrii χanïï；楚尔凡神称 zäruah tngrii，王室众神称 'ilig tngriilär；如此等等。由此似可推测，中原汉人奉行的摩尼教几乎未对回纥人奉行的摩尼教产生大的影响，相反，本身倒是多受域外文化的影响。

由是观之，尽管就文字记载而言，回纥人信奉摩尼教迟于中原地区，并且回纥的摩尼教系从中原传入，但是，实际上是回纥人的摩尼教对中原汉人产生了更大的影响。

第十章　摩尼教轮回观探讨

摩尼教持"绝对的"二元论，即认为，从最原始时代就已天然存在的光明、黑暗两种原质是始终敌对的，绝无折中的余地。光明始终象征善良和精神性，黑暗则始终代表邪恶和物质性。在宇宙创造之初，光明与黑暗交战，却不幸战败；光明分子被暗魔吞食，从而使得光明分子被黑暗物质囚禁起来。这类黑暗物质体现为形形色色的人类、动物、植物的肉身和躯体，被囚禁的光明分子便是所谓的灵魂。于是，摩尼教教徒在极长时期内的最重要使命，即是设法使得被囚的光明分子摆脱黑暗物质的束缚，回归其最初的家园——天上的明界，也就是灵魂的自我拯救和被拯救。而在此过程中，有一部分"灵魂"将不得不从一种物质形体内转移到另一种物质形体内，也就是所谓的"灵魂转生"或"轮回"。

摩尼教有关灵魂轮回的观念，早在其创教之初就见于相关的各类记载中，无论是摩尼教本教的著述，还是将摩尼教视作"异端"的其他宗教的转述，都谈到了这类说法。而不少学者都倾向于认为，摩尼教的轮回观念是受古印度文化的影响所致。例如公元十一世纪的阿拉伯史家就很清楚地说，摩尼教的灵魂转生观念是受了印度文化的影响：

> 摩尼被伊朗国王流放之后，他就前去印度，从印度人那里得知了灵魂转生学说，并把它移植到自己的宗教系统中。他在其《秘密经》中说道：门徒们既然知道了灵魂是不灭的，它们以各种动物的形状呈现，它们在各种形貌的模型里铸成，于是他们就询问弥赛亚（即摩尼），那些既不接受真理，也不知道本身来源的灵魂的结局是怎样的呢？于是摩尼

答道:"不曾接受真理的任何弱小灵魂都将不得安宁和福佑地毁灭。"摩尼所谓的"毁灭",是指灵魂受到惩罚,而非完全地消失。①

由于摩尼在创教之前确曾到过东方(但是似乎并非如比鲁尼所言,是被波斯国王"流放"的),甚至据说还到过印度本土,因此,摩尼教轮回观念的"印度/佛教影响说"往往也就被学者们所接受。②

不过,摩尼教的这一重要教义,到底在哪些方面受到了印度或佛教的影响,以及两种轮回观——包括必然涉及的地狱观——的异同体现又如何?在此作若干梳理和探讨。

一、有关摩尼教轮回观与地狱观的各类记载

摩尼教有关堕入或不入轮回者的说法,在阿拉伯史家阿尔纳丁的《群书类述》中谈得相当具体(见本书第五章的译文),今引述如下。首先,作为"最纯洁"的一类人,专职修道者"选民"是不会堕入轮回的。"当死亡降临于选民时,初人便派遣一位形如贤明向导的光耀神灵前来",并且伴有三位天使,他们使得黑暗诸魔仓皇遁逃。至于选民,则在天使们的帮助下,"登上赞美柱(光耀柱),前赴月界,前赴初人和阿尔巴希亚(al-Bahījah),即生命母处,前赴他最初所居的光明乐园。至于选民的躯体则被抛弃了,由太阳、月亮和其他光明神灵从中萃取水、火、以太(气)等精力,让它们登升至太阳,成为神圣之物。但是,躯体的其余部分全为黑暗成分,则被投入到下层暗地中"。显然,选民的"灵魂/光明分子"在摆脱肉体(暗质)的束缚之后,是直接回归其最初的家园明界的。

对于世俗而非专门的修道者"听者"来说,则不得不进入轮回了:在死亡来临时,神灵也会帮助他驱赶暗魔,"不过,他仍将留在凡世,犹如普通人一样,梦见恐怖事物,陷入泥沼等。他将一直保持这种状态,直到其光明

---

① *Alberuni's India*, 2d ed, English trans. by Edward C. Sachau, London, 1911, pp. 54-55.
② 例如,杰克逊在1925年专论摩尼教轮回教义的一篇文章中,就采纳了"印度影响说",见 A. V. Williams Jackson, "The Doctrine of Metempsychosis in Manichaeism", *JAOS* 45, 1925, pp. 246-268。

和灵魂获得拯救。因此，他得依附和追随选民，在长时期的不确定的过渡阶段后，才能穿上［光明的］外衣"。显然，听者受到的待遇是次等的，他们必须经历"长时期的不确定的过渡阶段后"，才有可能像选民一样，其灵魂（光明分子）永远不被黑暗物质所囚禁。

对于第三类人，即无可救药的"恶人"或"罪人"来说，则受到的轮回折磨更甚，并且是永久性的："当死亡降临于受欲望与贪婪控制的恶人时，便有邪魔前来，他们抓住他，惩罚他，向他展示恐怖的事物。恶人以为他们也像善神为善人穿上光明外衣一样，是来拯救自己的。但是，他们却是来责骂他的，他们使他想起自己的种种恶行，证实他忽视了对选民的帮助。于是，他就始终游荡于凡世间，备受折磨，直到大惩罚来临，他被投入深狱之中。"则恶人（罪人）的轮回之苦是永无结束之日的。

最后，摩尼归纳了这三类人的灵魂所走的三条不同道路，亦即三种不同结局："人类灵魂所走的道路分成三条。一条通往天堂乐园，这是供选民使用的。第二条通往凡世和恐怖事物，这是供卫护宗教及帮助选民的人使用的。第三条通向深深的地狱，是供罪孽深重之人使用的。"

与此相关的类似说法，也见于其他各种记载，例如，《克弗来亚》第30章谈到了明界所有父尊的十八个伟大宝座，九个宝座在外层世界，还有九座在俗世。而位于俗世的"第八个宝座设在大气层，真理判官坐在上面，审判一切人类。在他们之前区分出三条道路：一条通向死亡，一条通向生命，一条通向混合"①。这里所谓"通向死亡"的道路，即是指罪恶者在地狱中遭受永久的折磨；"通向生命"的道路，即是指灵魂回归天界，不再被暗质囚禁；"通向混合"的道路，则是指听者的灵魂必须再经过数度轮回，不得不多次地与暗质混合，直到完全净化后，才能返回明界。

又，由摩尼教改宗基督教的圣奥古斯丁在其《答摩尼教徒福斯图》中转引摩尼教的教义道："你告诉我们说，死者的灵魂如果是邪恶的或者不完全洁净的，那么就将被迫经历形形色色的转生，或者遭受更为严厉的惩罚。至于善良的灵魂，则被置于舟船中，航越天空，前赴他们为之终生奋斗的玄幻的明界。"②

---

① Gardner, 1995, $83^{4\text{-}8}$, p. 85.
② St. Augustin, 400, p. 449.

以上的记载都展示了摩尼教轮回观的三种基本模式，分别适用于三类人的灵魂：选民的灵魂不入轮回，听者的灵魂通常必须经过多次轮回，罪恶者的灵魂永远不得脱离轮回和折磨。那么，摩尼教的"轮回"是如何具体展现的呢？基督教的反摩尼教著述《阿基来行传》对此描述得相当具体，颇可参看。如本书第二章已经提到的那样，摩尼试图劝说著名的基督教徒马塞卢斯改宗摩尼教，便写信给他，而送信者即是名叫图尔博的摩尼教信徒。正是这位熟悉摩尼教教义的图尔博，向马塞卢斯、阿基来等人详细介绍了摩尼教的教义，其中包括对于"灵魂转生"的说法。《阿基来行传》第 10 章记载图尔博的话道：

> 我将告诉你们，灵魂是如何转生入其他躯体的。首先，它的一小部分是净化的，然后，它就转生入一只狗，或一只骆驼，抑或另一种动物的体内。但是，如果一个灵魂犯过谋杀罪，那它就会转生入麻风病人之体；如果收割过庄稼，那它就会转生入哑巴之体。灵魂的名字是：心灵、领悟、深思、智力、推理。① 采集庄稼的收割者，犹如源自暗质的魔王一样，后者在当初就是吞食初人之甲胄的。② 鉴于这一原因，它们必须被转生入干草、豆子、稻谷、小麦或者蔬菜中，从而它们也被砍倒和收割。任何咀嚼面包的人也得变成面包而被咀嚼。杀死鸡的人，自己也得变成鸡；如果杀死了老鼠，那么也得变成老鼠。如果某人在这一世是富裕的，那么当他［的灵魂］离开其躯体后，便必然被投入穷人的躯体，从而到处奔波乞食，并在此后受到永久的惩罚。由于人的躯体是由暗魔和物质构成的，因此，栽种波斯树③的人［的灵魂］必须转生许多种躯体，直到他所种植的树倒下。如果一个人为自己建了一所房子，那么他［的灵魂］将转生所有的躯体。任何人在水中洗澡，就是伤害了他的灵魂。不把食品奉献给选民的人［的灵魂］，将在地狱里遭受惩罚，

---

① 这五个名字的拉丁原文分别是：mens、sensus、prudentia、intellectus、cogitatio，实际上即是本书第四章所载《注疏集》谈到的大明尊的五荣耀：智慧、知识、理性、思想、熟虑，也就是摩尼教汉语文书所谓的"相、心、念、思、意"。不过，不同文书在不同地方谈到的这五个名称的相互次序，却是五花八门，故各自的含义及排序也很复杂，在此不赘。
② 所谓初人的甲胄，即是指他的五个"儿子"五明子，亦即光明分子或"灵魂"。
③ 这即是指无花果树。

并将转生入听者的躯体,遭受许多不幸。①

对于图尔博转述的摩尼教的这一"伤害(包括宰杀动物和栽种、收割植物)某物便会转生某物"的教义,公元四世纪的耶路撒冷主教西里尔(Cyril)在其著述中也谈到了,并提出了尖锐的责问:

> 他们告诉人们说,任何人拔拽这种或那种植物,自己就会转生成那物。既然一个种植和收割庄稼或某种蔬菜的人,会转生成那种植物,那么农夫们和园丁们将会变成多少种植物?如我们所见,一个园丁用其镰刀割切了多少植物,那么,他到底会转生成哪一种呢?显然,他们的教义是荒谬可笑的,应该受到充分的责难和羞辱。牧放羊群的同一个人,他既宰杀了一头羊作为献祭,同时又杀死了一只狼,那么,他[的灵魂]应该转生成羊还是狼?许多人都捕鱼和抓鸟,那么他们就会变成鱼和鸟吗?②

尽管反摩尼教者转述的该教有关"轮回"的说法显得比较荒唐,对于同样信教的"听者"即世俗信徒的惩罚似乎也太严厉了些,因此难免有失真之处,但是总体看来,摩尼教施之于信仰并不"纯粹"之人的"轮回"惩罚则确有其事,只是听者的轮回与罪恶者的轮回有所不同罢了。轮回惩罚施之于二者的第一个不同点是,前者是受到善意的教训,后者是遭到恶意的处罚。摩尼曾这样解释道:

> 一位新信徒又问使徒道:"我们曾听过你的一个说教,主啊。你告诉我们,并记录在著述中,你……出自他们躯体的灵魂被驱入轮回,流浪在俗世,各人都因其言行而被做出评估。你告诉我们道,无论是罪恶者还是接受信仰,并曾……的人都将被驱入轮回……优越于罪恶者的新信徒……也被驱入轮回。"然后,主作了答复。他教给了他们两

---

① Vermes (trans.) & Lieu (comm.), 2001, pp. 53-54.
② 转引自 Jackson, *The Doctrine of Metempsychosis in Manichaeism*, p. 255 所载 Cyril, *Catechetical Lectures* 的相关文字。

点。……一个涉及罪恶者的轮回。他和他们谈到新信徒的轮回问题:

"如今,请倾听我为你们所作的讲解,我给予你们的这一教导,是针对轮回期间的新信徒的。这……教育存在于凡世,人们以此来教育……愚蠢的孩子们。所以,他们会打他们,但是这种教育并不等同于他们对犯了罪的奴仆的教训。因为打孩子不同于打奴仆。孩子们犯错后,应该用言辞和严厉的教训来吓唬他。如果他……他被打……教育他。……他们的灵魂……他们的心灵出了问题……他们与……混合,直到他们获得……而罪恶者……他们仍然被……他们是残酷的,他们将囚禁他……直到来自……的大火……这即是……你们的结局,祝福新信徒们,……你们是被挑选出来的,注定要……而他们的下场是失败……"①

显然,按摩尼之说,新信徒(听者)与罪恶者虽然同样要经历轮回,但是根本的区别是,一方是暂时性的折磨,另一方则是永恒性的灾难。有关这一点,摩尼在谈及"两种死亡"时,更清楚地作了表述和强调:

第一种死亡是与初人之五子混合的黑暗。……

第一种死亡始于光明落入黑暗,与黑暗诸魔混合之时;它结束于光明重新变得纯净,与大火中的黑暗分离之时。此时的幸存者可以塑造并加入到最终雕像中。②

而第二种死亡即是注定消亡之罪人灵魂的遭遇。此时,它们将被剥夺照亮世界的光明。他们并将脱离维持生命的空气,他们由此获得呼吸。他们还被剥夺了生命灵魂,它……在凡世。他们被驱离最终雕像……束缚于……女性将变成……他们的折磨与痛苦。他们的恶业……这三个地方。因为他们从世界创造以来,就世世代代地亵渎和轻视圣灵。

这即是两种死亡。第一种死亡是临时的,但是第二种死亡则是永恒

---

① Gardner, 1995, 249³¹-251²⁵, pp. 255-256.
② "最终雕像",英文译作 Last Statue,系指光明与黑暗混合时代结束,二者将永远分离之际,最后被拯救的灵魂(光明分子)形成的形象;他随后被生命神(净风)带归明界。

的。这就是第二种死亡![1]

可见"临时的死亡"和"永恒的死亡"是听者与罪人之轮回的根本性区别。这是二者轮回的第一个不同点。至于第二个不同点,则是听者的轮回不仅可以是"临时的",甚至还有可能不入轮回,如选民一般,其灵魂直接回归明界。当然,其前提是,必须像选民一样虔诚地修道。摩尼在回答信徒有关新教徒(听者)是否可以只经历一次肉体囚禁(即是不入轮回)的问题时,作了如下的详细解答:

> 我将指导你,本教的新信徒[的灵魂]若欲不被另一躯体囚禁(指不轮回),该做些什么。完美新信徒的标志是:若与妇女同居一室,而且并肩相处时,应该视之为陌生人。他应把自己的房屋当作临时居处,如此想道:"我是住在只能租借数日或数月的房子内。"他应把自己的弟兄们和亲戚们看作只是与之交往亲密的陌生人,只是与他在旅途中偶遇的人,马上会与他分手。每个人……都可以……屋内的金子、银子和器具。对于他而言,它们都应像是借来的东西。他只是借用一下,事后便将归还其主人。他应对俗世毫无挂念,而应将全部心思放在神圣的教会中。他应该始终思念尊神。关心和敬爱圣徒,将教会视同于自己的家,甚至超过自己家的任何人,都胜过所有这些事物。他应把他的所有宝物献给男女选民。这即是救世主放在其使徒口中的东西。从今天开始,已有妻子的那些人应该像没有妻子的人一样;进行买卖的人就像没做交易一样;欢乐的人就像并不欢乐一样;哭泣的人就像并未哭泣一样;在俗世牟利的人不该再放纵。
>
> 这就是那些希望只经历一次肉体囚禁就前赴明界的人应该做的事情。他们可以像选民的情况一样。这即是不入轮回的新教徒的标志。
>
> 又,还有另外一些人,能很好地自我控制,不吃任何动物的肉。他们热情地斋戒和每天的祈祷;尽他们所有,向教会施舍。他们的心中绝无恶念。……亦即是说,他们走进教会的时间多于走进家里。他们的心

---

[1] Gardner, 1995, 103^1, p. 107; 104$^{1\text{-}20}$, pp. 107-108.

中始终想着教会。他们的坐、立都与选民一样。他们的心中祛除了一切世俗事物。那人的心灵每时每刻都放在神圣教会中,它的天才和……,以及有益于其生命的它的光荣和慈悲。它把这一切都给予神圣教会,也给予想进入教会的人,无论是孩子还是其妻子,或者他的亲戚。他将因这些人而欢乐非常,他热爱他们,他将把他的一切宝物献给他们。

注意,这就是只经历一次肉体囚禁的新信徒典范的标志。我已把它像优质的珍珠一样,为你们写在了《生命宝藏》中,这书是无价的。这也就是新信徒,只经历一次肉体囚禁的新信徒所应该做的事。①

显然,听者的灵魂虽然也要遭受轮回之苦,但是毕竟他们也有机会不入轮回,即,只要像选民那样全心全意修道就可以了。相比之下,罪人的灵魂所受的折磨与苦难却是永无尽头的。对此,摩尼也有清楚的描述。他在谈及光明之敌(即是与光明分子敌对的黑暗原质)遭到的三次打击时说道:

第二次打击是,他(指光明之敌,亦即邪恶灵魂)将被分解和融化,将在大火中毁灭。他将从他所存在的一切形态中被摧毁。他将被集中地囚禁在其原型中,被造成他最初时的模样。

对于光明之敌的第三次打击是最终时刻的"倒转",那时,一切都将被分离,男人和女人也将被隔离;男性被禁锢在块团之中,女性则被投入坟墓。在他们中间将隔着一块巨石,他们世世代代不得相聚,直到永恒。②

这即是对于光明之敌禁锢的方式,束缚的镣链是沉重和强固的,被囚者永远无法脱逃,他们一旦遭到囚禁,就被永远束缚。他们一旦被分离出来,就将永远被分离。③

---

① Gardner, 1995, 228[20]-230[11], pp. 236-237.
② 在此,将男女永久隔离云云,很可能是暗示了对邪恶灵魂的惩罚至少体现在两个方面:一是使其欲望永远得不到发泄;二是黑暗原质永远不可能再繁衍后代,从而不能再对光明原质形成威胁。
③ Gardner, 1995, 105[25]-106[4].

二、摩尼教轮回观之文化因素辨析

前文已经指出，古今颇有一些学者认为摩尼教的轮回观系受印度文化的影响。事实上，此说也不无道理，因为从古印度的文化中，确实可以找到一些例子，展示出与摩尼教轮回观类似的说法，例如早期的佛经记述佛祖之语云：

> 复次，比丘，知业果报，观诸畜生，以何业故，受化生身？即以闻慧。知此众生，于前世时，为求丝绢，养蚕杀茧。或蒸或煮，以水渍之，生无量虫，名火䰀虫。有诸外道，受邪斋法，取此细虫，置于火中，供养诸天，以求福德。身坏命终，堕于地狱，具受众苦。从地狱出，生于俱舍诸化生中，种种异类。
>
> 复次，比丘，知业果报，观诸畜生，以何业故，堕湿生中？彼以闻慧。知此众生，起恶邪见，杀害龟、鳖、鱼、蟹、蜂、蛤，及小池中多有细虫，或酢中细虫。或有恶人，为贪财故，杀诸细虫。或邪见事天，杀虫祭祀。身坏命终，堕于地狱，具受众苦，不可称计。从地狱出，受湿生身，或作蚊子，或为蚤虱。观二种生已，如是次第以微细心，观业果报。观于卵生诸众生等，以何业故而生彼处？若人未断贪欲恚痴、修学禅定，得世俗通。有因缘故，起瞋恚心，破坏国土。是人身坏命终，堕于地狱，受无量苦。从地狱出，受于卵生、飞鸟、雕鹫之形，从此命终。①

在此，佛教认为，杀戮了任何生物——小至卵生的虫、蚕、龟、鱼，大至胎生的猫、狗、牛、羊——的人，不仅会经历地狱的折磨，还会转生成那些被杀生物的形态。这类说法，确实与上引有关摩尼教的轮回观十分相似。人在畜生道轮回转生的类似说法亦见于较晚的明清时代的民间宗教经典中，而这些民间宗教是颇受古代佛教影响的。例如，《古佛当来下生弥勒出西宝卷》这样说道：

---

① （元魏）婆罗门瞿昙般若流支译《正法念处经》卷十八《畜生品第五之一》，《大正藏》第 17 册，第 104 页上。

若杀害生灵，劉肉，剁肉，恐杀三世父母、七代宗亲转生变化驴、骡、象、马、猪、羊、牛、犬、鸡、鹅、鸭、鸟，改形易相，你不知他何人转世。如此想来，速急回心，吃素行善，戒杀放生，习做好人，可超九祖父母，同赴都斗。……

吃猪羊，鸡鹅鸭，永堕沉沦。荤腥肉，恶人变，轮回还报。况世人，来祈祷，何用荤腥？你吃他，四生肉，罪犯天条。身披毛，头戴角，自受苦辛。他杀生，罪归你，何苦结冤。……

古佛嘱咐大地男女急早知音，切莫杀生灵。荤腥酒肉，宗亲变成。把刀将他杀，你可认得真？六道并四生，九祖共双亲。杀他吃其肉，问你心何忍？①

明清时期的民间宗教颇受佛教的影响，故其宝卷在此表达的人类转生为各种动物的说法，既然与佛教、摩尼教的说法相同或相似，那么似可证明摩尼教之轮回观曾受佛教的影响。但是，由于摩尼教早在唐代就传入中原地区，并且与中国的弥勒信仰有着好些共同的文化特征，所以，宝卷的说法究竟是传承自佛教，还是受到了摩尼教的影响，或者二者兼有，却是一时之间难以断定的问题，只能等待适当时机再详细讨论了。

按照摩尼教的教义，对于脱离肉体的任何灵魂，都有一种判别善恶的最后审判：善良者直接回归明界，有罪者则堕入轮回。而判别灵魂善恶的方式之一，即是用一架天平来衡量它的善业和恶的程度。见于吐鲁番的一份摩尼教突厥语文书对此这样描述道：

据说，……据说，他所干的一切罪业都将显现出来。据说，土主、水主都郁郁不欢，植物主和树木主则大声哀哭。公正的审判官抓住了犹如显现在镜子中的彷徨的灵魂。据说，他便被放在一架天平上。如果天平翘起来了，就表明他的业……他的罪业将……

那奸诈的，多毛的，狰狞的雌魔来了，他逮住彷徨游荡的灵魂们。

---

① 分别见《古佛当来下生弥勒出西宝卷》"扫除假想品选十二"、"扫灭神祇品十三"、"扫灭天星品选十五"，王见川、林万传（编），1999 年，第 169、170、173 页。

据说,把他们拖入黑暗的地狱中。据说,她击打他们的头部,把他们推倒在地。地狱中的诸魔抓住了他们。这……据说,诸魔来了……他们见到了许多……。他们求生不得,求死不能。①

与该文书内容密切相关的另一份突厥语文书则更将折磨灵魂之雌魔的凶残相貌描绘得淋漓尽致:"据说,那奸诈的,多毛的,狰狞的雌魔来了。据说,她额头的眉毛就像一堆乌云。她的眼光就像血染的标枪。她的乳头就像黑暗的指甲。"然后,文书又描绘道,她如何从鼻孔中喷出乌云,从喉咙中吐出黑烟,以及她的胸脯由一千条蛇构成云云。②

这种用天平来衡量人之善恶的方式,以及恶人灵魂在地狱遭受折磨描述,基本上都源自琐罗亚斯德教的教义。盖按琐罗亚斯德教的神学,无论善人、恶人,在去世之后,其灵魂都要经过有别于世界末日之"普遍审判"的"个别审判"。这类审判是让每个人在一个或数个天神面前接受评判。而第一种评判即是用天平来称量此人一生所干的善业和恶业。

每个人平生所干的一切事,都记在一个账本上。审判时,判官便按照账本的记录仔细评估每个人的善恶;而善恶的大小便转化为天平上的重量。天平的一端放善业,另一端放恶业。一旦善业重于恶业,该灵魂便能获得祝福,前往天界;一旦恶业重于善业,该灵魂当然便遭诅咒,而将堕入地狱。琐罗亚斯德教对于这类"个别审判"十分重视,从而使之成为本教根本教义中不可或缺的一个组成部分。例如,琐罗亚斯德教经典《雅斯纳》(*Yasna*)记载教主琐罗亚斯德向尊神阿胡拉·马兹达请教的话道:

啊,阿胡拉,我要向您请教这些事:什么在现在发生,什么事情将在未来发生?账本中登录的什么事情可算作是正直的行为,什么事情可算作是邪恶的行为?啊,马兹达,在结账时,如何估算这些事情?③

---

① 见摩尼教突厥语文书 T II D 178,原语的拉丁字母转写和德译文见 Le Coq, 1919, pp. 12-13。
② 见文书 T II D 169,载 Le Coq, 1919, p. 11。
③ *Yasna*, Chapter 31, §14. 由于诸多新老版本的译法颇有出入,且有的译文质量不无问题,故在此根据帕夫里《琐罗亚斯德教的来世教义》一书的英译文转译,见 Jal Dastur Cursetji Pavri, *The Zoroastrian Doctrine of A Future Life: from Death to Individual Judgment*, Columbia University Press, New York, 1926, p. 49。

这短短几句话至少表达了三重意思：第一，在琐罗亚斯德教中，每个人的"生平善恶账本"是极其重要的东西，因为它将成为各人去世后，决定"个别审判"之天平状态的关键依据。第二，琐罗亚斯德教自上至下的信徒都极其严肃认真地看待"生平账本"的问题。第三，对于"账本"所记业绩之善恶的评估，也是个相当复杂和难以决断的问题。

不管怎样，显而易见的是，摩尼教轮回观中灵魂的善恶以"天平"来决定的说法，确实源自波斯更古老的宗教琐罗亚斯德教。除了这点以外，另有一点也值得注意。即，琐罗亚斯德教在对灵魂进行"个别审判"时，其天平不仅衡量出善人和恶人，并还自然地甄别出第三种人——其善业和恶业正好相等的人！《雅斯纳》也谈到了这种现象："由于他（指琐罗亚斯德）按照今世的法律行事，所以，他将最公正地根据业绩，判别出邪恶者、正义者，以及恶业和善业正好相等的那些人。"①

这三类人的结局各不相同：通过最后的"结账"，善业数量超过恶业的灵魂，便是正义者或正直者、虔诚者。他们将前往"善思之居"，亦称"诗歌屋"；这当然是最好的乐土。恶业数量超过善业的灵魂，则将成为"欺诈之屋"的居住者，亦即进入地狱，在此受尽恶魔的折磨。至于善业和恶业相等的灵魂，则会前去一个"中间地带"，或称混合地域、平衡地域。这被说成是位于大地和监察区之间的一个地域。灵魂在那里并无什么痛苦，至多经历因季节变化而导致的寒暑变更。他们将在那里一直等到世界末日的最后审判之日，获得普遍的拯救。

这三种人的待遇和处境，令人想到摩尼教轮回观中，选民、罪人和听者的不同遭遇：选民上升明界乐土；罪人堕入黑暗地狱；介于二者之间的，虽无大罪，却有小过的"听者"，则虽然不得不再在凡世轮回数次，最终却能获得拯救，回归明界。他们的身份地位和遭遇结局极似琐罗亚斯德教中的"善恶相等者"，那么，岂非可以认为，摩尼教在这方面的观念也是承袭自琐罗亚斯德教？

基于以上事实，则知摩尼教的轮回观，除了受到印度佛教文化的影响外，也包含了相当的琐罗亚斯德教因素。不仅如此，摩尼教的轮回观还含有

---

① *Yasna*, Chapter 33, §1.

一定的基督教影响；至少，摩尼在其重要的亲撰著述《沙卜拉干》中谈及对虔诚信徒和罪人的审判和甄别时，几乎完全抄袭了《圣经》所载的耶稣的做法和言辞。

据《沙卜拉干》，耶稣（赫拉德沙）在最终审判时对善恶两类人的态度截然不同（见本书第一章所译的"关于人子的来临"节）。他让修道士及其协助者（听者）站在右侧，并祝福他们；而让恶人站在左边，并诅咒他们。他对修道者及其协助者说："当我饥渴时，你们给了我食物。当我裸露时，你们给我衣穿。当我生病时，你们为我治疗。我被束缚时，你们给我松绑。我被囚禁时，你们将我释放。当我被放逐而四处流浪时，你们把我带回你们的家中。"他对恶人们则说："当我饥饿和干渴时，你们不给我食物。当我裸露时，你们不给我衣穿。当我生病时，你们不治疗我。当我被俘和离乡背井时，你们没有将我收容进家。"于是，赫拉德沙表示，要将修道信徒们送上天界，以示奖赏；却命天使把恶人们投入地狱。

颇有意思的是，赫拉德沙的这番话与《圣经》描绘的耶稣（"人子"）的说辞惊人地相似（相关全文可参看本书第一章第三节"《沙卜拉干》之文化特色简论"）。他让义人待在其右侧，不义之人待在左侧。他对义人说："我饿了，你们给了我吃的；我渴了，你们给了我喝的；我作客，你们收留了我；我赤身露体，你们给了我穿的；我患病，你们看顾了我；我在监里，你们来探望了我。"但对不义者则说："我饿了，你们没有给我吃的；我渴了，你们没有给我喝的；我作客，你们没有收留我；我赤身露体，你们没有给我穿的；我患病或在监里，你们没有来探望我。"耶稣并承诺，义人将会上天堂，而不义者则遭斥责，说他们将堕入"永火"。

对比这两段引文，不难发现，《沙卜拉干》不仅对于善恶两类人的训话模式和处置方式完全模仿《新约·马太福音》，并且对摩尼教的某一基本教义甚至也在不知不觉中作了修改，以迎合《圣经》的模式。即，摩尼教本来是为善者、恶者、听者（世俗修道者）之灵魂分别安排三种不同待遇的——回归明界、永堕暗狱、数度轮回，但是在此却如基督教一般，只安排了善、恶两种结局，并且非常明显地把专业修道者（选民）和协助修道者（听者）一起列入了直接升天的一类中。《沙卜拉干》这样描述道：赫拉德沙先把"修道士"们置于右边，与福佑神灵在一起；然后将"修道士的协助者"也列在右侧,并许诺将把他们"送上天界";最后则斥责左侧的恶人,并把他们"投入地狱"。在此,"第三种待遇"的暂时消失,应该并不意味着摩尼教轮回观的有意识改变,而只是展示了摩尼之说教受基督教影响而无意中的变化。

实际上,摩尼教轮回观所借鉴的其他文化因素,还不只源自于印度/佛教、琐罗亚斯德教、基督教等,可以认为,古希腊的文化也对此观念有着相当的影响。学者们特别注意到的,是希腊哲学家毕达哥拉斯的灵魂观:灵魂不死,将轮回转世;人去世后,其灵魂按生前所行的善恶而获得报应,转生为人或其他生物。他与他的学派还认为,灵魂与肉体的结合是一个悲剧,因为肉体是灵魂的桎梏,使之失去自由;灵魂在轮回后,则不得不在另一种肉体中再受折磨,永无终止。显然,摩尼教的"光明分子反复被暗质囚禁"的轮回观与此说十分相近,说它曾受希腊文化的影响,并无不妥。

由于摩尼教的创教在古代希腊、埃及、印度、伊朗文化的繁荣时期之后,故它吸纳诸种文化的可能性必然存在,其轮回观中包括各种古代文化因素,也就在情理之中了。不过,当我们在探讨其中的文化渊源时,不宜对某种文化影响绝对化;任何过度的强调都是不适宜的。

第十一章 "净风五子"名号与职能考

摩尼教的重要文化特色之一，是兼收并蓄了此前各大宗教（包括琐罗亚斯德教、基督教、佛教以及古希腊文化等）的因素，融合成了或似此又似彼的一个新的宗教体系。在摩尼教的神学中，其创世说颇为奇特，也很复杂，本章则就涉及其宇宙观的五位神灵——所谓的"净风（生命神）五子"——的名号、职能等问题作一论考，以更深刻地探讨摩尼教的教义。

探讨问题之前，先就内容的范围略作说明。首先，在此涉及的"净风五子"问题只是该专题中的一部分，它如"五子"与净风"第六子"（即"唤呼神"）及先意"第六子"（即"应答神"）的关系，"五子"与"五妙身"（相、心、念、思、意）的对应关系，以及《沙卜拉干》中"五子"名号次序异于其他多数资料的原因等，都有进一步研讨的价值。但是，由于这些问题牵涉更广，颇为复杂，宜于另外撰文讨论，故在此不赘。前人的若干观点，可参看相关文章。①

其次，近年来，海外学者对于中国流传至境外的摩尼教绘画资料（主要是所谓的"摩尼教宇宙图"，当成于元末明初）作了不少研究。大体而言，都是利用相关的中外文献资料，具体分析和辨认图画细节的含义，其中包括了对"净风五子"的比定。这些著述包括吉田丰《新发现中国摩尼教绘画之宇宙创生论》②、康高宝（Gábor Kósa）《宇宙图中的负重者和光辉护持者》③、

---

① 例如，可参见宋德曼"The Five Sons of the Manichaean God Mithre"一文，收载在 Sundermann, 2001, pp. 799-811。
② 吉田豊《新出マニ教绘画の形而上》，《大和文华》第 121 号，2010 年。
③ Gábor Kósa, "Atlas and Splenditenens in the Chinese Manichaean 'Cosmology Painting'", in *Gnostica et Manichaica, Festschrift für Aloïs van Tongerloo* (*Studies in Oriental Religions*, Vol. 65, ed. by Wassilios Klein), Wiesbaden, 2012, pp. 63-88.

吉田丰和古川摄一《中国江南之摩尼教绘画研究》①,以及古乐慈(Zsuzsanna Gulásci)的《摩尼教图像》②等;而引用这些图像数据进行研究的中文著述,最令人印象深刻的,当推马小鹤的诸多论文③。笔者建议读者参看这些著述,但是本章除了相关之处外,不再展开涉及图像研究的问题。

一、净风五子的名号梳理与勘同

有关"净风五子"的由来,叙利亚文的《注疏集》有较为具体的描述:大明尊为了抵御暗魔的入侵,首先"召唤(创造)"出初人;但是初人及其五子皆被暗魔击败。于是大明尊再作"召唤",又诞生了一个三神组合——明友、大般、生命神(净风);净风相继"召唤"出五个"儿子"。其文载云:

> 他说道,当黑暗诸子吞吃了初人的五子后,由于他们的恶毒意念的作用,五明神的智慧被夺走了,犹如一个人被疯狗或毒蛇咬了一般。
>
> 他说道,当初人恢复心智后,向大父尊作了七次祈祷。大父尊遂进行了第二次召唤,唤出了明友;明友唤出了大般;大般唤出了生命神。生命神则唤出了他的五个儿子:(1)从其智慧唤出光辉护持者,(2)从其知识唤出光荣大王,(3)从其理性唤出光明阿达马斯,(4)从其思想唤出荣耀之王,(5)从其熟虑唤出支撑者。④

净风这五个儿子的名号,叙利亚原文分别为：ܨܦܬ ܙܝܘܐ、ܡܠܟܐ ܪܒܐ ܕܐܝܩܪܐ、ܐܕܡܘܣ以及ܣܒܬܐ。它们的拉丁字母转写则依次为 ṣafath zīwā、malkā rabbā de īqārā、Ādāmōs

---

① 吉田豐、古川摄一《中国江南マニ教绘画研究》,临川书店,2015年。
② Zsuzsanna Gulásci, *Mani's Pictures: The Didactic Images of the Manichaeans from Sasanian Mesopotamia to Uygur Central Asia and Tang-Ming China* (Nag Hammadi and Manichaean Studies, Vol. 90, ed. by Johannes van Oort & Einar Thomassen), Brill, 2016.
③ 可主要参见马小鹤《霞浦文书研究》(兰州大学出版社,2014年)中的相关章节。
④ 汉译文根据 Abraham Yohannan 译自叙利亚原文的英译文转译,收载于 A. V. W. Jackson, *Researches in Manichaeism*, New York, 1932;本段引文见该书第226—229页。

nūhrā、melekh šūbhḥā 及 sabbālā；就其含义而言，ṣafath zīwā 的相应英译名可作 Custody of Splendor，故汉译名可作"光辉护持者"①；malkā rabbā de īqārā 的相应英译名可作 Great King of Honor，则汉译可作"光荣大王"；Ādāmōs nūhrā 的相应英译名可作 Adamas of Light，汉译作"光明阿达马斯"②；melekh šūbhḥā 的英译名可作 King of Glory，汉译作"荣耀之王"；sabbālā 的英译名为 Supporter，而对照其他语种的文书，则知叙利亚文书在 sabbālā 之后遗漏了 Atlas 之名，故净风的这个儿子的名字当为 Supporter Atlas，汉译名则为"支撑者阿特拉斯"③。

叙利亚文献《注疏集》是这样称呼和介绍净风五子的。另一方面，作为教主的摩尼在其亲撰的，呈献给波斯国王的《沙卜拉干》中所描述和称呼的净风五子则有所不同：

> 然后，赫拉德沙④，这位最初给予男性创造物，原始的第一位男人以智慧和知识的人，嗣后将不时地，世代相续地给予人类以智慧和知识。在最后的时代，接近更新时代时，主赫拉德沙还会与一切诸神以及虔诚的……站在诸天之上，一个伟大的召唤将回荡不绝，闻名于整个宇宙。居于诸天、诸地宇宙中的这些神灵，即家宅之主、村落之主、部落之主、国度之主、监察哨主以及暗魔折磨者，都将赞颂赫拉德沙。那些将成为世界君主的人会跑到他的面前，向他致敬，并接受他的命令。……

---

① 对此名作这样的理解和英译，是杰克逊的观点。他认为，叙利亚语 ṣafath 本有关心、挂念之义，并非名词，但是引申之后，则有"对……监护、保卫、照料之人"的意思（Jackson, 1932, pp. 296-297, note 3）。有些学者曾将 ṣafath 译作"装饰"之意，在此不取，故将这一词组理解为"护持、保卫光明/光辉/辉煌的神灵"之意，汉译成"光辉护持者"。
② 叙利亚文 Ādāmōs 的发音，恐怕不及 Adamas 确切，故自圣奥古斯丁作此读音后，后人皆从之。
③ 在此将 sabbālā 译作 Supporter，是从杰克逊和布尔基特等人之释；其他一些学者则或者译作 Porter，或者译作 Bearer，似乎含义有所不同。但是，就如将在下文看到的那样，Atlas 的主要职能是肩负大地，则其模式颇似肩扛重物的搬运工，故译之为"搬运工"（Porter）或"负物者"（Bearer），并无不妥。
④ 赫拉德沙，译自中古波斯语 xrdyšhr (xradešahr)，是个组合词：由 xrd (xrad) 和 šhr (šahr) 合成，前者义为智能、忠告等，后者义为地区、世界等；故这一组合词意为"智能的世界"。摩尼在此将它作为专名，用以指称摩尼教从基督教借鉴来的高级神灵耶稣，意为"智慧世界（之神）"。不过，有的学者对于"赫拉德沙"的身份比定有所怀疑，例如，博伊丝曾说："为亚当带来启示的职能通常归之于耶稣，但是通过先知们带给亚当子孙灵知的，却是伟大明心的职责。所以赫拉德沙神的比定有些不确定。"（Boyce, 1975, p. 77, note 2）

当诸神的光辉上升之时，黑暗将笼罩诸地和诸天的宇宙，从最高之天直到最低之地，黑暗从其外表释逸出来，越来越紧裹之。那时候，太阳神也将从太阳车中降临到这宇宙，一个呼唤将回荡四方，在各层天、地的诸神包括家宅之主、村落之主、部落之主、国度之主、监察哨主以及暗魔的折磨者，还有使世界保持秩序，折磨阿缁和阿赫里曼，以及雄魔和雌魔的神灵。……

那时候，居于最低地层，使诸地保持次序的家宅之主神、以及与他一起，创造风、水、火的神灵，还有在这层大地上的村落之主神，将巨龙掷于北方之地的神灵，以及他们的所有者，都将前赴天堂。①

此外，被胡特尔认为同样属于《沙卜拉干》一部分的中古波斯语文书也有多处以同样的名号谈到了净风五子，例如：

当时，太阳神创造并安排好了这四层大地，它们是诸魔的监狱；位于立柱上的四层大地……以及位于这大地碗中的门户、围墙、坟墓、地狱和苇丛；以及山脉、溪谷、泉水、河流与海洋；还有十层天，它们有分区、地域、房屋、城镇、部落、陆地、边界、守卫和大门；入口、拐弯、双重时刻、围墙；以及具有行星和星辰的黄道带；以及具有住宅、宝座、大门和主门守卫的太阳、月亮二车；还有监狱之主、监察哨主、家宅之主、村落之主、部落之主和国度之主；以及宇宙中的一切事物。那时候，福音传达神和通报神被太阳神和女身神（即奥尔密兹德神之母）抓住身体，向上带去，置于国度之主的面前，国度之主则站在诸天之上，握住诸神的头。②

上引《沙卜拉干》段落提到了许多神名，净风五子仅是其中的一部分，分别为：中古波斯语 m'nbyd (*mānbed*)，相应的英译名为 Lord of the House，汉译作"家宅之主"；wysbyd (*wisbed*)，英译名为 Lord of the Village，汉译作

---

① 分别见文书 Ar—Av，第 19—40 行；Er，第 192—209 行；Ev，第 218—227 行。MacKenzie, 1979, pp. 505-513.

② 见文书 M 7984 II R i—M 7984 II R ii，第 106—154 行，Hutter, 1992, pp. 29-30.

"村落之主"；zndbyd (*zandbed*)，英译名为 Lord of the Tribe，汉译作"部落之主"；dhybyd (*dahibed*)，英译名为 Lord of the Land，汉译作"国度之主"；p'hrgbyd (*pāhragbed*)，英译名为 Lord of the watch-post，汉译作"监察哨主"。需要指出的一点是，中古波斯语《沙卜拉干》所载净风五子的出场顺序，与叙利亚语《注疏集》所载净风五子的出场顺序并不一致；不过，在此暂时不作梳理，将留待下文综合辨析。

接着，我们来看看埃及的科普特语文书是如何描述和称呼净风五子的。下面是《赞美诗（二）》中的一段文字：

> 生命神（净风）的伟大祈祷。……监察哨楼，他们警戒着敌人。……光辉守护者①，他在第十层天上，掌握着宇宙的纽带，在他的手中是黎明。他的发光的轮子。他的诸神和诸天使。光明的第二位儿子，是光荣之王，他是……他在第七层天上，他照看着光明之源。他的诸神和诸天使。第三位护卫，是光明阿达马斯，他征服了黑疗。……他的诸神和诸天使。光明的第四位儿子，是荣耀之王，他……他转动了三轮……他的诸神和诸天使。他的兄弟也在他旁边，即光明的第五子，勇敢的英雄，肩扛重担的奥莫福洛斯②，负载着沉重宇宙。他的三根荣耀柱，他的五个神圣拱顶。他的诸神和诸天使。③

上引的《赞美诗（二）》被认为成于公元四世纪下半叶，则是摩尼教较早的作品。然后，可以再看一下撰成时间也很早（当在摩尼去世后不久）的科普特语文献《克弗来亚》，它对净风五子的称呼，与《赞美诗》几乎完全一致：

> 这即是每个世界如何协调起来的情况。五位神灵与他紧密地结合在一起。……他们是他的灵魂和生命……人是个罪人……生命神和使

---

① 文书上的这一神名直接借用希腊词φεγγοκατοχος，含义也是"光辉/光明的守卫/监护者"。
② 科普特语文书的此词借自希腊词Ωμοφοροs，拉丁转写作 Omophoros，即是"搬运工"或"负重者"之类的意思。
③ Allberry, 1938, 138$^{25\text{-}58}$.

者……五位不眠的守卫者。

他……光辉守护者,……心灵在上方的心灵世界中。他……整个……天上的诸强势人物在……光荣大王的……他是存在于第七层天的思想。他挫败了……还有光明阿达马斯的……,他是洞察力……他始终给予……由于贪欲……他还委任荣耀之王,他是审慎……对于风、火、水三个形象的忍耐。他曾交给他……干恶事。……负载者,他是熟虑……在……的智慧,位于下方。他使得他们……在……之下的基础。①

这段引文虽然残缺得多了些,但是对净风五子的各自称呼,还是清晰辨别出来的;它们显然和见于《赞美诗(二)》的称号相同,依次是:ⲡϥⲉⲅⲅⲟⲕⲁⲧⲟⲭⲟⲥ、ⲡⲣⲣⲟ ⲛⲧⲉ ⲡⲧⲁⲓⲟ、ⲡⲁⲇⲁⲙⲁⲥ ⲙⲡⲟⲩⲟⲉⲓⲛⲉ、ⲡⲣⲣⲟ ⲙⲡⲉⲁⲩ 以及 ⲡⲱⲙⲟⲫⲟⲣⲟⲥ;其中,第一名和第五名都是直接借用了希腊词。按照英文的译意,它们应该分别是:keeper of Splendor,汉译作"光辉(的)守护者";King of Honour,汉译作"光荣大王";Adamas of Light,汉译作"光明阿达马斯";King of Glory,汉译作荣耀之王;Porter,汉译作"负载(重)者"。

著名的基督教主教圣奥古斯丁曾撰写过大量著述批驳摩尼教的教义,成于公元四世纪末的《答摩尼教徒福斯图斯》(*Answer to Faustus, a Manichean*)是其中之一,并且十分精彩,因为圣奥古斯丁本人曾是摩尼教的信徒,长达十年,从而对该教的教义非常熟悉,他的转述自然比较可信了。下面摘译《答福斯图斯》中的一段,以了解古代基督教的拉丁文著述对净风五子的描绘:

……你们有没有面对面地见到过佩有诸神花冠和武器的,正在行使王权的君主?还见到过如下这些神灵吗:伟大的光辉守护者,有着六个脸庞和六种表情,并且放射着光明;另一个是光荣之王,被一大群天使围绕着;另外一个是英雄善战的阿达马斯,他右手拿着长矛,左手执着盾;还有一个是荣耀之王,他驱动着火轮、水轮与风轮;再一个是阿

---

① Gardner, 1995, 91[14-34], p. 96.

特拉斯，最主要的是，把整个世界抗在他的双肩上，一膝下跪，双臂支撑着。……①

不难发现，这部拉丁语文献对于净风五子的称呼，与科普特语文献的记载几乎完全相同。而他们的拉丁文名号则分别是：Splenditenens、Rex Honoris、Adamas、Gloriosus Rex，以及 Atlas。

最后，我们将看一下摩尼教汉语文书对于净风五子的描绘和称呼，这段文字出于《摩尼教残经》：

> 如是五种极大斗战，新人、故人，时有一阵。新人因此五种势力，防卫怨敌，如大世界诸圣记验；怜愍以像持世明使，诚信以像十天大王，具足以像降魔胜使，忍辱以像地藏明使，智惠以像催光明使。②

显然，汉文《残经》罗列的净风五子之名，不仅在表面含义上与前引诸多非汉语文书的名号相差较大，并且次序也有所不同，所以，在此不能不先简单地说明一下这五个名号与其他名号的相应关系。首先，由于《注疏集》等文书声称"光辉护持者"握住了悬空的世界，故以《残经》的"持世明使"与之对应是合乎道理的。其次，非汉语文书中的"光荣大王"被说成是位于天之中央而监管诸天，故以《残经》的"十天大王"与之对应也是不错的。再次，非汉语文书之"光明阿达马斯"的主要职责是击杀诸魔，则《残经》的"降魔胜使"称号与之相当吻合。不过《残经》排序第四位的"地藏明使"的含义却不甚清楚："地藏"一名显然借自佛经，为梵语 kṣitigarbha 的意译，是为"无佛时代"的一个菩萨之名，与地狱事务紧密相关。或许是其名号中有"地"字，故被汉语文书用来对应负载大地的"支撑者阿特拉斯"；或许是因为阿特拉斯主管的五层大地中的最下四层是囚禁暗魔之狱，故以佛经的"地藏菩萨"来譬喻阿特拉斯。最后，非汉语文书中的"荣耀之王"有驱动火、水、风轮升空，保护五明神的职责，故《残经》的"催光明使"应该与此相对应。综此看来，汉语文书之净风五子的排序与非汉语文书的不同之处是：前者的第四名相当

---

① 转引自 Gardner & Lieu, 2004, p. 164。
② 语见《摩尼教残经》第 107—111 行，引自芮传明，2014 年，第 10 页。

于后者的第五名；① 其第五名则相当于后者的第四名。

归纳以上所述，可将见于各语种文书中的净风五子的名号作一排列，以表格形式展示各名的对应关系（见下表）。此外，并作若干说明：第一，以叙利亚语文书《注疏集》的记载为第一"标杆"；第二，为便于排版，叙利亚语、波斯语等不标志原文，而只标志拉丁文转写；第三，每个非汉语名号后均在括号内用汉语标出其名号；第四，每个名号之前都用数字标出它在本文书中的序号；第五，在最后列出今通用的英语称呼。

净风（生命神）五子名号列表

文种	名号				
	一	二	三	四	五
叙利亚文	1 ṣafath zīwā（光辉护持者）	2 malkā rabbā dᵉ īqārā（光荣大王）	3 Ādāmōs nūhrā（光明阿达马斯）	4 mᵉlekʰ šūbʰḥā（荣耀之王）	5 Sabbālā（Atlas）（支撑者[阿特拉斯]）
中古波斯文	5 pāhragbed（监察哨主）	4 dahibed（国度之主）	2 wisbed（村落之主）	3 zandbed（部落之主）	1 mānbed（家宅之主）
科普特文	1 Ⲡϥⲉⲅⲅⲟⲕⲁⲧⲟⲭⲟⲥ（光辉守护者）	2 ⲡⲣⲣⲟ ⲛⲧⲉ ⲡⲧⲁⲓⲟ（光荣之王）	3 ⲡⲁⲇⲁⲙⲁⲥ ⲙⲡⲟⲩⲟⲉⲓⲛⲉ（光明阿达马斯）	4 ⲡⲣⲣⲟ ⲙⲡⲉⲁⲩ（荣耀之王）	5 ⲡⲟⲙⲟⲫⲟⲣⲟⲥ（负重者）
拉丁文	1 Splenditenens（光辉守护者）	2 Rex Honoris（光荣之王）	3 Adamas（阿达马斯）	4 Gloriosus Rex（荣耀之王）	5 Omophoros（负重者）
中文	1 持世明使	2 十天大王	3 降魔胜使	5 催光明使	4 地藏明使
英文	Keeper of Splendor/ Lord of the Watch-Post	King of Honor/ Lord of the Country	Adamas of Light/ Lord of the Village	King of Glory/ Lord of the Tribe	Supporter Atlas/ Porter Atlas/ Lord of the House

二、净风五子的职责辨析

在摩尼教的宇宙创生神学中，净风五子的作用异常巨大，并且持续时

---

① 对于这点，有的学者有不同的看法，例如，翁拙瑞认为，汉语文书中排在第四位的"地藏明使"还是应该相当于非汉语文书（叙利亚文、科普特文、拉丁文等文书）的第四子，即"荣耀之王"；因为此名的粟特语名意为 z'y spnd'rmt（地神）。参见 Bryder, 1985, p. 103。然而，我认为这一理由并不充分，故不取此说。

间特别长，他们与其"父亲"净风（生命神）等一起创造了宇宙，嗣后，则维持着他们所创造的世界的正常运行，直到世界末日，他们亲手毁了人类的俗世。可以说，他们自始至终与人类所见的世界（包括太阳、月亮和大地等星体）共同存在。下面，将根据各种资料，探讨这五位神灵各自的职责和功能。先看叙利亚文书《注疏集》的一段描述：

> 于是，生命神便命令五子中的三个儿子采取行动，一个去斩杀诸魔，另两个则将暗魔诸子剥皮，并把它们运送给生命母。生命母用诸魔的皮铺成天，建成了十一层天（或为原文"十天"之笔误）；他们还把诸魔的尸身扔入黑暗之地，从而建造了八层地。生命神的五个儿子都参与了此事，每人都有自己的职责。光辉护持者握住了五明神的腰部；在他们的腰之下则散布着诸天。支撑者跪下一膝，负持着诸地。光荣大王则在天、地造成之后，坐在诸天中央，守卫着所有天层。①

从这段文字可以比较清楚地看出，参与创造宇宙的净风（生命神）五个儿子的各自职司应该是这样的：光明阿达马斯负责斩杀诸魔；光荣大王和荣耀之王将诸魔剥皮后运给善母（生命母）创造诸天，并将诸魔的尸身扔入暗地；光荣大王并负责在诸天中央监控和守护诸天；光辉护持者从上方握住悬空的诸天；支撑者阿特拉斯则从下方支撑着诸地。圣奥古斯丁在其《答摩尼教徒福斯图斯》一书中，也对净风及其五子的各自职司作了类似的概括：

> 一个与黑暗一族交战；另一个用被捕诸敌的一部分建造了世界；还有一个则站在上方，将世界握在他的手中；再有一个，从下面向上擎住他；又有一个，驱动下方的火轮、风轮和水轮；最后一个，则巡视诸天，用他的光束，从污坑中收集你们尊神的肢体。②

奥古斯丁在此谈到了六位神灵，与暗魔交战的，当是光明阿达马斯；建造世界的，则是生命神，即净风；从上方握住世界的，显然是光辉护持者；

---

① Jackson, 1932, pp. 233-236.
② St. Augustin, 400, Book 20, §10, p. 309.

从下方托住他的，则是支撑者阿特拉斯；驱动三轮者，当然是荣耀之王；巡视诸天的，便是光荣大王。至于所谓从污坑中收集肢体云云，则是指把囚禁在暗质中的光明分子解救出来，使之回归明界。

从以上两段引文中可以了解到净风五子之职能的大致情况。下面，则对每一"儿子"的情况作进一步的描述和辨析。

（一）光辉护持者

在大部分古籍中，光辉护持者的主要职能都被说成是从上方将悬在虚空的整个宇宙固定起来。例如，前引《注疏集》"光辉护持者握住了五明神的腰部；在他们的腰之下则散布着诸天"之语，科普特语《赞美诗（二）》"他在第十层天上，掌握着宇宙的纽带"之语，以及圣奥古斯丁《答摩尼教福斯图斯》"站在上方，将世界握在他的手中"的描述，都展现了光辉护持者"从上方握住整个世界"的主要职责。此外，《克弗来亚》则指出其监管区域："在这一巨大的外部区域存在着五个大营地，由生命神（净风）的五个儿子出任管理者。于是，在最上层的第一监察区，由光辉护持者主管，他的权威遍及三层天的一切事务。"[①] 由此可知，光辉护持者的居地是最高之天，即第十层天，其管辖范围是最上部的三层天，即第十、第九、第八天；而其要务则是身在上方，握住悬在其下方的世界。

虽然诸多数据的记载均相类似，但是毕竟并非绝对一致。例如，究竟是哪一位儿子行使"握天"的职权，以及"握天"的具体方式究竟如何，仍然需要作点辨析。《沙卜拉干》"关于宇宙之崩溃"节有"位于诸天上方，握住五神之手的国度之主……"之语；同属《沙卜拉干》一部分的中古波斯语文书 M 7984 则有"那时候，福音传达神和通报神被太阳神和女身神（即奥尔密兹德神之母）抓住身体，向上带去，置于国度之主的面前，国度之主则站在诸天之上，握住诸神的头"之语。

首先，在这两段引文中，站在诸天之上，握住诸神之头或手的说法，肯定是指"握住宇宙"一事；那么，履行"握住宇宙"之责的，也就是"国度之主"了。而按前文所言，《沙卜拉干》所谓的"国度之主"即相当于《注

---

① Gardner, 1995, 170$^{22\text{-}26}$, p. 180.

疏集》或其他文书中排序第二位的"光荣大王"，而非第一位的"光辉护持者"。于是，必须解决"谁是握住宇宙者"的问题。其次，即使暂时不论"握住宇宙"者为何神，也还存在"握住"的是腰，是头，还是手的问题。

关于第一个问题，其实是不难分辨的，因为有大量的摩尼教本教或教外文献都提到了是光辉护持者，而非其他任何神灵悬吊着整个宇宙。例如，科普特语《赞美诗（二）》载云："光辉护持者位于诸天之上，他身处彷徨者和坚定者之间。他在第十……他悬吊着宇宙，守卫着宇宙。"① 圣奥古斯丁《答福斯图斯》云："你怎么知道有八层大地、十重天？怎么知道阿特拉斯扛起了世界，而它又由光辉护持者悬空握住，以及诸如此类的无数事情？"②

有鉴于此，在新证据出现之前，我们只能认为，当今所见的《沙卜拉干》文书将"国度之主"（光荣大王）说成是"握住宇宙"的神灵，恐怕是个笔误。或者，摩尼在初期呈献给波斯国王的《沙卜拉干》并不是非常成熟的说教文书；他及其信徒随后对某些细节有所修正，故而出现了一些差异。

接着，再来看圣奥古斯丁《答福斯图斯》中的另一段话：

> 让你的仰慕者注意了，一个是作为平衡器的光辉护持者，另一个是负重者阿特拉斯。你曾经说过，前者握住了光明诸神的头，将世界悬在空中；后者则屈膝而用其强壮的双肩扛起这重物，以使另一位不至于力竭。③

应该说，圣奥古斯丁的这一表述，是符合摩尼教教义的，很清楚地描绘了摩尼教的创世神学：净风的两个儿子共同负载和护持新创造的世界，一个从上方拉住它，一个从下方托住它；至于上方的神灵，则是通过拉住五明神即光明分子而悬吊住世界的。摩尼教的一切神灵都由光明原质（Elements of Light）组成，这个 Elements 也就是初人的五子——气、风、光、水、火，亦称五要素、五明神、五明子，在许多场合，便是被暗质囚禁的"光明分

---

① Allberry, 1938, 2⁶⁻⁸.
② St. Augustin, 400, Book 32, § 19, p. 420.
③ 转引自 Jackson, 1932, p. 33。英译文亦见 St. Augustin, 400, Book 15, § 5, p. 252。在此之所以引用杰克逊的英译文，是因为他对于摩尼教的教义更为熟悉，故译文就更为确切。例如，引文中关键的一词，拉丁文 caput 本有头颅、首领、源头等义。旧译释作"源头"（sources），杰克逊则译作"头颅"（heads）。显然，前者的译法令文义模糊不清，而后译则确切地反映了摩尼教的教义。

子"。所以，圣奥古斯丁在此所说被光辉护持者握住"头"的 Elements，亦即是前引《注疏集》所说的"五明神"，以及《沙卜拉干》所说的"五神"和 M 7984 所说的"诸神"。显而易见，各种记载所言的是同一件事。至于握住的是他们的腰，还是手或头，实际上并不重要。因为摩尼教叙述教义时多用象征手法，大部分拟人法并不严格符合现实事物，所以我认为，这种腰、手、头的差异对于教义并无出入，只是撰写者的一种无关紧要的随意变化而已。

除了文字数据以外，摩尼教图像方面也提供了证据。例如，近年来海外学者对自华流传至日本的所谓《宇宙图》的研究，为净风五子（特别是光辉护持者与负重者阿特拉斯）的职能提供了相当有力的佐证。康高宝在其《宇宙图中的负重者和光辉护持者》一文中详细分析了"宇宙图"的具体内容后，最终归纳道："于是，阿特拉斯确实支撑着宇宙，而光辉护持者则用其手悬空握住（宇宙）。这两个角色被精确地安置在画面的中轴沿线，因为他们维持着宇宙的平衡。他们是相辅相成的。"[1]

（二）光荣大王

叙利亚文《注疏集》、科普特文《赞美诗》、《克弗来亚》等文书中的"光荣大王"，相当于中古波斯文《沙卜拉干》中的"国度之主"，亦即汉文《摩尼教残经》中的"十天大王"。作为净风（生命神）的第二子，他的主要职责是管理诸天，因此，他的汉语名号"十天大王"倒是最能体现其职能的内容。

前引叙利亚文《注疏集》谈到光荣大王时说道："光荣大王则在天、地造成之后，坐在诸天中央，守卫着所有天层。"可知他的职能是管理诸天。但是，光荣大王的职责尚不止这些，盖按科普特文《庞麻赞美诗》的描述，他似乎还有法官或审判官的职能："光荣之王，强大的尊神，他位于第七层天，审判诸魔，地狱的生物。我们歌颂他，我们赞美他。"[2] 实际上，按《克弗来亚》，光荣大王确实有正式的审判官头衔——他是作为"大审判官"的

---

[1] Gábor Kósa, "Atlas and Splenditenens in the Chinese Manichaean 'Cosmology Painting'", p. 84, in *Gnostica et Manichaica, Festschrift für Aloïs van Tongerloo* (*Studies in Oriental Religions*, Vol. 65, ed. by Wassilios Klein), Wiesbaden, 2012.

[2] Allbery, 1938, $2^{9\text{-}11}$.

大明尊麾下的十二位"审判官"之一:

> 第五位审判官是光荣大王,他居住和驻扎在第七层天。他是一切诸天的审判官,按照正义的评价而对诸天的一切权势和王国进行真正的审判。①

显然,光荣大王的这一"审判官"的地位是相当尊贵的。不仅如此,他还在为明界一切高级神灵设置的十八"王座"中占有一席:"还有,第七个王座设在第七层天,光荣大王坐在上面。"②

如果我们具体查检一下"十二审判官"和"十八王座"的其余人选,不免会惊奇于"光荣大王"的地位远高于他的弟兄们——另外四位净风之子——了!

首先,所谓的"审判官",是以明界的最高神灵大明尊为首的,他被称为"大审判官",其卓越程度超过麾下的其他十二位审判官。这十二位审判官依次为:第一初人(先意)、第二生命神(净风)、第三生命母(善母)、第四大建筑师(造相佛)、第五光荣大王(十天大王)、第六第三使(三明使)、第七××(原文残缺)、第八光辉者耶稣(夷数)、第九光明少女(电光佛)、第十审判官、第十一光明心灵(惠明)、第十二大顾问。③ 由此,几乎可以一目了然地看出,包括大明尊在内的这十三位审判官,几乎囊括了明界所有重要的高级神灵;而作为净风五子之一的"光荣大王"却有幸位列其中,并且排序第五(当然,这可能是因创世神学中的出场顺序而定),是足可傲视明界万神殿中的其他"子"字辈神灵了。

其次,再来看光明一方为各大神灵设置的十八王座的情况。这十八个王座分设在十八个不同地点,九个设在永恒之区,九个设在与暗质发生冲突的宇宙中(从而也就产生迷失和救赎之举)。这十八王座的分配情况是:第一为大明尊之座,它优于其他所有的王座;第二为生命母(善母)之座;第三为初人(先意)之座;第四为明友(乐明佛)之座;第五为大建筑师(造相佛)之座;第六为生命神(净风)之座;第七为第三使(三明使)之座;第

---

① Gardner, 1995, 80[5-9], p. 82.
② Gardner, 1995, 83[2-4], p. 85.
③ Gardner, 1995, 79[13]-81[20], pp. 81-83.

八为光辉耶稣（夷数）之座；第九为伟大心灵（惠明）之座。

以上九个王座是设在安宁天界的；以下九个则是设在凡俗世界的：三个王座设在日船（太阳）中，分别供使者（第三使）、大圣灵、生命神（净风）使用；另外三个王座设在夜船（月亮）中，分别供光辉耶稣（夷数）、初人（先意）、光明少女（电光佛）使用；第七个王座设在第七层天，供光荣大王使用；第八座设在大气中，供真理审判官使用；第九座设在俗世，供神圣教会的使徒，亦即摩尼使用。①

这十八个王座，亦如十二审判官那样，几乎全由明界最著名的高级神灵占据，上至最高神灵大明尊，下至凡世的最重要人物摩尼；而"光荣大王"又赫然位列其中，则他的地位之不同凡响，由此可见一斑。

最后，有个问题需要辨析一下，即，既然净风的第一子光辉护持者负责管理十层天中的最上面三层，而有的文献也声称净风的第二子光荣大王只负责管理七层天（《克弗来亚》："此后，在他下面的是光荣大王。光荣大王是第二监察区的管理者，他的权力遍及他下方的七层天。"②），那么，汉语文献《摩尼教残经》称光荣大王为"十天大王"，是否不太确切？或者，光荣大王到底主管全部天层还是部分天层？

依我之见，光荣大王的实际管辖权应该是遍及十天的，有不少记载都声称他是所有天层的管理者，例如，叙利亚文《注疏集》说他"坐在诸天中央，守卫着所有天层"，以及《克弗来亚》说他是"一切诸天的审判官"；而被学界誉为很有价值的摩尼教创世文献，粟特语文书 M 178 也非常清楚地说："此后，万物创造者召唤出诸天之主。他们让他落座于第七天的王座上，但是充任所有十重天的主人和王者。"那么，光辉护持者对于上三层的管理，可能只是光荣大王之"十天管理"的一个附属部分。这不仅因为前者的主要职责是"握住宇宙"，而非"管理诸天"，还因为光荣大王名列最尊贵的"十二审判官"和"十八王座"之列，显然权力远大于光辉护持者，故他之"管理一切诸天"，当在情理之中。

近年发现于福建霞浦县的摩尼教文书《赞天王》几乎完全证实了以上的断语，例如："十天王者，梵名阿萨漫沙也。是故道教称为昊天玉皇大帝，

---

① Gardner, 1995, 81²¹-83¹⁶, pp. 83-85.
② Gardner, 1995, 170²⁶⁻³⁰, p. 180.

住在第七天中，处在大殿，管于十天善恶之事。此天内有十二面宝镜，上面观于涅盘常明世界，下面照于阴司地府，十面鉴于十天诸庇背叛等事，化四天王管四天下。"马小鹤曾结合霞浦数据，撰文对光荣大王（十天大王）作了相当全面的考察。①

（三）光明阿达马斯

光明阿达马斯的典型形象即是一位英勇善战的武士，他以诛杀暗魔而闻名。所以，圣奥古斯丁在其《答摩尼教徒福斯图斯》中把他描绘成"英雄善战的阿达马斯，他右手拿着长矛，左手执着盾"（见前引文）。《赞美诗（二）》称："第三个卫士，是光明阿达马斯，他镇压了黑疠。……他的诸神和天使。"②前文已经解释，所谓的"黑疠"是摩尼教借用的希腊词hylè的汉译名，用以专指贪魔、暗魔；因此，光明阿达马斯的主要职责为斩杀和镇压暗魔，是毫无疑问的。

光明阿达马斯的"诛魔"职能包括两大方面：一是在创世之初斩杀群魔或其他魔类怪物，二是在"中际"时期消灭暗魔，解救被暗质囚禁的"灵魂"，即光明分子。先看他在创世之初的杀魔事迹。摩尼曾向弟子们谈到未经性交而诞生的魔类，举了三种怪物为例：

> 第二种怪物是落到大地的诸物之一。它以大海为子宫，它本身的贪欲便成了它的成形师。它独自形成了一种本性，即是死亡之源。当它从大海里出来后，它……以至可能摧毁生命的……事业。他们（指明界神灵）立即派遣了光明阿达马斯，伟大的"活力指令"，前去对付它。他在北方地区击败了它。他把它踩在脚下，自己站在上面，直到世界末日。③

光明阿达马斯对付这样的一个魔物，显然是一件不小的业绩，故不止一种记载比较详细地谈到了此事。例如，被学者归入《沙卜拉干》一部分的中

---

① 见马小鹤《摩尼教十天王考——福建霞浦文书研究》，载《西域文史》第5辑，科学出版社，2010年，第119—130页；亦见马小鹤《霞浦文书研究》第4章，兰州大学出版社，2014年，第70—86页。
② Allbery, 1938, $138^{40\text{-}44}$.
③ Gardner, 1995, 136^{27}-137^{4}, p. 144.

古波斯语文书 M 7981 载云:

> 通过诸魔的精液,庄稼、花、草以及形形色色的种植物得以播种和生长,阿缁则将本身混入了其中。那坠入海中的一部分则生成了丑陋的、贪食的、可怕的马赞①,它爬出海洋,开始危害这个世界。
>
> 然后,太阳神派遣他自己创造的五位神灵中的四形者前去处理,他将位于北方的马赞拉伸开来,从东至西,覆盖整个北方,并且踩上脚印,将它扔了下去。他站在巨怪之上,使之再也不能为害世界。[太阳]神又派遣村落之主管理全部天、地和宇宙,覆盖北方、东方、南方和西方,以便他保护这个世界。②

引文中的"太阳神"虽然有时指第三使,但是在此则肯定是指生命神,即汉语文书中的"净风"。他所创造的"五位神灵"即是他的五个"儿子";而所谓的"四形者",则为中古波斯语 tskyrb (*taskirb*),义为四种形貌的、四方的,或者四足的动物,通常用以指称净风五子之一的光明阿达马斯。在此的描绘与前引《克弗来亚》所言基本相同,并且包含了更多的细节。

但是,本文书最后说,太阳神又派遣了村落之主管理全部天地、宇宙云云,却恐怕有误。盖因中古波斯语文书《沙卜拉干》所称的"村落之主"即相当于叙利亚文《注疏集》、科普特文《克弗来亚》等文献中的"光明阿达马斯"。那么,上文已经证实,净风五子中,真正称得上"管理宇宙"的,似乎只有光荣大王,即《沙卜拉干》中的"国度之主";这显然是矛盾的。所以,依我之见,由于村落之主(光明阿达马斯)管理整个宇宙的说法仅此一见,而光荣大王(国度之主)管理诸天的说法却见于多种记载;另一方面,从本文书的叙述语气来看,最后的"又派遣村落之主……"一语,当是指不同于前文"四形者"(光明阿达马斯)的另一神灵。所以,M 7981 文书在此"村落之主",很可能是"国度之主"之笔误。这样理解,则吻合于本文书的行文逻辑以及大多数文书的记载了。

光明阿达马斯"镇魔"的另一大方面,则是对付俗世的暗魔,解救俗世

---

① 中古波斯语 mzn (*mazan*) 义为巨魔、怪物,其观念源自伊朗古代文化,形貌往往呈现为巨大的怪兽、怪龙。
② 见文书 M 7981 I R i—M 7981 I R ii,第 237—272 行,Hutter, 1992, pp. 40-42。

的光明分子。这一职能使他的管理范围不仅应包括天界,并且还必须下及地界。而文献也确实是这样描绘的,如《克弗来亚》载云:"第三监察区的管理者是阿达马斯,他的统治权力遍及从天至地的范围。他发挥其权威,给大气内的星球和世界,以及属于地层的另外四个世界注入活力。"① 那么,阿达马斯的主要管理范围似乎是诸天和诸地中间的一段,或者,是诸天下部数层到诸地上部数层的那一部分;不管怎样,光明阿达马斯对于被暗质所困的人类灵魂确实负有解救之责。科普特语的《托马斯赞歌》对此作了相当详细的描绘(其全文引录见本书第六章第三节"耶稣诸角色的异同辨");《赞歌》中的"青年"即是象征受难活灵的耶稣:"青年"在地狱深处呻吟、悲泣,吁请光明尊神拯救。尊神便召来光明的阿达马斯(The Adamas of Light),命他"救助那陷于地狱底部坑洼中的青年";除了囚禁和杀死暗魔、伪神外,还要给予青年力量,将他带上天界,来见明尊。于是,阿达马斯迅速下凡,囚禁了诸魔,并鼓励青年,将他带上天界,谒见明尊。

由此看来,光明阿达马斯拯救被囚人类灵魂的做法与耶稣(夷数)、明心(惠明)等解救光明分子的职能几乎没有区别。这一现象令净风五子在摩尼教众神中的地位和重要性更提升了一步。

(四)荣耀之王

按照《克弗来亚》的说法,荣耀之王的主管区域是支撑者阿特拉斯头上的三层大地:"第四监察区,由荣耀之王控制,那是三个轮子。他的权力范围是负重者头上方的三层大地。"② 至于他的职责,则主要是驱动风、水、火三轮,《赞美诗(二)》这样说道:"荣耀之王,神圣的顾问,他在地狱③转动三轮,即风轮、水轮、火轮,这是我们的父尊初人的甲胄。"④ 正是因为荣耀之主以驱动风、水、火三轮上升而闻名,所以他还有另外一个名号:抬升风、水、火轮之神,略称"升风神",如《沙卜拉干》所言:"那时候,风、水、火将被移出最低一层的大地,那里本是家宅之主和升风神所待之处。"

---

① Gardner, 1995, 170^{30}-171^{4}, p. 180.
② Gardner, 1995, 171^{4-7}, p. 181.
③ 由于荣耀之王主管的区域是下方的三层大地,那里存在诸多囚禁灵魂的暗魔,故被称为"地狱"。
④ Allberry, 1938, 2^{15-17}. 可注意的一点是,文书在此谓荣耀之主的三轮是初人的"甲胄",似乎与其他的同类记载相异,故疑"初人"或为"生命神"之讹。

那么，荣耀之王的三轮有些什么作用，以及如何运行呢？《克弗来亚》对此有一段颇为具体的描绘：

> 开悟者（指摩尼）又对弟子们说道：当生命神（净风）创造万物和世界之后，他来到这层大地。他向荣耀之王发了一个手势，后者便驱动了三轮，使得基于……的三轮升到一切山脉的上方。他让风吹向它们，他在它们上面呼吸，他搅动它们。他用水洗涤大地。水、暗、火[1]三脉管中的废物和赘物被排泄到地上。他收集起它们，把它们堆积到位于诸墙和诸脉管之内的大海中。于是，海水便变得咸了，因为它接收了因三脉管之冲洗和净化而产生的盐和苦味。[2]

据此，则知荣耀之王驱动三轮的功用，大体上是将混杂在一起的暗质和光明分子分离开来，也就是解救光明分子，使之回归明界的意思。对于三轮的运作，叙利亚文《注疏集》也有一定的描述：

> 他（即生命神）还制造了诸轮，即风轮、水轮与火轮。他下到支撑者附近，使得三轮运行。荣耀之王召唤出覆盖物，使之升在三轮的上空，以便在上方遮蔽被镇服于诸地层的魔众，保护五明神不被魔众的毒液所灼伤。[3]

"三轮"是由生命神（净风）创造的，并是他下令其子荣耀之主运行三轮的；此外，三轮的功能则是用来从暗质混杂物中分离出光明分子。在确认了这一情况之后，不免使我们注意到另一个现象——净风在同时还创造了功能也在于净化暗质混杂之物的"三衣"，并且亲自运用"三衣"："然后，太阳神穿上了从混合物中分离出来的风、水、火三件外衣。净化后剩下的暗质则下沉至暗地。"[4] 对于这里所言的"三（件外）衣"，博伊丝认为即是"三

---

[1] 这是指与光明的风、水、火相对立的三种暗质，这两种概念不可相互混淆。
[2] Gardner, 1995, 113^{29}-114^{3}, p. 120.
[3] Jackson, 1932, pp. 238-240.
[4] 见中古波斯语文书 M 98 I, Jackson, 1932, p. 33。

轮"的另一种表达法。① 那么，如果此言属实，则创世之初，"净化杂质"的责任者似乎变得模糊了——究竟是荣耀之王，还是其"父"净风？又，摩尼一方面强调荣耀之王的"三轮"职能，另一方面又频繁地提到净风的"三衣"职能，如何理解其中的异同？为了释疑，且看有关文书的记载。《克弗来亚》概括净风"三衣"的功能道：

> 另一方面，我们称之为"图像和大破烂衣"的……乃是风、火、水三大衣。生命神（净风）将它们穿在身上。他利用它们使得宇宙有秩，还利用它们使得脉管清空。他把它们清除出去，让它们暴露在位于万物基地的负重者的面前。②

引文又涉及"三衣"与清空"脉管"的关系，有关这点，《克弗来亚》在另一处说得更为清楚。摩尼首先举了一个例子作为譬喻：有个人，既得了化脓性疾病，又内脏中毒，并有外伤。有位良医，先给他服药，使其脓汁从上部流出；另服一药，使其内毒从下部排出；再服一药，则治愈外伤。整个过程十分流畅。那么，生命神（净风）用三衣净化天界，也就如这位良医一样：

> 天界所有魔君体内隐藏的水脉管、暗脉管与火脉管也是这种情况；而生命神就像那良医一样。这三种医治的良药，就是生命神穿在身上的三衣——[光明的]风衣、水衣与火衣。通过它们，他已使下界的诸事秩序井然。他也向上界的魔君展示了三衣，使得他们冷酷、震惊、恐惧、精神错乱，他卸泄了他们的水脉管、暗脉管和火脉管。③

由此可知，生命神（净风）利用其三衣，是旨在净化天界，将隐藏在魔君体内的"脉管"的暗质排除干净。那么，净风的三衣与荣耀之王的三轮有什么关系呢？下面的一段文字似乎颇能说明问题：

---

① Boyce, 1975, p. 61, note.
② Gardner, 1995, $177^{20\text{-}26}$, p. 187.
③ Gardner, 1995, $107^{16\text{-}26}$, pp. 112-113.

> 他（指生命神）利用同样的方式净化了上方的诸天，使之适宜于光明施予者旅行……他还净化了下方诸地，清除了暗质的火、暗、水……他净化了它们，使得［光明的］三种威力风、水、火得以登升，它们在负重者前登升，穿越诸地。①

本段引文之前有较大篇幅谈到，生命神如何逐一用其三衣清除诸天和诸地的暗质脉管。因此得知，净风之"清除脉管"，是兼及天界和地界的；而净化地界的目的之一，当是让风、水、火三轮（在此所谓的"三种威力"）登升天界。至于三轮的功能，则是将解救出来的地界的光明分子送归明界。

至此，荣耀之王的职能似乎比较清晰了：配合其"父"净风（生命神），收集和运送下界获救的光明分子，故汉语文书《摩尼教残经》之"催光明使"的名号对他是比较适宜的。另外，《残经》"其彼净风及善母等，以巧方便，安立十天；次置业轮及日月宫，并下八地、三衣、三轮，乃至三灾、铁围四院、末劳俱孚山，及诸小山、大海、江河，作如是等，建立世界"一语中的"三衣"、"三轮"，也当是两种不同的概念，宜加区别。

（五）支撑者阿特拉斯

摩尼教创世神学中的"阿特拉斯"（Atlas）显然借鉴自古希腊的神话角色 Ατλας，甚至不仅照录了他的名字，还承袭了他的主要职能——擎天。盖按希腊神话，阿特拉斯是举起天体的最初神灵。他是其父亲 Titan Iapetos 和母亲 Okeanid Asia 的四个儿子之一。在希腊神话中，阿特拉斯通常被描绘成用肩膀或双手托住天体，而后世的塑像则不乏用双手护持肩背上之巨大圆球（象征天体）的艰难负重状。摩尼教的"支撑者阿特拉斯"所欲展现的"擎天"的内涵与形象，也就与之大同小异。

摩尼教科普特语文书《克弗来亚》对于阿特拉斯的职责描绘道："他（指第四子荣耀之王）的权力范围是负重者头上方的三层大地。而第五个监察区由负重者主管，他是他所站立的伟大之地，以及他脚下的四拴扣（fastening）的主人。"② 显然，这里所言的"伟大之地"是荣耀之王主管的

---

① Gardner, 1995, 113$^{19\text{-}25}$, p. 119.
② Gardner, 1995, 171$^{7\text{-}11}$, p. 181.

三层地之下的另一层地；至于四个"拴扣"则应该是指位置更下的其余四层地。所以，由此似可得知，支撑者阿特拉斯的管辖范围是"八地"之中的下部五层，因为上部的三层大地归荣耀之主管理。

《赞美诗（二）》这样描述阿特拉斯的职责道："奥莫福洛斯，伟大的重物负载者，他用其脚底，踩踏在……上；他用其双手，支撑着诸地，负载了宇宙的重担。"① 又说道："他的兄弟也在他旁边，即光明的第五子，勇敢的英雄，肩抗重担的奥莫福洛斯，负载着沉重宇宙。他的三根荣耀柱，他的五个神圣拱顶。他的诸神和诸天使。"②

在此谈到了阿特拉斯的"三根荣耀柱"和"五个拱顶"，含义不太清晰。但是，若与中古波斯语文书 M 98、M 99 的内容相比较，当可加深对这些说法的理解；同时对摩尼教创世神学的复杂性也有了进一步的了解：

> 他（指生命神/净风）又创造了另一伟大之地，将它置于其他四层地之上，并委派思想神作为家宅之主而治理之。在此大地上，他建造了另一道围墙，伸向东方、南方和西方。在这三个区域内，他建造了三个立柱和五个拱顶。第一个拱顶始自位于西方的墙端，相接西边立柱；第二个拱顶始自西边立柱，相接南方立柱；第三个拱顶始自南边立柱，相接东边立柱；第四个拱顶始自东边立柱，相接东方的墙端；第五个拱顶魁伟巨大，从东边立柱一直连接到西边立柱。
>
> 他又建造了巨大和坚固的一层地，共有十二道门，相当于诸天之门。在这层地的四周，他建造了四道围墙和三道壕沟；在壕沟内则囚禁着诸魔。他将最低之天设在家宅之主的头顶上方，并让他手握七根方柱，以使其周围的天保持秩序。他将这层大地置于立柱、拱顶和两道围墙上，而它们又架在家宅之主神的双肩上；家宅之主神维持着位于最外围墙上方的大地之东方、南方、西方，以及直达明界的北方的秩序。③

《沙卜拉干》中的"家宅之主"即是《注疏集》或《赞美诗》、《克弗来

---

① Allberry, 1938, 2[18-20]。
② Allberry, 1938, 138[51-58]。
③ 见中古波斯语文书 M 98 I V、M 99 I R、M 99 I V，Jackson, 1932, pp. 33-35。

亚》等文书中的"支撑者阿特拉斯"。生命神（净风）在他的管辖区内，建造了"三个立柱和五个拱顶"，这应该就是上引《赞美诗（二）》所谓的"三根荣耀柱"和"五个神圣拱顶"。由这些描述看来，阿特拉斯所负载着的，不仅是诸"天"，还包括了不止一层的"地"，至少，在他的上方还有归荣耀之王管理的三层地，应该也包括在阿特拉斯"支撑"或"负载"的范围内。

鉴于阿特拉斯与各层大地有着直接的接触，故他的举止也就直接影响到凡世的状态，乃至有的灾害因他而产生。《阿基来行传》对摩尼教的这一神学有着生动的叙述：

> 在下方，是奥莫福洛斯，他用其肩膀扛着大地。当他扛得疲乏时，就颤抖起来。这就导致了并非预定时间的地震。正是由于这一原因，仁慈的父亲便派遣其儿子，离开其怀抱，前赴地界，进入大地的最深处，抑制阿特拉斯的举止，以正确行事。所以，只要发生地震，即是源于阿特拉斯因这艰巨任务而发生的颤抖，以及他将沉重宇宙从这一肩换到另一肩的行为。①

引文中所谓"并非预定时间的地震"，即是指"末际"到来时，凡俗世界永远毁灭，光明与黑暗永远分离的景象。因此表明，作为支撑宇宙的阿特拉斯，在摩尼教的神学中其实扮演着相当重要的角色，因为他不仅要在整个"中际"阶段始终支撑着宇宙，还负有在末际到来时毁灭凡俗世界的重任。

《阿基来行传》中的图尔博在转述摩尼教的教义时，清楚地指出了这一点："当他现出其形相时，奥莫福洛斯就扔开大地，致使大火燃起，烧毁了整个世界。"② 稍后，图尔博还谈到了人类之灾难、死亡与阿特拉斯的关系："人体之所以称为世界，因为它与这一大世界类似。下界的一切人类都有根与上界联结。所以，当他（指以其肉体囚禁光明分子的人类或暗魔）被（光明）少女所骗后，就开始截断人类之根，他们的根被截断后，就会暴发瘟疫，他们也就死亡了。如果他更为剧烈地摇晃根的上部，那么就会产生地

---

① *Acta Archelai*, Chapter VIII, § 2, Vermes (trans.) & Lieu (comm.), 2001, p. 49.
② *Acta Archelai*, Chapter XIII, § 1, Vermes (trans.) & Lieu (comm.), 2001, p. 57.

震,也就是奥莫福洛斯的摇晃。这就是死亡之因。"① 摩尼教的这类宇宙创生教义,比较古怪难解,但是净风第五子"支撑者阿特拉斯"在其中的重要作用,还是可以清楚地看出来的。

最后,对于阿特拉斯与"八地"之具体关系的问题,学界似乎还有点不同的看法,在此略作辨析。林德(Lindt)曾撰专著,讨论摩尼教的各神话角色。他对于支撑者阿特拉斯(奥莫福洛斯)所站立之地有这样的看法:"他所站立的地方,称为[伟]大[之]地,肯定不同于生命神和生命母创造的八地。"② 林德虽然否定了阿特拉斯所站之地为"八地"之一,却也没有指出那"伟大之地"究竟是什么,以及他究竟站在什么东西的上面。不过,依我之见,阿特拉斯所站立之地确是"八地"之一,即自下向上数的"第五地"。要证明这点,实际上细看一下中古波斯语文书 M 98、M 99 就可以了。

文书 M 98 I 载云:"与上方诸天相应,他(指生命神)在暗地之上堆积了一层又一层,共四层地,即焦风层、阴暗层、烈火层和湿水层。他并构筑了一道围墙,从明界向东,向南,向西延展,最终回到明界而衔接。"在此所谓的"暗地"(Earth of Darkness)是指天然存在的暗质之界,与同样天然存在的光明之界"明地"(Earth of Light)正相对应。所以,它们都不是由生命神(净风)创造的;净风创造的最初的——也是最下面的——四层地,即是这焦风、阴暗、烈火、湿水四层地,也就构成了整个八层地的基础。

文书紧接着说道,净风"又创造了另一伟大之地,将它置于其他四层地之上,并委派思想神作为家宅之主而治理之。在此大地上,他建造了另一道围墙,伸向东方、南方和西方。在这三个区域内,他建造了三个立柱和五个拱顶"。前文已经解释过,这里的"伟大之地"是个专名,当然是"八地"中的第五地;而"家宅之主",亦即阿特拉斯正是在此主管诸地的。此外,生命神(净风)还在这第五层地上建造了"三个立柱"、"五个拱顶",这与前引《克弗来亚》谓阿特拉斯头上有三层地的说法相呼应,清楚地表明了阿特拉斯是站在第五层地(即"伟大之地")上,与三立柱、五拱顶一起负载起上方的诸地和诸天的。

《克弗来亚》多次谈到阿特拉斯脚下的四个"拴扣"(fastenings),似乎

---

① *Acta Archelai*, Chapter IX, §4-5, Vermes (trans.) & Lieu (comm.), 2001, p. 52.
② Lindt, 1992, p. 108.

即是"八地"中的最下方的四层地。摩尼在谈到人体和宇宙的对应关系时，作了这样的譬喻：

> 它（指人体）的肠到耻骨部分就像是三个地层；它的胫骨就像负重者所站的空间。它的脚掌就像负重者站在其上的伟大之地；而它脚的下面就是四个拴扣。①

此外，上文谈到作为"第五监察区"主管的"负重者"（阿特拉斯），一方面是脚踩"伟大之地"（明白无误地是净风创建的第五地），另一方面，其脚下还有四个"拴扣"。那么，就位置而言，"拴扣"与最下诸地层是相当的；就数目而言，也是以"四"对"四"，丝毫不错；又，就"拴扣"与四地层的功能而言，似乎也相类似。盖按多种资料记载，净风所造最下四地层是囚禁诸暗魔的监狱，而阿特拉斯脚下的四个"拴扣"也隐隐地体现了是诸魔关押之所的迹象。

例如，摩尼谈了净风五子各自的职能之后，又谈及他们各自主管的"监察区"内也会不时发生问题，即是各管区内的暗魔叛反而导致的恶果。第四子荣耀之王的情况是，在他主管的"负重者头上的三地层发生骚乱"，遂阻塞了他的三轮的登升；而"在负重者的监察区，他下方的诸拴扣暴露出来，拉紧了链条，于是在那里产生了大地震"②。显然，所谓的诸"拴扣"属于负重者（阿特拉斯）的主管区域，那么，岂非即是最下面的四个地层？与之意思相仿的一段叙述是："（摩尼）又说道：由于负重者下方的诸拴扣松动……耶稣因此下凡，以夏娃的形貌出现，直到他抵达那里。他重整了下方诸拴扣的秩序，并加强了拴扣。"③

以上引文都隐约地表明，四"拴扣"即是阿特拉斯管辖的，其脚下是作为拘禁暗魔之所的四地层。而《克弗来亚》如下的叙述，则更明显地证实了这一点："无论何人成为了其脚下之统治势力的主人，用和平之链束缚了它，

---

① Gardner, 1995, 170$^{9\text{-}14}$, p. 180.
② Gardner, 1995, 171$^{21\text{-}27}$, p. 181.
③ Gardner, 1995, 94$^{6\text{-}10}$, p. 99.

那么，他就像负重者一般，用其脚掌征服了下方的诸地狱。"[1] 至此，我们可以较有把握地认为，按照摩尼教的创世神学，阿特拉斯是站在"伟大之地"（即第五层地）上来支撑宇宙的；他的脚的下方还有四层地，用来监禁诸多暗魔，而这四层地在科普特语文献《克弗来亚》中则称四"拴扣"。

综上所述，可作如此归纳：所谓的"净风五子"虽然并非摩尼教的主神，但是在其宇宙说中却扮演着十分重要的角色。他们各司其职，创造并维护了整个宇宙。

光辉护持者，亦称监察哨主，相当于汉语文书中的"持世明使"。他主管"十天"中最上部的三重天，并悬吊住其下的诸天地。应该注意的是，《沙卜拉干》谓光荣大王悬空握住宇宙的说法是错误的。

光荣大王，亦称国度之主，相当于汉语文书中的"十天大王"。他坐镇第七层天，总管全部十层天。不仅如此，他还是直接隶属于大明尊的十二审判官之一，排序第五；并占居明界十八王座中的一座，与各大主神并列。就地位和权势而言，光荣大王是净风五子中最为重要的神灵。

光明阿达马斯，亦称村落之主，相当于汉语文书中的"降魔胜使"。他以诛杀诸魔而著称：一是在创世之初斩杀群魔，协助其他神灵一起创造宇宙；二是在"中际"阶段镇压暗魔，解救被困的光明分子（灵魂），而这一职能与耶稣、明心等主神的职能之一几无区别。

荣耀之王，亦称部落之主，相当于汉语文书中的"催光明使"。他主管的区域是"八地"中的上部三层；其主要职责是驱动风、水、火三轮，将暗质从光明分子中清除出去，把灵魂送归明界。他的"三轮"有别于其父净风的"三衣"。

支撑者阿特拉斯，亦称家宅之主，相当于汉语文书中的"地藏明使"。他的形象和基本观念借鉴自古希腊文化。其管辖范围是"八地"中的下部五地；主要职责是站在第五层大地上，配合光辉护持者（持世明使）的"悬握"，擎托住上方的三层地和十层天。此外，他还负有囚禁和管理最下四层大地中的暗魔，以及在"末际"扔开所擎大地，毁灭俗世的职责。

---

[1] Gardner, 1995, 172[17-20], p. 182.

主要参考文献略语表

ADAW=Abhandlungen der Deutschen Akademie der Wissenschaften zu Berlin
AM=Asia Major
APAW=Abhandlungen der preussischen Akademie der Wissenschaften
BSOAS=Bulletin of the School of Oriental and African Studies
CAJ=Central Asiatic Journal
JAOS=Journal of the Amercan Oriental Society
JRAS=Journal of the Royal Asiatic Society
SPAW=Sitzungsberichte der preussischen Akademie der Wissenschaften
ZDMG=Zeitschrift der Deutschen Morgenländischen Gesellschft

慈怡（编），1989 年 = 慈怡主编，《佛光大辞典》，北京图书馆出版社据佛光山出版社 1989 年第五版影印

高楠顺次郎（编），1924—1932 年 = 高楠顺次郎编辑兼发行，《大正新修大藏经》，大正十三年（1924）创刊，至昭和七年（1932）完成，共八十五册

林悟殊，1987 年 = 林悟殊：《摩尼教及其东渐》，中华书局，1987 年

林悟殊，2005 年 = 林悟殊：《中古三夷教辨证》，中华书局，2005 年

林悟殊，2011 年 A= 林悟殊：《中古夷教华化丛考》，兰州大学出版社，2011 年

林悟殊，2011 年 B= 林悟殊：《林悟殊敦煌文书与夷教研究》，上海古籍出版社，2011 年

林悟殊，2014 年 = 林悟殊：《摩尼教华化补说》，兰州大学出版社，2014 年

马小鹤，2008 年 = 马小鹤：《摩尼教与古代西域史研究》，中国人民大学出版社，2008 年

马小鹤，2013 年 = 马小鹤：《光明的使者——摩尼与摩尼教》，兰州大学出版社，2013 年

马小鹤，2014 年 = 马小鹤：《霞浦文书研究》，兰州大学出版社，2014 年

芮传明，2009 年 = 芮传明：《东方摩尼教研究》，上海人民出版社，2009 年

芮传明，2014 年 = 芮传明：《摩尼教敦煌吐鲁番文书译释与研究》，兰州大学出

版社，2014 年

三自委员会，1981 年＝中国基督教三自爱国运动委员会印发《新旧约全书》（"神"版），上海，1981 年

思高，1968 年＝思高圣经学会（译释）《圣经》，香港，1968 年初版，台湾，1980 年四版

王见川，1992 年＝王见川：《从摩尼教到明教》，台北新文丰出版公司，1992 年

王见川、林万传（编），1999 年＝王见川、林万传主编：《明清民间宗教经卷文献》，台北新文丰出版公司，1999 年

王媛媛，2012 年＝王媛媛：《从波斯到中国：摩尼教在中亚和中国的传播》，中华书局，2012 年

杨富学，2016 年＝杨富学：《回鹘摩尼教研究》，中国社会科学出版社，2016 年

杨富学，2020 年＝杨富学：《霞浦摩尼教研究》，中华书局，2020 年

Allberry, 1938=C. R. C. Allberry (ed. & tr.), *A Manichaean Psalm-Book (Part II)*, Stuttgart, 1938

Andreas & Henning, 1932=F. C. Andreas & W. Henning, " Mitteliranische Manichaica aus Chinesisch-Turkestan I", *SPAW*, 1932 (pp. 173-222)

Andreas & Henning, 1933=F. C. Andreas & W. Henning, "Mitteliranische Manichaica aus Chinesisch-Turkestan II", *SPAW*, 1933 (pp. 294-363)

Andreas & Henning, 1934=F. C. Andreas & W. Henning, "Mitteliranische Manichaica aus Chinesisch-Turkestan III", *SPAW*, 1934 (pp. 848-912)

Anklesaria (tr.), 1956=*Zand-Akasih, Iranian or Greater Bundahishn*, transliteration and translation in English by Behramgore Tehmuras Anklesaria, Bombay, 1956; Digital edition copyright 2002 by Joseph H. Peterson

Arnold-Döben, 1978=Victoria Arnold-Döben, *Die Bildersprache des Manichäismus*, Brill, Köln, 1978

Asmussen, 1965=Jes Peter Asmussen, *Xuāstvānift: Studies in Manichaeism*, Prostant Apud Munksgaard, Copenhagen, 1965

Asmussen, 1975=Jes Peter Asmussen, *Manichaean Literature: Representative Texts Chiefly from Middle Persian and Parthian Writings*, New York, 1975

Bang & von Gabain, 1929a=Von W. Bang & A. von Gabain, "Türkische Turfan-Texte I", *SPAW*, 1929

Bang & von Gabain, 1929b=Von W. Bang & A. von Gabain, "Türkische Turfan-Texte II", *SPAW*, 1929

Bang & von Gabain, 1930a=Von W. Bang & A. von Gabain, "Türkische Turfan-Texte III", *SPAW*, 1930

Bang & von Gabain, 1930b=Von W. Bang & A. von Gabain, "Türkische Turfan-Texte IV", *SPAW*, 1930

Bang & von Gabain, 1931=Von W. Bang & A. von Gabain, "Türkische Turfan-Texte V", *SPAW*, 1931

BeDuhn, 2000=Jason D. Be Duhn, *The Manichaean Body, in Discipline and Ritual*, The Johns Hopkins University Press, London, 2000

BeDuhn (ed.), 2009=Jason D. Be Duhn, *New Light on Manichaeism: Papers from the Sixth International Congress on Manichaeism*, Brill, Leiden, 2009

BeDuhn & Mirecki, 2007=Jason D. BeDuhn & Paul Mirecki, *Frontiers of Faith: The Christian Encounter with Manichaeism in the Acts of Archelaus*, Brill, Leiden, 2007

Boyce, 1952=Mary Boyce, "Some Parthian Abecedarian Hymns", *BSOAS* 14/3 (1952)

Boyce, 1954=Mary Boyce, *The Manichaean Hymn-Cycles in Parthian*, Oxford University Press, London, 1954

Boyce, 1960=Mary Boyce, *A Catalogue of the Iranian Manuscripts in Manichean Script in the German Turfan Collection*, Berlin, 1960

Boyce, 1975=Mary Boyce, *A Reader in Manichaean Middle Persian and Parthian*, Brill, Leiden, 1975

Boyce, 1977=Mary Boyce, *A Word-List of Manichaean Middle Persian and Parthian*, Brill, Leiden, 1977

Bryder, 1985=Bryder, P., *The Chinese Transformation of Manichaeism – A Study of Chinese Manichaean Terminology*, Löberöd, 1985

Burkitt, 1925=Burkitt, F. C., *The Religion of the Manichees*, Cambridge University Press, Cambridge, 1925

Chavannes & Pelliot, 1911=Chavannes, E. & Pelliot, P., "Traité Manichéen Retrouvé en Chine – Traduit et Annoté", *Journal Asiatique*, Nov.-Dec., 1911

Chavannes & Pelliot, 1913a=Chavannes, E. & Pelliot, P., "Traité Manichéen Retrouvé en Chine – Traduit et Annoté (Deuxième Partie)", *Journal Asiatique*, Jan.-Feb., 1913.

Chavannes & Pelliot, 1913b=Chavannes, E. & Pelliot, P., "Traité Manichéen Retrouvé en Chine – Traduit et Annoté (Deuxième Partie, suite et fin)", *Journal Asiatique*, Mar.-Apr., 1913.

Clark, 1982=Larry V. Clark, "The Manichean Turkic Pothi-Book", in *Altorientalische Forschungen* IX, Akademie Verlag, Berlin, 1982

Clauson, 1972=Sir Gerard Clauson, *An Etymological Dictionary of Pre-Thirteenth-Century Turkish*, Oxford, 1972

Coyle, 2009=John Kevin Coyle, *Manichaeism and Its Legacy*, Brill, Leiden, 2009

Dodge (trans.), 1970=Bayard Dodge, *The Fihrist of al-Nadīm – A Tenth-Century Survey of Muslim Culture*, Vol. 1, Chapter IX, Section I, "Manichaeans", Columbia University Press, New York, 1970

Durkin-Meisterernst, 2004=Desmond Durkin-Meisterernst, *Dictionary of Manichaean Texts, Vol. III Texts from Central Asia and China, Part 1 Dictionary of Manichaean Middle*

Persian and Parthian, Brepols Publishers, Turnhout, 2004

Durkin-Meisterernst & Morano, 2010=Desmond Durkin-Meisterernst & Enrico Morano, *Mani's Psalms: Middle Persian, Parthian and Sogdian Texts in the Turfan Collection*, Brepols Publishers, 2010

Franzmann, 2003=Majella Franzmann, *Jesus in the Manichaean Writings*, T & T Clark Ltd, New York, 2003

Gabain, 1952=A. von Gabain, "Türkische Turfan-Texte VIII", *ADAW*, 1952, Nr. 7

Gabain, 1958=A. von Gabain, "Türkische Turfan-Texte X", *ADAW*, 1958, Nr. 1

Gabain & Winter, 1956=A. von Gabain & Werner Winter, "Türkische Turfan-Texte IX", *ADAW*, 1956, Nr. 2

Gardner, 1995=Iain Gardner (trans.), *The Kephalaia of the Teacher – The Edited Coptic Manichaean Texts in Translation with Commentary*, Brill, Leiden, 1995.

Gardner & Lieu, 2004=Iain Gardner & Samuel N. C. Lieu (eds.), *Manichaean Texts from the Roman Empire*, Cambridge University Press, Cambridge, 2004

Gharib, 1995=B. Gharib, *Sogdian Dictionary (Sogdian-Peisian-English)*, Farhangan Publications, Tehran, 1995

Hamilton, 1986=James Hamilton, *Manuscrits ouïgours du IXe-Xe siècle de Touen-Houang*, I-II, Paris, 1986

Henning, 1936=W. B. Henning, "Ein manichäisches Bet- und Beichtbuch", *APAW*, 1936, Nr. 10, pp. 3-143; also *W. B. Henning Selected Papers I*, Brill, Leiden, 1977, pp. 417-557

Henning, 1948=W. B. Henning, "A Sogdian Fragment of the Manichaean Cosmogony", *BSOAS* 12, 1948; also *W. B. Henning Selected Papers II*, Brill, Leiden, 1977

Henning, 1977="Bibliothèque Pahlavi, Tehran-Liège", in *W. B. Henning Selected Papers II*, Brill, Leiden, 1977

Heuser & Klimkeit, 1998=Manfred Heuser & Hans-Joachim Klimkeit, *Studies in Manichaean Literature and Art*, Brill, Leiden, 1998

Hutter, 1992=Manfred Hutter, *Manis Kosmogonische Šābuhragān-Texte: Edition, Kommentar und literaturgeschichtliche Einordnung der manichäisch-mittlepersischen Handschriften M 98/99 I und M 7980-7984*, Otto Harrassowitz, Wiesbaden, 1992

Jackson, 1928=A. V. Williams Jackson, *Zoroastrian Studies: The Iranian Religion and Various Monographs*, Columbia University Press, New York, 1928

Jackson, 1932=A. V. Williams Jackson, *Researches in Manichaeism – with Special Reference to the Turfan Fragments*, Columbia University Press, New York, 1932

Klimkeit, 1993=Hans-Joachim Klimkeit, *Gnosis on the Silk Road: Gnostic Texts from Central Asia*, New York, 1993

Le Coq, 1911=A von Le Coq, "Türkische Manichaica aus Chotscho (I)", *APAW*, 1911, Nr. 6

Le Coq, 1919=A von Le Coq, "Türkische Manichaica aus Chotscho (II)", *APAW*, 1919, Nr. 3

Le Coq, 1922=A von Le Coq, "Türkische Manichaica aus Chotscho (III)", *APAW*, 1922, Nr. 2

Lieu, 1985=Samuel N. C. Lieu, *Manichaeism in the Late Roman Empire and Medieval China*, Manchester University Press, Manchester, 1985

Lieu, 1998=Samuel N. C. Lieu, *Manichaeism in Central Asia and China*, Brill, Leiden, 1998

Lieu, 1999=Samuel N. C. Lieu, *Manichaeism in Mesopotamia and the Roman East*, Brill, Leiden, 1999

Lindt, 1992=Paul Van Lindt, *The Names of Manichaean Mythological Figures – A Comparative Study on Terminology in the Coptic Sources*, Wiesbaden, 1992

MacKenzie, 1979=MacKenzie, D. N., "Mani's Šābuhragān [I]", *BSOAS* 42/3, 1979

MacKenzie, 1980=MacKenzie, D. N., "Mani's Šābuhragān [II]", *BSOAS* 43/2, 1980

Mirecki & BeDuhn, 1997=Paul Mirecki & Jason BeDuhn (ed.), *Emerging from Darkness: Studies in the Recovery of Manichaean Sources*, Brill, Leiden, 1997

Mirecki & BeDuhn, 2001=Paul Mirecki & Jason BeDuhn (ed.), *The Light and the Darkness: Studies in Manichaeism and Its World*, Brill, Leiden, 2001

Müller, 1904=F. W. K. Müller, "Handschriften-Reste in Estrangelo-Schrift aus Turfan, Chinesisch-Turkistan II", *APAW*, 1904, 1-117

Müller, 1956=Liguori G. Müller, *The De Haeresibus of Saint Augustine: A Translation with an Introduction and Commentary*, The Catholic University of America Press, Washington, 1956

Ort, 1967=Lodewijk Josephus Rudolf Ort, *Mani: A Religio-Hostorical Description of His Personality*, Brill, Leiden, 1967

Outler (tr. & ed.), 1955=Albert C. Outler (newly tr. & ed.), *Augustine: Confessions*. 原载 The Library of Christian Classics, Vol. VIII, Westminster Press, Philadelphia, 1955；网络公布的无版权扫描版。

Pettipiece, 2009=Timothy Pettipiece, *Pentadic Redaction in the Manichaean Kephalaia*, Brill, Leiden, 2009

Polotsky, 1934=Hans Jakob Polotsky, *Manichäische Homilien, Band I*, W. Kohlhammer, Stuttgart, 1934

Rachmati, 1936=G. R. Rachmati, "Türkische Turfan-Texte VII", *APAW*, 1936, Nr. 12

Robinson (ed.), 1988=James M. Robinson Gen. (ed.), *The Nag Hammadi Library in English*, Brill, Leiden, 1988

Sachau, 1879=C. Edward Sachau (tr. & ed.), Al-Biruni, *The Chronology of Ancient Nations*, William H. Allen and Co., London, 1879

Schaeder, 1936=H. H. Schaeder, "Der Manichäisnus nach neuen Funden und Forschungen", *Morgenland* 28 (1936), pp. 80-109

St. Augustin, 400=St. Augustin, "Reply to Faustus the Manichaean (Contra Faustum Manichaeum)", translated by Rev Richard Stothert, Bombay, in Philip Schaff (ed.), *St. Augustin: The Writings Against the Manichaean and Against the Donatists*, Edinburg, 1887

Sundermann, 1973=Werner Sundermann, *Mittelpersische und parthische kosmogonische und Parabeltexte der Manichäer, mit einigen Bemerkunges zu Motiven der Parabeltexte von Friedmar Geissler*, Berlin, 1973

Sundermann, 1979=Werner Sundermann, "Namen von Göttern, Dämonen und Menschen in iranischen Versionen des manichäischen Mythos", *Altorientalische Forschungen*, VI, 1979

Sundermann, 1981=Werner Sundermann, *Mitteliranische manichäische Texte kirchengeschichtlichen Inhalts*, mit einem Appendix von N. Sims-Williams, Akademie Verlag, Berlin, 1981

Sundermann, 1992=Werner Sundermann, *Der Sermon von Licht-Nous: eine Lehrschrift des östlichen Manichäismus; Edition der parthischen und soghdischen Version*, Akademie Verlag GmbH, Berlin, 1992

Sundermann, 1997=Werner Sundermann, *Der Sermon von der Seele: Lehrschrift des östlichen Manichäismus Edition der parthischen und soghdischen Version*, Turnhout, 1997

Sundermann, 2001=Werner Sundermann, *Manichaica Iranica: Ausgewählte Schriften von Werner Sundermann*, Band 1 & Band 2, Roma, 2001

Teske, 2006=Roland Teske (tr.), "The Manichean Debate", in Boniface Ramsey (ed.) *The Works of Saint Augustine (A Translation for the 21st Century)*, Part I, Vol. 19, New City Press, New York, 2006

Vermes (trans.) & Lieu (comm.), 2001=Hegemonius, *Acta Archelai (The Acts of Archelaus)*, tr. by Mark Vermes, with Introduction and Commentary by Samuel N. C. Lieu, Lovanii, 2001

Waldschmidt & Lentz, 1926=E. Waldschmidt und W. Lentz, "Die Stellung Jesu im Manichäismus", *APAW*, 1926, Nr. 4

索 引

A

阿赫里曼 13, 14, 16, 25, 28, 29, 31, 37, 38, 61, 109, 112-114, 124, 125, 240, 284

阿基来行传 4, 45, 49, 52, 53, 79-81, 91, 93, 96, 98, 100, 119, 153, 270, 302

阿罗汉 219, 236, 250

阿斯雷什塔 26, 31-35, 123

阿斯姆森 23, 32, 59, 60, 62, 72, 239, 240, 246

阿缁 13-15, 17, 25-29, 31-38, 123, 125, 236, 239, 284, 296

奥古斯丁 4, 44, 49, 53, 54, 119, 147, 196, 269, 283, 286, 289-292, 295

奥尔密兹德 12-14, 17, 24, 27-29, 33, 37, 38, 45, 59, 113, 119, 123, 254, 261, 284, 290

B

八地 9, 13, 26, 106, 107, 224, 300, 301, 303-305

般涅槃 64, 74, 95, 206, 207, 213, 214, 216, 223, 228, 250, 260

庇麻节 164, 206, 207, 228, 236, 238, 247

呦嘍嚩德 24, 105, 245

布道书 3, 4, 75, 76

部落之主 9, 13, 24, 283-285, 288, 305

博伊丝 6, 7, 9, 18, 20, 22, 23, 59, 114, 194, 212, 283, 298

C

忏悔词 230, 231, 238, 239, 247-251

彻尽万法根源智经 42, 43, 83, 93, 94, 218

楚尔凡 13, 38, 113, 156, 205, 222, 240, 244, 245, 254, 266

初人 12-14, 24, 27, 28, 31, 37, 45, 84, 104-106, 108, 133-137, 145-147, 149, 157, 158, 160, 169, 186, 188, 201, 204, 232, 238, 239, 244-247, 268, 270, 272, 282, 291, 293, 294, 297

船主 167, 182, 185, 204

催光明使 9, 12, 21, 287, 288, 300, 305

村落之主 9, 13, 24, 26, 283-285, 288, 296, 305

D

大力士经 43, 93

第三使 12, 15, 20, 25, 31-33, 39, 48, 106, 107, 117-119, 136, 141, 167, 201, 204, 212, 217, 222, 237, 293, 294, 296

地藏明使 9, 12, 21, 287, 288, 305

电那勿 9, 60, 61, 63, 68-71, 74, 75, 77, 230

E

二龙 19, 114-117

二宗 8, 12, 16, 43, 47, 83, 91-93, 210, 211, 230, 243, 261, 263

G

盖穆尔德 32, 34, 41

古族编年 65, 100

光辉护持者 9, 14, 105, 106, 281-283, 287, 288, 290-292, 294, 305

光辉耶稣 108, 163, 194, 294

光明阿达马斯 9, 26, 105-107, 202, 282, 283, 285-289, 295-297, 305

光明分子 20, 25, 31-33, 36-38, 48, 51, 90, 104, 106-109, 113, 120, 121, 124, 134, 135, 145, 158, 159, 162, 163, 167-169, 172, 194, 197-201, 203, 207, 214, 216, 218, 221, 224, 225, 228, 230, 232, 233, 238-241, 244, 245, 247, 251, 254, 256-258, 267-270, 272, 274, 280-291, 295, 297, 298, 300, 302, 305

光明少女 34, 107, 118, 204, 212, 233, 293, 294

光荣大王 14, 105-107, 117, 282, 283, 286-296, 305

光耀柱 25, 28, 107, 118, 135, 145, 169, 172, 201, 268

国度之主 9, 13, 14, 24, 283-285, 288, 290-292, 296, 305

H

海格摩纽斯 4, 49, 79, 91

赫拉德沙 8-11, 25, 40, 41, 198, 205, 279, 283

黑疠 20, 125, 165, 168-170, 172, 173, 177, 199, 200, 285, 295

呼嚧瑟德 24, 105, 160, 245,

胡特尔 7, 18-20, 22, 23, 28, 32, 41, 284

惠明 25, 107, 212, 235, 266, 293, 294, 297

活灵 25, 158, 200, 201, 203, 218, 297

J

家宅之主 9, 12, 13, 21, 22, 24, 283, 284, 288, 297, 301, 303, 305

监察哨主 9, 13, 24, 283-285, 288, 305

杰克逊 9, 18-22, 31, 41, 102-104, 107, 111, 112, 114, 117, 118, 120, 133, 244, 268, 283, 291

净风 9, 12, 15, 20, 21, 24, 26, 28, 45, 61, 106, 110, 117, 120, 137, 157, 158, 160, 167, 203, 212, 235, 245, 266, 272, 281-305

净命宝藏经 42, 43, 83, 93, 94, 147

巨人书 2, 43, 94, 147, 222

K

科比修斯 85, 93

克弗来亚 3, 42, 94, 117, 118, 121, 122, 125, 126, 158, 196, 197, 200, 201, 204, 241, 246, 269, 285, 290, 292, 294, 296-300, 303-305

克劳森 220, 241, 243, 246, 257

克林凯特 19-23, 32, 59, 60-62, 109, 114, 156, 159, 160, 194, 215, 217, 229, 231, 232, 237, 238, 253, 254, 257, 260

L

灵知 9, 140, 158, 160, 168, 223, 233, 239, 244, 283

刘南强 45, 49, 51, 54, 79, 80, 85, 89, 97, 133, 194, 260

律藏经 42, 43, 93

轮回 62, 75, 91, 120, 216, 217, 219-221, 223, 224, 227, 228, 238, 242, 250, 267-280

M

马塞卢斯 49, 50, 52, 53, 80, 81, 87, 91-93, 99, 100, 270

马小鹤 103, 158, 160, 162, 235, 282, 295

马赞 13, 14, 26, 31-35, 112, 113, 123, 124, 296

麦肯齐 7-9, 16, 21, 24

满艳 98, 128, 129

梅诺契 53-55, 58, 149

秘密法藏经 42, 43, 83, 93, 94, 146

明尊 12, 13, 15, 24, 25, 37, 38, 45-47, 54, 56, 84, 103, 104, 107, 109, 113, 117, 118, 120, 133, 136-138, 146, 147, 156-159, 163, 169, 196, 200, 206, 222, 232, 235, 236, 238-248, 250, 254, 258, 270, 282, 293, 294, 297, 305

摩诃罗萨本 38, 214

末冒 58, 59, 61-63, 66, 74-78, 85, 97

摩尼大颂 214, 215, 222, 226, 229, 250

摩尼光佛教法仪略 42, 43, 83, 93, 94, 146, 147, 154, 169, 255, 265

摩尼教残经 9, 60, 61, 77, 104-108, 120, 158, 170, 213, 235, 265, 266, 287, 292, 294, 300

牟羽可汗 252, 253, 255-260, 262

穆尔迪雅娜 32, 35, 41

慕阇 255, 259, 260, 262-264

N

纳里萨神 31, 32

Q

群书类述 2, 5, 31, 43, 45, 48, 58, 93, 94, 98, 99, 106, 114, 124, 128, 129, 131, 133, 135, 137, 139, 141, 143, 145, 147, 148, 153, 154, 170, 227, 228, 236, 244, 268

R

忍辱 60, 61, 65-74, 77, 107, 132, 133, 138, 139, 235, 244, 251, 287

荣耀之王 9, 12, 105-107, 117, 282, 283, 285-290, 297-300, 302, 304, 305

S

塞西安努斯 82, 83, 85, 87, 89, 90, 92-94, 97, 99, 100

三际 47, 112, 243, 255

三轮 12, 20, 106, 107, 117, 255, 285, 290, 297-300, 304, 305

三明使 12, 15, 20, 31, 293

三印 139, 192, 221, 228, 244, 248

沙卜拉干 2, 3, 6-9, 16-18, 21, 22, 24, 37-41, 43, 59, 65, 94, 109, 118, 123, 142, 146, 147, 154, 198, 205, 222, 279, 281, 283-285, 290-292, 295-297, 301, 305

沙普尔一世 2, 6, 65, 98, 100, 130, 131, 144

善母 12, 13, 24, 45, 104, 106, 110, 133, 160, 239, 245, 266, 289, 293, 300

神我 130, 195, 211, 246

圣灵 45, 87, 99, 131, 140, 158, 165, 169-174, 178, 181-183, 185, 186, 188, 208, 209, 210, 235, 272, 294

生命母 12, 13, 19, 24, 28, 37, 45, 104-106, 109, 110, 119, 121, 133, 134, 136, 145, 268, 289, 293, 303

生命神 9, 12, 14, 15, 19-22, 24, 26, 28, 31, 45, 61, 105-107, 109, 110, 117-119, 121, 133, 134, 136, 137, 146, 147, 167, 203, 204, 212, 272, 281, 282, 285, 288-290, 292-294, 296-303

十戒 231, 242, 244, 245

十天 9, 14, 26, 29, 30, 105-107, 130, 134, 208, 218, 228, 246, 247, 287-289, 292-295, 300, 305

十天大王 9, 14, 287, 288, 292-295, 305

受难耶稣 163, 194, 195, 198-201

宋德曼 6, 7, 28, 33, 195, 281

苏迷卢山 22, 41, 217

T

贪魔 16, 33, 35, 38, 41, 108, 236, 239, 242, 246, 247, 266, 295

听者 9, 10, 43, 44, 50, 94, 120, 139-141, 145, 147-149, 162, 174, 212, 214, 230, 231, 236, 238, 242, 244-246, 248-251, 255, 258, 265, 268-274, 278, 279

W

外衣 20, 27, 32, 33, 35, 36, 44, 54, 76, 77, 95, 96, 121, 126, 145, 146, 149, 162, 168, 176, 181, 184-186, 200, 214, 227, 234, 269, 298

五妙身 21, 61, 103, 157, 212, 235, 281

五明子 12-14, 27, 28, 33, 35, 38, 84, 104, 135, 232, 238-240, 270, 291

五趣 120, 216, 217, 224, 242, 249

五施 235, 251

X

下部赞 59, 75, 76, 110, 120, 158, 160, 163, 240, 244, 245, 265, 266

夏娃 32, 41, 45, 46, 108, 124, 125, 135-138, 170, 196, 222, 304

先意 12-14, 24, 31, 45, 75, 77, 84, 104, 137, 157, 160, 201, 232, 238, 239, 244, 245, 247, 266, 281, 293, 294

降魔胜使 9, 287, 288, 305

须弥山 22, 41, 61, 69, 70, 74, 112, 217, 225, 226, 250

选民 9, 10, 27, 48, 50, 59, 60, 84, 94, 95, 139-142, 145-147, 160, 162, 166, 169, 171, 173-176, 178-181, 183-185, 188, 191-193, 197, 201, 207-209, 214, 218-221, 227, 228, 230-233, 236, 238, 242-246, 248-252, 254-259, 265, 268-270, 273, 274, 278, 279

Y

亚当 9, 32, 41, 45, 46, 102, 108, 109, 124, 125, 135-137, 147, 163, 170, 195, 196, 198, 222, 283

要义书信 44, 45, 47, 49, 50

夷数 19, 25, 39, 76, 107, 158, 160, 163, 266, 293, 294, 297

以太 20, 27, 104, 132-134, 138, 139, 145, 203, 232, 244, 268

永世 10, 46, 47, 117, 119, 125, 158, 159, 169, 171, 173, 174, 183, 184, 186-188, 209

右手 45, 50, 99, 100, 157, 172, 177, 178, 192, 286, 295

Z

赞美诗 2, 3, 6, 43, 51, 97, 156-158, 163, 164, 189, 193, 194, 197-199, 201, 204, 207, 211, 212, 214, 215, 232, 237, 241, 261, 262, 285, 286, 290-292, 295, 297, 301, 302

赞愿经 43, 93

造相佛 24, 118, 266, 293

证明过去教经 43, 93, 147

支撑者阿特拉斯 9, 12, 28, 283, 287, 289, 290, 297, 300-303, 305

舟船 107, 117, 119, 120, 158, 173, 175, 176, 181, 182, 185, 186, 209, 214, 269

注疏集 5, 12, 14, 21, 31, 48, 102, 106, 109, 117, 119, 154, 228, 232, 270, 282, 283, 285, 287-290, 292, 294, 296, 298, 301